EDITORA DO CONHECIMENTO

Auxiliando a humanidade a encontrar a Verdade

O Evangelho Segundo o Espiritismo

Contendo a explicação dos ensinamentos morais do Cristo, sua conformidade com o espiritismo e aplicação às diversas situações da vida.

Fé inabalável é somente aquela que pode encarar a razão de frente, em todas as eras da humanidade.

Allan Kardec

O Evangelho Segundo o Espiritismo

Título do original:
L'Évangile Selon Le Spiritisme
3ª ed. – 1866

O Evangelho Segundo o Espiritismo

Allan Kardec

CONHECIMENTO EDITORIAL LTDA.
Fone/Fax: 19 3451-5440
www.edconhecimento.com.br
vendas@edconhecimento.com.br

Tradução:
Julieta Leite
Edição de texto:
Margareth Rose Fonseca Carvalho
Colaborou nesta edição:
Monique Fonseca Carvalho
Projeto gráfico: Sérgio Carvalho
Ilustração da capa: Banco de imagens

• Impresso no Brasil • Presita en Brazilo

Produzido no Departamento Gráfico de
CONHECIMENTO EDITORIAL LTDA
Rua Prof. Paulo Chaves, 276 - 13485-150
Fone: 19 3451-5440 — Limeira - SP

Dados Internacionais de Catalogação na Publicação (CIP)
(Câmara Brasileira do Livro, SP, Brasil)

Kardec, Allan, 1804-1869
O Evangelho Segundo o Espiritismo / Allan Kardec; [tradução de Julieta Leite] – 1ª. edição –, Limeira, SP: Editora do Conhecimento, 2009. (Série memórias do espiritismo)

Título original: *L'Évangile Selon Le Spiritisme (3ª ed. — 1866)*
ISBN 978-85-7618-186-6

1. Espiritismo I. Título. II Série

09-11900 CDD – 133.9

Índice para catálogo sistemático:
1. Espiritismo 133.9
2. Evangelhos : Exegese espírita 133.9

Allan Kardec

O Evangelho Segundo o Espiritismo

Tradução:
Julieta Leite
Edição de texto:
Margareth Rose Carvalho

1ª edição - 2009

EDITORA DO CONHECIMENTO

Sumário

Prelúdio

Os espíritos do Senhor, que são as virtudes dos Céus, tal qual um imenso exército que se põe em movimento ao receber um comando superior, posicionam-se por toda a superfície da Terra e, como estrelas cadentes, vêm iluminar o caminho e abrir os olhos dos cegos.

Em verdade vos digo, são chegados os tempos em que todas as coisas devem ser restabelecidas em seu verdadeiro sentido, a fim de dissipar as trevas da ignorância, confundir os orgulhosos e glorificar os justos.

As grandes vozes do Céu ecoam como o som da trombeta, e os coros dos anjos a elas se juntam. Homens, nós vos convidamos a participar deste divino concerto! Que vossas mãos tomem a lira; que vossas vozes se unam e, num hino sagrado, se façam ouvir e vibrar de um extremo ao outro do Universo!

Homens, irmãos a quem amamos, estamos junto de vós! Amai-vos também uns aos outros e, fazendo a vontade do Pai que está no Céu, clamai do fundo do vosso coração: "Senhor! Senhor!". Então, podereis entrar no reino dos Céus.[1]

O Espírito de Verdade

1 Esta mensagem, recebida mediunicamente, transmite ao mesmo tempo o verdadeiro caráter do espiritismo e o objetivo desta obra. Por esse motivo, foi aqui colocada como prelúdio.

Introdução

I. Objetivo desta obra

Os temas abordados nos evangelhos de Marcos, Mateus, João e Lucas podem ser divididos em cinco partes: ***os atos comuns da vida do Cristo, os milagres, as profecias, as palavras que serviram para estabelecer os dogmas da Igreja*** e ***o ensinamento moral.*** Se as quatro primeiras partes foram objeto de controvérsias, a última, entretanto, permaneceu inatacável.

Diante desse código divino, a própria incredulidade se curva, porque é um terreno neutro onde todos os cultos podem se encontrar, a bandeira sob a qual todos podem se abrigar, quaisquer que sejam as suas crenças, pois nunca deu margem a disputas religiosas, que são provocadas sempre por questões dogmáticas. Aliás, se as discutissem, as seitas teriam encontrado nesse código divino a própria condenação, já que a maioria delas apegou-se mais ao aspecto místico do que aos seus fundamentos morais, que exigem a reforma íntima.

Para os homens, particularmente, ele é uma regra de conduta que abrange todas as circunstâncias da vida, seja privada ou pública, o princípio de todas as relações sociais baseadas na mais rigorosa justiça. É, enfim e acima de tudo, o caminho certeiro para a felicidade vindoura, uma ponta do véu levantada sobre a vida futura. E este é justamente o tema que constitui o objetivo exclusivo desta obra.

Todos admiram a moral evangélica. Todos reconhecem sua sublimidade e necessidade, mas muitos a divulgam acreditando no que ouviram falar, ou baseados em algumas máximas que se tornaram proverbiais. Poucos, no entanto, a conhecem a fundo, e são menos ainda os que a compreendem e sabem deduzir-lhe as consequências. A dificuldade encontrada na leitura do *Evangelho*, incompreensível para a maioria das pessoas, é em grande parte responsável por isso. A forma alegórica e o misticismo intencional da linguagem fazem com que muitos o leiam por desencargo de consciência ou por obrigação, da mesma forma que recitam as preces sem compreendê-las, ou melhor, sem delas tirar proveito. Os ensinamentos morais disseminados no texto do *Evangelho*, misturados às demais narrativas, passam despercebidos. Torna-se então impossível compreendê-los como um todo e fazer deles objeto de leitura ou de meditação em separado.

É verdade que muitos tratados de moral evangélica foram escritos, mas sua adaptação ao estilo literário moderno rouba-lhes a simplicidade original que lhes confere, ao mesmo tempo, encanto e autenticidade. Ocorre o mesmo com os preceitos morais quando são observados isoladamente, pois ficam reduzidos à simples expressões proverbiais que perdem parte de seu valor e de seu interesse, por não conterem as particularidades e as circunstâncias em que foram transmitidos.

Para evitar esses inconvenientes, reunimos nesta obra os trechos que podem compor um código moral universal, sem distinção de culto. Nas citações, mantivemos tudo o que era útil ao desenvolvimento das idéias, cortando apenas detalhes alheios ao assunto. Além disso, respeitamos escrupulosamente a tradução original de Sacy,[1] bem como a divisão em versículos. Mas, em lugar de nos atermos a uma ordem cronológica inviável e sem real utilidade neste caso, agrupamos e classificamos as máximas metodicamente, conforme sua natureza, de modo que elas possam ser diferenciadas umas das outras, sempre que possível. A ordem de numeração dos capítulos e dos versículos bíblicos também foi mantida, a fim de facilitar a consulta quando se achar oportuno.

---

1 Louis-Isaac Le Maître de Sacy: Religioso francês do século XVII, responsável por aquela que foi considerada a melhor tradução da *Bíblia*.

Contudo, este foi apenas um trabalho mecânico que, se visto isoladamente, teve somente uma utilidade secundária. O verdadeiro desafio foi conseguir disponibilizá-lo ao alcance de todos, utilizando a maior clareza possível na explicação das passagens mais difíceis de serem compreendidas e na explanação de todas as suas consequências quando aplicadas às diferentes situações da vida. Foi o que tentamos fazer com a ajuda dos bons espíritos que nos assistem.

Muitas passagens do *Evangelho*, da *Bíblia* e dos textos da maioria dos autores sagrados são incompreensíveis. Alguns parecem até absurdos, justamente porque carecem de melhor esclarecimento sobre o seu verdadeiro sentido. Essa espécie de "chave elucidativa" pode ser encontrada no espiritismo, como já se convenceram todos os que o estudaram com seriedade, e como será melhor reconhecido futuramente.

Existem indícios de manifestações mediúnicas em todas as épocas da humanidade. Seus vestígios podem ser observados nas antigas Escrituras, nas crenças ou mesmo sobre os monumentos da Antiguidade. Por isso, ao abrir novos horizontes para o futuro, o espiritismo lança uma luz esclarecedora sobre os mistérios do passado.

Para complementar cada preceito, reunimos algumas instruções escolhidas entre as que foram ditadas pelos espíritos a diferentes médiuns, em diversos países. Se tais instruções tivessem saído de uma única fonte, poderiam ter sofrido uma influência pessoal ou do meio, ao passo que a diversidade das procedências comprova que os espíritos disseminam seus ensinamentos por toda parte e que não há ninguém privilegiado nesse aspecto.[2]

Esta obra é, portanto, para uso de todas as pessoas. Qual-

2 Poderíamos, sem dúvida, ter fornecido sobre cada assunto maior número de comunicacões, obtidas em muitas outras cidades e centros espíritas, além dos citados. Porém, preferimos evitar a monotonia das repetições inúteis e limitar nossa escolha às que, pela essência e pela forma, se ajustassem mais especialmente ao projeto desta obra, reservando para posteriores publicações as que não puderam ser usadas aqui.

Quanto aos médiuns, optamos por não identificá-los, a pedido da própria maioria. Por isso, não convinha fazer exceções. Seus nomes, aliás, não teriam acrescentado nenhum valor à obra dos espíritos; seria apenas uma satisfação ao ego, coisa a que os médiuns verdadeiramente sérios não dão importância. Eles compreendem que, sendo seu papel meramente passivo, o valor das comunicações nada acrescenta ao seu mérito pessoal, e seria pueril vangloriar-se por um trabalho de inteligência ao qual se presta apenas uma colaboração mecânica.

quer um pode extrair dela meios para moldar sua conduta, com base na moral do Cristo, especialmente os espíritas, os quais encontrarão aqui as aplicações que lhes são pertinentes. Graças às comunicações estabelecidas entre os homens e o mundo invisível, de agora em diante de modo mais contundente, a lei evangélica, ensinada a todas as nações pelos próprios espíritos, não será mais letra morta, pois todos a compreenderão e serão incessantemente induzidos a praticá-la, aconselhados por seus guias espirituais. As instruções dos espíritos são verdadeiramente as *vozes do Céu* que vêm esclarecer os homens e convidá-los *à prática do Evangelho.*

II. Autoridade da doutrina espírita
Controle universal do ensinamento dos espíritos

Se a doutrina espírita fosse uma concepção meramente humana, só teria por garantia o saber daquele que a tivesse concebido. Acontece que ninguém neste mundo poderia ter a pretensão de ser dono exclusivo da verdade absoluta. Se os espíritos que a revelaram tivessem se manifestado a um único homem, nada lhe garantiria a origem, pois seria necessário confiar na palavra daquele que dissesse ter recebido seus ensinamentos. Admitindo-se absoluta sinceridade de sua parte, quando muito, ele conseguiria convencer as pessoas do seu meio; poderia até ter seguidores, mas jamais chegaria a ter a adesão de todos.

Deus quis que a *nova revelação* chegasse aos homens por uma via mais rápida e mais autêntica. Eis por que encarregou os espíritos de levá-la de um pólo ao outro da Terra, manifestando-se por toda parte sem dar a ninguém o privilégio exclusivo de lhes ouvir a palavra. Um homem pode ser enganado, pode até iludir-se, porém não se pode enganar milhões de pessoas que vêem e ouvem a mesma coisa: é uma garantia para cada um e para todos. Ademais, pode-se fazer um homem desaparecer, mas não se pode fazer multidões desaparecerem; pode-se queimar livros, mas não se consegue queimar espíritos. Portanto, mesmo que se queimassem todos os livros, a fonte da doutrina espírita continuaria inesgotável, uma vez que ela não tem origem na Terra e pode surgir em todos os lugares, saciando a sede de conhecimento daqueles que dela desejam fazer proveito. Na falta de homens para propagá-la, sempre existirão os espíritos, que alcançam a todos e aos quais ninguém pode atingir.

São, pois, os próprios espíritos quem se encarregam de sua propagação, auxiliados por numerosos médiuns que surgem nos mais variados lugares, incitados por eles. Se tivesse havido um único intérprete, por mais favorecido que fosse, o espiritismo mal seria conhecido. Esse intérprete, independentemente da classe a que pertencesse, teria sido alvo de desconfiança por parte de muita gente. É provável que nem todas as nações o teriam aprovado. Ao passo que os espíritos, comunicando-se em todos os lugares, com todos os povos, todas as seitas e todos os grupos, são aceitos por todos. Por isso, o espiritismo não tem nacionalidade nem ligações com qualquer culto particular. Também não é imposto por nenhuma classe social, já que qualquer pessoa pode receber instruções de parentes e amigos de Além-túmulo. Era preciso que fosse assim para que pudesse conclamar os homens à fraternidade. Se não tivesse florescido num terreno neutro, teria alimentado as divergências, ao invés de abrandá-las.

A força do espiritismo e a razão de sua propagação tão rápida se devem, portanto, à universalidade do ensinamento dos espíritos. Enquanto a voz de um só homem, mesmo com o apoio da imprensa, teria levado séculos para chegar aos ouvidos de todas as pessoas, eis que milhares de vozes se fazem ouvir simutultaneamente em todos os pontos da Terra, para proclamar os mesmos princípios e transmiti-los tanto aos sábios como aos mais simples, para que ninguém seja privado deles. É uma vantagem de que nenhuma das doutrinas surgidas até hoje desfrutou. Se, portanto, o espiritismo é uma verdade, ele não teme nem a má vontade dos homens nem as mudanças bruscas de costumes, tampouco os percalços da natureza, pois nada disso pode atingir os espíritos.

Mas essa não é a única vantagem resultante de uma posição excepcional: o espiritismo também dispõe de uma enorme garantia contra as divergências de opinião que poderiam surgir, seja pela ambição de algumas pessoas ou pelas contradições de certos espíritos. Essas contradições certamente constituem um obstáculo que, no entanto, traz consigo o remédio ao lado do mal.

Sabe-se que os espíritos, em razão da diferença de capacidade intelectual de que dispõem, longe estão de deter, individualmente, toda a verdade, pois não é dado a todos penetrar certos mistérios. Assim, o conhecimento de cada um é proporcional à sua evolução. Existem os que não sabem mais que os homens; e também os presunçosos e pseudo-sábios, que pensam saber o que ignoram, e que, sistemáticos, confundem suas idéias com a verdade. Somente os espíritos mais elevados, ou melhor, os completamente desligados da matéria, são verdadeiramente despojados dos conceitos e sentimentos terrenos.

Sabe-se também que os espíritos mistificadores, sem o menor escrúpulo, se identificam com nomes falsos para disseminar suas idéias fantasiosas. Por isso, é importante estar-se atento a comunicações desprovidas de moral, pois estas não possuem garantia de autenticidade e devem ser consideradas como opiniões pessoais deste ou daquele espírito. Assim sendo, seria imprudente aceitá-las e apregoá-las levianamente como verdades absolutas.

Com base nesse aspecto, a primeira análise que se deve proceder sobre tudo o que venha dos espíritos, sem exceção, é incontestavelmente a da razão. Desse modo, toda teoria que contradiga a lógica, o bom senso e as informações positivas que já se possui, deve ser rejeitada, por mais respeitável que seja o nome daquele que a assine. Mas, em muitos casos, essa análise não poderá ser realizada a contento, em razão da insuficiência de conhecimentos de determinadas pessoas e da tendência que muitos têm de julgar sua própria opinião como sendo verdade única. Nesses casos, como procedem aqueles que não possuem confiança absoluta em si mesmos? Consideram o maior número de conselhos possível, e se guiam pela opinião da maioria. É assim que se deve proceder com relação às comunicações dos espíritos, pois eles mesmos nos fornecem os meios para isso.

A concordância entre várias comunicações é, pois, o melhor método de análise. No entanto, é preciso que ela ocorra em condições apropriadas. A menos segura é quando um único médium interroga vários espíritos sobre um ponto duvidoso. É evidente que, se ele estiver sob o domínio de uma obsessão, ou se estiver em sintonia com um espírito mistificador, este pode-lhe transmitir um mesmo conteúdo, assinando nomes diferentes. Do mesmo modo, não há garantia suficiente quanto à conformidade que se possa obter pelos médiuns de um mesmo centro, porque todos podem estar sob a mesma influência.

A única garantia segura quanto ao ensinamento dos espíritos está na concordância existente entre as revelações feitas espontaneamente por um grande número de médiuns, estranhos uns aos outros, e em diversos lugares.

Entenda-se que não se trata absolutamente de comunicações relativas a interesses secundários, mas às que se referem aos princípios da doutrina espírita. A experiência prova que quando um novo princípio deve ser revelado, ele é transmitido *espontaneamente,* e ao mesmo tempo, em diferentes lugares e de maneira idêntica, senão na forma, pelo menos em sua essência. Então, se um espírito formular uma teoria excêntrica, baseada em suas idéias e distante da verdade, podemos estar certos de que sua teoria ficará *restrita* e fracassará diante da unanimidade das instruções vindas de várias partes, conforme disso já tivemos vários exemplos. Foi essa unanimidade que fez caírem por terra todas as teorias sectárias que apareceram com o surgimento do espiritismo, quando cada um explicava os fenômenos ao seu modo, antes que se conhecessem as leis que regem as relações entre o mundo visível e o invisível.

Essa é a base em que nos apoiamos para formular um princípio da doutrina. Não é por estar de acordo com nossas idéias que o damos por verdadeiro. Não nos colocamos, de forma alguma, como árbitro supremo da verdade, e não dizemos a ninguém: "Acreditem em tal coisa, pois somos nós quem a dizemos". A nosso ver, nossa opinião não passa de uma opinião pessoal que pode ser verdadeira ou falsa, porque não somos mais infalíveis do que qualquer outra pessoa. Não é também porque um princípio nos é ensinado que passa a ser verdade para nós, mas sim porque foi aprovado e está em conformidade com a doutrina espírita.

Na posição em que nos encontramos, recebendo comunicações de quase mil centros espíritas sérios, espalhados pelos diversos pontos do globo, estamos em condições de analisar os princípios sobre os quais a concordância se estabelece. Foi essa observação que nos guiou até agora e que nos guiará nos novos campos em que o espiritismo está sendo desafiado a explorar.

É assim que, ao estudar atentamente as comunicações vindas de várias partes, tanto da França como do exterior, reconhecemos, pela natureza toda especial das revelações, que existe uma tendência a seguir um novo caminho, e que é chegada a hora de dar um passo à frente. Essas revelações, algumas vezes transmitidas de forma velada, passaram despercebidas por muitos dos que as obtiveram. Outros julgaram tê-las recebido com exclusividade. Por isso é que, consideradas isoladamente, elas não teriam valor para nós: só a coincidência lhes dá seriedade. Depois, quando chega o momento de publicá-las, cada um se lembra, então, de ter recebido instruções no mesmo sentido. É este o movimento geral que observamos e estudamos, assistidos por nossos guias espirituais, e que nos ajuda a decidir sobre o momento oportuno para fazer ou não determinada coisa.

Esse controle universal garantirá a unidade futura do espiritismo e anulará todas as teorias contraditórias. É por intermédio dele que se encontrará o critério da verdade. O que determinou o sucesso da doutrina formulada em *O Livro dos Espíritos* e *O Livro dos Médiuns* foi justamente a confirmação dos ensinamentos neles contidos, recebida por vários médiuns em diferentes lugares. Mas se, ao contrário, os espíritos tivessem vindo contradizê-los, essas obras teriam tido o mesmo destino de todas as criações fantasiosas, pois nem a boa vontade da imprensa as teria salvo do fracasso. No entanto, mesmo não tendo contado com esse apoio, eles se disseminaram amplamente porque estavam respaldados pela Espiritualidade. O mesmo ocorrerá com todas as idéias, quer sejam emanadas de espíritos ou de homens, que não conseguirem passar pela prova desse controle, cujo poder ninguém pode contestar.

Suponhamos, então, que alguns espíritos resolvessem ditar, sob um título qualquer, um livro em sentido contrário. Suponhamos mesmo que, com uma intenção hostil, e pretendendo desacreditar a doutrina espírita, a malevolência suscitasse comunicações falsas. Que importância poderiam ter essas mensagens se, por toda parte, fossem desmentidas pelos espíritos? Seria necessário certificar-se da adesão da Espiritualidade, antes de lançar nova teoria em seu nome. Da verdade de um só, à verdade de todos, há a distância da unidade ao Infinito. Que poder têm sobre a opinião das massas todos os argumentos dos difamadores, quando milhões de vozes amigas vindas do Espaço surgem de todos os cantos do Universo, e no seio de cada família, para contradizê-los? Com relação a esse aspecto, a experiência já não confirmou a teoria? O que aconteceu com todas as publicações que tinham a pretensão de acabar com o espiritismo? Qual delas conseguiu sequer frear-lhe o avanço? Até agora, não se tinha encarado a questão sob esse ponto de vista, sem dúvida um dos mais graves, pois cada um desses difamadores confiava somente em si mesmo, sem contar com a aprovação dos espíritos.

O princípio da concordância é também uma garantia contra as alterações que poderiam infligir ao espiritismo as seitas que gostariam de apropriar-se dele em proveito próprio, adaptando-o a seu bel-prazer. Alguém que tentasse fazê-lo desviar-se de seu objetivo providencial fracassaria, pela simples razão de que os espíritos, por meio da universalidade dos seus ensinamentos, fariam cair por terra toda modificação que se afastasse da verdade.

Resulta de tudo isso uma verdade fundamental: é que quem quisesse opor-se à corrente de idéias estabelecidas e aprovadas pela Espiritualidade poderia provocar uma pequena perturbação local e momentânea, porém jamais dominar o conjunto, mesmo no presente, menos ainda no futuro. Fica evidente também que as instruções dadas pelos espíritos sobre pontos da doutrina espírita ainda não elucidados não poderão constituir preceito, tanto que ficarão em suspenso, não devendo ser aceitas, a não ser com a máxima reserva, a título de informação. Daí a necessidade de prudência na sua publicação. E, caso se acredite que devam ser publicadas, é importante apresentá-las apenas como opiniões individuais, sujeitas à confirmação. É essa confirmação que se deve aguardar antes de se apresentar um princípio como verdade absoluta, se não se quiser ser acusado de leviandade ou de credulidade precipitada.

Em suas revelações, os espíritos superiores procedem com extrema prudência: só abordam as grandes questões da doutrina espírita gradualmente, à medida que a inteligência do homem esteja preparada para compreender verdades de ordem mais elevada, e que as circunstâncias sejam favoráveis à emissão de uma idéia nova. É por isso que eles não disseram tudo desde o começo, e ainda hoje não o fizeram, jamais cedendo à impaciência das pessoas demasiado apressadas que querem colher os frutos antes que amadureçam. Seria inútil, portanto, querer antecipar o tempo designado pela Providência para cada coisa, pois os espíritos realmente sérios negariam terminantemente sua ajuda. Já os espíritos levianos, pouco preocupados com a verdade, respondem a tudo. Este é o motivo pelo qual, para todas as perguntas prematuras, há sempre respostas contraditórias.

Os princípios acima não são, absolutamente, produto de uma teoria pessoal, mas a inevitável consequência das condições em que os espíritos se manifestam. É mais do que evidente que, se um espírito diz uma coisa num lugar, enquanto milhões de outros dizem o contrário em outros pontos, a verdade não pode estar com o único a ter aquela opinião, pois pretender ter razão sozinho, contra todos, seria ilógico, tanto da parte de um espírito como da parte dos homens. Os espíritos verdadeiramente sábios, quando não se sentem suficientemente esclarecidos sobre uma questão, *jamais* a decidem de maneira absoluta. Ao contrário, declaram abordá-la apenas sob seu próprio ponto de vista, e recomendam que se aguarde a confirmação.

Por mais grandiosa, bela e justa que seja uma idéia, é impossível que ela reúna, desde o início, uma unanimidade de opiniões. As divergências de opinião que dela resultam são consequência inevitável do movimento que desencadeia; são mesmo necessários para dar realce à verdade, e é bom que aconteçam logo no princípio, para que as idéias falsas sejam mais depressa descartadas. Os espíritas que alimentam qualquer receio com relação a isso, devem se tranquilizar, pois todas as pretensões isoladas cairão por terra, diante do grande e poderoso critério do controle universal.

Não é, portanto, à opinião de um só homem que se deve aderir, mas à voz unânime dos espíritos. Não é um homem, *muito menos nós ou qualquer outro,* quem fundará a ortodoxia espírita, nem tampouco um espírito vindo impor-se a quem quer que seja. O caráter essencial da doutrina espírita, sua força e sua autoridade, estão na universalidade da comunicação dos espíritos, por toda a Terra, por ordem de Deus. Ele quis que Sua Lei fosse alicerçada sobre uma base inabalável; por isso não a confiou à cabeça frágil de um único homem.

Diante desse poderoso tribunal, que não admite conchavos, rivalidades, vaidades, sectarismos, é que irão desfazer-se todas as oposições, todas as ambições e pretensões à supremacia individual, ***pois nós mesmos nos destruiríamos se quiséssemos substituir esses decretos soberanos pelas nossas próprias idéias.*** Somente ele decidirá todas as questões dúbias, fará calar as dissidências e desaprovará, ou dará razão, a quem de direito. Que pode a opinião de um homem ou de um espírito diante desse grandioso coro de *vozes do Céu?* Menos que uma gota d'água que se perde no oceano, menos que uma voz infantil abafada pela tempestade.

A opinião universal, este é o juiz supremo que decide em última instância! Ela é formada por todas as opiniões individuais. Se uma delas é verdadeira, tem apenas um peso relativo na balança; se é falsa, não pode se sobrepor às outras. Nessa imensa competição, as individualidades desaparecem, o que representa um golpe no orgulho humano.

Esse harmonioso conjunto já se delineia. Este século não passará sem que ele resplandeça com todo o seu brilho, de modo a dissipar todas as incertezas, pois daqui para frente poderosas vozes receberão a missão de se fazer ouvir, a fim de unir os homens sob a mesma bandeira, assim que o campo for adequadamente preparado. Quem estiver indeciso entre duas teorias opostas poderá observar para que direção flui a opinião geral: é o indício do sentido em que se pronuncia a maioria dos espíritos nos diversos lugares onde se comunicam; é um sinal seguro sobre qual delas prevalecerá.

III. Notas históricas

Para melhor compreender algumas passagens dos evangelhos, é preciso conhecer o significado de várias palavras que neles são empregadas repetidamente e que caracterizam a condição dos costumes e da sociedade judaica daquela época. Não tendo para nós a mesma acepção, essas palavras foram muitas vezes mal interpretadas, dando margem a certas dúvidas. A compreensão exata do seu significado explica o sentido verdadeiro de determinadas máximas que, à primeira vista, parecem estranhas.

Samaritanos: Após a separação das dez tribos, a cidade de Samaria passou a ser a capital do reino dissidente de Israel. Destruída e reconstruída várias vezes, foi, sob o Império Romano, a sede política de Samaria, uma das quatro divisões da Palestina. Herodes, chamado "o Grande", embelezou-a com monumentos suntuosos, e, para agradar a Augusto, imperador romano, deu-lhe o nome de *Augusta*, em grego *Sebaste*.

Os samaritanos estiveram quase sempre em guerra com os reis de Judá. Uma aversão profunda, desde a época da separação, perpetuou-se entre os dois povos, que evitavam qualquer relação entre si. Para aprofundar ainda mais a cisão, e não terem de ir a Jerusalém para a celebração das festas religiosas, os samaritanos construíram um templo particular e adotaram algumas reformas: só admitiam o *Pentateuco*, que continha a lei de Moisés, e rejeitavam todos os demais livros que lhe foram anexados posteriormente. Seus livros sagrados eram escritos em caracteres hebraicos da mais remota antiguidade. Na opinião dos judeus ortodoxos, eles eram hereges e, por isso, desprezados, execrados e perseguidos. A rivalidade entre as duas nações tinha, portanto, como único motivo a divergência de opinião religiosa, embora a crença de ambas tivesse a mesma origem. Eram os *protestantes* daquele tempo.

Ainda hoje encontram-se samaritanos em algumas regiões do Oriente, particularmente em Nablus e em Jaffa. Eles seguem as leis de Moisés mais rigorosamente do que os outros judeus, e só se casam entre si.

Nazarenos: Nome dado, na época, aos judeus que faziam voto perpétuo, ou temporário, de manter-se em pureza absoluta. Adotavam a castidade, a abstinência de bebidas alcoólicas e usavam cabelos longos. Sansão, Samuel e João Batista eram nazarenos. Mais tarde, os judeus deram esse nome aos primeiros cristãos, por alusão a Jesus de Nazaré.

Esse foi também o nome de uma seita herética dos primeiros séculos da era cristã que, tal como a dos ebionitas,[3] de quem adotou alguns princípios, misturava práticas do mosaísmo aos dogmas cristãos. Essa seita desapareceu no século quatro.

---

3 Ebionita: Seita judaico-cristã que perdurou do século I ao IV e que professava a conservação da circuncisão e da celebração aos sábados, no cristianismo.

Publicanos: Eram assim chamados, na antiga Roma, os cavaleiros arrendatários das taxas públicas, encarregados da cobrança dos impostos e rendas de toda espécie, quer na própria Roma, quer em outros pontos do Império. Assemelhavam-se aos arrematantes de impostos gerais do antigo regime na França, tal como ainda existem em algumas regiões. Os riscos que corriam para realizar essa tarefa faziam com que as pessoas fechassem os olhos para as riquezas que eles adquiriam e que, em muitos casos, eram produto de cobranças indevidas e favores escandalosos.

O termo *publicano* estendeu-se mais tarde a todos os que administravam o dinheiro público, e também aos seus agentes subalternos. Hoje, usa-se em sentido pejorativo para designar financistas e administradores pouco escrupulosos. Às vezes se diz: "Insaciável como um publicano; rico como um publicano", com relação a quem possui uma fortuna mal adquirida.

Durante a dominação romana, o que mais irritava os judeus era a cobrança de impostos. Como eles consideravam uma pratica contrária a lei, tinham dificuldade em aceitá-la, o que deu origem a várias revoltas e transformou-se numa questão religiosa. Formou-se então um partido forte, a cuja frente estava um certo Judá, conhecido como Gaulonita, que tinha por princípio a rejeição aos impostos. Por esse motivo, os judeus abominavam os encarregados de cobrá-los. Daí sua aversão aos publicanos, entre os quais encontravam-se pessoas muito dignas que, ainda assim, eram desprezadas, por desempenhar tais funções. Todos com quem elas se relacionavam eram englobados na mesma reprovação. Judeus honrados achavam que, ao ter intimidade com essas pessoas, estariam expondo sua reputação.

Portageiros: Eram cobradores de categoria mais inferior, encarregados principalmente da cobrança dos pedágios, na entrada das cidades. Suas funções correspondiam às dos agentes alfandegários e coletores dos postos fiscais. Geralmente, partilhavam da mesma rejeição aplicada aos publicanos. Essa é a razão pela qual frequentemente se encontra no *Evangelho* a palavra *publicano* ligada à expressão *gente de má vida*. Contudo, essa qualificação não significava *devassos* ou *de mora-*

lidade duvidosa. Era apenas uma manifestação de desprezo, sinônimo de *gente mal acompanhada*, indigna de conviver com *pessoas de bem*.

Fariseus (do hebraico *parasch*, que significa *divisão, separação*): A *tradição* era uma parte importante da teologia judaica. Consistia numa coletânea de sucessivas interpretações dadas ao sentido das *Escrituras*, e que haviam se transformado em artigos de dogma. Era motivo de intermináveis discussões entre os doutores, que, na maioria das vezes, apegavam-se mais a questões ligadas a simples palavras ou formas, assemelhando-se às disputas ideológicas e às sutilezas da escolástica[4] da Idade Média. Daí se originaram diferentes seitas, cada uma delas pretendendo deter o monopólio da verdade, e, como quase sempre acontece, detestavam-se cordialmente.

A mais influente dessas seitas era a dos *fariseus*, que teve por chefe *Hillel*, doutor judeu nascido na Babilônia, fundador de uma escola famosa onde se ensinava que se devia ter fé somente nas *Escrituras*. Sua origem remonta aos anos 180 ou 200 a.C. Os fariseus foram perseguidos em várias ocasiões, particularmente sob o domínio de Hircano, sumo pontífice e rei dos judeus, e Aristóbulo e Alexandre, reis da Síria. Como este último lhes restituiu as honrarias e bens, eles recuperaram o poderio, conservando-o até a *ruína de Jerusalém*, no ano 70 da era cristã, época em que desapareceram em consequência da dispersão dos judeus.

Os fariseus participavam ativamente das discussões religiosas. Eram servis cumpridores das práticas exteriores do culto e das cerimônias; zelavam fervorosamente pelo ritualismo; posicionavam-se contra os inovadores, e dissimulavam uma grande severidade de princípios. Porém, sob a aparência de uma devoção meticulosa, ocultavam-se maus costumes, orgulho e, acima de tudo, um desmedido amor à dominação. A religião para eles era mais um meio de vencer na vida do que objeto de uma fé sincera. Possuíam apenas aparência e ostentação de virtude, mas, ainda assim, exerciam grande influência

---

4 Escolástica: Segmento da filosofia medieval surgida da necessidade de responder às exigências da fé ensinada pela Igreja, considerada guardiã dos valores espirituais e morais cristãos.

sobre o povo, a cujos olhos passavam por santas criaturas. Eis por que eram muito poderosos em Jerusalém.

Acreditavam, ou pelo menos alardeavam acreditar, na Providência, na imortalidade da alma, na eternidade das penas e na ressurreição dos mortos (Veja capítulo 4, número 4, desta obra). Jesus, que prezava acima de tudo pela simplicidade e pelas qualidades do coração, que, da Lei, preferia *o espírito que vivifica à letra que mata,* durante toda a Sua missão empenhou-Se em desmascarar-lhes a hipocrisia, obtendo entre eles, consequentemente, inimigos encarniçados. Foi por isso que os fariseus se uniram aos príncipes dos sacerdotes para amotinar o povo contra Jesus e crucificá-Lo.

Escribas: Nome dado, a princípio, aos secretários dos reis de Judá e a alguns intendentes dos exércitos judeus. Mais tarde, essa denominação foi aplicada especialmente aos doutores que ensinavam a lei de Moisés e a interpretavam para o povo. Assemelhavam-se aos fariseus, com quem partilhavam os mesmos princípios, os interesses e a antipatia pelos inovadores, motivo pelo qual Jesus os colocou na mesma reprovação.

Sinagoga (do grego *synagoge,* que quer dizer *assembléia, congregação*): Na Judéia havia um único templo que ficava em Jerusalém. Era o Templo de Salomão, onde eram celebradas as grandes cerimônias do culto. Todos os anos, os judeus se dirigiam para lá em peregrinação, por ocasião de festas como a Páscoa, a Consagração e os Tabernáculos. Foi nessas ocasiões que Jesus fez várias viagens a Jerusalém. As outras cidades não possuíam templos, mas sim sinagogas, que eram edifícios onde os judeus se reuniam aos sábados para fazer preces públicas, sob a direção dos anciãos, dos escribas ou doutores da lei. Lá se faziam também leituras extraídas dos livros sagrados, com explicações e comentários, cuja participação era aberta a todos. Por isso é que Jesus, sem ser sacerdote, ensinava nas sinagogas nos dias de sabádo.

A partir da ruína de Jerusalém e da dispersão dos judeus, as sinagogas das cidades onde passaram a morar serviam-lhes de templos para a celebração do culto.

Saduceus: Seguidores da seita judaica que se formou por

volta do ano 248 a.C., assim denominada em homenagem ao seu fundador, *Sadoc*. Os saduceus não acreditavam na imortalidade da alma nem na ressurreição, tampouco em anjos bons ou maus. No entanto, acreditavam em Deus. Mas, como nada esperavam depois da morte, só serviam a Ele com vistas a recompensas momentâneas, ao que acreditavam se limitar Sua providência. Assim, conforme achavam, a satisfação dos sentidos era o objetivo essencial da vida. Quanto às ***Escrituras***, atinham-se ao texto da lei antiga, não admitindo nem a tradição nem qualquer outra interpretação. Colocavam as boas obras e a execução pura e simples da lei acima das práticas exteriores do culto. Como se pode concluir, eram os materialistas, os deístas e os sensualistas da época. Era uma seita pouco numerosa, mas contava com figuras importantes, e transformou-se num partido político em constante oposição aos fariseus.

Essênios ou **Esseus**: Seita judaica fundada por volta de 150 a.C., do tempo dos macabeus,[5] e cujos membros, que habitavam espécies de mosteiros, formavam entre si um tipo de associação moral e religiosa. Distinguiam-se por seus hábitos moderados e virtudes austeras; ensinavam o amor a Deus e ao próximo, a imortalidade da alma, e acreditavam na ressurreição. Viviam em celibato; condenavam a escravidão e a guerra; dispunham de seus bens em comunidade e se dedicavam à agricultura. Ao contrário dos saduceus, que negavam a imortalidade da alma, e dos fariseus, rigorosos quanto às práticas exteriores e cuja virtude era apenas aparente, os essênios nunca participaram das querelas que dividiram as outras duas seitas. Sua maneira de viver assemelhava-se à dos primeiros cristãos, e os princípios morais que professavam fizeram com que algumas pessoas pensassem que Jesus teria sido membro dessa seita, antes do início de sua missão pública. O certo é que Jesus possivelmente a conheceu, mas nada prova que foi filiado a ela, e tudo que se escreveu a esse respeito é mera suposição.[6]

---

5 Macabeus: Seguidores do sumo sacerdote Matatias Macabeu, que reinou na Palestina de 142 a 63 a.C.

6 *A Morte de Jesus*, supostamente escrita por um irmão essênio, é um livro absolutamente apócrifo, escrito com a finalidade de servir a um propósito, mas que encerra em si mesmo a prova de sua origem moderna.

Terapeutas (do grego *therapeutaï*, derivado de *therapeueïn*, cujo significado é ***servir, cuidar***, ou seja, ***servidores de Deus*** ou ***curadores***): Judeus contemporâneos seguidres de Cristo, estabelecidos principalmente em Alexandria, no Egito, tinham muita afinidade com os essênios. Como estes últimos, consagravam-se à prática das virtudes. Preferiam uma alimentação completamente frugal; eram voltados ao celibato, à contemplação e à vida solitária, constituindo uma verdadeira ordem religiosa. Fílon, filósofo judeu seguidor de Platão, foi o primeiro a se referir aos terapeutas como membros de uma seita do judaísmo. Eusébio, São Jerônimo e outros representantes da Igreja achavam que eles eram cristãos. Quer tenham sido judeus ou cristãos, é evidente que, assim como os essênios, constituíram o traço de união entre o judaísmo e o cristianismo.

IV. Sócrates e Platão, precursores dos ensinamentos do Cristo

Com relação à suposição de que Jesus conheceu a seita dos essênios, seria um equívoco concluir que dela extraiu os Seus ensinamentos, e que, se tivesse vivido em outro meio, teria professado outros princípios, pois as grandes idéias nunca são relevadas subitamente; ao contrário, as que têm por fundamento a verdade, contam sempre com precursores que lhes preparam parcialmente o caminho. Mais tarde, ao chegar o momento certo, Deus envia um missionário para reunir, coordenar e completar os elementos dispersos, dando-lhes forma única. Desse modo, com o terreno já preparado, as verdades encontram espíritos aptos a aceitá-las. Assim aconteceu com a idéia cristã, que foi pressentida vários séculos antes de Jesus e dos essênios, e da qual Sócrates e Platão foram os principais precursores.

Tal como Jesus, Sócrates nada deixou por escrito. E também como Jesus, morreu vítima do fanatismo por ter contestado as crenças da época e colocado a virtude acima da hipocrisia e da ilusão das formas. Em resumo: morreu por ter combatido os preconceitos religiosos. Do mesmo modo como acusaram Jesus de ter corrompido o povo com os Seus ensinamentos, Sócrates também foi vítima dos fariseus de sua época, que o acusaram de desvirtuar a juventude, ao proclamar a crença em um único Deus, a imortalidade da alma e a vida futura. Assim como só conhecemos a doutrina de Jesus pelos escritos de Seus discípulos, também só conhecemos a de Sócrates pelo que Platão escreveu. Por isso, é interessante resumir aqui seus pontos mais relevantes, para demonstrar sua concordância com os princípios do cristianismo.

Aos que porventura viessem a encarar essa analogia como uma profanação, e afirmassem que não pode haver qualquer semelhança entre a doutrina de um pagão e a do Cristo, responderíamos afirmando que a doutrina de Sócrates não era de forma alguma pagã, uma vez que seu propósito era justamente combater o paganismo; que a doutrina de Jesus, mais completa e aprimorada que a de Sócrates, nada tem a perder com essa comparação; e que a grandeza da missão divina do Cristo não seria diminuída com isso. Além do mais, trata-se de um fato histórico que não pode ser negado.

O homem chegou a um tempo em que a luz emerge por si mesma, de debaixo do alqueire, e ele já está amadurecido para encará-la. Quanto aos que não querem enxergá-la, pior para eles. É chegado o momento de encarar as coisas ampla e abertamente; e não mais do ponto de vista mesquinho e acanhado dos interesses de seitas e castas.

As citações a seguir provarão que, se Sócrates e Platão pressagiaram as idéias cristãs, também encontramos na doutrina de ambos os princípios fundamentais do espiritismo.

Resumo da doutrina de Sócrates e de Platão

> 1. O homem é uma alma encarnada. Antes de sua encarnação, ela existia unida aos modelos primordiais, às idéias do verdadeiro, do bem e do belo. Ao encarnar, separou-se deles, e, recordando tudo isso, sente-se atormentada pelo desejo de retornar ao seu estado original.

Não é possível enunciar mais claramente a diferença e a independência entre o princípio inteligente (a alma) e o material (o corpo). Está aí a doutrina da preexistência da alma, da vaga intuição que ela conserva de um outro mundo ao qual aspira retornar, de sua sobrevivência à morte, de sua saída do mundo espiritual para reencarnar, e de seu retorno a esse mesmo mundo, após a morte. Enfim, é o princípio da doutrina dos anjos decaídos.

> 2. A alma se desvia e se perturba quando se serve do corpo para apreciar assuntos ligados a conceitos materiais: tem vertigens, como se estivesse embriagada, porque se prende a coisas que, por sua natureza, estão sujeitas a mudanças. Ao passo que, quando ela contempla sua própria essência, volta-se para o que é puro, eterno, imortal, e, sendo da mesma natureza, permanece nesse estado o maior tempo possível. Então, cessam suas perturbações, pois está unida ao que é imutável. É a esse estado da alma que chamamos *sabedoria*.

Assim, ilude-se o homem que considera as coisas somente sob o ponto de vista material. Para apreciá-las corretamente, é preciso observá-las do ponto de vista espiritual. O verdadeiro sábio, portanto, deve saber separar, por assim dizer, a alma do corpo, para ver com os olhos do espírito. É o que ensina o espiritismo. (Veja capítulo 2, número 5, desta obra).

> 3. Enquanto possuirmos um corpo, e a alma estiver nele mergulhada, jamais atingiremos o objeto de nossos desejos: a verdade. De fato, o corpo nos oferece mil dificuldades, pela necessidade que temos de cuidar dele. Além do mais, enche-nos de desejos, de apetites, de temores, de mil ilusões e tolices, de modo que, com ele, é impossível ser sensato por um instante sequer. Mas, se não é possível apreciar coisa alguma com pureza quando a alma está ligada ao corpo, de duas uma: ou jamais conheceremos a verdade, ou só a conheceremos após a morte. É de se esperar que, livres dos caprichos do corpo, conversaremos então com homens igualmente livres, e conheceremos por nós mesmos a essência das coisas. Eis por que os verdadeiros filósofos se preparam para morrer, e a morte, de maneira alguma, lhes parece assustadora. (Veja a obra *Céu e Inferno*, 1ª parte, capítulo 2; 2ª parte, capítulo 1).

Eis o princípio das faculdades da alma, ofuscadas pelas sensações dos órgãos corporais, e da expansão dessas faculdades depois da morte. Trata-se aqui, no entanto, só de almas evoluídas, já depuradas; não ocorrendo o mesmo com as almas impuras.

> 4. A alma impura, neste estado, encontra-se entorpecida e é novamente arrastada ao mundo visível pelo horror ao que é sutil e imaterial. Diz-se então que ela fica vagando ao redor dos túmulos, junto aos quais podem-se ver fantasmas lúgubres,

como deve ser a imagem das almas que deixaram o corpo sem estar inteiramente depuradas, e que ainda conservam algo da forma material, o que faz com que possamos percebê-las. Estas não são as almas dos bons, e sim a dos maus, forçadas a vagar por esses lugares carregando consigo as mazelas de vida passada, até que os desejos inerentes à forma material que tanto as atraem reconduzam-nas a um outro corpo. Então, sem dúvida, retomam os mesmos hábitos de vida anterior.

Não só o princípio da encarnação está aqui expresso claramente, como também o estado das almas que ainda estão sob o domínio da matéria é descrito exatamente como o mostra o espiritismo em suas evocações. Mais ainda: dá a entender que a reencarnação num corpo material é uma consequência da impureza da alma, ao passo que as almas purificadas estão isentas de nova encarnação. O mesmo diz o espiritismo, apenas acrescentando que a alma que tomou boas resoluções na erraticidade,[7] e que adquiriu conhecimentos ao renascer, traz menos defeitos, mais virtudes e mais idéias intuitivas do que possuía em sua existência anterior. Portanto, cada existência assinala uma evolução intelectual e moral. (Veja a obra *Céu e Inferno*, 2ª parte: Exemplos).

5. Após nossa morte, o gênio (*daimon*, demônio) que nos foi designado durante a vida nos leva a um lugar onde se reúnem todos os que devem ser conduzidos ao Hades,[8] para lá serem julgados. Depois de terem permanecido no Hades o tempo necessário, as almas são reconduzidas a esta vida por numerosos e longos períodos.

Essa é a doutrina dos anjos guardiões, ou espíritos protetores, e das sucessivas reencarnações, após intervalos relativamente longos de erraticidade.

6. Os demônios ocupam o espaço que separa o Céu da Terra. São o vínculo que une o Grande Todo consigo mesmo. Como a Divindade jamais entra em comunicação direta com os homens, é por intermédio dos demônios que os deuses falam e se comunicam com eles, quer durante o sono, quer em estado de vigília.

7 Erraticidade: Intervalo de tempo entre as existências corporais (Veja mais detalhes no capítulo 3, número 2, desta obra).
8 Hades: Alusão aos subterrâneos da crosta terrestre; possivelmente aos umbrais.

A palavra *daimon,* da qual derivou *demônio,* não tinha antigamente o significado pejorativo que tem hoje. Não se referia exclusivamente a seres malignos, mas aos espíritos em geral, entre os quais se destacavam os espíritos superiores, chamados *deuses,* e os espíritos menos elevados, ou demônios propriamente ditos, que se comunicavam diretamente com os homens. O espiritismo também diz que os espíritos habitam o Espaço; que Deus só Se comunica com os homens por intermédio de espíritos puros, encarregados de transmitir Suas Vontades; que os espíritos se comunicam com os homens, tanto durante a vigília como durante o sono. Se substituirmos a palavra *demônio* pela palavra *espírito*, teremos a doutrina espírita; se usarmos a palavra *anjo*, teremos a doutrina cristã.

> 7. A constante preocupação do filósofo (tal como o entendiam Sócrates e Platão) é ter mais cuidado com a alma do que com esta vida, que não passa de um instante perante a eternidade. Se a alma é imortal, não é sensato viver visando à eternidade?

O cristianismo e o espiritismo ensinam a mesma coisa.

> 8. Se a alma é imaterial, ela deve, após a vida, seguir para um mundo igualmente invisível e imaterial, assim como o corpo, ao se decompor, retorna à matéria. É importante, porém, distinguir convenientemente a alma pura, verdadeiramente imaterial, que, como Deus, se nutre de ciências e de pensamentos, da alma mais ou menos corrompida por impurezas materiais, que a impedem de elevar-se ao Divino e a retém no ambiente terreno.

Como se vê, Sócrates e Platão compreendiam perfeitamente os diversos graus de depuração da alma, pois ambos insistiam na diferença da situação de cada alma, em decorrência de sua *maior ou menor* pureza. O que eles diziam por intuição, o espiritismo prova por meio de inúmeros exemplos que nos coloca diante dos olhos. (Veja a obra *Céu e Inferno*, 2ª parte).

> 9. Se a morte fosse a dissolução total do homem, os maus teriam uma grande vantagem, porque, ao morrer, se livrariam ao mesmo tempo do corpo, da alma e dos vícios. Só quem adornou a alma, não com enfeites exóticos, mas com os que

lhe são próprios, poderá aguardar tranquilamente o momento de partir para o outro mundo.

Em outras palavras, os filósofos quiseram dizer que o materialismo, que proclama o nada após a morte, seria a negação de toda a responsabilidade moral posterior ao desenlace e, consequentemente, um estímulo ao mal; que somente os maus têm a ganhar com o nada; e que o homem que se libertou dos vícios e aperfeiçoou-se em virtudes pode esperar tranquilamente o despertar na outra vida. Pelos exemplos que diariamente nos expõe, o espiritismo nos demonstra como são penosos para o mau a passagem de uma vida à outra e o ingresso na vida futura. (Veja a obra *Céu e Inferno*, 2ª parte, capítulo 1).

10. O corpo conserva vestígios bem nítidos dos cuidados que se teve com ele, ou dos acidentes que sofreu. O mesmo acontece com a alma: uma vez despojada do corpo, guarda consigo sinais evidentes do seu caráter, de suas tendências, e as impressões causadas por cada ato cometido durante a vida. Assim, a maior infelicidade que pode ocorrer a um homem é passar para o outro mundo com a alma carregada de culpa. Vês, Cálicles, que nem tu, nem Pólux, nem Górgias poderíeis provar que devemos levar uma outra vida que nos seja mais útil quando formos para lá. Entre tantas opiniões diferentes, a única que permanece inabalável é a de que mais vale sofrer uma injustiça do que cometê-la, e que, acima de tudo, não devemos nos empenhar apenas em parecer homens de bem, devemos realmente sê-lo. (Diálogos de Sócrates com seus discípulos na prisão).

Encontramos aqui outro ponto fundamental, hoje confirmado pela experiência, de que a alma não depurada conserva as idéias, as tendências, o caráter e as paixões que tinha na Terra. A máxima *Mais vale sofrer uma injustiça do que cometê-la*, não é perfeitamente cristã? É o mesmo pensamento expresso por Jesus nesta alegoria: *Se alguém vos bater numa face, oferecei-lhe a outra*. (Veja capítulo 12, números 7 e 8, desta obra).

11. De duas uma: ou a morte é uma destruição total, ou é a passagem da alma para outro lugar. Se tudo deve extinguir-se, a morte será como uma dessas raras noites que passamos

sem sonhar e sem a mínima consciência de nós mesmos. Se a morte, porém, é apenas uma mudança de morada, a passagem para um lugar onde os mortos devem reunir-se, que felicidade encontrar lá aqueles a quem conhecemos! Meu maior prazer seria examinar de perto os habitantes dessa morada e entre eles distinguir, como aqui, os que são sábios dos que julgam sê-lo e não o são. Mas é tempo de nos separar: eu para morrer; vós para viver. (Sócrates aos seus juízes).

Segundo Socrates, os homens que viveram na Terra se encontram após a morte e se reconhecem. O espiritismo nos mostra exatamente isto: que os espíritos dão continuidade aos relacionamentos mantidos quando encarnados, de tal modo que a morte não é nem uma interrupção nem o término da vida, mas uma transformação, sem solução de continuidade.

Se Sócrates e Platão tivessem conhecido os ensinamentos transmitidos por Jesus, quinhentos anos mais tarde, e os que o espíritismo nos ensina hoje, teriam falado da mesma maneira. Nada disso deve nos surpreender, se considerarmos que as grandes verdades são eternas e que os espíritos adiantados delas tomaram conhecimento antes de vir para a Terra, para onde as trouxeram. Se consideramos ainda que Sócrates, Platão, e os grandes filósofos de seu tempo, talvez estivessem mais tarde entre os que auxiliaram o Cristo em Sua divina missão, sendo escolhidos exatamente porque, mais do que outros, estavam em condições de compreender os Seus sublimes ensinamentos. E que, enfim, eles hoje podem estar fazendo parte do seleto grupo de espíritos encarregados de vir ensinar aos homens as mesmas verdades.

12. Jamais devemos retribuir uma injustiça com outra injustiça, nem fazer mal a quem quer que seja, não importa o dano que nos tenha causado. Poucas pessoas, porém, admitirão esse princípio; e as que discordarem disso, devem apenas não fazer caso umas das outras.

Não está aqui o princípio da caridade, que nos ensina a não pagar o mal com o mal, e a perdoar nossos inimigos?

13. É pelos frutos que se conhece a árvore. Deve-se considerar cada ação segundo o seu resultado: chamá-la *má* quando causar danos, e *boa* quando produzir benefícios.

A máxima *É pelos frutos que se conhece a árvore* é repetida textualmente muitas vezes no *Evangelho*.

> 14. A riqueza é um perigo enorme. Todo homem que ama a riqueza não ama a si mesmo nem ao que lhe pertence, pois quer sempre algo que ainda não possui. (Veja capítulo 16 desta obra).

> 15. As mais belas preces e os mais belos sacrifícios agradam menos à Divindade que uma alma virtuosa que se esforça por assemelhar-se a Ela. Seria grave se os deuses se interessassem mais por nossas oferendas do que por nossa alma. Se assim fosse, os mais culpados poderiam fazer com que os olhassem com mais benevolência. Mas não! Só são verdadeiramente justos e sábios aqueles que, por palavras e atos, cumprem seus deveres para com os deuses e os homens. (Veja capítulo 10, números 7 e 8, desta obra).

> 16. Chamo homem degenerado ao amante vulgar que ama mais ao corpo que à alma. O amor está por toda parte na natureza, convidando-nos a exercitar nossa inteligência; nós o encontramos até no movimento dos astros. É o amor que embeleza a natureza com seus ricos tapetes; ele se enfeita, e, onde encontra flores e perfumes, faz sua morada. É também o amor que dá paz aos homens, calmaria ao mar, silêncio aos ventos e insensibilidade à dor.

O amor, que deve unir os homens por um laço fraterno, é uma consequência dessa teoria de Platão sobre o amor universal, como lei natural. Tendo Sócrates dito que "o amor não é um deus nem um mortal, e sim um grande demônio", ou seja, um grande espírito presidindo o amor universal, essa afirmação lhe foi atribuída como crime.

> 17. A virtude não pode ser ensinada; ela vem por uma graça de Deus aos que a possuem.

Essa é, mais ou menos, a doutrina cristã sobre o amparo divino. Mas, se a virtude é uma dádiva de Deus, se é um favor, podemos nos perguntar por que não é concedida a todos. Por outro lado, se é um dom, não há mérito para quem a possui? O espiritismo é mais explícito: diz que quem possui a virtude a conquistou por esforço próprio em suas sucessivas existências, despojando-se pouco a pouco de suas imperfeições. A graça é a força com que Deus ajuda todo homem de boa vontade a renunciar ao mal e a fazer o bem.

> 18. Em todos nós existe uma tendência natural de perceber bem menos nossos defeitos do que os dos outros.

O *Evangelho* diz: "Vedes o cisco que está no olho do vosso próximo, e não enxergais a trave[9] que está no vosso". (Veja capítulo 10, números 9 e 10, desta obra).

> 19. Se os médicos fracassam diante de muitas doenças, é porque tratam do corpo separado da alma, e, não estando o todo em bom estado, é impossível que só uma parte esteja saudável.

O espiritismo fornece a chave das relações existentes entre a alma e o corpo, e prova que há uma reação contínua de um sobre o outro. Com isso, abre um novo caminho para a ciência, mostrando-lhe a verdadeira causa de certos males e dando-lhe os meios para combatê-los. Quando a ciência levar em consideração a ação do elemento espiritual na constituição orgânica, falhará com menos frequência.

> 20. Todos os homens, desde a infância, fazem mais o mal do que o bem.

Essa afirmação de Sócrates se refere à grave questão da predominância do mal sobre a Terra, que é insolúvel sem o conhecimento da pluralidade dos mundos e da destinação da Terra, onde vive apenas uma fração muito pequena da humanidade. Só o espiritismo lhe dá a solução, que está explicada mais adiante, nos capítulos 1, 3 e 4.

> 21. É prudente não pensares saber aquilo que não sabes.

Isso é dirigido às pessoas que muitas vezes criticam o que desconhecem. Platão completa esse pensamento de Sócrates,

9 Trave: Grande tronco ou madeira grossa. Aqui é palavra usada para sugerir idéia de exagero, absurdo.

dizendo: "Primeiro tentemos, se possível, torná-los mais honestos nas palavras. Não conseguindo, deixemos de nos *preocupar com eles,* e busquemos apenas a verdade. Procuremos nos instruir, mas *não nos atormentemos"*. É assim que os espíritas devem agir com relação aos seus contestadores, sejam eles de boa ou má-fé. Se Platão revivesse hoje, encontraria as coisas mais ou menos como no seu tempo, e poderia usar a mesma linguagem. Sócrates também encontraria pessoas que zombariam de sua crença nos espíritos e que o chamariam de louco, bem como ao seu discípulo Platão.

Foi por ter adotado esses princípios que Sócrates foi ridicularizado, acusado de incrédulo e, em segundos, condenado a beber cicuta, pois é certo que as grandes verdades recentes, que feriram os interesses e os preconceitos da classe dominante, só conseguiram firmar-se pela luta e às custas dos mártires.

Capítulo 1
Não vim revogar a Lei

• As três revelações: Moisés, Cristo e o espiritismo • Aliança entre a ciência e a religião • INSTRUÇÕES DOS ESPÍRITOS: A Nova Era

1. Não penseis que eu tenha vindo revogar a Lei ou os profetas. Não vim revogá-los, mas dar-lhes cumprimento, pois em verdade vos digo que o Céu e a Terra não passarão sem que tudo o que está na Lei seja perfeitamente cumprido, até um único jota e um único ponto. (MATEUS, 5:17 e 18).

Moisés

2. A lei mosaica é composta por duas partes distintas: *a Lei de Deus*, recebida no monte Sinai, e a *lei civil* ou disciplinar, estabelecida pelo próprio Moisés. A primeira é invariável; a outra, adaptada aos costumes e ao caráter do povo, se modifica com o tempo.

A Lei de Deus está formulada nos dez mandamentos seguintes:

1º. Eu sou o Senhor, teu Deus, que te tirei do Egito, da vida de servidão. Diante de mim, não terás outros deuses estranhos. Não farás imagens esculpidas nem figura alguma de tudo o que está no alto, no Céu, e embaixo, na Terra, nem de tudo o que está nas águas, sob a terra. Não os adorarás nem lhes renderás o soberano culto.

2º. Não tomarás em vão o nome do Senhor, teu Deus.

3º. Lembra-te de santificar o dia de sábado.

4º. Honra teu pai e tua mãe, a fim de viveres longo tempo

sobre a terra que o Senhor, teu Deus, te dará.

5º. Não matarás.

6º. Não cometerás adultério.

7º. Não roubarás.

8º. Não levantarás falso testemunho contra teu próximo.

9º. Não desejarás a mulher do teu próximo.

10º. Não cobiçarás a casa do teu próximo, nem seu servo, nem sua serva, nem seu boi, nem seu asno, ou qualquer das coisas que lhe pertençam.

Essa é a lei de todos os tempos e de todas as pátrias; e, por isso mesmo, tem um caráter divino. Todas as outras são leis promulgadas por Moisés, que fora obrigado a conter, pelo medo, um povo naturalmente turbulento e indisciplinado, cujas crendices arraigadas e preconceitos adquiridos durante a escravidão no Egito ele precisava combater. Para dar autoridade às suas leis, Moisés precisou atribuir-lhes uma origem divina, tal como o fizeram todos os legisladores dos povos primitivos. A autoridade do homem tinha de apoiar-se na autoridade de Deus. Mas só a idéia de um deus terrível podia impressionar homens ignorantes, em quem o senso moral e o sentimento de uma justiça perfeita ainda eram pouco desenvolvidos. É evidente que aquele que havia colocado entre Seus mandamentos *Não matarás*; *não farás mal ao teu próximo* não podia contradizer-Se fazendo do extermínio um dever. As leis mosaicas propriamente ditas tinham, pois, um caráter essencialmente transitório.

Cristo

3. Jesus não veio revogar a Lei, ou melhor, a Lei de Deus. Ao contrário, veio cumpri-la e dar-lhe o seu verdadeiro sentido, ajustando-a ao grau de adiantamento dos homens. Eis por que encontramos nessa Lei o princípio dos deveres para com Deus e para com o próximo; princípio este que constitui a base de Sua doutrina. Quanto às leis de Moisés, estas sim Jesus modificou profundamente, tanto na essência como na forma, combatendo sem cessar o excesso de práticas exteriores e as falsas interpretações. E não lhes podia ter promovido uma reforma mais radical do que a que se resume nestas palavras: "Amar a Deus sobre todas as coisas, e ao teu próximo como a ti mesmo",

concluindo-a, ao dizer: "Eis aí toda a Lei e os profetas".

Com estas palavras: "O Céu e a Terra não passarão sem que tudo seja cumprido, até um único jota", Jesus quis dizer que era preciso que a Lei de Deus fosse consumada, ou melhor, que fosse praticada sobre toda a Terra, em toda a sua pureza, com todos os seus desdobramentos e todas as suas consequências, pois de que adiantaria ter estabelecido essa Lei, se ela privilegiasse apenas alguns homens, ou mesmo um único povo? Sendo filhos de Deus, todos os homens, sem distinção, são objeto da mesma atenção.

4. Mas o papel de Jesus não foi simplesmente o de um legislador moralista, sem outra autoridade além de Sua palavra. Ele veio cumprir as profecias que anunciaram a Sua vinda. Sua autoridade provinha da natureza excepcional de Seu espírito e de Sua missão divina. Ele veio ensinar aos homens que a verdadeira vida não está na Terra, mas no reino dos Céus. Veio ensinar aos homens o caminho que os conduzirá até lá, os meios de se reconciliarem com Deus, e preveni-los sobre a marcha dos acontecimentos que irão ocorrer para o cumprimento dos destinos humanos.

Entretanto, Jesus não disse tudo. E, com relação a muitos pontos, limitou-Se a lançar as sementes das verdades que, segundo Ele, ainda não podiam ser compreendidas naquela época. Falou de tudo, mas utilizou termos ora mais ora menos explícitos. Assim, para captar o sentido oculto de determinadas palavras, seria preciso que novas idéias e novos conhecimentos viessem dar-lhes a "chave elucidativa". E essas idéias só poderiam surgir depois que o espírito humano adquirisse um certo grau de maturidade. A ciência deveria contribuir decisivamente para a eclosão e o desenvolvimento dessas idéias. Seria preciso, pois, dar à ciência tempo para progredir.

O espiritismo

5. O *espiritismo* é a nova ciência que vem revelar aos homens, por meio de provas irrefutáveis, a existência e a natureza do mundo espiritual e suas relações com o mundo físico. Ele nos revela esse mundo espiritual, não mais como algo sobrena-

tural, e sim como uma das forças vivas e continuamente atuantes da natureza, como a fonte de uma infinidade de fenômenos até hoje incompreendidos, e, por isso mesmo, relegados ao domínio do fantástico e do miraculoso. É a essas relações que Jesus faz alusão em várias ocasiões. É esse o motivo pelo qual muitas coisas que Ele disse não foram totalmente compreendidas, ou foram erroneamente interpretadas. O espiritismo é, sem dúvida, a "chave elucidativa" com a ajuda da qual tudo se esclarece, com mais facilidade.

6. Moisés é a personificação da lei do *Antigo Testamento*. Jesus é a personificação da lei do *Novo Testamento*. O espiritismo é a terceira revelação da Lei de Deus, mas não é simbolizado por nenhum indivíduo, porque é o produto do ensinamento dado não por um homem, mas pelos espíritos, que são *as vozes do Céu* em todos os pontos da Terra, e por uma incontável multidão de intermediários. De certa forma, é um ser coletivo, porque abrange o conjunto dos seres do mundo espiritual, cada qual vindo trazer aos homens a contribuição dos seus conhecimentos, para fazê-los conhecer esse mundo e o destino que lá os aguarda.

7. Assim como Jesus disse: "Não vim revogar a Lei, mas dar-lhe cumprimento", o espiritismo também diz: "Não vim revogar a lei cristã, mas dar-lhe cumprimento". Portanto, o espiritismo não ensina nada que contrarie os ensinamentos de Jesus. Ele desenvolve, completa e explica, em termos claros para todos, o que foi dito de forma alegórica. Ele vem cumprir, no tempo predito, o que Cristo anunciou, e preparar a realização de fatos futuros. É, por isso, obra do próprio Cristo, que a preside, bem como prepara a regeneração da humanidade, cumprindo assim a promessa de realizar o Reino de Deus na Terra.

Aliança entre a ciência e a religião

8. A ciência e a religião são as duas alavancas da inteligência humana. A primeira revela as leis do mundo material e a outra, as leis morais. No entanto, tendo ambas *o mesmo princípio, que é Deus,* não podem se contradizer, pois se uma

for a negação da outra, obrigatoriamente uma estará errada e a outra terá razão, já que Deus não pode querer destruir Sua própria obra. A incompatibilidade que acreditou-se haver entre essas duas correntes ideológicas se deve a um erro de observação e ao demasiado exclusivismo de ambas, desembocando no conflito que deu origem à incredulidade e à intolerância.

São chegados os tempos em que os ensinamentos de Jesus devem receber seu complemento; em que o véu lançado propositadamente sobre algumas partes desses ensinamentos deve ser levantado; em que a ciência, deixando de ser exclusivamente materialista, deve levar em consideração o aspecto espiritual; em que a religião deve reconhecer as leis orgânicas e imutáveis da matéria. Então, essas duas forças, apoiando-se uma na outra, se ajudarão mutuamente. A religião, não sendo mais alvo do descrédito da ciência, adquirirá uma força inabalável, porque estará em conformidade com a razão e já não poderá opor-se à irresistível lógica dos fatos.

A ciência e a religião não conseguiram se entender até hoje porque, ao examinar as coisas cada uma sob seu ponto de vista exclusivo, rejeitavam-se mutuamente. Era preciso algo para preencher o vazio que as separava; um traço-de-união que as aproximasse. Esse traço-de-união está no conhecimento das leis que regem o mundo espiritual e suas relações com o mundo físico; leis tão imutáveis quanto as que regem o movimento dos astros e a existência dos seres. No momento em que essas relações foram constatadas pela experiência, surgiu então uma nova luz: a fé se dirigiu à razão; a razão nada encontrou de ilógico na fé e o materialismo foi derrotado.

Mas como em tudo na vida, há aqueles que ficam para trás, até que finalmente são arrastados por um movimento geral que poderá esmagá-los se tentarem resistir, ao invés de acompanhá-lo. É o que se opera neste momento: toda uma revolução moral que trabalha e aprimora os espíritos, por mais de dezoito séculos, se aproxima de sua plena realização e vai marcar uma nova era da humanidade. É fácil prever as consequências dessa revolução: nas relações sociais, ela deve produzir modificações inevitáveis que ninguém será capaz de impedir, pois fazem parte dos desígnios de Deus e são o resultado da Lei da Evolução, que é uma lei de Deus.

A NOVA ERA

9. Moisés foi o espírito que o Deus único enviou em missão à Terra, a fim de torná-Lo conhecido não só entre os hebreus, mas também entre os pagãos. O povo hebreu foi o instrumento de que Deus Se serviu para revelar-Se aos homens, por intermédio de Moisés e dos profetas. Os infortúnios e sofrimentos por que passavam os hebreus tinham como objetivo impressionar os homens e, com isso, fazer cair o véu que lhes ocultava a Divindade.

Os mandamentos de Deus transmitidos por Moisés trazem em si a essência da mais ampla moral cristã. E embora os comentários da *Bíblia* lhes restringissem o sentido, pois, se colocados em prática em toda a sua singeleza, não teriam sido compreendidos na época, nem por isso deixaram de ser uma espécie de farol reluzente que deveria guiar a humanidade no caminho da evolução.

A moral ensinada por Moisés era apropriada ao estágio de evolução em que se encontravam os povos chamados à regeneração. Semi-selvagens quanto ao aperfeiçoamento da alma, eles não compreendiam que se pudesse adorar a Deus de outro modo que não fosse sacrificando vítimas, e muito menos que se devesse perdoar um inimigo. Embora notáveis sob o ponto de vista material, e mesmo em relação às artes e às ciências, eram muito atrasados quanto à questão moral. Não tinham, portanto, condições de entender uma religião inteiramente espiritual. Por isso, precisavam de uma representação semimaterial, como a que lhes oferecia a religião hebraica. Assim, os sacrifícios lhes impressionavam os sentidos, ao passo que a idéia de Deus lhes falava ao espírito.

Jesus foi o iniciador da mais pura e mais sublime regra de conduta: a moral evangélico-cristã que deve renovar o mundo, aproximar os homens e torná-los irmãos; que deve fazer brotar de todos os corações a caridade e o amor ao próximo, e despertar entre todos a solidariedade. Enfim, de uma moral perfeita que deve transformar a Terra e fazer dela uma morada para espíritos superiores aos de hoje. É a Lei da Evolução, à qual a natureza está submetida, que se cumpre. E o *espiritismo* é a alavanca de que Deus Se serve para fazer a humanidade progredir.

São chegados os tempos em que as idéias morais devem se fortalecer para que haja o progresso previsto nos desígnios de Deus. Elas devem trilhar o mesmo caminho percorrido pelas idéias de liberdade que lhes antecederam. Não se deve crer, porém, que esse avanço ocorra sem conflitos. Não! Para que amadureçam, elas precisam de muitas discussões, a fim de atrair a atenção das massas. Uma vez desperta a atenção, a beleza e o aprimoramento da moral irão impressionar os espíritos, que se dedicarão a uma ciência que lhes dará a chave da vida futura e lhes abrirá as portas da felicidade eterna. Foi Moisés quem abriu o caminho; Jesus continuou a obra; o espiritismo a concluirá. (UM ESPÍRITO ISRAELITA, Mulhouse, 1861).

10. Um dia, em sua caridade inesgotável, Deus permitiu que o homem visse a verdade dissipar as trevas. Esse foi o dia do advento do Cristo. Mas depois de ter conhecido a luz, as trevas voltaram. E o mundo, oscilando entre a verdade e a ignorância, novamente se perdeu. Então, tal como ocorreu aos profetas do *Antigo Testamento*, os espíritos puseram-se a exclamar e a vos advertir: "O mundo foi abalado em suas bases e o trovão estrondará. Sede firmes!".

O espiritismo é de origem divina, pois se apóia nas próprias leis da natureza. E crede que tudo o que é de índole divina tem um objetivo nobre e útil. Vosso mundo se perdia. A ciência, desenvolvida às custas dos interesses morais, conduzindo-vos unicamente ao bem-estar material, revertia-se em proveito do espírito das trevas.

Cristãos, vós o sabeis, o coração e o amor devem caminhar unidos à ciência. Dezoito séculos depois, apesar do sangue derramado por tantos mártires, o reino do Cristo infelizmente ainda não chegou. Cristãos, voltai-vos para o Mestre que quer vos salvar! Tudo é fácil para aquele que crê e ama, pois o amor enche-o de uma enorme alegria. Sim, meus filhos, o mundo está abalado. Os bons espíritos não se cansam de vos dizer isso. Então, curvai-vos para que o vento que anuncia a tempestade não vos derrubeis. Ou melhor: preparai-vos e não imiteis as virgens insensatas que foram apanhadas de surpresa à chegada do esposo.

A revolução que se prepara é mais moral do que material. Os grandes espíritos, mensageiros divinos, insuflam a fé para que todos vós, obreiros esclarecidos e zelosos, façais ouvir vossa humilde voz, pois sois o grão de areia, mas sem os grãos de areia não haveria montanhas. Portanto, que a expressão "somos pequenos" não tenha mais sentido para vós. Para cada um, sua missão; para cada um, sua tarefa. A formiga não ergue seu formigueiro? E animaizinhos, minúsculos, não constroem continentes? A nova cruzada começou. Apóstolos da paz universal, e não da guerra, são bernardos modernos, olhai para a frente a avançai, pois a lei dos mundos é a Lei da Evolução! (FÉNELON, Poitiers, 1861).

11. Santo Agostinho é um dos maiores divulgadores do espiritismo. Ele se manifesta em muitos lugares. A razão disso se deve à história de vida desse grande filósofo cristão que está ligado à falange dos estudiosos da Igreja, aos quais o cristianismo credita suas sólidas bases. Como tantos outros, ele também foi arrebatado do paganismo, ou melhor, da mais profunda incredulidade, pela luz da verdade. Quando, em meio aos seus excessos, sentiu na alma a estranha vibração que o levou a recolher-se intimamente para reflexão e finalmente compreendeu que a felicidade está muito mais além da vida física e dos prazeres passageiros; quando, a caminho de Damasco, ouviu a santa voz: "Saulo, Saulo, por que me persegues?", então exclamou: "Meu Deus! Meu Deus! Perdoa-me, eu creio, eu sou ristão!". A partir daí, passou a ser um dos mais firmes sustenículos do *Evangelho*.

Nas memoráveis confissões que esse eminente espírito nos xou, podemos encontrar as seguintes palavras proféticas, unciadas após a morte de sua mãe, Santa Mônica: "Estou encido de que minha mãe voltará a me visitar e me dará lhos, revelando-me o que nos aguarda na vida futura". isinamento nessas palavras, e que previsão clara da fuutrina! É por isso que hoje, vendo chegado o momento divulgação da verdade que pressentiu outrora, Santo o tornou-se um fervoroso propagador do espiritismo plica, por assim dizer, para responder a todos que o ERASTO, discípulo de São Paulo, Paris, 1863).

Allan Kardec

Nota: Santo Agostinho vem derrubar o que construiu? Certamente, não! Porém, como tantos outros, ele vê com os olhos do espírito o que não conseguia enxergar como homem. Livre, sua alma entrevê novas luzes; compreende o que antes não entendia, pois novas idéias lhe revelaram o verdadeiro significado de determinadas palavras. Na Terra, ele julgava as coisas segundo os conhecimentos que possuía, mas, quando uma nova luz se fez, ele pôde julgá-las mais corretamente. Foi assim que mudou de idéia sobre sua crença a respeito dos espíritos íncubos e súcubos[1] e sobre a condenação lançada contra a teoria dos antípodas.[2] Agora que o cristianismo lhe aparece em toda a sua pureza, pode pensar de modo diferente com relação a alguns pontos, sem deixar de ser apóstolo cristão. Pode, enfim, sem renegar sua fé, agir como propagador do espiritismo, porque vê nele o cumprimento do que foi profetizado. Ao proclamá-lo hoje, o que faz é levar-nos a uma interpretação mais clara e lógica dos textos. O mesmo acontece com outros espíritos que se encontram em posição idêntica.

1 Íncubos e súcubos (***incubare*** e ***sucubare***): Espíritos masculinos (íncubos) e femininos (súcubos) que obssediam sexualmente os encarnados.
2 Antípoda: Habitante que, em relação a outro do globo, se encontra em lugar oposto.

Capítulo 2
Meu reino não é deste mundo

• A vida futura • O reinado de Jesus • O ponto de vista • INSTRUÇÕES DOS ESPÍRITOS: Uma realeza terrena

1. Pilatos tornou a entrar no palácio. E mandando trazer Jesus à sua presença, perguntou-Lhe: "És o rei dos judeus?". Ao que Jesus respondeu: "Meu reino não é deste mundo. Se meu reino fosse deste mundo, meu servos pelejariam para impedir que eu caísse nas mãos dos judeus. Mas o meu reino não é aqui". Disse-Lhe então Pilatos: "Logo, és rei?". Jesus replicou: "Tu o dizes. Eu sou rei. Não nasci nem vim a este mundo senão para dar testemunho da verdade. Todo aquele que pertença à verdade ouve a minha voz". (JOÃO, 18:33, 36 e 37).

A vida futura

2. Com essas palavras, Jesus mostra claramente que *a vida futura,* à qual faz referência em muitas circunstâncias, é a meta a que se destina a humanidade, devendo ser também o objeto das principais preocupações do homem na Terra. Todas as Suas máximas têm relação com esse extraordinário princípio. Sem a vida futura, na verdade, a maior parte dos Seus preceitos morais não teria razão de ser. É por isso que aqueles que não crêem na vida futura, imaginando que Jesus só Se referia à vida presente, não compreendem os Seus ensinamentos ou os consideram ingênuos.

Portanto, esse princípio pode ser considerado a base dos preceitos do Cristo. Eis por que foi colocado no início desta obra, pois deve ser a meta de todos os homens. Só ele pode corrigir as anomalias da vida terrena e ajustá-la de acordo com justiça de Deus.

3. Com respeito à vida futura, os judeus apenas possuíam idéias muito vagas: acreditavam nos anjos, que consideravam seres privilegiados da Criação, mas não imaginavam que um dia os homens pudessem se tornar anjos e partilhar de sua felicidade. Para eles, o cumprimento das leis de Deus era recompensado com bens terrenos, com a supremacia do seu povo e com a vitória sobre os inimigos. As calamidades públicas e as derrotas eram a punição pela desobediência. Por esse motivo é que Moisés não pôde falar mais sobre este tema para um povo formado por pastores rudes que se preocupavam, acima de tudo, com as coisas mundanas. Mais tarde é que Jesus veio lhes revelar a existência de um outro mundo, em que a justiça de Deus segue seu curso. É esse o mundo que Ele promete aos que seguem os mandamentos de Deus e onde os bons encontrarão sua recompensa. Esse mundo é o Seu reino. É lá que Ele habita em toda a Sua glória e para onde retornou ao deixar a Terra.

Contudo, ao ajustar Seus ensinamentos à situação dos homens de Sua época, Jesus achou conveniente não lhes proporcionar um esclarecimento mais profundo que, ao invés de ensinar, acabaria por confundi-los. Então, limitou-Se a expor a vida futura como uma regra, uma lei da natureza, da qual ninguém pode escapar. Por isso, todo cristão acredita forçosamente na vida futura, embora muitos façam dela uma idéia vaga, incompleta, ou mesmo errada quanto a vários pontos. Para outros, trata-se apenas de uma crença, sem certeza absoluta. Daí as dúvidas e até a incredulidade.

Nesse ponto, como em muitos outros, o espiritismo veio complementar o ensinamento de Jesus, no momento em que os homens já estão preparados para compreender a verdade. Com o espiritismo, a vida futura deixou de ser uma hipótese, um simples artigo de fé, para tornar-se uma realidade material comprovada por fatos descritos por testemunhas oculares com tantos detalhes que não resta possibilidade de dúvidas. Até mesmo a mais simples inteligência pode fazer idéia do seu verdadeiro aspecto, como se imaginasse um lugar do qual tem apenas uma descrição detalhada. Ora, a descrição da vida futura é tão pormenorizada e as condições de uma existência feliz ou infeliz, daqueles que nela se encontram, são tão racionais que, mesmo a contragosto, precisamos admitir que não podia ser de outra forma e que ela representa a verdadeira justiça de Deus.

O reinado de Jesus

4. O reino de Jesus não é deste mundo. Isso todos compreendem. Mas será que Jesus também não possui um reino aqui na Terra? O título de rei nem sempre pressupõe o exercício de um poder provisório. Ele também é atribuído, por consenso, a alguém que se destaca por sua genialidade numa atividade qualquer, tornando-se um expoente em sua época e influindo no progresso da humanidade. É nesse sentido que se diz: "O rei ou príncipe dos filósofos, dos artistas, dos poetas, dos escritores etc". Esse reinado, proveniente de um mérito pessoal consagrado pela posteridade, não tem muitas vezes um valor bem maior do que aquele que ostenta uma coroa? Ele é imperecível, perpetua-se no tempo, enquanto o outro é transitório e se submete ao joguete de certas circunstâncias. Um é sempre abençoado pelas gerações futuras, enquanto o outro é muitas vezes amaldiçoado pelos seus próprios súditos.

O reinado terreno se finda com a vida, ao passo que a realeza moral continua a imperar, mesmo após a morte. Sob esse aspecto, Jesus não é um rei mais poderoso do que muitos soberanos? Foi, pois, com razão que Ele disse a Pilatos: "Eu sou rei, mas meu reino não é deste mundo".

O ponto de vista

5. A idéia nítida e precisa que se tem da vida futura proporciona uma fé inabalável no futuro. Essa fé tem enormes consequências na moralização dos homens, pois muda completamente *o ponto de vista sob o qual eles encaram a vida terrena.* Para aquele que se projeta pelo pensamento na vida espiritual, que é eterna, a vida terrena não é mais do que uma passagem, uma rápida visita a um lugar ingrato. As adversidades e as tribulações da vida não passam de incidentes que suporta com paciência, porque sabe que serão breves e que de-

pois virá um estágio bem mais feliz. A morte, então, perde o seu aspecto assustador, pois já não é mais a porta para o nada, e sim a da libertação, que abre ao exilado a entrada de uma morada de paz e felicidade. Sabendo que está numa situação temporária e não definitiva, ele encara as preocupações com muito mais paciência, o que lhe dá uma tranquilidade de espírito que suaviza o amargor da vida.

Por duvidar da vida futura, é que o homem dirige toda a sua atenção para a vida terrena. Incerto quanto ao porvir, entrega tudo ao presente, não enxergando alguns bens muito mais preciosos que os oriundos da Terra. Parece uma criança que nada vê além dos seus brinquedos, tudo fazendo para obtê-los. A perda do menor de seus pertences traz-lhe enorme dor. Um descontentamento, uma esperança frustrada, uma ambição não satisfeita, uma injustiça da qual se julgue vítima, ou o orgulho ferido, estão entre os tormentos que fazem de sua vida uma eterna angústia, ***passando a entregar-se voluntariamente a uma tortura sem fim.*** Vendo tudo somente sob o ponto de vista da vida terrena, no centro da qual se situa, tudo ao seu redor assume amplas proporções. Desse modo, o mal que o atinge, assim como o bem que toca aos outros, adquirem aos seus olhos uma grande importância, tal como ocorre a alguém vindo do interior para uma grande cidade: tudo lhe parece enorme, tanto as edificações e os monumentos, como as pessoas eminentes. Mas, se colocar-se no alto de uma montanha, coisas e pessoas vão lhe parecer bem menores.

Já para quem encara a vida terrena do ponto de vista da vida futura, o que acontece é o contrário: a humanidade se perde na imensidão, como as estrelas do firmamento. Diante disso, percebe que grandes e pequenos se confundem como formigas sobre um montinho de terra; que pobres e ricos têm o mesmo tamanho, e então lastima essas criaturas efêmeras que tanto esforço fazem para conquistar uma posição que as eleva tão pouco, e por tão curto tempo. Assim é que a importância atribuída aos bens terrenos está sempre na razão inversa da fé na vida futura.

6. Mas há quem diga: "Se todo mundo pensasse dessa maneira, e não houvesse ninguém para se ocupar das coisas da Terra, tudo nela estaria em risco". Não, não é assim! Instinti-

vamente, o homem busca o seu bem-estar, e, mesmo tendo certeza de que só estará num lugar por pouco tempo, ainda assim desejará sentir-se melhor, ou menos pior. Não há ninguém que, percebendo um espinho próximo da mão, não a afaste para não se machucar. Portanto, a busca do bem-estar força o homem a melhorar todas as coisas, impulsionado que é pelo instinto de progresso e de conservação que está nas leis da natureza. Ele trabalha, pois, por necessidade, por gosto e por obrigação, e, ao fazê-lo, cumpre os desígnios da Providência que o colocou na Terra para esse fim. Só quem considera o futuro atribui ao presente uma importância apenas relativa e se conforma facilmente com seus fracassos, pensando no destino que o aguarda.

Deus não condena, portanto, os prazeres terrenos, mas o abuso destes em detrimento das coisas da alma. É contra esse abuso que se previnem os que já entenderam as seguintes palavras de Jesus: "Meu reino não é deste mundo".

Aqueles que se identificam com a vida futura assemelham-se a homens ricos que perdem uma pequena soma, sem se perturbarem. Os que concentram seus pensamentos na vida terrena são como os homens pobres que perdem tudo o que possuem, e se desesperam.

7. O espiritismo dá amplitude ao pensamento, abrindo-lhe novos horizontes. Ele nos mostra que esta vida é apenas um elo no conjunto harmonioso e sublime da obra do Criador; ao contrário da visão estreita e mesquinha que faz com que o homem se concentre apenas na vida presente, como se o instante que passa sobre a Terra fosse o único suporte para a eternidade.

O espiritismo mostra o vínculo que une todas as existências do mesmo ser, todos os seres de um mesmo mundo e os seres de todos os mundos. Oferece, pois, uma base e uma razão de ser à fraternidade universal, ao passo que a doutrina da criação da alma no momento do nascimento de cada corpo torna todos os seres estranhos uns aos outros. Essa ligação recíproca entre as partes de um mesmo todo explica o que parece inexplicável quando se considera apenas um ponto de vista. É esse conjunto de conhecimentos que, no tempo de Jesus, os homens não teriam conseguido entender. Foi por essa razão que Ele o adiou para mais tarde.

INTRUÇÕES DOS ESPÍRITOS

UMA REALEZA TERRENA

8. Quem melhor do que eu pode entender a verdade destas palavras de Jesus: "Meu reino não é deste mundo"? O orgulho me perdeu na Terra. Quem, pois, poderia compreender a insignificância dos reinos da Terra, se eu não a compreendi? O que levei comigo de minha realeza terrena? Nada, absolutamente nada! E para tornar a lição ainda mais terrível, minha realeza nem ao menos me acompanhou ao túmulo. Rainha eu era entre os homens, rainha eu acreditava entrar no reino dos Céus. Que desilusão! Que humilhação quando, em lugar de ser recebida como soberana, vi acima de mim, mas bem acima, homens que eu julgava inferiores e a quem havia desprezado por não terem sangue nobre! Então compreendi a inutilidade das honrarias e das grandezas que tanto ambicionamos na Terra!

Para se conseguir um lugar no reino celeste, é preciso abnegação, humildade, caridade em toda sua prática cristã, e benevolência para com todos. Não se pergunta o que fostes, que posição ocupastes, mas o bem que fizestes e quantas lágrimas enxugastes.

Ó Jesus, disseste que teu reino não era deste mundo, pois é preciso sofrer para chegar ao Céu! E os degraus do trono realmente não nos aproximam dele. São os percursos mais difíceis da vida que nos conduzem a ele. Procurai, pois, o caminho por entre pedras e espinhos, e não entre flores.

Os homens correm atrás dos bens terrenos, como se pudessem mantê-los para sempre. Aqui, porém, não há mais ilusão, pois logo percebem que só se apoderaram de uma sombra e que negligenciaram os únicos bens duráveis, os únicos que lhes são úteis na morada celeste, os únicos que podem lhes dar acesso a essa morada.

Tende piedade dos que não alcançaram o reino dos Céus! Ajudai-os com vossas preces, pois a prece aproxima o homem do Altíssimo. É o traço-de-união entre o Céu e a Terra; não esqueçais disso. (UMA RAINHA DA FRANÇA, Havre, 1863).

Capítulo 3
Há muitas moradas na casa de meu Pai

• Diferentes estados da alma na erraticidade • Diferentes categorias de mundos habitados • Destino da Terra • Causas das misérias humanas • INSTRUÇÕES DOS ESPÍRITOS: Mundos superiores e mundos inferiores • Mundos de expiação e de provas • Mundos regeneradores • Progressão dos mundos

1. Que não se perturbe vosso coração. Credes em Deus; crede também em mim. Há muitas moradas na casa de meu Pai. Se assim não fosse, eu já vos teria dito, pois me vou para vos preparar o lugar. E, após ter ido e ter-vos preparado o lugar, voltarei e vos levarei comigo para que, onde eu estiver, estejais também. (JOÃO, 14:1-3).

Diferentes estados da alma na erraticidade

2. A casa de meu Pai é o Universo. As diferentes moradas são os mundos que giram no espaço infinito e oferecem aos espíritos encarnados lugares apropriados ao seu adiantamento.

Independentemente da diversidade dos mundos, essas palavras podem também referir-se ao estado feliz ou infeliz do espírito na erraticidade. Conforme esteja mais ou menos depurado e liberto dos laços materiais, o meio em que se encontra, o aspecto das coisas, as sensações que experimenta, as percepções que possui, tudo isso varia muito. Enquanto uns não conseguem afastar-se do ambiente em que viveram, outros se elevam e percorrem o Espaço e os mundos. Enquanto alguns espíritos culpados vagueiam nas trevas, os felizes gozam de uma luz resplandecente e do sublime espetáculo do Infinito. Enquanto, finalmente, o mau, atormentado por remorsos e desgostos, muitas vezes sozinho, sem consolação, separado dos objetos de sua afeição, geme oprimido por sofrimentos morais, o justo, novamente unido àqueles a quem ama, desfruta de uma indescritível felicidade. Portanto, essas também se constituem em moradas, embora não sejam delimitadas nem localizadas.

Diferentes categorias de mundos habitados

3. Do ensinamento transmitido pelos espíritos, concluímos que os diversos mundos estão em condições bem diferentes uns dos outros quanto ao grau de adiantamento ou de inferioridade de seus habitantes. Há, entre eles, os que ainda são física e moralmente inferiores aos habitantes da Terra. Outros estão no mesmo nível, e outros ainda lhes são relativamente superiores em todos os sentidos. Nos mundos inferiores, a existência é totalmente material, as paixões reinam soberanas, a vida moral é quase inexistente. À medida que esta se desenvolve, diminui a influência da matéria, de tal modo que nos mundos mais avançados a vida é, por assim dizer, toda espiritual.

4. Nos mundos intermediários, o bem e o mal se misturam. Há predominância de um ou de outro, conforme o grau de adiantamento. Embora não seja possível fazer uma classificação definitiva dos diversos mundos, podemos dividi-los, segundo seu estado, sua destinação e suas características mais marcantes, em ***mundos primitivos***, destinados às primeiras encarnações da alma humana, ***mundos de expiação e de provas***, onde o mal prevalece, ***mundos regeneradores***, onde as almas que ainda têm o que expiar adquirem novas forças, repousando das fadigas da luta, ***mundos felizes***, onde o bem supera o mal, e ***mundos celestes ou divinos***, que são a morada dos espíritos depurados, onde o bem reina absoluto. A Terra pertence à categoria dos mundos de expiação e provas. Eis por que o homem está exposto a tantas misérias.

5. Os espíritos encarnados em um mundo não estão presos indefinidamente a ele, nem cumprem nele todas as fases progressivas que devem percorrer para atingir a perfeição. Quando atingem o grau necessário de adiantamento naquele mundo, passam para outro mais avançado, e assim sucessivamente, até chegarem ao estado de espíritos puros. Os mundos são como

estações, em que cada um encontra elementos de progresso adequados ao seu adiantamento. Portanto, passar para um mundo de graduação mais elevada representa para eles uma recompensa, como é um castigo prolongar sua permanência em um mundo infeliz, ou serem relegados a um mundo ainda mais infeliz, quando são obstinados no mal.

Destino da Terra. Causas das misérias humanas

6. Muitos se admiram por haver na Terra tanta maldade e miséria, tantas paixões inferiores e enfermidades de toda espécie, e concluem que a espécie humana é deplorável. No entanto, esse julgamento é proveniente da visão estreita que faz uma falsa idéia do conjunto. Deve-se considerar que sobre a Terra não está a humanidade toda, mas apenas uma fração muito pequena dela, já que a espécie humana compreende todos os seres dotados de razão que povoam os inúmeros mundos do Universo. Ora, o que é a população da Terra em comparação com a população total desses mundos? Bem menos do que a de um lugarejo em relação à de uma grande potência. A situação material e moral da humanidade terrena nada tem de estranho, se levarmos em conta o destino da Terra e a natureza dos que nela habitam.

7. Teríamos uma idéia muito errada a respeito dos habitantes de uma grande cidade, se os julgássemos pela população dos bairros pobres e miseráveis. Num hospital, vemos apenas doentes e mutilados; numa prisão, vemos reunidos todos os vícios e torpezas; nas regiões insalubres, os habitantes são pálidos, fracos e adoentados. Pois bem, imagine-se a Terra como sendo um subúrbio, um hospital, uma penitenciária, uma região doentia – pois ela é tudo isso ao mesmo tempo –, e então se compreenderá porque as aflições superam os prazeres, já que não se enviam para um hospital pessoas sãs, nem para as casas de correção os que nenhum mal fizeram. Ocorre que nem os hospitais nem as casas de correção são lugares agradáveis.

Portanto, assim como em uma cidade a população toda não se acha em hospitais ou prisões, a humanidade toda não está sobre a Terra. Do mesmo modo como se sai do hospital quando se está curado, e da prisão quando se cumpriu a pena, o homem deixa a Terra para mundos mais felizes quando está curado de suas enfermidades morais.

Instruções dos Espíritos
MUNDOS INFERIORES E MUNDOS SUPERIORES

8. A classificação de mundos inferiores e mundos superiores é usada como parâmetro comparativo em relação ao grau de adiantamento evolutivo de seus habitantes. Assim, determinado mundo pode ser inferior ou superior aos que lhe estão acima ou abaixo, na escala progressiva espiritual.

Tomando a Terra como ponto de comparação, pode-se fazer uma idéia do estado em que se encontra um mundo inferior, supondo que os seus habitantes estejam no grau evolutivo dos povos selvagens e das nações bárbaras que ainda se encontram em sua superfície, como restos do seu primitivo estado. Nos mundos mais atrasados, os homens são de certa forma rudimentares; têm a forma humana, mas sem nenhuma beleza; seus instintos não são abrandados por qualquer sentimento de delicadeza ou de benevolência, nem por noções do justo e do injusto. A força bruta é sua única lei. Sem indústria, sem invenções, os habitantes dedicam a vida na busca de alimentos. Mas, como Deus não abandona nenhuma de Suas criaturas, no fundo dessas inteligências rudes encontra-se latente, mais ou menos desenvolvida, uma vaga intuição da existência de um Ser supremo. Essa intuição é o bastante para torná-los superiores uns aos outros e preparar-lhes o desabrochar para uma vida mais completa, pois não são seres proscritos, mas sim crianças que estão crescendo.

Entre os degraus inferiores e os mais elevados, há inúmeros escalões, e é difícil reconhecer nos espíritos puros, desmaterializados e resplandecentes de glória, os que foram um dia seres primitivos, da mesma forma que é difícil reconhecer no homem adulto o embrião que o originou.

9. Nos mundos que atingiram um grau superior de evolução, as condições da vida moral e material são bem diferentes das da Terra. Como em toda parte, a forma do corpo é sempre a forma

humana, mas embelezada, aperfeiçoada e principalmente purificada. O corpo nada tem da materialidade terrena, não estando, consequentemente, sujeito às exigências, às doenças, nem às deteriorações que a predominância na matéria provoca.

Mais apurados, os sentidos têm percepções que a rudeza dos órgãos asfixia aqui na Terra. A leveza específica do corpo torna a locomoção rápida e fácil. Ao invés de se arrastar penosamente sobre o solo, ele desliza pela superfície, ou volita na atmosfera sem outro esforço a não ser o da vontade, tal como se representam os anjos, ou como os antigos imaginavam os manes[1] nos Campos Elíseos.[2] Os homens conservam, se assim o desejam, os traços de suas existências anteriores e aparecem aos seus amigos tal como os conheceram, porém iluminados por uma luz divina, transfigurados pelos sentimentos interiores, que são sempre elevados. No lugar de rostos pálidos, abatidos por sofrimentos e paixões, a inteligência e a vida irradiam aquele esplendor que os pintores conseguiram representar por meio da auréola dos santos.

A pouca resistência que a matéria oferece aos espíritos já muito adiantados torna rápido o desenvolvimento dos corpos, e breve ou quase nula a infância. A vida, livre de preocupações e angústias, é proporcionalmente mais longa do que na Terra. Em princípio, a longevidade é proporcional ao grau de adiantamento dos mundos. Não há na morte os horrores da decomposição. Por isso, longe de ser motivo de pavor, ela é considerada uma transformação feliz, porque não existe a incerteza quanto ao futuro. Não estando encerrada em uma matéria densa durante a vida, a alma se expande e goza de uma lucidez que a coloca em estado quase permanente de emancipação, e lhe permite a livre transmissão do pensamento.

10. Nesses mundos felizes, as relações entre os povos, sempre amistosas, jamais são perturbadas pelo desejo de dominar os vizinhos, nem tampouco pela guerra, que é sua consequência. Não há senhores e escravos nem privilegiados pelo nascimento. Só a superioridade moral e intelectual estabelece a diferença de condições, e confere a supremacia. A autoridade é

---

1 Manes: Espíritos considerados divindades na antiga Roma.
2 Campos Elíseos: Lugar de felicidade eterna.

sempre respeitada, porque só é outorgada a quem tem mérito e é exercida sempre com justiça. ***O homem não procura elevar-se acima do homem, mas acima de si próprio, aperfeiçoando-se.*** Seu objetivo é alcançar a categoria dos espíritos puros, e esse desejo não é um tormento, mas uma nobre ambição que o faz estudar com entusiasmo para conseguir igualá-los.

Nos mundos felizes, todos os sentimentos generosos e elevados da natureza humana se acham engrandecidos e apurados, desconhecendo-se o ódio, o ciúme mesquinho e a inveja. Um laço de amor e de fraternidade une todos os homens; os mais fortes ajudam os mais fracos. Seus bens são adquiridos conforme o desempenho de sua inteligência, embora ninguém sofra por falta do necessário, pois não se está lá em expiação. Resumindo: nos mundos felizes o mal não existe.

11. No vosso mundo, é necessário o mal para sentir-se o bem; a noite para admirar-se a luz; a doença para dar valor à saúde. Nos mundos superiores, porém, esses contrastes não são necessários: a luz, a beleza e a tranquilidade da alma proporcionam uma alegria eterna, que não é perturbada nem pelas angústias da vida material nem pelo contato com os maus, que aliás lá não existem. É isso que a inteligência humana tem dificuldade para compreender. O homem foi muito criativo ao pintar os tormentos do inferno, mas não consegue imaginar as alegrias do Céu. E por quê? Porque, sendo inferior, experimentou somente penas e misérias, e não captou as luzes celestes, podendo transmitir apenas o que conhece. Mas, à medida que se eleva e se depura, o horizonte se aclara e ele compreende o bem que está diante de si, como compreendeu o mal que ficou para trás.

12. Contudo, esses mundos afortunados não são mundos para poucos privilegiados, pois Deus não faz diferença entre nenhum de Seus filhos. Ele concede a todos os mesmos direitos e as mesmas facilidades para alcançá-los; faz todos partirem do mesmo ponto, e não favorece mais a uns do que a outros. Portanto, cabe a cada um atingi-los o mais cedo possível, ou ficar definhando durante séculos e séculos entre a escória da humanidade. (Resumo do ensinamento de todos os espíritos superiores).

MUNDOS DE EXPIAÇÃO E DE PROVAS

13. Que posso vos dizer sobre os mundos de expiação e de provas que já não saibais, uma vez que vos basta observar a Terra que habitais? A superioridade da inteligência, em grande parte de seus habitantes, indica que ela não é um mundo primitivo destinado à encarnação de espíritos recém-saídos das mãos do Criador. As qualidades inatas que trazem consigo são a prova de que já viveram e atingiram um certo progresso, embora os numerosos vícios a que são propensos sejam um indício de grande imperfeição moral. Eis por que Deus os colocou num mundo ingrato, para nele expiarem suas faltas por meio de um trabalho árduo e das misérias da vida, até que mereçam ir para outro mais feliz.

14. Contudo, nem todos os espíritos encarnados na Terra estão em expiação. As raças que chamais de selvagens são espíritos recém-saídos da infância e que aí estão, por assim dizer, em processo de educacão e desenvolvimento ao contato com espíritos mais avançados. Em seguida, vêm as raças semicivilizadas, formadas por esses mesmos espíritos já mais prósperos. Estas são as raças indígenas da Terra, que progrediram, pouco a pouco, no decorrer de longos períodos seculares, conseguindo algumas delas atingir o aperfeiçoamento intelectual dos povos mais esclarecidos.

Os espíritos em expiação são, se assim podemos dizer, como estrangeiros na Terra: eles já viveram em outros mundos, e de lá foram excluídos porque persistiam no mal e causavam transtornos para os bons. Então, foram relegados por um tempo entre espíritos mais atrasados, tendo por missão fazê-los avançar, pois possuem a inteligência desenvolvida e o germe dos conhecimentos adquiridos. Eis por que os espíritos que cumprem punições reencarnam entre as raças mais inteligentes. As misérias da vida têm maior amargor para eles, pois possuem mais sensibilidade e, assim, sofrem mais com as contrariedades do que as raças primitivas, cujo senso moral é menos desenvolvido.

15. A Terra oferece, pois, um dos exemplos de mundos ex-

piatórios, cuja variedade é infinita, mas que têm como característica comum servir de exílio para os espíritos rebeldes à Lei de Deus. Aqui, esses espíritos têm de lutar ao mesmo tempo contra a perversidade dos homens e a inclemência da natureza, trabalho duplamente penoso que desenvolve simultaneamente as qualidades do coração e as da inteligência. Assim é que Deus, na Sua bondade, faz o próprio castigo transformar-se em benefício para o progresso do espírito. (Santo Agostinho, Paris, 1862).

MUNDOS REGENERADORES

16. Entre as estrelas que cintilam na abóbada celeste, quantos mundos há, como o vosso, destinados pelo Senhor à expiação e à prova! Mas existem também mundos mais miseráveis e mundos melhores, assim como há os de transição, que podemos chamar de regeneradores. Cada sistema planetário, girando no Espaço em torno de um centro comum, leva consigo seus mundos primitivos, de exílio, de prova, de regeneração e de felicidade. Já ouvistes falar de mundos onde a alma recém-nascida é colocada, ainda ignorante do bem e do mal, para que possa caminhar em direção a Deus, senhora de si, na posse de seu livre-arbítrio. Já vos foi dito a respeito das amplas faculdades de que a alma está dotada, para fazer o bem. Mas infelizmente há as que sucumbem. E Deus, não querendo prostrá-las, permite-lhes passar para esses mundos, onde se depuram e se regeneram, de encarnação em encarnação, até que se tornem dignas da glória que lhes está reservada.

17. Os mundos regeneradores servem de transição entre os mundos de expiação e os mundos felizes. A alma que se arrepende encontra neles a calma e o repouso, acabando por depurar-se. Nesses mundos, sem dúvida, o homem ainda está sujeito às leis que regem a matéria. A humanidade tem sensações e desejos semelhantes aos vossos, mas está livre das paixões desenfreadas de que sois escravos. Neles, não existe o orgulho que faz calar o coração, a inveja que o tortura e o ódio que o sufoca. A palavra *amor* está impressa em todas as frontes, e uma perfeita igualdade rege as relações sociais. Todos reconhecem Deus e, seguindo Suas leis, tentam chegar até Ele.

No entanto, nesses mundos a felicidade perfeita ainda não existe, mas sim o alvorecer da felicidade. O homem ainda é carne, e por isso mesmo está sujeito a contrariedades de que só os seres completamente desligados da matéria estão livres. Ele ainda tem de passar por provas, embora elas não sejam tão dolorosas quanto as angústias da expiação. Comparados à Terra, esses mundos são muito felizes. Muitos de vós ficariam satisfeitos se o habitassem, pois lá reina a mesma calma que se experimenta após a tempestade, a convalescença que se segue depois de uma doença cruel.

O homem, menos preocupado com as coisas materiais, entrevê o futuro melhor do que vós. Ele compreende que são outras as alegrias que o Senhor promete aos que se tornam dignos, quando a morte novamente tiver ceifado seus corpos para introduzi-los na verdadeira vida. É então que a alma liberta poderá viajar por sobre todos os horizontes, prevalecendo não mais os sentidos materiais e grosseiros, e sim os delicados sentidos de um perispírito mais apurado, envolvido pelas emanações do amor, provindas de Deus.

18. Infelizmente nesses mundos o homem ainda é falho, e o mal não perdeu completamente o seu poder. Não avançar significa recuar. Por isso, se não estiver firme no caminho do bem, o homem pode voltar a cair nos mundos de expiação, onde novas e terríveis provas o aguardam.

À noite, na hora do repouso e da prece, contemplai, pois, a abóbada celeste, e, nas inúmeras esferas que brilham acima de vossas cabeças, procurai as que levam a Deus, pedindo-lhe que um mundo regenerador vos acolha após a expiação na Terra. (SANTO AGOSTINHO, Paris, 1862).

PROGRESSÃO DOS MUNDOS

19. A evolução é uma das leis da natureza. Todos os seres da Criação, animados e inanimados, estão submetidos a ela pela bondade de Deus, que deseja que tudo prospere. A própria destruição, que para os homens parece o fim das coisas, é apenas uma maneira de atingir um estado mais perfeito, por meio da transformação, pois tudo morre para renascer, e nada volta para o nada.

Ao mesmo tempo que os seres vivos evoluem moralmente, os mundos onde eles habitam progridem materialmente. Quem pudesse acompanhar um mundo em suas diversas fases, desde o instante em que os primeiros átomos se aglomeraram para a sua constituição, iria vê-lo percorrer uma escala incessantemente progressiva, porém em graus imperceptíveis para cada geração, e oferecer aos seus habitantes uma morada mais agradável, à medida que eles também avançam no caminho do progresso. Desse modo, avançam paralelamente o progresso do homem, o dos animais que o auxiliam, o dos vegetais e o da sua habitação, pois nada é estacionário na natureza. Como essa idéia é grandiosa e digna da majestade do Criador! E como, ao contrário, é pequena aquela que concentra sua atenção no imperceptível grão de areia que é a Terra, e restringe a humanidade aos poucos homens que a habitam!

A Terra, seguindo essa lei, esteve material e moralmente num estado inferior ao que hoje se encontra, e atingirá, sob esses dois aspectos, um grau mais avançado. Ela chegou a um dos seus períodos de transformação, em que passará de mundo expiatório a mundo regenerador. Então, os homens serão felizes, porque a Lei de Deus nela reinará. (SANTO AGOSTINHO, Paris, 1862).

Capítulo 4
Ninguém pode ver o reino de Deus se não nascer de novo

• Ressurreição e reencarnação • Laços de família fortalecidos pela reencarnação e rompidos pela unicidade da existência • Instruções dos espíritos: Limites da encarnação • Necessidade da encarnação • A encarnação é um castigo?

1. Chegando à região de Cesaréia de Felipe, Jesus interrogou Seus discípulos, dizendo-lhes: "Que dizem os homens a respeito do Filho do Homem? Dizem que sou quem?". E eles responderam: "Uns dizem que és João Batista; outros, Elias; outros, Jeremias ou algum dos profetas". Jesus perguntou-lhes: "E vós, quem dizeis que sou?". Tomando a palavra, Simão Pedro respondeu: "Tu és o Cristo, o Filho de Deus vivo". E Jesus lhe disse em resposta: "Simão, filho de Jonas, és bem-aventurado porque não foi a carne nem o sangue que te revelaram isso, mas meu Pai, que está nos Céus". (Mateus, 16:13-17; Marcos, 8:27-30).

2. Ouvindo falar de tudo o que Jesus fazia, Herodes, o Tetrarca, ficou apreensivo, pois alguns diziam que João tinha ressuscitado dos mortos; outros, que Elias tinha aparecido, e outros, que um dos antigos profetas havia ressuscitado. Então, Herodes disse: "Mandei cortar a cabeça de João. Mas quem é esse de quem ouço dizer tantas façanhas?". Ele ansiava por conhecê-Lo. (Marcos, 6:14 e 15; Lucas, 9:7-9).

3. (Após a transfiguração). E os discípulos Lhe perguntaram: "Por que então os escribas dizem que Elias deve voltar primeiro?". Jesus lhes respondeu: "É verdade que Elias há de vir e restabelecer todas as coisas. Mas vos declaro que Elias já veio, e eles não o reconheceram; trataram-no como quiseram. Assim também eles farão com o Filho do Homem". Então, Seus discípulos compreenderam que Ele se referia a João Batista. (Mateus, 17:10-13; Marcos, 9:10-12).

4. A reencarnação fazia parte dos dogmas judaicos, sob o nome de ***ressurreição***. Só os saduceus,[1] que pensavam que tudo acabava com a morte, não acreditavam nela. As idéias dos judeus a respeito deste assunto, e de muitos outros, não eram claramente definidas, pois eles tinham apenas noções vagas e incompletas sobre a alma e sua ligação com o corpo. Acreditavam que um homem podia reviver, mas não tinham uma noção exata da maneira como isso poderia acontecer. Pela palavra ***ressurreição***, eles designavam o que o espiritismo mais acertadamente chama de ***reencarnação***. Na verdade, a ***ressurreição*** admite o retorno à vida do corpo que pereceu, o que a ciência demonstra ser materialmente impossível, uma vez que os elementos desse corpo já se desintegraram.

A ***reencarnação*** é, portanto, o retorno da alma, ou espírito, à vida física, mas em outro corpo recentemente formado para ele, e que nada tem a ver com o antigo. Assim, a palavra ***ressurreição*** poderia aplicar-se a Lázaro, mas não a Elias nem aos outros profetas. Se, pois, segundo sua crença, João Batista era Elias, o corpo de João não poderia ser o de Elias, já que tinham visto João quando criança e conheciam seu pai e sua mãe. Portanto, João podia ser Elias ***reencarnado***, mas não ***ressuscitado***.

> 5. Ora, entre os fariseus havia um homem chamado Nicodemos, senador dos judeus, que veio, à noite, encontrar Jesus e lhe disse: "Mestre, sabemos que vieste da parte de Deus para nos instruir como um doutor, pois ninguém pode fazer os milagres que tu fazes, se Deus não estiver contigo". Jesus então lhe respondeu: "Em verdade, em verdade, te digo que ninguém pode ver o reino de Deus se não nascer de novo". "Mas como pode nascer um homem que já está velho? Pode ele entrar no seio de sua mãe, para nascer uma segunda vez?", quiz saber Nicodemos. E Jesus lhe explicou: "Em verdade, em verdade, te digo que, se um homem não renascer da água e do espírito, não pode entrar no reino de Deus. O que nasceu da carne é carne, e o que nasceu do espírito é espírito. Não te admires por eu te haver dito que é preciso nascer de novo. O espírito sopra onde quer; ouves a sua voz, mas não sabes de

1 Saduceus: Seguidores de uma seita judaica, constituída por volta de 248 a.C., que não acreditavam na imortalidade da alma (Veja detalhes na ***Introdução***, item III, ***Notas históricas***, página 30 desta obra).

onde vem nem para onde vai. Assim é com todo homem que nasceu do espírito". Nicodemos lhe perguntou: "Como isso pode acontecer?". E Jesus lhe respondeu: "És mestre em Israel e ignoras essas coisas?! Em verdade, em verdade, te digo que nós só falamos do que sabemos e só damos testemunho do que vimos. E, no entanto, não aceitas nosso testemunho. Mas, se não acreditas quando te falo das coisas da Terra, como acreditarias se eu te falasse das coisas do Céu?". (João, 3:1-12).

6. A idéia de que João Batista era Elias, e de que os profetas podiam reecarnar na Terra, é encontrada em muitas passagens dos evangelhos, principalmente nas relatadas no início deste capítulo (Veja números 1, 2 e 3). Se essa crença fosse um erro, Jesus não teria deixado de combatê-la, como combateu tantas outras. Ao contrário, Ele a sanciona com toda a autoridade e a utiliza como princípio e como condição necessária, quando diz: "Ninguém pode ver o reino de Deus se não nascer de novo". E insiste, ao acrescentar: "Não te admires por eu te haver dito que é preciso nascer de novo".

7. Estas palavras: "Se um homem não renascer da água e do espírito" foram interpretadas com o sentido de *regeneração pela água do batismo*. O texto primitivo dizia simplesmente: "...não renascer da água e do espírito". Mas, em algumas traduções, "do espírito" foi substituído por "do Espírito Santo", o que não corresponde ao mesmo pensamento. Esse ponto fundamental tem origem nos primeiros comentários feitos sobre o *Evangelho*, o que um dia será constatado sem nenhum equívoco.[2]

8. Para compreender o verdadeiro sentido dessas palavras, é preciso reportar-se ao significado da palavra *água*, que não foi empregada em sua acepção textual.

Os conhecimentos dos antigos sobre as ciências físicas eram muito imperfeitos. Eles acreditavam que a Terra tinha saído das águas, por isso viam a água como o elemento gerador absoluto. No livro *A Gênese*, está escrito assim: "O Espírito de Deus era levado sobre as águas"; "...flutuava na superfície das águas"; "...que haja um firmamento entre as águas"; "...que as

2 Entre as traduções para o francês, a de Osterwald é idêntica ao texto primitivo. Ela diz: "...não renascer da água e do espírito". A tradução de Sacy diz: "...do Espírito Santo". A de Lamennais diz: "...do Espírito Santo".

águas que estão debaixo dos Céus se reúnam num único lugar, e que o elemento seco apareça"; "...que as águas *produzam* animais vivos que nadem na água, e aves que voem sobre a Terra e sob o firmamento".

Conforme essa crença, a água se tornara o símbolo da natureza material, como o espírito o era da natureza inteligente. As palavras: "Se o homem não renascer da água e do espírito, ou em água e em espírito..." significam portanto: "Se o homem não renascer com seu corpo e sua alma...". É nesse sentido que foram entendidas naquela época.

Essa interpretação é, aliás, confirmada pelas palavras: "O que nasceu da carne é carne, e o que nasceu do espírito é espírito", nas quais Jesus faz uma distinção incontestável entre o espírito e o corpo. E, portanto, a expressão: "O que nasceu da carne é carne"... indica claramente que *só* o corpo se origina do corpo, e que o espírito é independente do corpo.

9. A citação: "O espírito sopra onde quer. Ouves a sua voz, mas não sabes de onde vem nem para onde vai..." pode ser interpretada como o *Espírito de Deus*, que dá a vida a quem quer, ou como a *alma do homem*. Nesta última acepção: "...não sabes de onde vem nem para onde vai", significa que não se sabe o que foi nem o que será o espírito. Se o espírito, ou alma, tivesse sido criado ao mesmo tempo que o corpo, saberíamos de onde ele vem, pois conheceríamos seu começo. Seja como for, essa passagem é a consagração do princípio da preexistência da alma e, consequentemente, da pluralidade das existências.

> 10. Ora, desde o tempo de João Batista até os dias de hoje, o reino dos Céus é tomado pela violência, e são os violentos quem se apoderam dele, pois, até João, todos os profetas, assim como a Lei, profetizaram. E se quereis compreender o que vos digo, *ele mesmo é o Elias que há de vir*. Quem tiver ouvidos para ouvir, que ouça! (MATEUS, 11:12-15).

11. Se o princípio da reencarnação expresso no *Evangelho* de João podia, a rigor, ser interpretado num sentido puramente místico, não acontece o mesmo nesta passagem de Mateus, que não deixa dúvidas, ao dizer: "Ele mesmo é o Elias que há de vir". Aqui não há simbolismos nem alegorias. É uma afirmação

categórica. E quanto a seguinte afirmação: "Desde o tempo de João Batista até os dias de hoje, o reino dos Céus é tomado pela violência...", o que significam essas palavras, uma vez que João Batista ainda vivia naquele momento? Jesus, dá a explição dizendo: "Se quereis compreender o que vos digo, ele mesmo é o Elias que há de vir". Ora, sendo João o próprio Elias, Jesus fazia referência ao tempo em que ele vivia com o nome de Elias. A expressão: "Até hoje o reino dos Céus é tomado pela violência..." é uma outra alusão à violência da lei mosaica, que ordenava o extermínio dos infiéis para alcançar a Terra Prometida, paraíso dos hebreus, enquanto que, na nova Lei, se conquista o Céu pela caridade e pela doçura.

Em seguida, Jesus acrescenta: "Quem tiver ouvidos para ouvir...". Essas palavras, tantas vezes repetidas por Ele, dizem claramente que nem todos estavam em condições de compreender certas verdades.

> 12. Aqueles que dentre vosso povo estiverem mortos, novamente viverão. Aqueles que dentre os meus estavam mortos, ressuscitarão. Despertai de vosso sono e cantai os louvores a Deus, vós que habitais no pó, pois o orvalho que cai sobre vós é um orvalho de luz, e porque arruinareis a Terra e o reino dos gigantes. (Isaías, 26:19).

13. Essa passagem de Isaías é também muito explícita. Se o profeta tivesse pretendido falar da vida espiritual, se tivesse querido dizer que os mortos não estavam mortos em espírito, teria dito assim: "ainda vivem", e não: "novamente viverão". No sentido espiritual, essas palavras seriam um contra-senso, pois implicariam uma interrupção na vida da alma. No sentido de *regeneração moral*, seriam a negação das penas eternas, já que estabelecem, em princípio, que *todos os que estão mortos reviverão.*

> 14. Mas quando o homem morre uma vez, quando o seu corpo já pereceu, que é feito dele? Tendo morrido uma vez, será que poderia viver novamente? Nesta luta em que me encontro, todos os dias, espero que chegue a minha transformação. (Jó, 14:10-14, tradução de Sacy).
>
> Quando o homem morre, perde toda a sua força e expira; de-

> pois, onde está ele? Se o homem morre, viverá de novo? Esperarei todos os dias do meu combate até que me aconteça alguma transformação? (IDEM, tradução protestante de Osterwald).
>
> Quando o homem está morto, vive sempre. Acabando os dias de minha existência terrena, *esperarei* pois a ela voltarei. (IDEM, versão da Igreja Grega).

15. O princípio da pluralidade das existências está claramente expresso nessas três versões. Não podemos supor que Jó pretendesse falar da regeneração pela água do batismo, que certamente ele não conhecia. "Tendo morrido *uma vez*, será que o homem poderia *viver novamente*?", questionava Jó. A idéia de morrer uma vez, e reviver, envolve a idéia de morrer e reviver muitas vezes. A versão da Igreja Grega é ainda mais explícita, se é que isso é possível: "Acabando os dias da minha existência terrena, *esperarei*, pois a ela voltarei", ou seja, voltarei à existência terrena. É tão claro como se alguém dissesse: "Estou saindo de minha casa, mas vou voltar".

"Nesta luta em que me encontro todos os dias, *espero* que chegue a minha transformação". É evidente que, nessa citação, Jó quer falar da luta que trava contra as misérias da vida. Ele espera sua transformação, ou seja, resigna-se. Na versão grega, *esperarei* parece aplicar-se mais à nova existência: "Acabando os dias de minha existência terrena, esperarei, pois a ela voltarei". Jó parece colocar-se, após a morte, no intervalo que separa uma existência da outra, dizendo que lá aguardará seu retorno.

16. Portanto, não há dúvidas de que, sob o nome de *ressurreição*, o princípio da encarnação era uma das crenças fundamentais dos judeus, e de que foi confirmada por Jesus e pelos profetas de maneira clara. Donde se conclui que negar a reencarnação é negar as palavras do Cristo. Um dia, quando todos puderem refletir sem opiniões preconcebidas, Suas palavras serão aceitas e respeitadas sobre esse ponto, bem como sobre muitos outros.

17. Mas, a esse entendimento do ponto de vista religioso vem juntar-se o ponto de vista filosófico: as provas resultantes da observação dos fatos. Como todas as causas têm um efeito,

a reencarnação surge como uma necessidade absoluta, como uma condição inerente à humanidade. Em resumo, como uma lei natural. Por seus resultados, ela se revela, por assim dizer, de uma forma material, como o motor oculto se revela por seu movimento. Só ela pode dizer ao homem ***de onde ele vem, para onde ele vai, por que está na Terra,*** e justificar todas as desigualdades e injustiças que a vida apresenta.[3]

Sem o princípio da preexistência da alma e da pluralidade das existências, as máximas do *Evangelho* de Jesus ficam, em sua maioria, incompreensíveis. Eis por que deram margem a interpretações tão contraditórias. Esse princípio é, pois, a chave que deve restituir-lhes o verdadeiro sentido.

Laços de família fortalecidos pela reencarnação e rompidos pela unicidade da existência

18. Os laços de família não são destruídos pela reencarnação, como algumas pessoas pensam. Ao contrário, são fortalecidos e estreitados. O que os destrói é o princípio oposto.

No Espaço, os espíritos formam grupos ou famílias unidos pela afeição, pela simpatia e pela semelhança de gostos. Felizes por estarem juntos, esses espíritos buscam sempre a proximidade. A encarnação, portanto, os separa apenas momentaneamente. Após o retorno à erraticidade, eles se encontram como amigos que voltam de uma viagem. Muitas vezes, reencarnam juntos numa mesma família, ou num mesmo círculo, trabalhando para a evolução mútua. Se uns estão encarnados e outros não, nem por isso ficam menos unidos pelo pensamento: os que estão livres zelam pelos que estão cativos na carne; os mais adiantados procuram fazer os retardatários progredir. Após cada existência, terão dado um passo no caminho da evolução. Quanto mais se desligam da matéria, mais intenso é o seu afeto, e por isso mesmo mais puro, já não sendo perturbado pelo egoísmo nem pelas sombras das paixões. Podem, então, percorrer um número ilimitado de existências físicas sem que nada interfira na sua mútua afeição.

Fica bem claro aqui que se trata da verdadeira afeição, de

---

3 Para mais detalhes sobre ***reencarnação***, ver *O Livro dos Espíritos*, capítulos 4 e 5; *O que é o Espiritismo?*, capítulo 2, ambos de Allan Kardec; e ***Pluralidade das Existências***, de Pezzani.

alma para alma, a única que sobrevive à destruição do corpo, pois os seres que se unem na Terra apenas pela sensualidade não têm motivo algum para se procurarem no mundo dos espíritos. Só as afeições espirituais são duradouras. As afeições carnais se extinguem com a causa que lhes deu origem. Ora, no mundo dos espíritos, essa causa deixa de existir, ao passo que a alma continua existindo. Quanto às pessoas ligadas unicamente por interesse, na verdade nada significam uma para a outra: a morte as separa na Terra e no Céu.

19. A união e a afeição existente entre os parentes são o sinal da simpatia anterior que os aproximou. Assim, ao falar de uma pessoa cujo caráter, gostos e inclinações nada têm em comum com os de seus parentes, dizemos que ela não é da família. Ao dizer isso, expressamos uma verdade maior do que supomos. Deus permite essas encarnações de espíritos estranhos às famílias com o duplo objetivo de servir de prova para uns e de instrumento de evolução para outros. Dessa maneira, pouco a pouco, os maus se beneficiam pelo contato constante com os bons e pelos cuidados que deles recebem. Então, seu caráter abranda, seus hábitos se tornam polidos, e as antipatias desaparecem. É assim que se estabelece a união entre as diferentes categorias de espíritos, como se estabelece na Terra entre as raças e os povos.

20. O medo de que a família aumente indefinidamente, em decorrência da reencarnação, é um temor egoísta que prova que nosso amor não tem grandeza suficiente para abranger várias pessoas. Por acaso, um pai que tem vários filhos ama-os menos do que se tivesse apenas um? Portanto, que os egoístas fiquem tranquilos! Esse temor não tem fundamento, pois o fato de um homem ter tido dez encarnações não significa que irá encontrar-se no mundo dos espíritos com dez pais, dez mães, dez mulheres, ou um número proporcional de filhos e de novos parentes. Ele reecontrará os espíritos afins, com os quais manteve laços de amizade ou parentesco, quando encarnado na Terra.

21. Vejamos agora as consequências da doutrina anti-reencarnacionista. Essa doutrina nega categoricamente a preexistência da alma. Ocorre que, se as almas fossem criadas ao

mesmo tempo que os corpos, não existiria entre elas qualquer ligação anterior. Elas seriam, portanto, totalmente estranhas umas às outras. O pai seria estranho ao filho. Com isso, a origem das famílias seria reduzida à simples vinculação corporal, sem o menor laço espiritual. Não haveria, pois, qualquer razão para alguém se orgulhar por ter tido como ancestral este ou aquele personagem ilustre. Com a reencarnação, ascendentes e descendentes podem já ter-se conhecido, podem ter vivido juntos, se amado, e mais tarde reencontrar-se em outras encarnações para estreitar laços afetivos.

22. Isso, com relação ao passado. Quanto ao futuro, conforme um dos dogmas fundamentais que derivam da anti-reencarnação, o destino das almas está irrevogavelmente fixado após uma única existência. A determinação definitiva de sua sorte implica a interrupção de todo o progresso, pois, se algum progresso houver, não há mais destino definitivo. Conforme tenham vivido, bem ou mal, vão imediatamente para a morada dos bem-aventurados ou para o inferno eterno. ***Assim, elas são imediatamente separadas para sempre, sem esperança de um dia se reencontrarem***, de forma que pais, mães e filhos, maridos e mulheres, irmãos, irmãs, amigos, jamais têm certeza de que voltarão a se ver, o que significa o mais tirânico rompimento dos laços familiares.

Com a reencarnação e o progresso que lhe é consequente, todos que se amaram um dia reencontram-se na Terra e no Espaço, e juntos buscam chegar a Deus. Os que fraquejam no caminho, retardam seu próprio adiantamento e sua felicidade, mas nem por isso perdem a esperança. Auxiliados, encorajados e apoiados pelos que os amam, um dia sairão do marasmo em que se afundaram. Enfim, com a reencarnação há eterna solidariedade entre os encarnados e os desencarnados. Daí o estreitamento dos laços afetivos.

23. Em resumo, existem quatro alternativas para o homem quanto ao seu futuro de Além-túmulo:

1º. o nada, conforme prega a doutrina materialista;
2º. a integração no todo universal, segundo afirma a dou-

trina panteísta;

3º. a individualidade da alma, com fixação definitiva do destino, segundo a doutrina da Igreja;

4º. a individualidade, com progresso infinito, segundo a doutrina espírita.

De acordo com as duas primeiras, os laços familiares são rompidos após a morte, e não há esperança de reencontro. Na terceira, há possibilidade de reencontro, desde que se esteja no mesmo meio, que pode ser tanto o inferno como o paraíso. Segundo a pluralidade das existências, que é inseparável da progressão contínua, existe a certeza de que as relações entre os que se amaram não é interrompida, e é isso o que constitui a verdadeira família.

Instruções dos Espíritos

LIMITES DA ENCARNAÇÃO

24. *Quais são os limites da encarnação?*

A encarnação não tem limites nitidamente traçados, se levarmos em conta o envoltório que constitui o corpo do espírito, uma vez que a materialidade desse envoltório diminui à medida que o espírito evolui. Em alguns mundos mais avançados que a Terra, ele já é menos denso, menos pesado e menos grosseiro, e, consequentemente, menos sujeito a vicissitudes. Num grau mais elevado, ele é transparente, quase fluídico. Assim, ao evoluir de grau em grau, ele vai se depurando e desmaterializa-se a ponto de confundir-se com o perispírito. Conforme o mundo que lhe é designado a viver, o espírito toma o envoltório adequado à natureza desse mundo.

O próprio perispírito sofre sucessivas transformações: torna-se cada vez mais etéreo, até a depuração completa que caracteriza os espíritos puros. Embora os mundos especiais sejam destinados aos espíritos mais avançados que ali fazem estágio, nem por isso estão confinados, como nos mundos inferiores, pois o estado de desprendimento em que se encontram lhes permite transportarem-se para qualquer lugar, conforme as missões que lhes são confiadas.

Mas, se considerarmos a encarnação do ponto de vista material, tal como acontece na Terra, podemos dizer que ela está limitada aos mundos inferiores. Consequentemente, depende do espírito libertar-se mais, ou menos, rapidamente da encarnação, empenhando-se na própria purificação.

Deve-se considerar também que na erraticidade, ou melhor, no intervalo entre as existências corporais, a situação do espírito está relacionada com a natureza do mundo ao qual ele está ligado pelo seu grau de adiantamento. Assim, na erraticidade, ele é mais feliz ou menos feliz, sente-se livre e esclarecido, conforme esteja mais, ou menos, desmaterializado. (São Luís, Paris, 1859).

NECESSIDADE DA ENCARNAÇÃO

25. *A encarnação é uma punição? Somente os espíritos culpados estão sujeitos a ela?*

A passagem dos espíritos pela vida corpórea é necessária para que eles possam cumprir, com a ajuda das ações características do plano material, os desígnios que Deus lhes confiou. Portanto, ela é necessária para o seu próprio bem, pois as atividades a que se vêem obrigados a exercer contribuem para o desenvolvimento da inteligência. Sendo soberanamente justo, Deus tem a mesma consideração para com todos os Seus filhos. É por isso que dá a todos o mesmo ponto de partida, a mesma capacidade, *as mesmas obrigações a cumprir e a mesma liberdade de ação.* Qualquer privilégio seria uma preferência, e toda preferência, uma injustiça. Assim, para todos os espíritos, a encarnação é apenas um estado transitório; é uma tarefa que Deus lhes impõe no início da existência, como primeira prova do uso que farão do livre-arbítrio. Aqueles que executam essa tarefa com zelo, vencem mais rapidamente e menos arduamente os primeiros degraus da iniciação, e gozam mais cedo do fruto dos seus esforços. Ao contrário, os que fazem mau uso da liberdade que Deus lhes concedeu, retardam o seu progresso. É assim que, por negligência, podem prolongar indefinidamente a necessidade de reencarnar, e é então que a encarnação se transforma num castigo. (São Luís, Paris, 1859).

26. *Observação:* Uma simples comparação fará com que se entenda melhor essa diferença. O estudante só consegue gra-

duar-se em Ciências após ter cursado todas as séries escolares. Seja qual for o empenho que lhe é exigido, essas séries são o único meio para atingir o seu objetivo, e não uma punição. O aluno estudioso executa melhor essa caminhada, encontrando nela menos dificuldades. O mesmo não ocorre com aquele que negligencia os estudos por preguiça, acabando por repetir algumas séries. Não é o trabalho escolar que se torna uma punição, mas a obrigação de ter que fazer novamente o mesmo trabalho.

Assim acontece com o homem na Terra. Para o espírito do selvagem, que está quase no início da vida espiritual, a encarnação é um meio de desenvolver sua inteligência. Mas para o homem esclarecido, em quem o senso moral se encontra amplamente desenvolvido, e que é obrigado a repetir etapas de uma existência corpórea cheia de angústias quando já poderia ter alcançado a ventura, torna-se um castigo a necessidade de prolongar sua permanência em mundos inferiores e infelizes. Aquele que, ao contrário, trabalha ativamente para o seu progresso moral pode não apenas abreviar a duração de sua encarnação material, mas também transpor de uma só vez os graus intermediários que o separam dos mundos superiores.

Os espíritos não poderiam encarnar uma única vez no mesmo globo e cumprir outras existências em esferas diferentes?

Essa suposição só seria admissível se todos os homens encarnados na Terra estivessem exatamente no mesmo nível intelectual e moral. As diferenças existentes entre eles, do selvagem ao homem civilizado, mostram os degraus que precisam subir. Além do mais, a encarnação deve ter uma finalidade útil. Então, qual seria o objetivo das encarnações de crianças que morrem em tenra idade? Apenas teriam sofrido sem proveito para si, ou para os outros. Mas Deus, cujas leis são todas soberanamente sábias, nada faz de inútil. E por isso quis que os mesmos espíritos, reencarnando no mesmo globo, numa nova oportunidade de contato, tivessem a chance de reparar suas faltas recíprocas. Quis ainda estabelecer laços de família sobre uma base espiritual, considerando suas relações anteriores, e apoiar numa lei natural os princípios de solidariedade, de fraternidade e de igualdade.

Capítulo 5
Bem-aventurados os aflitos

• Justiça das aflições • Causas atuais das aflições • Causas anteriores das aflições • Esquecimento do passado • Motivos de resignação • O suicídio e a loucura • INSTRUÇÕES DOS ESPÍRITOS: Bem e mal sofrer • O mal e o remédio • A felicidade não é deste mundo • Perda de pessoas amadas. Mortes prematuras • Se fosse um homem de bem, teria morrido • Os tormentos voluntários • A verdadeira infelicidade • A melancolia • Provas voluntárias. O verdadeiro martírio • Deve-se pôr um fim às provas do próximo? • É permitido abreviar a vida de um doente que sofre sem esperança de cura? • Sacrifícios da própria vida • Proveito dos sofrimentos para o próximo

1. Bem-aventurados os que choram, pois serão consolados. Bem-aventurados os que têm fome e sede de justiça, pois serão saciados. Bem-aventurados os que sofrem perseguição pela Justiça, porque é deles o reino dos Céus. (MATEUS, 5:4, 6 e 10).

2. Bem-aventurados vós, que sois pobres, pois vosso é o reino dos Céus. Bem-aventurados vós, que agora tendes fome, pois sereis saciados. Bem-aventurados vós, que chorais agora, pois havereis de rir. (LUCAS, 6:20 e 21).

Mas ai de vós, ricos! Que recebestes vossa consolação no mundo. Ai de vós que estais saciados, pois tereis fome. Ai de vós que rides agora, porque gemereis e chorareis. (LUCAS, 6:24 e 25).

Justiça das aflições

3. As compensações que Jesus promete aos aflitos na Terra só podem se realizar na vida futura. Sem a certeza do futuro, esses preceitos morais seriam um contra-senso. Mais do que isso, seriam um engodo. Mesmo com essa certeza, é difícil compreender a utilidade de ter que sofrer para ser feliz. Diz-se que é para ter mais mérito. Mas, então, pergunta-se: "Por que uns nascem na miséria e outros na riqueza, sem ter feito nada que justifique tal situação? Por que para uns nada dá certo,

enquanto para outros tudo parece sorrir?". O que é ainda mais difícil de compreender, porém, é ver as coisas boas e as coisas más distribuídas com tanta desigualdade entre o vício e a virtude; ver homens virtuosos sofrendo ao lado de maus que enriquecem. A fé no futuro pode consolar e ajudar a ter paciência, mas não explica essas aberrações que parecem desmentir a justiça de Deus.

No entanto, uma vez que se admita que Deus existe, só se pode imaginá-Lo como a Suprema Perfeição. Ele deve ser todo justiça, todo bondade, todo poder. Sem isso, não seria Deus. Se Deus é absolutamente bom e justo, não pode agir por capricho nem com parcialidade. ***Portanto, as contrariedades da vida têm uma causa. E, uma vez que Deus é justo, essa causa deve ter um motivo.*** É disso que todos devem se convencer. Por intermédio dos ensinamentos de Jesus, Deus encaminhou os homens para a compreensão dessa causa, e hoje, achando-os suficientemente amadurecidos para compreendê-la, Ele a revela sem restrições pelo ***espiritismo***, ou seja, pela ***palavra dos espíritos.***

Causas atuais das aflições

4. Os infortúnios da vida podem ser de duas espécies, ou seja, ter duas origens distintas. É importante expô-las aqui: umas têm sua causa na vida presente; outras, não exatamente nesta existência. Portanto, ao procurarmos a origem dos males terrenos, devemos admitir que muitos são consequência natural da conduta e do caráter de quem os suporta.

Quantos homens caem por sua própria culpa! Quantos são vítimas de sua negligência, de seu orgulho e ambição! Quantas pessoas se arruinam por desleixo, por falta de perseverança, por má conduta, ou por não terem conseguido impor um limite aos seus desejos! Quantas uniões infelizes, fruto do interesse ou da vaidade, em que o coração não foi levado em conta! Quantos desentendimentos e brigas desastrosas poderiam ser evitados com um pouco mais de moderação e menos ressentimentos! Quantas doenças são consequência de excessos de todo tipo! Quantos pais sofrem com seus filhos por não terem reprimido desde o início suas más tendências! Por comodismo ou indiferença, deixaram que se desenvolvessem neles as sementes do orgulho, do egoísmo e da vaidade, que ressecam o coração, e, mais tarde, ao colherem o que semearam, se espantam e se afligem com a falta de respeito e a ingratidão deles.

Que todos os que se vêem com o coração abatido pelas vicissitudes e decepções da vida interroguem friamente a própria consciência! Que reflitam seriamente sobre a origem dos males que os afligem, e verifiquem se, na maioria dos casos, não podem dizer: "Se eu tivesse feito, ou não tivesse feito tal coisa, não estaria nesta situação". Então, a quem responsabilizar por todas as suas aflições, senão a si mesmo? Portanto, na maioria dos casos, o homem é o autor dos seus próprios infortúnios. Mas, ao invés de reconhecer isso, ele acha mais simples, e menos humilhante, acusar o destino, a Providência, a falta de sorte, quando na verdade a culpa se deve à sua própria negligência.

Sem dúvida, os males dessa natureza representam a maior parte das dificuldades da vida. O homem só conseguirá evitá-los quando se empenhar pelo seu aperfeiçoamento moral, como se empenha pelo intelectual.

5. A lei humana pune determinadas faltas. Diz-se então que o condenado está sofrendo a consequência dos seus atos. Mas a lei não consegue punir todas as faltas. Ela abrange mais aqueles que causam prejuízo à sociedade, e não os que cometem delitos que prejudicam a si próprios. Contudo, Deus quer o progresso de todas as Suas criaturas. Por isso, não deixa impune qualquer desvio do caminho reto. Não há uma única falta, por mais leve que seja, uma única desobediência à Sua Lei, que não tenha forçosamente inevitáveis consequências, de certo modo lamentáveis. Donde se conclui que, tanto nas pequenas como nas grandes coisas, o homem sempre é punido pelos erros que cometeu. Os sofrimentos decorrentes de sua falta servem para adverti-lo de que agiu mal; dão-lhe experiência e fazem com que perceba a diferença entre o bem e o mal, e a necessidade de melhorar-se para evitar, no futuro, o que foi para ele causa de aflições. Sem isso, ele não teria nenhum motivo para emendar-se. Confiante na impunidade, retardaria seu avanço e, consequentemente, sua felicidade futura.

Mas a experiência, às vezes, chega um pouco tarde. E

então, quando a vida já foi desperdiçada com conturbações, quando as forças já estão enfraquecidas e o mal não tem remédio, o homem põe-se a lamentar, dizendo: "Se no início da vida eu soubesse o que sei hoje, quantos tropeços teria evitado! Se pudesse recomeçar, faria tudo diferente, mas não há mais tempo!". Do mesmo modo como o operário preguiçoso diz: "Perdi meu dia", ele se queixa: "Perdi minha vida". Mas, assim como o Sol nasce no dia seguinte para o operário, dando início a uma nova jornada que lhe permite recuperar o tempo perdido, para ele também, depois da noite do túmulo, brilhará o sol de uma nova vida, na qual poderá tirar proveito da experiência do passado e decidir por boas resoluções para o futuro.

Causas anteriores das aflições

6. Se há males nesta vida dos quais o homem é a principal causa, há outros a que, pelo menos aparentemente, ele está completamente alheio e que parecem atingi-lo por mera fatalidade. Assim acontece, por exemplo, com a perda dos entes queridos e dos que são arrimo de família. E ainda: os acidentes que nenhuma precaução poderia impedir, os reveses financeiros que frustram todas as medidas de prudência, as calamidades naturais e as enfermidades de nascença, sobretudo as que privam tantos infelizes dos meios de ganhar a vida pelo trabalho, como as deformidades físicas, as debilidades mentais, entre outras anomalias.

Aqueles que nascem em tais condições, com certeza nada fizeram nesta vida para merecer uma sorte tão triste e sem solução, que não pôde ser evitada nem mudada por vontade própria, deixando-os assim à mercê da caridade alheia. Por que, então, nascem pessoas tão infelizes, enquanto ao seu lado, sob o mesmo teto, numa mesma família, outras são favorecidas em praticamente tudo? Finalmente, o que dizer das crianças que morrem em tenra idade e que da vida só conheceram os sofrimentos?

Essa é uma questão que nenhuma filosofia conseguiu explicar até hoje. São anomalias que nenhuma religião conseguiu justificar, e que seriam uma negação da bondade, da justiça e da providência de Deus, se achássemos que a alma é criada ao mesmo tempo que o corpo, e que seu destino é traçado irrevogavelmente após uma breve permanência na Terra. Que fizeram essas almas, que acabam de sair das mãos do Criador, para suportar tanto sofrimento na Terra, e merecer, no futuro, uma recompensa ou uma punição qualquer, se não tiveram tempo de fazer nem o bem nem o mal?

Se seguirmos o princípio de que *todo efeito tem uma causa*, concluiremos que tais misérias são efeitos de alguma causa, e, desde que se admita um Deus justo, consequentemente essa causa também deve ser justa. Ora, como a causa sempre acontece antes do efeito, já que não está na vida atual deve estar na vida anterior, ou seja, deve pertencer a uma existência precedente. Por outro lado, não podendo Deus punir pelo bem que fizemos, nem pelo mal que não fizemos, se estamos sendo punidos é porque fizemos o mal. E, se não fizemos o mal nesta vida, o fizemos em outra. É uma conclusão da qual não é possível fugir, e que demonstra, por sua lógica, de que lado está a justiça de Deus.

Assim, o homem nem sempre é punido, ou completamente punido, na sua existência presente, mas nunca escapa das consequências de suas faltas. A vitória do mau é apenas momentânea: se ele não pagar hoje, pagará amanhã. Por isso dizemos que aquele que sofre está resgatando os erros do passado. A desventura, que à primeira vista parece imerecida, tem, pois, sua razão de ser, e quem a sofre pode sempre dizer: "Perdoai-me, Senhor, porque pequei".

7. Os sofrimentos por que passamos na vida presente, decorrentes de causas anteriores, bem como de faltas atuais, são uma consequência natural dos erros cometidos, cuja engrenagem funciona da seguinte maneira: por meio de uma rigorosa justiça, o homem sofre o que fez os outros sofrerem. Desse modo, se ele foi duro e desumano, poderá ser tratado duramente e com desumanidade; se foi orgulhoso, poderá nascer numa condição humilhante; se foi avarento, egoísta, ou se fez mau uso de sua fortuna, poderá ver-se privado do necessário para o seu sustento; se foi um mau filho, poderá sofrer com seus filhos.

Desse modo, é pela pluralidade das existências e da encarnação num planeta de provas que se explicam tanto as anomalias como a felicidade ou a infelicidade que aguarda os bons e os maus, neste mundo. Essas anomalias são consideradas um absurdo somente do ponto de vista da vida presente. Mas, se levarmos em conta outras existências, veremos que são apenas um mal aparente, pois cada um recebe o que merece, sem prejuízo do que lhe está reservado no mundo dos espíritos, e que, portanto, a justiça de Deus nunca falha.

O homem não deve esquecer-se nunca de que está num planeta inferior, ao qual está ligado por suas imperfeições. A cada adversidade, deve pensar que se pertencesse a um mundo mais evoluído isso não aconteceria, e que depende somente de de si prórpio e de seu aprimoramento moral não mais retornar a este mundo.

8. As atribulações da vida podem ser impostas a espíritos renitentes no mal ou muito ignorantes, ainda incapazes de fazer uma escolha consciente. Mas são livremente aceitas, e até escolhidas, por espíritos ***arrependidos*** que desejam reparar o mal que fizeram e melhorar sua conduta, a exemplo daquele que, tendo executado mal sua tarefa, pede para recomeçá-la, a fim de não perder o fruto do seu trabalho. Os infortúnios são, portanto, ao mesmo tempo expiações que corrigem o passado e provas que preparam o futuro. Rendamos graças a Deus que, na Sua infinita bondade, concede ao homem a oportunidade de reparação, não o condenando irrevogavelmente na primeira falta.

9. Não devemos pensar, no entanto, que todo sofrimento suportado na Terra seja necessariamente a indicação de uma determinada falta. Muitas vezes, os sofrimentos são simples provas escolhidas pelo espírito para concluir sua depuração e apressar seu progresso. Assim, a expiação sempre serve de prova, mas a prova nem sempre é uma expiação. Contudo, provas ou expiações são sempre sinais de uma relativa inferioridade, pois o que é perfeito não precisa mais ser provado. Um espírito pode ter adquirido certo grau de elevação, mas, querendo progredir mais, solicita uma missão, uma tarefa a executar, pela qual, se sair vitorioso, será tanto mais recompensado quanto mais penosa tiver sido sua luta. Tais são, de modo especial, as criaturas de instintos naturalmente bons, de alma nobre, de generosos sentimentos inatos, que parecem nada ter trazido

de mau de sua existência anterior e que suportam com uma resignação perfeitamente cristã as maiores dores, pedindo a Deus que as ajude a suportá-las sem lamentar-se. Ao contrário, podemos considerar como expiações as aflições que provocam lamentações e levam o homem a revoltar-se contra Deus.

O sofrimento que não provoca queixas, pode, sem dúvida, ser uma expiação, mas é um indício de que foi escolhido voluntariamente muito mais do que imposto. E, portanto, é prova de uma decisão firme, e indício de progresso.

10. Só podem aspirar à completa felicidade espíritos verdadeiramente puros, pois qualquer mácula lhes impede a entrada nos mundos felizes. São como passageiros de um navio contaminado pela peste, aos quais é proibida a entrada numa cidade enquanto não estiverem desinfetados. É por meios das diversas existências corporais que os espíritos se livram, pouco a pouco, de suas imperfeições. Se bem suportadas, as provações da vida os fazem progredir. Quando são expiações, elas resgatam as faltas, purificando-os, a exemplo de um remédio que limpa a ferida e cura o doente: quanto mais grave é a doença, mais forte deve ser o remédio. Portanto, quem sofre muito deve ter em mente que tinha muito a expiar, e alegrar-se porque logo estará curado. Tornar, então, o sofrimento proveitoso para sua evolução dependerá dele, ou melhor, de sua resignação. Caso contrário, terá de recomeçar.

Esquecimento do passado

11. É inútil alegar que o esquecimento constitui um obstáculo ao proveito que se poderia tirar das experiências de encarnações anteriores. Se Deus julgou conveniente lançar um véu sobre o passado, é porque isso deve ser útil. Realmente, a lembrança de vidas passadas teria inconvenientes muito graves. Em certos casos, poderia nos humilhar ou então excitar nosso orgulho, e com isso atrapalhar nosso livre-arbítrio. Seja como for, provocaria uma inevitável perturbação nas relações sociais.

Muitas vezes, o espírito renasce no mesmo meio em que um dia viveu e acha-se relacionado com as mesmas pessoas, a fim de reparar o mal que lhes fez. Se reconhecesse nelas as que odiou, talvez seu ódio voltasse a despertar e, em qualquer hipótese, seria humilhado diante das pessoas a quem tivesse ofendido. Assim, Deus nos dá exatamente o que é necessário para nosso aperfeiçoamento: a voz da consciência e nossas tendências instintivas, afastando de nós o que poderia nos prejudicar.

Ao nascer, o homem traz consigo aquilo que adquiriu. Cada existência é para ele um novo ponto de partida, pouco lhe importando saber quem foi. Se está sendo punido, é porque praticou o mal. Suas más tendências atuais indicam o que deve corrigir em si mesmo, e é nisso que deve concentrar toda a sua atenção, pois o que for completamente corrigido nenhum traço deixará. Assim, as boas resoluções que vier a tomar são a voz da consciência advertindo-o quanto ao que é certo ou errado, a fim de que tenha forças para resistir às más tentações.

Aliás, o esquecimento só ocorre durante a vida corpórea. De volta à vida espiritual, o espírito recupera a lembrança do passado. Há, portanto, apenas uma interrupção temporária, tal como acontece na vida terrena durante o sono, que não nos impede de lembrar, no dia seguinte, o que fizemos na véspera ou nos dias anteriores.

Mas não é apenas depois da morte que o espírito recupera a lembrança do seu passado. Pode-se dizer que ele jamais a perde, pois a experiência prova que quando encarnado, durante o sono do corpo físico, goza de relativa liberdade e tem consciência de seus atos anteriores. Então, sabe por que sofre e que o sofrimento tem razão de ser. A lembrança só se apaga durante a vida terrena. Contudo, não havendo uma lembrança exata, o que poderia ser-lhe penoso e prejudicar-lhe as relações sociais, ele extrai novas forças desses instantes de emancipação da alma, se souber aproveitá-los.

Motivos de resignação

12. Com as palavras “Bem-aventurados os aflitos, pois serão consolados”, Jesus indica, ao mesmo tempo, a compensação que aguarda os que sofrem e a resignação que os faz bendizer o sofrimento como início da cura.

Essas palavras também podem ser interpretadas assim: “Deveis vos considerar felizes por sofrer, pois vossas dores neste mundo são o pagamento das dívidas de vossas faltas passadas. Essas dores, quando suportadas pacientemente aqui na Terra, vos poupam séculos de sofrimento na vida futura. Deveis então ficar felizes por Deus ter reduzido vossa dívida, permitindo-vos saldá-la agora, o que vos garante tranquilidade no futuro."

O homem que sofre é como o devedor de uma grande quantia, a quem o credor diz: "Se me pagares ainda hoje a centésima parte, eu te dispenso do resto da dívida, e estarás livre. Mas se não o fizeres, te cobrarei até que me pagues o último centavo". Esse devedor não ficaria feliz, mesmo que tivesse de suportar privações para se libertar dessa grande dívida, sabendo que pagaria apenas a centésima parte dela? Ao invés de queixar-se de seu credor, não deveria agradecer-lhe?

É exatamente esse o sentido das palavras: "Bem-aventurados os aflitos, pois serão consolados". Eles são felizes porque estão pagando suas dívidas, e depois de liquidá-las ficarão livres. Mas se, ao mesmo tempo em que procura liquidá-las, adquire novos débitos, jamais alcançará a libertação. Ora, cada nova falta aumenta a dívida, pois não há uma única falta, seja ela qual for, que não traga obrigatoriamente consigo a punição inevitável: se não for hoje, será amanhã; se não for nesta vida, será na outra. Entre essas faltas, deve-se colocar em primeiro plano a falta de submissão à vontade de Deus. Portanto, se nos lamentamos nos momentos de aflições, se não as aceitamos com resignação, como algo que merecemos, e se acusamos a Deus de injusto, contraímos uma nova dívida que nos faz perder a lição que poderíamos tirar do sofrimento. É por isso que estamos sempre precisando recomeçar, como se pagássemos prestações a um credor que nos persegue, e a cada vez lhe pedíssemos novo empréstimo.

Ao entrar no mundo dos espíritos, o homem ainda se parece com o operário que se apresenta no dia do pagamento. A uns, o Senhor dirá: "Aqui está o pagamento pelos vossos dias de trabalho"; a outros, aos bem-sucedidos na Terra, aos que viveram na ociosidade, cuja felicidade consistiu na satisfação do amor-próprio e nas alegrias mundanas, Ele dirá: "Nada vos cabe, pois recebestes vosso salário na Terra. Ide e recomeçai vossa tarefa!".

13. Conforme a maneira de encarar a vida terrena, o homem pode amenizar ou agravar a amargura de suas provas. Quanto mais ele acha que é longa a duração do seu sofrimento, mais sofre. Porém, se observar a vida terrena do ponto de vista da vida espiritual, logo a compreende como um ponto no Infinito e percebe o quanto ela é breve, concluindo que esse momento penoso logo passará. A certeza de um futuro próximo, mais feliz, anima-o e encoraja-o, e, em vez de lamentar-se, ele agradece aos Céus pelas dores que o fazem avançar. Para quem só enxerga a vida corpórea, ao contrário, esta lhe parece interminável, e a dor pesa sobre si com toda sua intensidade. Aquele que encara a vida do ponto de vista espiritual dá menos importância às coisas deste mundo; modera os seus desejos e se contenta com sua posição, sem invejar a dos outros; atenua a impressão moral dos reveses e desilusões que sofre. Assim procedendo, extrai uma calma e uma resignação úteis, tanto à saúde do corpo como à da alma, ao passo que, pela inveja, pelo ciúme e pela ambição, se submete voluntariamente à tortura, aumentando as misérias e angústias de sua curta existência.

O suicídio e a loucura

14. A calma e a resignação, provenientes da maneira de encarar a vida terrena e da confiança no futuro, dão ao espírito uma serenidade que é a melhor proteção contra ***a loucura e o suicídio.*** Realmente, é certo que os casos de loucura, em sua maioria, se devem à perturbação produzida pelas vicissitudes que o homem não tem forças para suportar. Portanto, vendo a vida pelos olhos do espiritismo, ele encara com serenidade e até indiferença os reveses e as decepções que, em outras circunstâncias, o deixariam desesperado. É evidente que essa força que o coloca além dos acontecimentos preserva-lhe a razão de estremecimentos que a abalariam, se não tivesse a visão que o espiritismo lhe oferece.

15. O mesmo acontece com o suicídio. Com exceção dos que se consomem nos estados de embriaguez e loucura, aos quais podemos chamar de inconscientes, é certo que, sejam quais forem os motivos específicos, o suicídio sempre tem como causa

um desgosto. Mas, quem tem certeza de que está sendo infeliz apenas por um dia e de que estará melhor nos dias seguintes, facilmente se enche de paciência. Só se desespera aquele que não vê um fim para os seus sofrimentos. E o que é a vida humana, comparada à eternidade, senão bem menos que um dia? Entretanto, quem não crê na eternidade, quem acha que tudo se acaba com a vida, se estiver acabrunhado pelo desgosto e pelo infortúnio, só vê saída na morte. Sem nada esperar, acha natural, muito lógico mesmo, abreviar suas misérias pelo suicídio.

16. A incredulidade, a simples dúvida sobre o futuro, as idéias materialistas são, em resumo, os maiores incentivadores ao suicídio, pois provocam o *desestímulo moral.* E, quando se vêem homens de ciência apoiarem-se sobre a autoridade de seu conhecimento para provar aos seus ouvintes que nada os aguarda após a morte, não é o mesmo que levá-los a concluir que, se são infelizes, o melhor que têm a fazer é se matar? Que poderiam lhes dizer para dissuadi-los disso? Que compensação poderiam lhes oferecer? Que esperança poderiam lhes dar? Nenhuma, a não ser o nada. Donde se deve concluir que, se o nada é o único remédio, é preferível tomá-lo agora do que mais tarde, e assim sofrer por menos tempo.

A propagação das idéias materialistas é, pois, o veneno que incute em muitas pessoas o pensamento do suicídio. Aqueles que se transformam em propagadores dessas idéias assumem sobre si uma terrível responsabilidade. Com o espiritismo, não sendo mais permitida a dúvida, o aspecto da vida muda. Quem crê, sabe que a vida se prolonga indefinidamente após a morte, mas em condições bem diferentes. Daí a paciência e a resignação que o afastam naturalmente da idéia do suicídio. Em resumo: daí a *coragem moral.*

17. O espiritismo leva ainda a um outro resultado igualmente positivo, e talvez mais decisivo: ele nos mostra os próprios suicidas vindo relatar sua situação deplorável e provar que ninguém transgride impunemente a Lei de Deus, que proíbe ao homem abreviar a própria vida. Entre os suicidas, há aqueles cujo sofrimento, ainda que temporário, é tão terrível que asssusta a quem esteja planejando partir da Terra, antes

que Deus o determine. O espírita tem, portanto, vários motivos para contrapor-se à idéia do suicídio: a *certeza* de uma vida futura, na qual *sabe* que será tanto mais feliz quanto mais resignado tiver sido na Terra; a *certeza* de que, ao abreviar a própria vida, chegará a um resultado exatamente oposto ao que esperava; a *certeza* de que se livrará de um mal, mas viverá outro pior, mais longo e mais terrível; a *certeza* de que se engana ao pensar que, suicidando-se, irá mais depressa para o Céu; e finalmente a *certeza* de que o suicídio é um obstáculo que o impedirá de juntar-se, no mundo espiritual, aos que foram objeto de sua estima. Daí a conclusão de que o suicídio, dando-lhe somente decepções, contraria seus interesses. Assim, o número de suicídios evitados pelo espiritismo é considerável, e disso podemos concluir que, quando todos forem espíritas, não haverá mais suicídios conscientes.

Ao compararmos, pois, os resultados das doutrinas materialistas e da doutrina espírita, unicamente do ponto de vista do suicídio, observamos que a lógica das primeiras conduz ao suicídio, ao passo que a doutrina espírita o evita, o que é confirmado pela experiência.

Instruções dos Espíritos

BEM E MAL SOFRER

18. Quando Jesus disse: "Bem-aventurados os aflitos, porque deles é o reino dos Céus", não estava generalizando, pois, como já se sabe, todos os que estão neste mundo sofrem, quer estejam na abastança ou na miséria. Ele Se referia aos poucos que conseguem suportar os sofrimentos com resignação, e compreendem que só as provas podem conduzi-los ao reino de Deus. Como o desânimo é uma falta, Deus então recusa consolação a quem perdeu a coragem. Sabe-se que a prece é um esteio para a alma, mas somente ela não basta. É preciso que esteja apoiada numa fé inabalável na bondade de Deus. Muitas vezes, lhes foi dito que Ele não coloca um fardo pesado sobre ombros frágeis, e que o fardo é proporcional à força que se tem, como a recompensa será proporcional à resignação e à coragem. Mais generosa será a recompensa, do que penoso o sofrimento. Mas é preciso merecer essa recompensa, e por isso a vida é cheia de tribulações.

O militar que não é convocado para a frente de batalha não fica satisfeito, porque a inatividade no acampamento não lhe dá a oportunidade de promoção. Sede, pois, como o militar e não desejeis um repouso em que vosso corpo se relaxaria e vossa alma se entorpeceria. Alegrai-vos quando Deus vos chama para a luta. Luta que não é o fogo da batalha, mas as amarguras da vida; em que às vezes é preciso ter mais coragem do que num combate sangrento, pois quem ficar firme diante do inimigo poderá fracassar sob a pressão de um sofrimento moral. O homem não é recompensado por essa espécie de coragem, mas Deus reserva-lhe distinções e um lugar glorioso. Quando estiverdes diante de um motivo de dor ou de contrariedade, esforçai-vos para superá-lo, e, quando conseguirdes dominar os impulsos da impaciência, da raiva ou do desespero, dizei a vós mesmos com justa satisfação: "Fui o mais forte".

As palavras: "Bem-aventurados os aflitos" podem, então, ser interpretadas assim: "Bem-aventurados os que têm oportunidade de provar sua fé, sua firmeza, sua perseverança e sua submissão à vontade de Deus, pois terão centuplicada a alegria que lhes falta na Terra, e após o penoso esforço virá o descanso". (Lacordaire, Havre, 1863).

O MAL E O REMÉDIO

19. Será vossa Terra um lugar de alegria, um paraíso de deleite? A voz do profeta não ecoa mais aos vossos ouvidos? Ele não vos anunciou que haveria choro e ranger de dentes para os que nascessem neste vale de dores? Vós que viestes viver aqui, esperai, pois, muitas lágrimas e sofrimentos lancinantes. E quando vossas dores forem mais agudas e intensas, olhai para o Céu e bendizei ao Senhor por ter desejado vos experimentar! Homens, só reconhecereis o poder de vosso Mestre quando Ele tiver curado as chagas do vosso corpo e coroado vossos dias de bem-aventurança e de alegria? Só reconhecereis Seu amor quando Ele tiver ornamentado vosso corpo com glórias, e lhe tiver restituído o brilho e a brancura? Imitai aquele que vos foi dado como exemplo: tendo chegado ao último grau do desprezo e da miséria, estendido num monte de esterco, disse a Deus: "Senhor, conheci todas as alegrias da riqueza e me reduzistes

à mais profunda miséria. Obrigado, obrigado, meus Deus, por quererdes experimentar este vosso servo!".

Até quando vossos olhos se deterão nos limites fixados pela morte? Quando vossa alma finalmente resolverá aventurar-se além dos limites do túmulo? Ainda que devêsseis chorar e sofrer a vida inteira, o que representaria isso comparado à eterna glória reservada a quem tiver suportado a prova com fé, amor e resignação? Buscai, portanto, consolação para vossos males no futuro que Deus vos prepara, e a causa dos vossos males, no vosso passado. Vós que mais sofreis, considerai-vos os afortunados da Terra.

Quando vagáveis no Espaço, no estado de desencarnados, escolhestes vossas provas, pois vos considerastes suficientemente fortes para suportá-las. Então, por que lamentar agora? Quando pedistes a fortuna e a glória, desejastes enfrentar a luta contra a tentação, a fim de vencê-la. Quando pedistes para lutar de corpo e alma contra o mal moral e físico, sabíeis que quanto mais difícil fosse a prova mais honrosa seria a vitória, e que, se saísseis triunfantes, mesmo que o vosso corpo fosse jogado num monturo, após a morte, deixaria escapar uma alma resplandecente e purificada pela expiação e pelo sofrimento.

Que remédio receitar, então, aos que são acometidos por obsessões cruéis e males pungentes? Só há um medicamento infalível: é a fé; é recorrer aos Céus. Se, no auge dos vossos sofrimentos mais cruéis, vossa voz louvar o Senhor, então, o anjo à vossa cabeceira vos apontará o milagre da salvação e o lugar que devereis ocupar um dia... A fé é o remédio infalível para o sofrimento. Ela sempre mostra os horizontes do Infinito, diante dos quais se dissipam os poucos dias sombrios do presente. Portanto, não mais pergunteis que remédio se deve tomar para a cura de tal úlcera ou de tal ferida, para tal tentação ou tal prova. Lembrai-vos de que quem crê, recorre ao remédio da fé, e quem duvida um segundo de sua eficácia é imediatamente punido, pois logo sente as dolorosas angústias da aflição.

O Senhor marcou com Seu selo todos os que crêem Nele. Jesus vos disse que com fé se removem montanhas. Eu vos digo que quem sofre e tem a fé como alicerce será colocado sob sua proteção e não sofrerá mais. Para este, os momentos mais dolorosos serão os primeiros acordes de alegria da eternidade. Sua alma se desprenderá de tal forma do corpo que, enquanto ele se retorce em convulsões, ela planará nas regiões celestes, cantando com os anjos os hinos de reconhecimento e de glória ao Senhor.

Felizes os que sofrem e choram! Que suas almas se alegrem, pois serão recompensadas por Deus! (SANTO AGOSTINHO, Paris, 1863).

A FELICIDADE NÃO É DESTE MUNDO

20. "Não sou feliz! A felicidade não foi feita para mim!", geralmente exclamam os homens, quaisquer que sejam sua posição social. Isso, meus queridos filhos, prova melhor do que todos os argumentos possíveis a verdade desta máxima, do *Eclesiastes*: "A felicidade não é deste mundo". Realmente, nem a fortuna, nem o poder, nem mesmo a juventude em flor são condições suficientes para a felicidade. E digo mais: nem mesmo o conjunto dessas três condições tão desejadas, pois continuamente ouvimos entre as classes privilegiadas pessoas de diversas idades queixando-se amargamente de sua condição de vida.

Diante de tal constatação, é inconcebível aceitar que as classes trabalhadoras e ativas invejem com tanta cobiça a posição dos que a fortuna parece ter favorecido. Neste mundo, por mais que se faça, cada um tem sua cota de trabalho e miséria, seu quinhão de sofrimento e decepção. Donde é fácil concluir que a Terra é um lugar de provas e expiações.

Portanto, aqueles que pregam que a Terra é a única morada do homem, que só nela, e numa única existência, lhe é permitido atingir o grau máximo da felicidade, iludem a si próprios e a quem os ouve, pois já está provado por séculos de experiências que, só excepcionalmente, este globo apresenta as condições necessárias à completa felicidade do indivíduo.

De modo geral, podemos afirmar que a felicidade é um sonho do qual gerações sucessivas buscam alcançar sem jamais conseguir, pois, se o homem sábio é uma raridade neste planeta, mais raro ainda é encontrar aqui um homem totalmente feliz.

O conceito de felicidade na Terra é tão efêmero para aquele que não se guiar pela sensatez que, por um ano, um mês, uma semana completa de satisfação, todo o resto da existência se esvai numa sequência de amarguras e decepções. E notai, meus queridos filhos, que falo aqui dos que são felizes na Terra, daqueles que são invejados pelo povo.

Consequentemente, se a morada terrena se destina à expiação e às provas, com certeza devemos admitir que em outros lugares existem moradas mais privilegiadas, onde o espírito do homem, mesmo ainda aprisionado num corpo material, desfruta das alegrias inerentes à vida humana, em sua plenitude. Por isso, Deus semeou em vosso sistema esses belos planetas superiores, para onde vossos esforços e tendências vos levarão um dia, quando estiverdes suficientemente depurados e aprimorados.

Todavia, que não se conclua dessas minhas palavras que a Terra esteja destinada a ser um eterno lugar de penitência. Não! Certamente que não, pois, dos progressos já obtidos, podeis facilmente deduzir os progressos futuros, e dos melhoramentos sociais já conquistados, novos e mais proveitosos melhoramentos virão. Essa é a grande tarefa que a nova doutrina revelada pelos espíritos deve ajudar a realizar.

Assim, queridos filhos, que um providencial estímulo vos anime, e que cada um de vós se liberte energicamente do homem velho! Empenhai-vos todos na propagação do espiritismo, que já deu início à vossa própria regeneração. É um dever incentivar vossos irmãos a participar dessa sagrada luz. Portanto, mãos à obra, meus queridos filhos! Que nessa reunião solene todos os corações aspirem ao grandioso objetivo de preparar, para as gerações futuras, um mundo em que a felicidade não será mais uma ilusão. (François-Nicolas-Madeleine, Cardeal Morlot, Paris, 1863).

PERDA DE PESSOAS AMADAS. MORTES PREMATURAS

21. Quando a morte vem ceifar vossas famílias, levando sem a mínima consideração os jovens, antes dos idosos, muitas vezes dizeis: "Deus não é justo, pois sacrifica quem é forte e tem um futuro pela frente, e poupa os que já viveram longos anos cheios de decepções; leva aqueles que são úteis, e deixa os que não servem mais para nada; parte o coração de uma mãe, privando-a da inocente criatura que era a alegria de sua vida".

Criaturas, é nisso que tendes necessidade de vos elevar acima das coisas mundanas, a fim de compreender que muitas vezes o bem está justamente onde só enxergais o mal. A sábia previdência está onde pensais ver uma cega fatalidade. Por que comparar a Justiça Divina com a vossa? Podeis imaginar que o Senhor dos mundos queira, somente por capricho, vos impor penas tão cruéis? Nada se faz sem um propósito inteligente, e, seja o que for que aconteça, tudo tem uma razão de ser. Se analisásseis melhor todas as dores que vos afligem, nelas encontraríeis sempre uma razão divina, regeneradora. Então, vossos interesses mesquinhos mereceriam tão pouca atenção que os relegaríeis ao último plano.

Acreditai em mim! Numa encarnação de apenas vinte anos, é preferível a morte do que os vergonhosos desregramentos que arrasam famílias honradas, despedaçam o coração de uma mãe e branqueiam os cabelos dos pais, antes do tempo. Muitas vezes, a morte prematura é um grande benefício que Deus concede a quem se vai, e que assim se vê poupado das misérias da vida, ou das seduções que poderiam levá-lo à perdição. Quem morre na flor da idade não é absolutamente vítima da fatalidade. É que Deus julga que não lhe é proveitoso passar mais tempo na Terra.

Muitas vezes dizeis: "Que terrível desgraça uma vida tão cheia de esperanças ser interrompida assim tão cedo!". Mas, de que esperanças estais a falar? Das esperanças da Terra, de onde quem se vai poderia ter brilhado e acumulado fortuna? Sempre a mesma visão estreita que não consegue elevar-se além da matéria! Acaso sabeis qual seria a sorte dessa vida tão cheia de esperanças? Quem vos garante que não seria cheia de amarguras? Levais em tão pouca consideração as esperanças da vida futura que preferis as da vida passageira que arrastais na Terra? Achais, então, que mais vale ocupar uma posição entre os homens do que entre os espíritos bem-aventurados?

Ao invés de vos lamentar, alegrai-vos quando aprouver a Deus retirar desse vale de misérias um de Seus filhos. Não é egoísmo desejar que ele fique apenas para sofrer convosco? Ah! Compreende-se essa dor em quem não tem fé e vê na morte uma separação eterna. Mas vós, espíritas, sabeis que a alma vive melhor livre do seu invólucro corporal! Mães, sabeis que vossos filhos bem-amados estão perto de vós. Sim, estão bem perto!

Seus perispíritos vos envolvem, seus pensamentos vos protegem, vossa lembrança os deixa inebriados de alegria! Mas, ao contrário, vossas dores os afligem, porque demonstram falta de fé e revolta contra a vontade de Deus.

Vós que compreendeis a vida espiritual, escutai as palpitações do vosso coração chamando esses entes queridos. E, se pedirdes a Deus que os abençoe, sentireis em vós as poderosas consolações que estancam as lágrimas, as aspirações maravilhosas que vos mostrarão o futuro prometido pelo soberano Senhor. (Sansão, antigo membro da Sociedade Espírita de Paris, Paris, 1863).

SE FOSSE UM HOMEM DE BEM, TERIA MORRIDO

22. Muitas vezes, ao se referir a um homem mau que escapou de um perigo, dizeis: "Se fosse um homem de bem, teria morrido". Pois bem, ao dizer isso, tendes razão, pois frequentemente Deus dá a um espírito ainda iniciante nos caminhos do progresso uma prova mais longa do que dá a um bom, o qual poderá receber como recompensa por seu mérito a graça de uma prova tão curta quanto possível. Quando pronunciais essa frase, portanto, não imaginais que estais proferindo uma blasfêmia.

Se morre um homem de bem, e na casa ao lado mora um homem mau, logo dizeis: "Antes fosse este". No entanto, estais totalmente errados, pois quem parte concluiu sua tarefa, e quem fica talvez nem a tenha começado. Por que desejaríeis que o mau não tivesse tempo para concluí-la, e o bom ficasse retido no solo terrestre? Que diríeis de um prisioneiro que, tendo cumprido sua pena, ficasse retido na prisão, enquanto dessem liberdade a quem a ela não tivesse direito? Sabei, pois, que a verdadeira liberdade consiste na libertação dos laços físicos, e que, enquanto estiverdes na Terra, estareis em cativeiro.

Habituai-vos, então, a não criticar o que não podeis compreender, e crede que Deus é justo em todas as coisas. Portanto, o que vos parece um mal, muitas vezes é um bem. Ocorre que vossas faculdades são tão limitadas, vossos sentidos são tão obtusos que não captam o conjunto do grande todo. Esforçai-vos por sair dessa condição limitada, pelo pensamento, e então, à medida que vos elevardes, a importância da vida material diminuirá, pois passarais a vê-la apenas como um imprevisto, se comparada a duração infinita de vossa existência espiritual, a única existência verdadeira. (FÉNELON, Sens, 1861).

OS TORMENTOS VOLUNTÁRIOS

23. O homem vive correndo atrás da felicidade, mas ela constantemente lhe escapa, pois a verdadeira felicidade, que não apresenta preocupações, ainda não existe na Terra. Apesar dos infortúnios que se apresentam no decorrer da vida, o homem poderia pelo menos gozar de uma felicidade relativa. Acontece que ele a procura muito mais nas coisas perecíveis e sujeitas a contratempos, ou melhor, nos prazeres mundanos, do que nas alegrias da alma, que são um deleite antecipado das alegrias celestes. Ao invés de buscar a *paz do coração*, única felicidade real na Terra, busca avidamente tudo o que pode agitá-lo e perturbá-lo, e, estranhamente, parece criar sempre tormentos que só dependeria dele evitar.

Haverá maiores tormentos do que os causados pela inveja e pelo ciúme? Para o invejoso e o ciumento, o sossego não existe, pois estão sempre excitados pelo desejo: o que eles ainda não têm, e outras pessoas possuem, provoca-lhes verdadeiras insônias; o sucesso dos seus rivais lhes dá vertigens; para eles, a competição se resume em menosprezar os outros; sua maior alegria consiste em provocar, nos insensatos como eles, a mesma ira do ciúme de que estão possuídos. Na verdade, são uns tolos, pois não imaginam que talvez amanhã seja preciso renunciar a todas as futilidades cuja cobiça lhes envenena a vida. A eles não se aplicam as seguintes palavras: "Bem-aventurados os aflitos, pois serão consolados", porque suas aflições não são aquelas que têm no Céu sua recompensa.

Ao contrário, de quantos tormentos se livra aquele que sabe se contentar com o que tem, que olha sem inveja para o que não possui, que não procura parecer mais do que realmente é. Este sim é rico, pois, se olha abaixo de si, ao invés de olhar acima, sempre verá criaturas que têm menos. É calmo, pois não cria para si necessidades imaginárias. E a calma não é uma felicidade, se comparada às tempestades da vida? (FÉNELON, Lyon, 1860).

A VERDADEIRA INFELICIDADE

24. Muitos falam da infelicidade, pois já a experimentaram algum dia e acreditam, portanto, que conhecem seus múltiplos aspectos. Eu venho vos dizer que quase todos se enganam, e que a verdadeira infelicidade não é o que os homens, ou seja, os infelizes, supõem. Eles a vêem na miséria, na lareira sem chama, no credor que os ameaça, no berço vazio do anjo que antes sorria, nas lágrimas que se derrama durante o velório que se acompanha com o coração partido, na angústia da traição, no desnudamento do orgulho que gostaria de cobrir-se de ouro e mal consegue esconder sua nudez sob os farrapos da vaidade. A tudo isso, e a muitas coisas mais, dá-se o nome de infelicidade, na linguagem humana. Sim, é infelicidade para aqueles que só enxergam o presente. Mas a verdadeira infelicidade está mais nas consequências de um fato do que nele próprio. Dizei-me se um acontecimento muito feliz em determinado momento, mas que tem consequências funestas, não é na realidade mais infeliz do que outro que a princípio provoca grande contrariedade e acaba por produzir o bem? Dizei-me se a tempestade que quebra as árvores, mas saneia o ar, ao dissipar as emanações insalubres que poderiam causar a morte, não é antes uma felicidade do que uma desgraça?

Para julgar um fato, precisamos antes examinar-lhe as consequências. Para avaliarmos o que realmente traz felicidade ou infelicidade para o homem, precisamos nos transportar para além desta vida, porque é lá que as consequências se fazem sentir. Portanto, tudo o que o homem chama de infelicidade, segundo sua acanhada visão, cessa com a vida física e encontra sua compensação na vida futura.

Vou revelar-vos a infelicidade sob uma nova forma, sob a forma bela e florida, que acolheis e desejais, com todas as forças de vossas almas iludidas. Infelicidade é essa falsa alegria, é o prazer transitório, é a fama inconsequente, é a vã agitação, é a insensata satisfação da vaidade que faz calar a consciência, que perturba a ação do pensamento, que atordoa o homem com relação ao seu futuro. Infelicidade é o ópio do esquecimento que buscais com tanto empenho.

Esperai, vós que chorais! Tremei, vós que rides porque vosso corpo está satisfeito! A Deus ninguém engana. Não se escapa do destino. E as provas, credoras implacáveis atiçadas pela miséria, espreitam vosso repouso ilusório para, a qualquer momento, vos mergulhar na agonia da verdadeira infelicidade, aquela que surpreende a alma enfraquecida pela indiferença e pelo egoísmo.

Que o espiritismo vos esclareça e restabeleça o verdadeiro significado de verdade e equívoco, tão estranhamente deturpados pela vossa cegueira! Agireis então como bravos soldados que, em vez de fugir do perigo, preferem as lutas em combates arriscados à paz que não lhes pode dar nem glória nem promoção. Que importa ao soldado perder as armas, o equipamento e as roupas na batalha, desde que saia dela vencedor e com glória! Que importa a quem tem fé no futuro, se deixa no campo de batalha da vida a fortuna e a vestimenta carnal, contanto que sua alma entre radiosa no reino celeste? (Delphine de Girardin, Paris, 1861).

A MELANCOLIA

25. Sabeis por que, às vezes, uma vaga tristeza toma conta de vossos corações e vos faz achar a vida tão amarga? É o vosso espírito que anseia pela felicidade e pela liberdade, e, aprisionado ao corpo físico, se sente extenuado pelos esforços inúteis despendidos para dele sair. Então, percebendo que se esforça em vão, entrega-se ao desânimo; e como o corpo sofre sua influência, a apatia se apodera de vós, passando a achar que sois infelizes. Por isso, acreditai em mim e resisti com firmeza a essas sensações que vos enfraquecem a vontade! As aspirações a uma vida melhor são inerentes ao espírito do homem; no entanto, não as busqueis neste mundo.

Neste momento em que Deus vos envia Seus espíritos para vos instruir sobre a felicidade que Ele vos reserva, aguardai pacientemente o anjo da libertação que deve vos ajudar a romper os laços que mantêm vosso espírito cativo. Não esqueçais de que, durante vossa provação na Terra, tendes de desempenhar uma missão, da qual não deveis duvidar, seja vos dedicando à família, seja cumprindo as várias tarefas que Deus vos confiou. E se, no decorrer da prova, enquanto estiverdes executando vossa tarefa, virdes desabarem sobre vós preocupações, aflições e desgostos, sede fortes e corajosos para suportá-los! Enfrentai-os sem vacilar, pois são de curta duração e devem vos levar para junto dos amigos por quem chorastes, os quais se alegrarão com vossa chegada entre eles e vos estenderão os braços para vos conduzir a uma região onde não é permitida a entrada das amarguras terrenas. (François de Genève, Bordéus).

PROVAS VOLUNTÁRIAS. O VERDADEIRO MARTÍRIO

26. Perguntais se é permitido amenizar as próprias provas. Esse assunto leva a outros: é permitido a quem está se afogando procurar salvar-se? A quem tem um espinho cravado na pele, retirá-lo? A quem está doente, chamar um médico? As provas têm por finalidade exercitar a inteligência, bem como a paciência e a resignação. Um homem pode nascer numa condição penosa e complicada, exatamente para forçá-lo a procurar meios para vencer as dificuldades. O mérito consiste em suportar, sem lamentações, as consequências dos males que não pode evitar; em perseverar na luta; em não se desesperar se não consegue vencê-las; sem nunca, porém, agir com negligência, o que seria mais preguiça do que virtude.

Essa questão conduz naturalmente a uma outra. Já que Jesus disse: "Bem-aventurados os aflitos", haverá então algum mérito em procurar aflições, agravando as próprias provas com sofrimentos voluntários? A isso responderei com toda a franqueza: ***sim***, há um grande mérito quando os sofrimentos e as provações têm como objetivo o bem do próximo, pois significam caridade por meio do sacrifício; ***não***, quando os sofrimentos têm como finalidade o benefício próprio, porque aí se trata de fanatismo.

Há, no entanto, uma observação a fazer: contentai-vos com as provas que Deus vos envia, e não lhes aumenteis a carga, por vezes já bem pesada. Aceitai-as sem lamentações e com fé. É tudo o que Ele vos pede. Não enfraqueçais vosso corpo com privações inúteis e torturas sem sentido, pois tendes necessidade de todas as vossas forças para cumprir a tarefa que vos cabe na Terra. Martirizar voluntariamente vosso corpo é transgredir a Lei de Deus, que vos dá meios para sustentá-lo e fortalecê-lo. É um verdadeiro suicídio enfraquecê-lo sem necessidade. Usai, mas não abuseis: esta é a Lei. O abuso das melhores coisas traz punição, cujas consequências são inevitáveis.

Bem diferente é o caso dos sofrimentos que alguém impõe

a si próprio para alívio do próximo. Se suportais frio e fome para aquecer e alimentar quem precisa de agasalho e comida, e se vosso corpo sofre com isso, eis o sacrifício que é abençoado por Deus. Vós que deixais vossos aposentos perfumados para ir ao casabre malcheiroso levar consolo, que sujais vossas mãos delicadas cuidando das feridas, que vos privais do sono para velar à cabeceira de um doente que é somente vosso irmão em Deus, enfim, vós que consumis vossa saúde na prática de boas obras, eis vosso sacrifício, verdadeiro e abençoado sacrifício, pois os prazeres do mundo não endureceram vosso coração. Não adormecestes em meio aos prazeres da fortuna, que enfraquecem moralmente; ao contrário, vos transformastes em anjos consoladores dos pobres abandonados.

Mas quanto a vós, que vos afastais do mundo para evitar as seduções, passando a viver no isolamento, que utilidade tendes na Terra? Onde está vossa coragem nas provações, já que fugis da luta e abandonais o combate? Se quereis um flagelo, martirizai vossa alma, não vosso corpo; mortificai vosso espírito, não vossa carne; fustigai vosso orgulho; suportai as humilhações sem vos lamentar; espezinhai vosso amor-próprio; fortalecei-vos contra a dor da injúria e da calúnia, mais aguda do que a dor física. Eis o verdadeiro sacrifício, cujas feridas resultantes em vós serão contabilizadas, pois atestarão vossa coragem e vossa submissão à vontade de Deus. (Um Anjo Guardião, Paris, 1863).

DEVE-SE PÔR UM FIM ÀS PROVAS DO PRÓXIMO?

27. ***Deve-se pôr um fim às provas do próximo, se isso for possível, ou deve-se deixá-las seguir seu curso, por respeito aos desígnios de Deus?***

Temos repetido várias vezes que estais neste planeta de expiação para concluir vossas provas, e que tudo o que vos acontece é uma consequência de vossas existências anteriores. São como parcelas de uma dívida que tendes de pagar. Mas essa idéia provoca em algumas pessoas reflexões que devemos combater, pois poderiam ter consequências desastrosas.

Alguns pensam que, a partir do momento em que se está na Terra para expiar, é preciso que as provas sigam seu curso. Existe até quem chegue a achar que não só devemos deixar de fazer algo para atenuá-las, mas também devemos contribuir para torná-las ainda mais vigorosas, a fim de que sejam mais proveitosas. Isso é um grande erro, pois as provas devem seguir o curso traçado por Deus. Porventura, conheceis qual é esse curso? Acaso sabeis até que ponto ele deve ir, e se vosso Pai Misericordioso não disse ao sofrimento de vosso irmão: "Não irás mais adiante!"? Acaso sabeis se Ele vos escolheu, não como instrumento de tortura, a fm de agravar o sofrimento do culpado, mas como bálsamo consolador que deve cicatrizar as feridas abertas?

Por isso, quando virdes um de vossos irmãos ferido, não digais: "É a justiça de Deus! Ela deve seguir seu curso". Dizei, o contrário: "Vejamos que meios nosso Pai Misericordioso colocou ao meu alcance para que eu possa amenizar o sofrimento de meu irmão. Vejamos se meu conforto moral, meu apoio material, meus conselhos, não conseguirão ajudá-lo a superar essa prova com mais força, paciência e resignação. Vejamos se Deus não me colocou nas mãos a possibilidade de acabar com esse sofrimento. Se não me foi concedida, talvez como prova ou como expiação, a possibilidade de afastar o mal e pôr no seu lugar a paz".

Desse modo, ajudai-vos sempre em vossas respectivas provações, e jamais vos considereis instrumentos de tortura. Esse pensamento deve indignar todo homem de boa vontade, principalmente os espíritas, pois estes, mais do que quaisquer outros, devem compreender a extensão infinita da bondade de Deus. O espírita deve pensar que toda a sua vida precisa ser um ato de amor e de devotamento, e que, faça o que fizer para contrariar as decisões do Senhor, a Justiça Divina seguirá seu curso. O homem pode, portanto, sem qualquer receio, empregar todos os seus esforços para atenuar o amargor da expiação, mas somente Deus pode detê-la ou prolongá-la, conforme julgar oportuno.

Não haveria um enorme orgulho por parte do homem ao se achar no direito de revolver, por assim dizer, o punhal dentro do ferimento? De aumentar a dose de veneno no coração de quem está sofrendo, sob o pretexto de que tal é sua expiação? Oh! Considerai-vos sempre um instrumento indicado para fazê-la cessar. Resumindo: estais todos na Terra para expiar. Mas todos, sem exceção, deveis vos esforçar ao máximo para amenizar a expiação dos vossos irmãos, segundo a Lei do Amor e Caridade. (Bernardin, espírito protetor, Bordéus, 1863).

É PERMITIDO ABREVIAR A VIDA DE UM DOENTE QUE SOFRE SEM ESPERANÇA DE CURA?

28. *Um homem está agonizando, vítima de cruéis sofrimentos. Sabe-se que seu estado é desesperador. Será justo poupar-lhe alguns instantes de agonia, apressando-lhe o fim?*

Quem, pois, vos daria o direito de prejulgar os desígnios de Deus? Acaso o Senhor não pode levar um homem à beira do abismo, para de lá retirá-lo, a fim de fazê-lo voltar-se a si mesmo, levando-o a pensar de modo diferente? Mesmo que um moribundo esteja em extrema agonia, ninguém pode afirmar com certeza absoluta que sua hora final tenha chegado. Será que a ciência nunca falhou em suas previsões?

Bem sei que há casos que, com razão, podemos considerar desesperadores. Mas, se não há nenhuma esperança de retorno definitivo à vida e à saúde, não existem também inúmeros exemplos de que, no momento do último suspiro, o doente se reanima e recupera a lucidez por alguns instantes? Pois bem, essa graça que lhe é concedida pode ser muito importante para ele, pois ignorais as reflexões que seu espírito pôde fazer nos momentos finais da agonia, e quantos tormentos um instante de arrependimento pode poupar-lhe.

O materialista que vê somente o corpo, e não leva em conta a existência da alma, não consegue compreender isso, mas o espírita, que sabe o que acontece no Além-túmulo, não ignora o valor do derradeiro pensamento. Amenizai os últimos sofrimentos o quanto puderdes, mas guardai-vos de abreviar a vida, por um minuto que seja, pois esse minuto pode evitar muitas lágrimas no futuro! (São Luís, Paris, 1860).

SACRIFÍCIO DA PRÓPRIA VIDA

29. *Alguém que esteja descontente com a vida, mas não tem coragem de suicidar-se, será culpado se procurar a morte num campo de batalha, com a intenção de tornar essa morte útil?*

Quer o homem se mate ou faça com que o matem, o objetivo é sempre abreviar a vida, havendo, portanto, um suicídio intencional, ainda que não praticado. A idéia de que sua morte servirá para alguma coisa é ilusória, não passando de um pretexto para justificar seu ato e desculpá-lo aos próprios olhos. Se realmente tivesse desejo de servir à sua pátria, trataria de viver para defendê-la, e não de morrer, pois, uma vez morto, não lhe serve mais para nada. O verdadeiro devotamento consiste em não temer a morte, quando se trata de ser útil, enfrentar o perigo e oferecer o sacrifício da vida, sem temer, se necessário for. Contudo, a intenção premeditada de procurar a morte, expondo-se a um perigo, ainda que para prestar serviço, anula o mérito da ação. (São Luís, Paris, 1860).

30. ***Um homem expõe-se a um perigo iminente para salvar a vida de um semelhante, sabendo de antemão que morrerá. Isso pode ser considerado um suicídio?***

Desde que não exista a intenção de procurar a morte, não há suicídio, e sim devotamento e abnegação, mesmo que se tenha certeza de que se vai morrer. Mas quem pode ter essa certeza? Quem garante que a Providência não reserva um inesperado meio de salvação, no momento mais crítico? Não pode Ela inclusive salvar alguém que esteja na mira certeira de um canhão? Muitas vezes, pode querer estender a prova de resignação às últimas consequências, quando então uma circunstância inesperada desvia o golpe fatal. (São Luís, Paris, 1860).

PROVEITO DOS SOFRIMENTOS PARA O PRÓXIMO

31. ***Aqueles que aceitam o sofrimento resignadamente, por obediência à vontade de Deus e visando à sua felicidade futura, não trabalham apenas para si mesmos? Podem eles tornar seus sofrimentos proveitosos aos outros?***

Esses sofrimentos podem ser úteis aos outros, material e moralmente. Materialmente, quando contribuem para o bem-estar de seus semelhantes, pelo trabalho, pelas privações e pelos sacrifícios que impõe a si mesmo. Moralmente, pelo exemplo que dão de sua submissão à vontade de Deus. Esse exemplo do poder da fé espírita pode incitar infelizes à resignação; pode salvá-los do desespero e de suas trágicas consequências para o futuro. (São Luís, Paris, 1860).

Capítulo 6
O Cristo Consolador

• O jugo leve • O Consolador prometido • Instruções dos espíritos: Advento do Espírito de Verdade

1. Vinde a mim, todos vós que estais aflitos e oprimidos, e eu vos aliviarei. Tomai sobre vós o meu jugo e aprendei comigo, que sou manso e humilde de coração. Achareis, então, repouso para vossas almas, pois o meu jugo é suave e o meu fardo é leve. (Mateus, 11:28-30).

O jugo leve

2. Todos os sofrimentos, como as dores físicas, os infortúnios, as misérias, as decepções, a perda de entes queridos, encontram consolação na fé no futuro e na confiança na justiça de Deus que o Cristo veio ensinar aos homens. Porém, para aquele que nada espera após a vida presente, ou que simplesmente duvida da vida futura, as aflições passam a ter um peso tal que nenhuma esperança consegue aliviar a amargura. Foi isso que levou Jesus a dizer: "Vinde a mim, todos vós que estais aflitos, e eu vos aliviarei".

Mas Jesus impõe uma condição para Sua assistência e para a felicidade que promete aos aflitos. Essa condição está na própria Lei que Ele ensina. Seu jugo é o cumprimento dessa Lei. Esse jugo é leve e essa Lei é branda, porque impõem como dever o amor e a caridade.

3. Se me amais, guardai os meus mandamentos. E eu rogarei ao meu Pai, e Ele vos enviará outro consolador, para que fique eternamente convosco: o Espírito de Verdade, a quem o mundo não pode receber, porque não o vê nem o conhece. Mas vós o conhecereis, porque ele ficará convosco e estará em vós. Mas o Consolador, que é o Espírito Santo, a quem meu Pai enviará em meu nome, vos ensinará todas as coisas e vos fará relembrar de tudo o que vos tenho dito. (João, 14:15-17 e 26).

4. Jesus promete um outro consolador: o ***Espírito de Verdade***, que o mundo ainda não conhece, porque não está suficientemente amadurecido para compreendê-lo. Se, pois, o Espírito de Verdade deve vir mais tarde para ensinar todas as coisas, é porque o Cristo não pôde dizer tudo. Se vem recordar o que o Cristo disse, é porque o que foi dito ficou esquecido ou foi mal compreendido.

O espiritismo vem, portanto, no tempo predeterminado, cumprir a promessa do Cristo. E o Espírito de Verdade é quem preside à sua instituição; volta a chamar os homens a obedecer a Lei; e ensina todas as coisas, ao fazer compreender o que o Cristo disse apenas por meio de parábolas. O Cristo advertiu: "Quem tem ouvidos para ouvir, que ouça!". Por isso, o espiritismo vem abrir os olhos e os ouvidos das criaturas, pois ensina de maneira clara, sem usar alegorias ou linguagem figurada; vem erguer o véu deixado de propósito sobre alguns mistérios; vem, enfim, trazer uma suprema consolação aos deserdados da Terra e àqueles que sofrem, atribuindo uma causa justa e uma finalidade útil para todas as dores.

O Cristo disse ainda: "Bem-aventurados os aflitos, pois serão consolados". Mas, como ficar feliz por sofrer, se não se sabe por que se sofre? O espiritismo mostra que a causa dos sofrimentos está nas vidas anteriores e na própria destinação da Terra, onde o homem expia o seu passado. Ele revela também que os sofrimentos são como crises salutares que levam à cura, pois constituem-se numa espécie de depuração que assegura a felicidade nas encarnações futuras. O homem compreende então que mereceu sofrer, e acha justo o sofrimento. Sabe que esse sofrimento contribui para sua evolução, e aceita-o sem se lamentar, como o operário aceita o trabalho que lhe assegura o salário. O espiritismo lhe dá uma fé inabalável no futuro, e a dúvida cruciante não tem mais ação sobre sua alma. Ao fazê-lo ver as coisas do alto, a importância dos infortúnios se perde no vasto e esplêndido horizonte que ele alcança, e a perspectiva da felicidade que o aguarda lhe dá paciência, resignação e coragem para ir até o fim do caminho.

Assim, o espiritismo realiza o que Jesus disse a respeito do Consolador Prometido: o conhecimento das coisas, que faz com que o homem saiba de onde vem, para onde vai, e porque está na Terra; o chamado para o retorno aos verdadeiros princípios da Lei de Deus; e a consolação pela fé e pela esperança.

Instruções dos espíritos

O advento do Espírito de Verdade

5. Venho trazer a verdade e dissipar as trevas, como outrora o fiz entre os filhos desgarrados de Israel. Escutai-me! O espiritismo deve lembrar aos incrédulos que acima deles reina uma verdade imutável: o Deus bom, o Deus grandioso que faz germinar a planta e agitar as ondas. Eu revelei a doutrina divina. Como um ceifeiro, juntei em feixes o bem disseminado entre a humanidade e disse: "Vinde a mim, todos vós que sofreis!". Mas os homens ingratos se desviaram do caminho reto e largo que conduz ao reino de meu Pai, e se perderam nas ásperas trilhas da impiedade.

No entanto, meu Pai não quer extinguir a raça humana; quer que, ajudando-vos uns aos outros, mortos e vivos, ou melhor, mortos segundo a carne, pois a morte não existe, vos socorrais mutuamente, e que não mais a voz dos profetas e dos apóstolos, mas a voz dos que se foram, se faça ouvir para clamar-vos: "Orai e acreditai, pois a morte é a ressurreição e a vida é a prova escolhida, durante a qual as virtudes que cultivardes devem crescer e se desenvolver como o cedro".

Homens fracos, que percebeis a limitação de vossas mentes, não afasteis a tocha que a clemência divina vos coloca nas mãos para iluminar vosso caminho, a fim de vos reconduzir, filhos perdidos, aos braços de vosso Pai!

Sinto-me tomado de compaixão por vossas misérias, por

vossa enorme incapacidade de estender uma mão caridosa aos infelizes e desvirtuados, os quais, vendo o Céu, caem no abismo do erro. Acreditai, amai, meditai sobre as coisas que vos são reveladas! Não mistureis o joio com o bom grão, as ilusões com as verdades.

Espíritas, amai-vos, eis o primeiro ensinamento! Instruí-vos, este é o segundo. Todas as verdades estão no cristianismo. Os erros que nele se enraizaram são de origem humana. E eis que do Além-túmulo, o qual pensáveis ser o nada, vozes clamam: "Irmãos, nada perece! Jesus Cristo é o vencedor do mal. Sede os vencedores da descrença!". (O Espírito de Verdade, Paris, 1860).

6. Venho instruir e consolar os pobres deserdados. Venho dizer-lhes que elevem sua resignação à altura de suas provas; que chorem, pois a dor foi consagrada no Jardim das Oliveiras; mas que confiem, pois os anjos consoladores virão enxugar suas lágrimas.

Obreiros, arai vosso campo! Recomeçai no dia seguinte a dura jornada da véspera. O trabalho das vossas mãos fornece o pão terreno aos vossos corpos, mas vossas almas não ficam relegadas ao esquecimento. Eu, o Divino Jardineiro, cultivo-as no silêncio de vossos pensamentos. Quando soar a hora do repouso, quando a trama da vida escapar de vossas mãos, e vossos olhos se fecharem para a luz, sentireis surgir e germinar em vós minha preciosa semente. Nada fica perdido no reino de nosso Pai, e vossos suores, vossas misérias, formam o tesouro que deve vos tornar ricos nas esferas superiores, onde a luz toma o lugar das trevas, e onde o mais despojado dentre vós será o mais resplandecente.

Em verdade vos digo que aqueles que carregam seus fardos e ajudam seus irmãos são meus bem-amados. Instruí-vos na magnífica doutrina espírita, que dissipa o erro de vossas revoltas e vos ensina o sublime objetivo da provação humana. Como o vento varre a poeira, que o sopro dos espíritos dissipe a inveja dos ricos do mundo, os quais, muitas vezes, são muito infelizes, pois suas provas são mais perigosas do que as vossas. Estou convosco, e meu apóstolo vos instrui. Bebei na fonte viva do amor e preparai-vos, prisioneiros da vida, para um dia vos lançar, livres e alegres, no seio d'Aquele que vos criou simples e ignorantes, para que pudésseis vos aperfeiçoar, e que deseja que vós mesmos modeleis vossa argila, a fim de serdes os artífices de vossa imortalidade. (O Espírito de Verdade, Paris, 1861).

7. Sou o grande médico das almas, e venho trazer o remédio que vos curará. Os fracos, os sofredores e os doentes são meus filhos prediletos, e venho salvá-los. Vinde, pois, a mim todos vós que sofreis e que estais oprimidos, e sereis aliviados e consolados. Não busqueis noutro lugar a força e a consolação, pois o mundo é incapaz de oferecê-las. Deus faz um supremo apelo aos vossos corações, por meio do espiritismo. Escutai-O! Que a impiedade, a mentira, o erro e a incredulidade sejam eliminados de vossas almas sofridas, pois são verdadeiros monstros que sugam o vosso sangue mais puro e vos causam feridas, quase sempre mortais. Que no futuro, humildes, e obedientes ao Criador, pratiqueis Sua lei divina. Amai e orai! Sede dóceis aos espíritos do Senhor! Invocai-O do fundo do coração! Então, Ele vos enviará Seu Filho bem-amado, para vos instruir e vos dizer estas boas palavras: "Eis-me aqui! Venho a vós porque me chamastes". (O Espírito de Verdade, Bordéus, 1861).

8. Deus consola os humildes e dá força aos aflitos que a pedem. Seu poder cobre a Terra, e, por toda parte, onde quer que se derrame uma lágrima, Ele coloca um bálsamo consolador. A abnegação e o devotamento são uma prece contínua e contêm um ensinamento profundo. A sabedoria humana reside nessas duas palavras. Que todos os espíritos sofredores possam compreender essa verdade, em lugar de protestar contra as dores e os sofrimentos morais, que são a parte que vos cabe aqui na Terra. Tomai, pois, por lema estas duas palavras: ***devotamento*** e ***abnegação***, e sereis fortes, porque elas resumem todos os deveres que a caridade e a humildade vos impõem. O sentimento do dever cumprido vos dará paz de espírito e resignação. O coração então se tranquiliza, a alma se acalma e o corpo já não esmorece, pois quanto mais profundamente o espírito é golpeado, mais o corpo sofre. (O Espírito de Verdade, Havre, 1863).

Capítulo 7
Bem-aventurados os pobres de espírito

• O que se deve entender por pobres de espírito • Todo aquele que se exalta será humilhado • Mistérios ocultos aos sábios e aos prudentes • Instruções dos Espíritos: Orgulho e humildade • Missão do homem inteligente na Terra

O que se deve entender por pobres de espírito

1. Bem-aventurados os pobres de espírito, pois deles é o reino dos Céus. (Mateus, 5:3).

2. Os incrédulos zombam da máxima ***Bem-aventurados os pobres de espírito***, como zombam de muitos outros preceitos morais, sem compreendê-los. Por ***pobres de espírito***, Jesus não Se refere aos desprovidos de inteligência, mas sim aos humildes. Ele diz que deles é o reino dos Céus, e não dos orgulhosos.

Os homens que o mundo considera instruídos e sábios têm geralmente tão alto conceito de si mesmos e de sua superioridade que julgam as coisas divinas indignas de sua atenção. Concentrados somente em si próprios, não conseguem voltar-se para Deus. Essa tendência a se achar superiores a tudo e a todos leva-os a negar com frequência o que, estando acima deles, poderia rebaixá-los; leva-os a negar até mesmo a Divindade. E quando concordam em admiti-La, questionam-Lhe um de Seus mais belos atributos – a ação providencial sobre as coisas deste mundo –, convencidos de que só eles já bastam para bem governá-lo. Tomando a própria inteligência como padrão da inteligência universal, e julgando-se capazes de tudo compreender, descartam aquilo que não conseguem explicar e, quando opinam sobre algo, consideram seu ponto de vista como definitivo e irrevogável.

Quando se recusam a admitir o mundo invisível e um poder extra-humano, não o fazem porque isso esteja acima de sua capacidade de entendimento, mas porque seu orgulho se revolta diante da idéia de que haja algo acima deles e que os faria descer de seu pedestal. Eis por que só têm sorrisos irônicos para tudo o que não pertence ao mundo visível e palpável. Atribuem a si mesmos inteligência e cultura demasiadas para crer em coisas que, segundo eles, são adequadas apenas para pessoas *simples*, e consideram *pobres de espírito* quem as leva a sério.

Entretanto, digam o que disserem, terão de entrar no mesmo mundo invisível que ridicularizam do mesmo modo como acontece com todas as outras pessoas. É lá que seus olhos serão abertos e que reconhecerão o equívoco cometido. Mas Deus, que é justo, não pode receber da mesma maneira quem ignorou o Seu poder e quem se submeteu humildemente às Suas leis, nem pode ter para com ambos igual consideração.

Ao dizer que o reino dos Céus é para os simples, Jesus quer dizer que ninguém é admitido lá sem a *simplicidade do coração* e a *humildade do espírito*; que o inculto que possui essas qualidades será preferido ao sábio que crê mais em si mesmo do que em Deus. Em todas as circunstâncias, Jesus coloca a humildade entre as virtudes que nos aproximam de Deus, o orgulho entre os vícios que Dele nos afastam. E isso ocorre por uma razão muito natural: é que a humildade é um ato de submissão a Deus, ao passo que o orgulho é uma revolta contra Ele. Portanto, para a felicidade futura do homem, mais vale que ele seja *pobre de espírito*, na opinião do mundo, e rico em qualidades morais, aos olhos de Deus.

Todo aquele que se exalta será humilhado

> 3. Naquele momento, os discípulos se aproximaram de Jesus e Lhe perguntaram: "Quem é o maior no reino dos Céus?". Jesus, chamando um menino, colocou-o no meio deles, e disse: "Em verdade vos digo que, se não vos converterdes e não vos tornardes como crianças, não entrareis no reino dos Céus. *Todo aquele, pois, que se humilhar e se tornar pequeno como esta criança, será o maior no reino dos Céus*, e aquele que recebe em meu nome uma criança, tal como acabo de dizer, é a mim mesmo que recebe". (Mateus, 18:1-5).

4. A mãe dos filhos de Zebedeu aproximou-se Dele, com seus dois filhos, e prostrou-se, demonstrando que desejava pedir-Lhe algo. Então Jesus perguntou: "Que queres?". Ao que ela prontamente respondeu: "Ordena que estes meus dois filhos tenham assento no teu reino, um à tua direita e o outro à tua esquerda". Mas Jesus lhe disse: "Não sabes o que pedes. Podeis beber o cálice que eu hei de beber?". Os dois Lhe responderam: "Podemos". Jesus replicou-lhes: "É verdade que bebereis o meu cálice, mas, quanto ao sentar-se à minha direita ou à minha esquerda, não cabe a mim conceder-vos, pois isso será para aqueles a quem meu Pai o reservou". Ouvindo essa resposta, os dez outros apóstolos ficaram indignados com os dois irmãos. E Jesus, chamando-os para junto de Si, lhes disse: "Sabeis que os príncipes das nações dominam os seus servos e que os grandes exercem sobre eles o seu poder. Não deve ser assim entre vós. Aquele que quiser tornar-se o maior, que seja vosso servidor; e aquele que quiser ser o primeiro entre vós, que seja vosso escravo, assim como o Filho do Homem não veio para ser servido, mas para servir e dar sua vida pela redenção de muitos. (MATEUS, 20:20-28).

5. Num dia de sábado, Jesus entrou na casa de um dos principais fariseus para aí fazer Sua refeição, e os que estavam lá O observavam. E notando como os convidados escolhiam os primeiros assentos à mesa, propôs-lhes esta parábola: "Quando fores convidado para alguma boda, não tomes o primeiro lugar, para não suceder que, havendo entre os convidados uma pessoa mais importante que tu, aquele que convidou a ambos não venha a te dizer: 'Dá teu lugar a este'. E te vejas constrangido a ocupar, cheio de vergonha, o último lugar. Mas quando fores convidado, vai postar-te no último assento, para que, quando aquele que te convidou chegar, te diga: 'Meu amigo, senta-te mais para cá'. Então, isso será motivo de glória diante de todos os que estiverem contigo à mesa, pois todo aquele que se exalta será humilhado e todo aquele que se humilha será exaltado. (LUCAS, 14:1 e 7-11).

6. Essas máximas são consequência do princípio de humildade que Jesus incessantemente coloca como condição essencial para alcançar a felicidade prometida aos eleitos do Senhor, e que Ele expressou nas seguintes palavras: "Bem-aventurados os pobres de espírito, pois deles é o reino dos Céus". Jesus toma uma criança como modelo da simplicidade de coração, e diz:

"Será maior no reino dos Céus aquele que se humilhar e *se fizer pequeno como uma criança*"; ou seja: quem não tiver nenhuma pretensão à superioridade ou à infalibilidade.

A mesma idéia fundamental é encontrada na máxima *Que aquele que quiser tornar-se o maior, seja vosso servidor*, e nesta outra também: ***todo aquele que se humilha será exaltado, e todo aquele que se exalta será humilhado.***

O espiritismo vem confirmar a teoria contida nesses preceitos por meio de exemplos, mostrando-nos que são grandes no mundo espiritual os que eram pequenos na Terra, e frequentemente bem pequenos os que aqui eram os mais importantes e poderosos. É que os primeiros, ao morrer, levaram consigo as inúmeras virtudes que constituem a verdadeira grandeza no Céu, ao passo que os outros tiveram de deixar na Terra tudo o que compunha sua grandeza, e que não se leva daqui: a fortuna, os títulos, a glória e a nobreza de sua origem. Sem possuir nada além disso, chegam ao outro mundo despojados de tudo, como náufragos que perderam tudo, até mesmo as roupas, conservando apenas o orgulho, o que torna sua nova posição mais humilhante, pois, acima deles, e resplendentes de glória, vêem os que foram por eles espezinhados na Terra.

O espiritismo nos mostra uma outra aplicação desse princípio: o das sucessivas encarnações, nas quais aqueles que foram os mais ilustres em uma existência são rebaixados à posição inferior na existência seguinte, caso tenham sido dominados pelo orgulho e pela ambição. Não busqueis, pois, o primeiro lugar na Terra, nem procureis vos colocar acima dos outros, se não quiserdes ser obrigados a descer. Procurai, ao contrário, o lugar mais humilde e modesto, pois Deus saberá dar-vos um lugar mais elevado no Céu, se o merecerdes.

Mistérios ocultos aos sábios e aos prudentes

> 7. Então, Jesus disse estas palavras: "Graças te rendo, meu Pai, Senhor do Céu e da Terra, por haveres ocultado essas coisas aos sábios e aos prudentes, e porque as revelaste aos simples e aos pequenos". (Mateus, 11:25).

8. Pode parecer estranho que Jesus renda graças a Deus

por ter revelado essas coisas ***aos simples e pequenos***, que são os pobres de espírito, e por tê-las ocultado aos ***sábios e prudentes***, aparentemente mais capazes de compreendê-las. É que se deve interpretar os primeiros como sendo os ***humildes***, os que se curvam diante de Deus e não se acham superiores a ninguém; e os segundos, como os ***orgulhosos***, que se vangloriam de sua estreita sabedoria e se julgam prudentes, porque tratam a Deus de igual para igual, quando não O renegam, pois, na Antiguidade, ***prudente*** era sinônimo de ***sábio***. É por isso que Deus os deixa à procura dos segredos da Terra e revela os segredos do Céu aos simples e humildes que se inclinam diante Dele.

9. O mesmo acontece hoje com as grandes verdades reveladas pelo espiritismo. Alguns incrédulos admiram-se que os espíritos se empenhem tão pouco para convencê-los. É que os espíritos se ocupam primeiro dos que buscam a luz, com boa-fé e humildade, e não dos que se julgam donos da verdade e pensam que Deus deveria ficar satisfeito por atraí-los para Si, ao provar-lhes que existe.

O poder de Deus se manifesta tanto nas menores como nas maiores coisas. Ele não encobre a luz; ao contrário, a derrama abundantemente por toda parte. São cegos, pois, os que não a vêem. ***Deus não quer abrir-lhes os olhos à força, já que preferem mantê-los fechados.*** Sua vez chegará, mas antes é preciso que sintam as angústias das trevas e ***reconheçam Deus, e não o acaso, na mão que lhes fere o orgulho.*** Para vencer a incredulidade, Deus emprega os meios mais apropriados, conforme cada indivíduo. Não cabe ao incrédulo determinar a Deus o que deve fazer, dizendo-Lhe: "Se quiseres me convencer, deves agir desta ou daquela forma, em tal momento e não em outro, porque é isto que me convém".

Que os incrédulos não se espantem, pois, se Deus e os espíritos, que são os agentes de Sua vontade, não se submetem às suas exigências! Que se perguntem o que diriam se o último de seus criados quisesse mandar neles. Deus impõe Suas condições e não Se sujeita às deles; escuta com bondade aqueles que se dirigem a Ele com humildade, e não àqueles que se acham superiores a Ele.

10. É possível que alguém pergunte se Deus não poderia mostrar aos incrédulos fatos sobrenaturais, diante dos quais os mais endurecidos se curvariam? Sem dúvida, poderia. Mas, nesse caso, que mérito teriam eles, ou melhor, de que isso serviria? Não os vemos todos os dias negando as evidências, dizendo até: "Se eu visse, não acreditaria, porque *sei* que é impossível"? Se eles se recusam a conhecer a verdade, é porque ainda não estão amadurecidos para compreendê-la nem para senti-la. *O orgulho é a catarata que lhes turva a visão.* De que adianta mostrar a luz a um cego? É preciso, portanto, combater primeiro a causa do mal. Eis por que, como médico hábil, Deus primeiro corrige o orgulho. Ele não abandona Seus filhos desgarrados, pois sabe que, mais cedo ou mais tarde, seus olhos se abrirão. Mas quer que isso aconteça por vontade própria, quando, vencidos pelas torturas da incredulidade, se lançarão espontaneamente em Seus braços e, como o filho pródigo, Lhe pedirão perdão.

Instruções dos espíritos

ORGULHO E HUMILDADE

11. Que a paz do Senhor esteja convosco, meus queridos amigos! Venho até vós para vos encorajar a seguir o bom caminho.

Aos pobres de espírito que outrora habitavam a Terra, Deus confia a missão de vir esclarecer-vos. Bendito seja Ele, pela graça que nos concede de poder ajudar no vosso aperfeiçoamento! Que o Espírito Santo me ilumine, me ajude a tornar minha palavra compreensível e me conceda a graça de propagá-la a todos! Encarnados, vós que estais em provação e buscais a luz, que a vontade de Deus venha em meu auxílio para fazê-la brilhar aos vossos olhos!

A humildade é uma virtude muito negligenciada entre vós. Os grandes exemplos que dela vos foram dados são muito pouco seguidos. No entanto, sem humildade, acaso podeis ser caridosos com o vosso próximo? Não, pois esse sentimento nivela os homens; diz-lhes que são irmãos, que devem ajudar-se mutuamente, e os conduz ao bem. Sem humildade, ostentais virtudes que não possuís, como se usásseis uma roupa para esconder as deformidades do vosso corpo. Lembrai-vos Daquele que nos salvou! Lembrai-vos de Sua humildade, que O fez tão grande e O colocou acima de todos os profetas!

O orgulho é o terrível adversário da humildade. Se o Cristo prometia o reino dos Céus aos mais pobres, é porque os poderosos da Terra imaginam que os títulos e as riquezas são recompensas concedidas ao seu mérito, e que sua essência é mais pura que a do pobre. Acreditam que isso lhes é devido, e, quando Deus lhes retira os títulos e as riquezas, acusam-No de injustiça. Oh! Engano e cegueira! Acaso Deus vos distingue pelos corpos? O invólucro do pobre não é igual ao do rico? O Criador fez duas espécies de homens? Tudo o que Deus faz é grande e sábio. Portanto, não Lhe atribuais as idéias que vossos cérebros orgulhosos inventam.

Ó rico, enquanto dormes sob teu teto dourado, protegido do frio, não sabes que milhares de teus irmãos, iguais a ti, dormem sobre a palha? O infeliz que passa fome não é teu semelhante? Bem sei que ao ouvir isso teu orgulho se revolta. Concordarás em dar-lhe uma esmola, mas em apertar-lhe fraternalmente a mão, nunca! "O quê?", dirás tu. "Eu, descendente de sangue nobre, importante no país, ser igual a esse miserável que veste farrapos! Falsa ilusão desses pretensos filósofos! Se todos fôssemos iguais, por que Deus o teria colocado tão baixo e a mim tão alto?". É verdade que vossos trajes não se parecem em nada. Mas se ambos se despissem, que diferença haveria entre vós? "A nobreza do sangue", dirás tu. Mas a química não encontrou diferença entre o sangue do nobre e o do plebeu, entre o sangue do senhor e o do escravo. Quem te garante que tu também já não foste miserável e infeliz como ele? Que já não pediste esmolas? Que um dia não as pedirás a este, a quem hoje desprezas? Acaso as riquezas são eternas? Elas não se acabam com o corpo, que é envoltório perecível do teu espírito? Oh! Olha com humildade para ti mesmo! Abre os olhos para a realidade das coisas deste mundo, para o que leva ao engrandecimento e ao rebaixamento no outro mundo. Pensa que a morte não te poupará mais do que aos outros; que teus títulos não te livrarão dela; que ela pode golpear-te amanhã, hoje, dentro de uma hora. Mas se ficas mergulhado em teu orgulho, ah!, então eu lamento, pois serás digno de pena!

Orgulhosos! Que fostes vós antes de serdes nobres e poderosos? Talvez estivésseis mais abaixo do que o último de vossos criados. Curvai, pois, vossas frontes presunçosas! Deus pode baixá-las no momento em que mais as elevardes. Na balança divina, todos os homens são iguais. Só as virtudes os distinguem aos olhos de Deus. Todos os espíritos são da mesma essência, e todos os corpos são moldados da mesma matéria. Vossos títulos e nomes não mudam nada, ficam no túmulo, e não são eles que dão a prometida felicidade aos eleitos. Caridade e humildade são seus títulos de nobreza.

Pobre criatura! És mãe, teus filhos sofrem; estão com frio e têm fome. Vais, curvada sob o peso de tua cruz, humilhar-te para conseguir um pedaço de pão. Eu me inclino diante de ti. Como és nobremente santa e grande aos meus olhos! Confia e ora! A felicidade ainda não é deste mundo. Aos pobres oprimidos que Nele confiam, Deus concede o reino dos Céus.

E tu, jovem donzela, pobre criança entregue ao trabalho, às privações, por que esses pensamentos tristes? Por que chorar? Que teu olhar se eleve piedoso e sereno para Deus, pois aos pequenos pássaros Ele dá o alimento. Confia Nele e Ele não te abandonará. O som das festas e dos prazeres do mundo faz bater teu coração. Gostarias de enfeitar teus cabelos com flores e misturar-te aos felizes da Terra. Dizes a ti mesma que, como as mulheres que vês passar risonhas e extravagantes, também poderias ser rica. Oh! Cala-te, criança! Se soubesses quantas lágrimas e dores inomináveis se ocultam sob essas roupas bordadas, quantos soluços são abafados pelo ruído da orquestra vibrante, preferirias o teu humilde abrigo e a tua pobreza. Permanece pura aos olhos de Deus, se não queres que teu anjo guardião volte para Ele, escondendo o rosto em suas asas brancas, e te deixe com teus remorsos, sem guia e sem amparo neste mundo, onde ficarias perdida, à espera da punição reparadora no outro mundo.

E todos vós que sofreis injustiças dos homens, sede tolerantes com as faltas de vossos irmãos, lembrando-vos de que não sois perfeitos. Isso é caridade, e humildade também. Se sofreis, vítimas de calúnias, curvai a fronte sob essa prova. Que importância têm para vós as calúnias do mundo? Se vossa conduta é correta, Deus não pode vos compensar por isso? Suportar corajosamente as humilhações dos homens é ser humilde e reconhecer que só Deus é grande e poderoso.

Ó meu Deus! Será preciso que o Cristo retorne à Terra para ensinar novamente aos homens as leis que eles esqueceram? Será que Ele terá de expulsar do templo, mais uma vez, os mercadores que desonram Vossa casa, esse lugar de oração? E quem sabe, ó homens, se não O renegaríeis outra vez, se Deus vos concedesse essa graça? Se não O chamaríeis de blasfemador por vir combater o orgulho dos modernos fariseus? Talvez até O fizésseis repetir o caminho do Gólgota.

Quando Moisés subiu ao monte Sinai para receber os mandamentos de Deus, o povo de Israel, entregue a si mesmo, esqueceu-se do verdadeiro Deus. Homens e mulheres deram ouro e jóias para a fabricação de um ídolo que passaram a adorar. Homens civilizados, agis como eles: o Cristo vos deixou Sua doutrina, deu-vos o exemplo de todas as virtudes, e negligenciastes Seus exemplos e Seus preceitos. Cada um de vós, com vossas paixões, fabricou um Deus ao vosso gosto pessoal: terrível e sanguinário para uns; preocupado com as conveniências do mundo para outros. O Deus que fabricastes continua a ser o mesmo bezerro de ouro que cada um adapta ao seu gosto e às suas idéias.

Despertai, meus irmãos, meus amigos! Que a voz dos espíritos toque vosso coração! Sede generosos e caridosos sem ostentação, ou melhor, fazei o bem com humildade! Que pouco a pouco cada um de vós destrua os altares que erguestes ao orgulho! Em resumo: sede verdadeiros cristãos, e tereis o reino da verdade! Não duvideis mais da bondade de Deus, quando Ele vos dá tantas provas dela. Viemos preparar os caminhos para que as profecias se cumpram. Quando o Senhor vos der uma demonstração mais incontestável de Sua clemência, que o enviado celeste vos encontre como uma grande família; que vossos corações bondosos e humildes sejam dignos de ouvir a palavra divina que ele virá vos trazer; que o eleito só encontre sobre seu caminho flores que nele espalhastes por vosso retorno ao bem, à caridade e à fraternidade. E então vosso mundo se transformará no paraíso terrestre. Mas, se permanecerdes insensíveis à voz dos espíritos enviados para depurar e renovar vossa sociedade civilizada, rica em ciências e, no entanto, tão pobre de bons sentimentos, ah!, nada nos restará a não ser chorar e lamentar pela vossa sorte. Mas não, isso não acontecerá! Voltai-vos a Deus, vosso Pai, e então todos nós, que tivermos ajudado no cumprimento de Sua vontade, entoaremos o cântico de ação de graças, para agradecer ao Senhor por Sua inesgotável bondade, e para glorificá-Lo por todos os séculos dos séculos. Assim seja! (Lacordaire, Constantine, 1863).

12. Homens, por que vos queixais das calamidades que vós mesmos atraístes sobre vossas cabeças? Menosprezastes a santa e divina moral do Cristo; não vos espanteis, portanto, se a taça da maldade transbordou. Então, o mal-estar é geral. A quem responsabilizar senão a vós mesmos, que procurais incessantemente destruir uns aos outros? Não podeis ser felizes sem mútua benevolência. Mas como pode a benevolência conviver com o orgulho? Orgulho, eis a origem de todos os vossos males! Empenhai-vos, pois, em destruí-lo, se não quiserdes que suas consequências funestas se perpetuem. Só há um meio ao vosso alcance, e ele é infalível: tomai por regra de conduta a Lei do Cristo, lei que tendes rejeitado ou interpretado de maneira equivocada.

Por que valorizais mais aquilo que brilha e encanta aos olhos, do que aquilo que comove o coração? Por que reverenciais o vício da opulência, ao passo que só tendes um olhar de indiferença para o verdadeiro mérito, que muitas vezes se esconde na simplicidade? Quando um rico corrupto, perdido de corpo e alma, se apresenta em qualquer lugar, todas as portas lhe são abertas, todas as atenções se voltam para ele; enquanto que para o homem de bem, que vive do seu trabalho, mal se dignam a saudá-lo com ar acolhedor. Quando a consideração que se tem pelas pessoas é medida pelos bens que possuem, ou pela importância do seu nome, que interesse elas podem ter em corrigir os seus defeitos?

Seria bem diferente se o apego ao dinheiro fosse tratado pela opinião pública com o mesmo desprezo com que ela trata a pobreza. Contudo, o orgulho é tolerante com tudo que o satisfaz. E diríeis: “Vivemos na era da ambição e do dinheiro”. Sem dúvida! Mas, por que deixastes as necessidades materiais se sobreporem ao bom senso e à razão? Por que cada um quer ficar acima do seu irmão? Hoje a sociedade sofre as consequências.

Não esqueçais que esse estado de coisas é sempre um sinal de decadência moral. Quando o orgulho chega ao limite máximo, é sinal de uma queda próxima, pois Deus sempre pune os orgulhosos. E se algumas vezes os deixa subir, é para lhes dar tempo para refletirem e se corrigirem, sob os golpes que, vez por outra, desfere em seu orgulho a fim de alertá-los. Mas, ao invés de se curvarem, eles se revoltam. Então, quando passam dos limites, Deus os derruba definitivamente. Assim, quanto mais alto tiverem subido, mais terrível é a queda.

Pobre raça humana, cujos caminhos o egoísmo desvirtuou, reanima-te, apesar de tudo! Em Sua infinita misericórdia, Deus envia um poderoso remédio para teus males, um inesperado socorro à tua aflição. Abre os olhos para a luz: eis aqui as almas dos que se foram vindo lembrar-te dos teus verdadeiros deveres! Com a autoridade da experiência, elas te dirão como as vaidades e os valores de tua breve existência são muito pouco diante da eternidade. Elas te dirão que lá o maior será quem tiver sido o mais humilde entre os pequenos da Terra; que aquele que mais amou seus irmãos será também o mais amado no Céu; que os poderosos da Terra, que abusaram da autoridade, serão obrigados a obedecer aos seus servos; que a caridade e a humildade, essas duas irmãs que andam de mãos dadas, são as qualidades mais eficazes para se obter perdão diante do Eterno. (Adolfo, Bispo de Argel, Marmande, 1862).

MISSÃO DO HOMEM INTELIGENTE NA TERRA

13. Não vos orgulheis do que sabeis, porque esse saber tem limites bem demarcados no mundo que habitais. Mesmo supondo que sois uma dessas inteligências notáveis deste mundo, não tendes o menor direito de vos envaidecer por isso. Se Deus, em Seus desígnios, vos fez nascer num meio onde pudestes desenvolver vossa inteligência, é porque Ele quer que façais uso dela para o bem de todos. É uma missão que vos dá, pondo em vossas mãos o instrumento com ajuda do qual podereis desenvolver as inteligências mais atrasadas e conduzi-las a Ele. A espécie do instrumento não indica o uso que se deve fazer dele? A pá que o jardineiro põe nas mãos de seu auxiliar não lhe mostra que ele deve cavar? E que diríeis se esse auxiliar,

em vez de trabalhar, levantasse a pá para golpear o seu mestre? Diríeis que é horrível, e que ele merece ser mandado embora. Pois bem, não acontece o mesmo com quem usa sua inteligência para destruir a idéia de Deus e da Providência entre seus irmãos? Acaso não levanta contra seu mestre a pá que lhe foi dada para cultivar o terreno? Será que ele tem direito ao salário prometido, ou merece ser expulso do jardim? Ele o será, não duvideis! E viverá existências miseráveis e cheias de humilhações, até que se curve diante Daquele a quem tudo deve.

A inteligência é rica em méritos para o futuro, desde que dela se faça bom uso. Se todos os homens dotados de inteligência a usassem conforme os desígnios de Deus, seria fácil para os espíritos a tarefa de fazer a humanidade progredir. Infelizmente, muitos fazem dela um instrumento de orgulho e de perdição para si mesmos. O homem faz mau uso de sua inteligência como de todas as suas outras faculdades, e, no entanto, não lhe faltam lições para adverti-lo de que uma poderosa mão pode lhe tirar aquilo que lhe deu. (FERDINANDO, espírito protetor, Bordéus, 1862).

Capítulo 8
Bem-aventurados os puros de coração

• Deixai vir a mim as criancinhas • Pecado por pensamento. Adultério • Verdadeira pureza. Mãos não lavadas • Escândalos. Se vossa mão é motivo de escândalo, cortai-a! • Instruções dos espíritos: Deixai vir a mim as criancinhas • Bem-aventurados os que têm os olhos fechados

Deixai vir a mim as criancinhas

1. Bem-aventurados os puros de coração, porque verão a Deus. (Mateus, 5:8).

2. Então, apresentaram a Jesus algumas criancinhas para que Ele as tocasse. E como Seus discípulos repelissem com palavras ríspidas aqueles que as apresentavam, Jesus, vendo aquilo, zangou-Se e lhes disse: "Deixai vir a mim as criancinhas e não as impeçais, pois o reino dos Céus é para aqueles que se assemelham a elas. Em verdade vos digo: quem não aceitar o reino de Deus como uma criança, nele não entrará. E, tendo-as abraçado, abençoou-as, impondo-lhes as mãos. (Marcos, 10:13-16).

3. A pureza do coração é inseparável da simplicidade e da humildade. Ela exclui qualquer pensamento de egoísmo e de orgulho. Por isso Jesus toma a infância como símbolo dessa pureza, como a tomou também como símbolo de humildade.

Essa comparação poderia parecer incorreta se considerássemos o espírito da criança como uma alma muito antiga que, ao renascer, trouxe consigo para a vida corporal as imperfeições de que não se despojou em suas existências anteriores. Então, só um espírito que tivesse alcançado a perfeição poderia nos dar o exemplo da verdadeira pureza. Mas, do ponto de vista da vida presente, a comparação é exata, pois a criança, não tendo ainda podido manifestar nenhuma tendência má, apresenta-nos uma imagem de inocência e candura. Assim, Jesus não diz de modo categórico que o reino de Deus *é para elas*, mas *para aqueles que se parecem com elas.*

4. Uma vez que o espírito da criança já viveu outras encarnações, por que não se mostra, desde o nascimento, tal como ele é? Tudo é sabedoria na obra divina! A criança precisa de cuidados especiais que só a ternura da mãe pode lhe dispensar; ternura que aumenta diante da fragilidade e da ingenuidade pueril. Para a mãe, seu filho é sempre um anjo. E tinha de ser assim para conquistar-lhe a solicitude. Ela não conseguiria ter para com o filho a mesma abnegação se percebesse nele, ao invés da ingenuidade infantil, um caráter viril e idéias de um adulto. Menos ainda se conhecesse o seu passado.

Além disso, é necessário que a atividade do princípio inteligente seja proporcional à fragilidade do corpo, o qual não conseguiria resistir a uma atividade exagerada do espírito, como se pode observar em crianças muito precoces. É por isso que o espírito se perturba quando se aproxima o momento da encarnação e perde pouco a pouco a consciência de si mesmo. Ele fica por determinado período numa espécie de sono, durante o qual todas as suas faculdades permanecem em estado latente. Esse estado transitório é necessário para dar ao espírito um novo ponto de partida e fazê-lo esquecer, na sua nova existência terrena, tudo o que poderia dificultá-la. Seu passado, porém, influi sobre ele, que renasce para a vida maior moral e intelectualmente mais forte, apoiado e auxiliado pela intuição que guarda da experiência adquirida.

A partir do nascimento, à medida que os órgãos se desenvolvem, suas idéias recomeçam gradualmente a entrar em atividade. Donde podemos concluir que durante os primeiros anos o espírito é realmente uma criança, pois as idéias que formam a base do seu caráter ainda estão adormecidas. Durante o período em que seus instintos estão inertes, ele é mais dócil e, por isso mesmo, mais acessível às impressões que podem modificar-lhe o caráter e fazê-lo progredir, o que torna mais fácil a tarefa atribuída aos pais.

Assim, durante algum tempo, o espírito volta a usar a veste da inocência. Por esse motivo, Jesus tem razão quando, apesar dos antecedentes da alma, toma a criança como símbolo da pureza e da simplicidade.

Pecado por pensamento. Adultério

5. Sabeis o que foi dito aos antigos: "Não cometereis adultério". Eu, porém, vos digo que todo aquele que olhar para uma mulher cobiçando-a, já cometeu adultério no seu coração. (Mateus, 5:27-28).

6. A palavra ***adultério*** empregada aqui não deve ser entendida no sentido restrito de sua acepção, mas sim num sentido bem mais amplo. Jesus empregou-a muitas vezes para designar, por extensão, o mal, o pecado e todo e qualquer mau pensamento, como por exemplo nesta passagem: "Pois quem se envergonha de mim e de minhas palavras, diante dessa geração ***adúltera e pecadora***, também o Filho do Homem se envergonhará dele, quando vier acompanhado dos anjos e santos na glória do seu Pai". (Marcos, 8:38).

A verdadeira pureza não está somente nos atos; está no pensamento também, pois quem tem o coração puro nem sequer pensa no mal. É o que Jesus quis dizer ao condenar o pecado, mesmo em pensamento, porque é sinal de impureza.

7. Esse princípio dá margem à seguinte indagação: "Sofremos as consequências de um mau pensamento que não produziu nenhum efeito?".

Aqui cabe uma importante distinção a ser feita. À medida que progride na vida espiritual, a alma que enveredou no mau caminho se esclarece e se despoja, pouco a pouco, de suas imperfeições, conforme a menor ou maior boa vontade empenhada pelo seu livre-arbítrio. Todo mau pensamento é, portanto, resultado da imperfeição da alma. Mas, se ela realmente quiser depurar-se, até mesmo esse mau pensamento torna-se para ela uma oportunidade para progredir, pois o repele energicamente, como se desejasse apagar uma mancha que possui. Dessa forma, não cederá à tentação de satisfazer um mau desejo, e, após ter resistido, se sentirá mais forte e feliz com a própria vitória.

Ao contrário, aquela que não tomou boas resoluções, busca uma ocasião para praticar um mau ato, e, se não conseguir consumá-lo, não é por sua vontade, mas pela falta de oportunidade, tornando-se, por isso, tão culpada quanto se o tivesse praticado.

Em resumo: na pessoa que não concebe sequer o pensamento do mal, o progresso foi realizado. Em outra, a quem esse pensamento ocorre, mas que o repele, o progresso está em vias de realizar-se. Finalmente, naquela que tem tal pensamento e sente prazer com isso, o mal ainda está no auge de sua força. Numa, o trabalho está feito; noutra, está por fazer. Deus, que é justo, leva em conta todas essas variantes ao avaliar a responsabilidade dos atos e dos pensamentos do homem.

Verdadeira pureza. Mãos não lavadas

> 8. Então, alguns escribas e fariseus que tinham vindo de Jerusalém aproximaram-se de Jesus e lhe perguntaram: "Por que vossos discípulos violam a tradição dos antigos, já que não lavam as mãos ao tomar suas refeições?". Jesus lhes respondeu: "E vós, por que transgredis o mandamento de Deus para seguir vossa tradição? Deus não vos disse: 'Honra teu pai e tua mãe'; e também: 'Aquele que disser palavras injuriosas ao seu pai ou à sua mãe, que seja punido de morte!'? E, no entanto, dizeis: 'Qualquer um que disser ao seu pai ou à sua mãe *Toda oferenda que faço a Deus vos é útil*, está cumprindo a Lei, mesmo que depois não honre nem assista seu pai ou sua mãe'. Assim é que tendes anulado o mandamento de Deus, pela vossa tradição. Hipócritas! Bem profetizou Isaías de vós, quando disse: 'Este povo me honra com os lábios, mas o coração está distante de mim. É em vão que me honram, ensinando doutrinas e preceitos humanos'."
>
> Em seguida, chamando o povo, Jesus disse: "Escutai e compreendei. Não é o que entra pela boca do homem que o torna imundo, mas sim o que sai dela, pois vem do coração. É do coração que partem os maus pensamentos, os assassinatos, os adultérios, as prostituições, os furtos, os falsos testemunhos, as blasfêmias e as maledicências. Essas são as coisas que tornam o homem impuro. Mas comer, sem ter lavado as mãos, não o torna impuro". Então, Seus discípulos, aproximando-se Dele, disseram-Lhe: "Sabeis que, ouvindo o que acabais de dizer, os fariseus ficaram escandalizados?". E Ele respondeu:

"Toda planta que meu Pai celeste não plantou será arrancada. Deixai-os, pois são cegos conduzindo cegos. Se um cego guia outro cego, ambos caem na vala". (MATEUS, 15:1-20).

9. Enquanto falava, um fariseu convidou-O para jantar em sua casa. Estando lá, Jesus sentou-Se à mesa. O fariseu então pensou consigo mesmo: "Por que Ele não lavou as mãos antes de jantar?". E o Senhor lhe respondeu: "Vós outros, fariseus, tendes muito cuidado com o exterior do corpo e com a comida, mas o interior de vossos corações está cheio de roubos e maldades. Como sois insensatos! Aquele que fez o exterior não fez também o interior?". (LUCAS, 11:37-40).

10. Os judeus haviam negligenciado os verdadeiros mandamentos de Deus para se apegarem à prática de regras estabelecidas pelos homens, cujos seguidores transformaram-nas em casos de consciência. Assim, sua essência bastante simples, acabara por desaparecer sob a complicação da forma. Como era mais fácil seguir a prática dos atos exteriores do que reformar-se moralmente, ou seja, *lavar as mãos do que limpar o coração*, os homens se iludiram achando estar quites com a justiça de Deus, já que obedeciam àquelas práticas. Então, permaneciam como eram, sem se modificarem intimamente, pois lhes ensinavam que Deus não exigia mais do que isso. Eis por que o profeta disse: "É em vão que este povo me honra com os lábios, ensinando doutrinas e preceitos humanos".

O mesmo aconteceu com a doutrina moral do Cristo, que acabou por ser relegada ao segundo plano, fazendo com que muitos cristãos, a exemplo dos antigos judeus, acreditassem que sua salvação estava mais garantida pelas práticas exteriores do que pelas da moral. É a esses acréscimos, feitos pelos homens à Lei de Deus, que Jesus Se refere quando diz: "Toda planta que meu Pai celeste não plantou será arrancada".

O propósito da religião é conduzir o homem a Deus. Ora, o homem só chegará a Deus quando estiver perfeito. Assim sendo, toda religião que não torna o homem melhor não atinge seu objetivo. E aquela em que ele pensa poder apoiar-se para praticar o mal é falsa, ou foi deturpada em seus princípios. Esse é o resultado a que chegam todas as religiões em que a forma é mais importante do que o fundamento. A crença na eficácia de símbolos exteriores é nula quando não impede que se cometam assassinatos, adultérios, roubos, calúnias, ou quando causa prejuízos de quaisquer espécies ao próximo. Ela cria supersticiosos, hipócritas ou fanáticos, mas não homens de bem.

Não basta, portanto, aparentar pureza. Antes de mais nada, é preciso possuí-la no coração.

Escândalos. Se vossa mão é motivo de escândalo, cortai-a!

> 11. Se alguém escandalizar um desses pequeninos que crêem em mim, seria melhor que lhe pendurassem ao pescoço uma dessas mós[1] de moinho que um asno faz girar, e o lançassem ao fundo do mar. Ai do mundo, pois é necessário que os escândalos aconteçam. Mas ai daquele por quem o escândalo venha! Se tua mão ou teu pé são para ti motivo de escândalo, corta-os e lança-os bem longe de ti! Mais te vale entrar na vida tendo somente um pé e uma única mão do que teres dois e seres lançado no fogo eterno. E se teu olho é para ti motivo de escândalo, arranca-o também e lança-o longe de ti! Mais te vale entrar na vida com um só olho do que teres dois e seres lançado no fogo do inferno.
> Cuidai-vos, portanto, para não desprezardes um só desses pequeninos. Eu vos digo que, no Céu, seus anjos vêem incessantemente a face de meu Pai, porque o Filho do Homem veio salvar o que estava perdido. (Mateus, 18:6-10).

12. No sentido comum, *escândalo* é a denominação que se dá a qualquer ação que tenta contra a moral ou a decência, de maneira ostensiva. Mas o escândalo não está na ação em si, e sim na repercussão que ela possa ter. A palavra *escândalo* envolve sempre a idéia de um certo tumulto. Muitas pessoas limitam-se a evitar o escândalo porque seu orgulho sofreria com isso, e, consequentemente, sua reputação ficaria abalada. Desde que suas baixezas não sejam conhecidas entre os homens, dão-se por satisfeitas e ficam com a consciência tranquila. Esses são, segundo as palavras de Jesus, "os sepulcros caiados por fora, mas cheios de podridão por dentro; os vasos limpos por fora e imundos por dentro".

No sentido evangélico, o significado da palavra *escândalo*,

1 Mós: Pedra grande e pesada com que se trituram os grãos no moinho; espécie de moenda.

usada com tanta frequência, é bem mais amplo, motivo pelo qual não é compreendido em alguns casos. Escândalo não é somente o que fere a consciência alheia; é tudo que resulta dos vícios e imperfeições dos homens; toda reação má, de indivíduo para indivíduo, com ou sem repercussão. O escândalo, nesse caso, *é o resultado efetivo do mal moral.*

13. "É inevitável que escândalos aconteçam no mundo", disse Jesus, porque os homens, sendo imperfeitos na Terra, tendem a praticar o mal, e porque árvores ruins dão maus frutos. Desse modo, deve-se entender com essas palavras que o mal é uma consequência da imperfeição dos homens, e não que exista para eles a obrigação de praticá-lo.

14. *É inevitável que escândalos aconteçam* também tem a seguinte conotação: estando em expiação na Terra, os homens punem-se a si mesmos pelo contato com seus próprios vícios, dos quais são as maiores vítimas e cujos inconvenientes acabam por compreender. Quando estiverem cansados de sofrer com o mal, buscarão o remédio no bem. Portanto, a reação que os vícios provocam serve de castigo para uns e de provação para outros. É assim que Deus faz surgir o bem do mal, e que os próprios homens tiram proveito das coisas ruins.

15. Sendo assim, pode-se dizer que o mal é necessário e existirá sempre, pois, se desaparecesse, Deus estaria privado de um poderoso meio para corrigir os culpados. Portanto, é inútil procurar melhorar os homens. Contudo, se não houvesse mais culpados, não haveria mais necessidade de punições. Suponhamos que a humanidade inteira se transformasse em pessoas de bem. Então, ninguém mais desejaria fazer mal ao próximo, e todos seriam felizes, por serem bons. Esse é o estado dos mundos adiantados, de onde o mal foi banido. Assim será o estado da Terra quando tiver progredido suficientemente.

Mas, enquanto alguns mundos evoluem, outros se formam, povoados por espíritos primitivos. Esses mundos, além de morada, servem também de exílio e de lugar de expiação para esses espíritos imperfeitos, rebeldes, obstinados no mal, e que são rejeitados nos mundos que se tornaram felizes.

16. Com estas outras palavras: "Mas ai daquele por quem o escândalo venha", Jesus quis dizer que, sendo o mal sempre o mal, aquele que mesmo sem saber serviu de instrumento para a Justiça Divina, e cujos maus instintos foram utilizados, nem por isso deixou de praticar o mal, e deve ser punido. É assim, por exemplo, que um filho ingrato é uma punição ou uma prova para o pai que o suporta e sofre com isso, porque é bem provável que esse pai também tenha sido um mau filho e esteja passando pela pena de talião.[2] Mas, nem por isso, o filho pode ser desculpado, devendo, por sua vez, ser punido por intermédio dos próprios filhos, ou de qualquer outra maneira.

17. *Se vossa mão é motivo de escândalo, cortai-a!* Essa é uma expressão muito forte, que seria absurda se fosse interpretada ao pé da letra. Ao utilizar essa linguagem alegórica, Jesus quis dizer simplesmente que cada um deve destruir em si tudo que dá motivo para escândalo, ou seja, o mal. E que se deve arrancar do coração todo sentimento impuro e toda tendência viciosa. Mais ainda: que mais vale ao homem ter uma mão cortada do que ver essa mão lhe servir de instrumento para uma má ação; e que é melhor ser privado da visão do que ter olhos que lhe inspiram maus pensamentos. Para todos os que percebem o sentido figurado e profundo de Suas palavras, Jesus nada disse de absurdo. Contudo, muitas coisas não podem ser compreendidas sem que se utilize a chave fornecida pelo espiritismo.

Instruções dos Espíritos
DEIXAI VIR A MIM AS CRIANCINHAS

18. Disse o Cristo: "Deixai vir a mim as criancinhas". Profundas em sua singeleza, essas palavras não continham um simples chamamento às crianças, e sim às almas que gravitam nas regiões inferiores, onde o infortúnio não conhece a esperança. Jesus atraía para Si a infância mental das criaturas adultas, como os fracos, os escravos, os deficientes. À infância física, presa à matéria e sujeita ao jugo do instinto, não pertencendo

2 Pena de talião: Uma das mais antigas leis, em que o criminoso era punido de maneira semelhante ao mal causado à sua vítima; donde dizia-se: "Para *tal* crime, *tal* pena", vindo daí a origem da palavra *talião*.

ainda à ordem superior da razão, Ele nada podia ensinar.

Jesus queria que os homens se chegassem a Ele com a confiança desses pequenos seres de passos vacilantes, cujo chamado atrairia para Si o coração das mulheres, que são todas mães. Assim, submetia as almas à Sua terna e misteriosa autoridade. Ele foi o facho que ilumina as trevas, o clarim matinal que anuncia a alvorada. Ele foi o iniciador do espiritismo, que deve, por sua vez, atrair para si não as criancinhas, mas os homens de boa vontade. A poderosa ação já foi iniciada. Já não se trata de acreditar instintivamente e obedecer automaticamente. É preciso que o homem siga a lei inteligente que lhe revelará que ele é universal.

Meus bem-amados, é chegado o tempo em que os erros, uma vez esclarecidos, se transformarão em verdades. Nós vos ensinaremos o sentido exato das parábolas, e vos mostraremos a forte correlação que liga o que foi ao que é. Em verdade vos digo, a manifestação espírita cresce no horizonte, e aqui está seu enviado que vai resplandecer como o Sol sobre o cume das montanhas. (João Evangelista, Paris, 1863).

19. ***Deixai vir a mim as criancinhas, pois eu possuo o leite que fortalece os fracos. Deixai vir a mim os tímidos e frágeis, que precisam de apoio e consolo. Deixai vir a mim os ignorantes, para que eu os esclareça. Deixai vir a mim todos os que sofrem, a multidão dos aflitos e dos infelizes, e lhes ensinarei o grande remédio para aliviar os males da vida, e lhes confiarei o segredo para curar as suas feridas!*** Qual é pois, meus amigos, o bálsamo que possui essas poderosas propriedades? Qual é esse bálsamo que se aplica em todas as chagas do coração, e as cicatriza? É o amor, é a caridade! Se possuirdes essa chama divina, o que temereis? Em todos os instantes de vossa vida, podereis dizer: "Meu pai, que seja feita a vossa vontade e não a minha! Se vos agrada experimentar-me pela dor e pelas tribulações, bendito sejais, pois é para o meu bem que vossa mão pesa sobre mim. Se é do vosso agrado, Senhor, ter piedade dessa vossa frágil criatura, dando-me ao coração as alegrias justas, sejais mais uma vez bendito. Mas, fazei com que o amor divino não adormeça em minh'alma, e que ela faça chegar aos vossos pés palavras de reconhecimento!".

Se sentirdes amor no coração, tereis tudo o que se pode desejar na Terra; possuireis a mais valiosa das pérolas, que nenhum percalço, ou mesmo a maldade daqueles que vos odeiam e vos perseguem, poderá vos roubar. Se tiverdes amor, tereis guardado vosso tesouro lá, onde nem a traça nem a ferrugem podem atingi-lo. E, sem perceber, vereis desaparecer de vossa alma tudo o que lhe pode macular a pureza. Sentireis o peso da matéria tornar-se cada dia mais leve, e, como um pássaro que paira nos ares esquecido da Terra, subireis sempre, até que vossa alma, inebriada, possa saciar-se da verdadeira vida no seio do Senhor. (Um Espírito Protetor, Bordéus, 1861).

BEM-AVENTURADOS OS QUE TÊM OS OLHOS FECHADOS[3]

20. Meus bons amigos, me chamastes por quê? Será para me pedir que eu imponha as mãos sobre esta pobre sofredora que aqui está, a fim de curá-la? Ah! Que sofrimento, bom Deus! Pobre criança, perdeu a visão e as trevas se fizeram para ela. Que ore e espere, pois não sei fazer milagres sem a vontade do bom Deus! Todas as curas que obtive, e que vos foram anunciadas, devem ser atribuídas somente àquele que é nosso Pai. Em vossas aflições, olhai sempre para o Céu e dizei do fundo do vosso coração: "Meu Pai, curai-me, mas fazei com que minha alma seja curada antes de meu corpo; que minha carne seja castigada, se preciso for, para que minha alma se eleve até vós com a alvura que possuía quando a criastes".

Meus bons amigos, depois dessa prece que o bom Deus está sempre disposto a ouvir, vos serão dadas força e coragem, e quem sabe até a cura, que tão timidamente pedistes como recompensa por vossa abnegação. E já que estou aqui numa reunião destinada principalmente aos estudos, eu vos direi que os que são privados da visão deveriam considerar-se os bem-aventurados da expiação. Lembrai-vos de que o Cristo disse que deveríeis arrancar vosso olho, se ele fosse a causa do mal, e que melhor seria que ele fosse lançado ao fogo do que permitir que se tornasse motivo de vossa perdição.

Quantos existem na Terra que um dia, entre as trevas,

3 Esta comunicação foi dada com relação a uma pessoa cega, em favor de quem se evoca o espírito de João Batista Vianney, cura de Ars.

amaldiçoarão terem visto a luz! Oh! Como são felizes os que durante a expiação são atingidos na visão! Sem dúvida, seu olhar não será mais motivo de escândalo e de queda. Eles podem viver unicamente uma vida espiritual; podem ver mais do que vós, que enxergais bem... Quando Deus permite que eu vá abrir as pálpebras de um desses pobres sofredores e restituir-lhe a luz, digo a mim mesmo: "Alma querida, por que não conheces todas as alegrias do espírito, que vive de contemplação e amor? Se assim fosse, não pedirias para ver imagens menos puras e delicadas do que as que te é permitido entrever na tua cegueira".

Oh! Sim, bem-aventurado o cego que quer viver com Deus. Mais afortunado do que vós, que estais aqui, ele sente a felicidade, pode tocá-la, vê as almas e pode lançar-se com elas nas esferas espirituais, que nem mesmo os predestinados da Terra conseguem ver. Olhos abertos estão sempre prontos a fazer a alma fraquejar. Olhos fechados, ao contrário, estão sempre dispostos a fazê-la elevar-se a Deus. Acreditai em mim, meus bons e caros amigos, a cegueira dos olhos é muitas vezes a verdadeira luz do coração, ao passo que, quase sempre, a visão é o anjo tenebroso que conduz à morte.

E agora, algumas palavras para ti, minha pobre sofredora. Espera e tem coragem! Se eu te dissesse: "Minha filha, teus olhos se abrirão", como ficarias alegre! Mas quem sabe se essa alegria não causaria a tua desgraça? Portanto, tem confiança no bom Deus, que criou a felicidade e permitiu a tristeza. Farei por ti tudo o que me for permitido. Mas, por tua vez, ora e, principalmente, pensa em tudo o que acabo de te dizer.

Antes que eu me vá, recebei, todos vós que estais aqui, minha bênção. (Vianney, cura de Ars, Paris, 1863).

21. *Nota:* Quando uma aflição não é consequência dos atos da vida presente, deve-se procurar sua causa numa vida anterior. O que chamamos de caprichos da sorte nada mais são que os efeitos da justiça de Deus. Ele não impõe, de forma alguma, punições arbitrárias. Ao contrário, quer que exista sempre uma correlação entre a falta e a pena. Contudo, se na Sua bondade Ele lançou um véu sobre nossos atos passados, mostra-nos o caminho, ao dizer: "Quem matou pela espada, pela espada perecerá". Essas palavras podem ser interpretadas

assim: “Sempre se é punido do mesmo modo como se pecou”. Se, pois, alguém está atormentado pela perda da visão, é porque a visão foi para ele um motivo de pecado. É possível também que ele tenha sido a causa da perda de visão de um outro. Talvez esse outro tenha ficado cego pelo excesso de trabalho que ele lhe impôs, ou em consequência de maus tratos, de falta de cuidados etc. E então sofre-se a pena de talião. Em seu arrependimento, ele próprio pode ter escolhido essa expiação, aplicando a si mesmo estas palavras de Jesus: “Se teu olho é para ti motivo de escândalo, arranca-o!”.

Capítulo 9
Bem-aventurados os mansos e pacíficos

• Injúrias e violências • INSTRUÇÕES DOS ESPÍRITOS: A afabilidade e a doçura • A paciência • Obediência e resignação • A cólera

Injúrias e violências

1. Bem-aventurados os mansos, pois eles possuirão a Terra. (MATEUS, 5:4).

2. Bem-aventurados os pacíficos, porque serão chamados de filhos de Deus. (MATEUS, 5:9).

3. Ouvistes que foi dito aos antigos: "Não matarás, e quem matar merecerá ser condenado em juízo". Eu, porém, vos digo que quem se encolerizar contra seu irmão merecerá ser condenado em juízo; que aquele que disser ao seu irmão: "Raca!", merecerá ser condenado pelo conselho; e que aquele que lhe disser: "És louco", merecerá ser condenado ao fogo do inferno. (MATEUS, 5:21 e 22).

4. Com essas máximas, Jesus faz da doçura, da moderação, da mansuetude, da afabilidade e da paciência uma lei. Consequentemente, condena a violência, a cólera e qualquer outra expressão indelicada para com Seus semelhantes. Entre os hebreus, *raca* era uma expressão de desprezo que significava ***homem insignificante***, e se pronunciava cuspindo e virando a cabeça para o lado. Jesus vai mais longe ainda quando ameaça com o fogo do inferno quem disser ao seu irmão: "És louco".

É evidente que aqui, como em qualquer outra circunstância, a intenção agrava ou atenua a falta. Mas, o que uma simples palavra pode ter de tão grave, a ponto de receber uma reprovação tão severa? É que toda palavra ofensiva é uma manifestação de sentimentos contrários à Lei do Amor e da Caridade que deve pautar as relações entre os homens e manter a concórdia e a união entre eles; é um golpe desferido na benevolência recíproca e na fraternidade, e alimenta o ódio e o ressentimento. Enfim, para Deus, depois da humildade, a caridade para com o próximo é a lei mais importante de todo cristão.

5. Mas o que Jesus pretendia dizer com estas palavras: "Bem-aventurados os mansos, pois eles possuirão a Terra"? Justamente Ele, que aconselhava a renunciar aos bens terrenos, prometendo os do Céu?!

Enquanto espera os bens do Céu, o homem precisa dos bens da Terra para viver. Então, Jesus recomenda que não se dê a estes últimos mais importância do que aos primeiros. Portanto, com tais palavras, Ele quis dizer que ainda hoje os bens da Terra são monopolizados pelos violentos, em prejuízo dos que são mansos e pacíficos; que a estes muitas vezes falta o necessário, ao passo que outros dispõem do supérfluo. Ele promete que lhes será feita justiça, *na Terra como no Céu*, porque serão chamados de filhos de Deus.

Quando a Lei do Amor e da Caridade prevalecer na humanidade, não haverá mais egoísmo: o fraco e o pacífico não serão mais explorados nem oprimidos pelo forte e pelo violento. Assim será a situação da Terra quando, segundo a Lei da Evolução e a promessa de Jesus, o planeta se transformar num mundo feliz, após a exclusão dos maus.

Instruções dos Espíritos

A AFABILIDADE E A DOÇURA

6. Fruto do amor ao próximo, a benevolência para com os semelhantes gera a afabilidade e a doçura, que são a sua forma de manifestação. Contudo, nem sempre devemos confiar nas aparências, pois a educação e o conhecimento do mundo podem dar a impressão superficial dessas qualidades. Quantos existem cuja falsa cordialidade não passa de uma máscara externa, de uma roupa cujo corte planejado disfarça deformidades ocultas?

O mundo está cheio de pessoas assim, que têm um sorriso nos lábios e o veneno no coração; ***que são brandas, desde que nada as aborreça, mas que mordem diante da menor contrariedade***; cuja língua, afável quando falam face a face, se transforma em dardo envenenado quando falam pelas costas.

Também pertencem a essa categoria os homens que, fora de casa, são dóceis e no lar se transformam em tiranos, fazendo a família e os seus subordinados suportarem o peso de seu orgulho e despotismo, para se vingarem do constrangimento a que se submeteram lá fora. Como não ousam demonstrar sua autoridade com estranhos, que os recolocariam no seu devido lugar, querem fazer-se temidos pelo menos por aqueles que não podem lhes desobedecer. Em sua vaidade, têm a satisfação de dizer: "Aqui mando eu, e sou obedecido", sem imaginar que se poderia acrescentar, com mais razão: ..."e sou detestado".

Não basta que dos lábios escorra mel, pois se o coração não é tocado, então é hipocrisia. Aquele cuja afabilidade e doçura são verdadeiras, nunca se contradiz, nunca muda, sendo o mesmo diante dos estranhos ou na intimidade do lar. Aliás, sabe que, se enganamos os homens pela aparência, não enganamos a Deus. (LÁZARO, Paris, 1861).

A PACIÊNCIA

7. A dor é uma bênção que Deus envia aos Seus eleitos. Não vos aflijais, pois, quando sofrerdes. Ao contrário, bendizei a Deus Todo-Poderoso que vos marcou pela dor neste mundo, para depois vos proporcionar a glória no Céu.

Sede pacientes! A paciência é também uma caridade, e deveis praticar a Lei da Caridade ensinada pelo Cristo, o enviado de Deus. A caridade que consiste na esmola dada aos pobres é a mais fácil de todas. Mas há uma bem mais difícil e, por conseguinte, bem mais meritória: ***é perdoar àqueles que Deus colocou em nosso caminho, como instrumentos de nossos sofrimentos, a fim de testar nossa paciência.***

A vida é difícil, eu sei. Ela é formada de mil coisas que são como alfinetadas que acabam por nos ferir. Mas é preciso levar em conta não só os deveres que nos são impostos, mas também as consolações e as compensações que recebemos. E então veremos que as bênçãos são bem mais numerosas do que as dores. O fardo parece bem menos pesado quando olhamos para o alto, do que quando curvamos a fronte para o chão.

Coragem, amigos! Jesus é o vosso modelo. Ele sofreu mais do que qualquer um de vós, e não tinha nada de que recriminar-Se, ao passo que vós tendes vosso passado a expiar. É preciso então que vos fortaleceis para o futuro. Sede, pois, pacientes! Sede cristãos: essa palavra resume tudo. (Um Espírito Amigo, Havre, 1862).

OBEDIÊNCIA E RESIGNAÇÃO

8. Todas as máximas de Jesus ensinam a obediência e a resignação, duas virtudes companheiras da doçura e muito atuantes, embora os homens as confundam, equivocadamente, com a negação do sentimento e da vontade. ***A obediência é o consentimento da razão. A resignação é o consentimento do coração.*** Ambas são forças ativas, pois carregam o fardo das provas que a revolta insensata deixa cair. O indeciso não consegue ser resignado, assim como o orgulhoso e o egoísta não conseguem ser obedientes. Jesus foi a encarnação dessas virtudes, que eram desprezadas pelos materialistas de Sua época. Ele chegou no momento em que a sociedade romana agonizava, enfraquecida pela corrupção; fez resplandecer o triunfo do sacrifício e da renúncia carnal no seio de uma humanidade moralmente fracassada.

Cada época é, pois, marcada por uma virtude ou por um vício que deve salvá-la ou fazê-la perder-se. A virtude de vossa geração é a atividade intelectual, e o seu maior defeito é a indiferença moral. Digo ***atividade intelectual*** e não ***genialidade*** porque esta última surge de repente e descobre por si mesma horizontes que a multidão só vai enxergar posteriormente, ao passo que a primeira designa a reunião dos esforços de todos para atingir um objetivo menos brilhante, mas que, ainda assim, prova o progresso intelectual de uma época.

Submetei-vos, portanto, ao impulso que vimos dar aos vossos espíritos! Obedecei à grande Lei da Evolução, que é o lema de vossa geração! Ai daquele que é preguiçoso! Ai daquele que freia a inteligência! Ai dele, pois nós, que somos os guias dessa humanidade próspera, o chicotearemos e brecaremos sua rebeldia no freio e na espora. Toda resistência orgulhosa, mais cedo ou mais tarde, cederá. Mas, bem-aventurados os mansos, porque, sempre dóceis, estarão atentos aos ensinamentos. (LÁZARO, Paris, 1863).

A CÓLERA

9. O orgulho leva a vos julgardes maiores do que realmente sois; a não suportardes uma comparação que possa vos rebaixar; a vos considerardes tão acima de vossos irmãos em inteligência, em posição social, ou mesmo em atributos pessoais, que a menor comparação vos irrita e vos ofende. Mas, o que acontece realmente? O que acontece é que vos deixais dominar pela cólera.

Procurai a origem desses devaneios passageiros que vos igualam aos irracionais, fazendo-vos perder a calma e a razão, e certamente encontrareis sua origem no orgulho ferido. Não é o orgulho ferido por uma opinião contrariada que vos faz desprezar as observações justas? Não é ele que vos faz repelir com raiva os sábios conselhos? A própria falta de paciência que leva às contrariedades fúteis é decorrente do excesso de importância que atribuís à vossa personalidade, diante da qual julgais que todos devem se curvar.

Em sua impaciência, o homem colérico põe a culpa em tudo: nos animais e até nos objetos inanimados, os quais destrói porque não lhe obedecem. Ah! Se nesses momentos ele pudesse se observar com calma, teria medo de si próprio, ou se acharia ridículo! Que julgue, então, a impressão que deve causar aos outros! Ainda que fosse apenas por respeito a si mesmo, deveria esforçar-se para vencer essa tendência que faz dele objeto de piedade. Se conseguisse perceber que a cólera não ajuda em nada, que lhe perturba a saúde e lhe compromete até mesmo a vida, veria que a maior vítima é ele mesmo. Além disso, deveria perceber uma outra consequência: a de que torna infelizes todos os que o rodeiam. Se tiver coração, não sentirá remorsos por fazer sofrer as criaturas que mais ama? E que arrependimento terrível sentirá se, num acesso de cólera, cometer um ato do qual venha a se sentir culpado por toda a vida!

Resumindo: a cólera não exclui certas qualidades do coração, mas nos impede de fazer muitas coisas boas, e pode nos levar a fazer muitas coisas ruins. Isso deve bastar para que nos esforcemos por dominá-la. Além do mais, o espírita tem um outro motivo a incentivá-lo: é que a cólera é contrária à caridade e à humildade cristãs. (Um Espírito Protetor, Bordéus, 1863).

10. Segundo a idéia falsa de que não se pode melhorar a própria natureza, o homem se acha dispensado de fazer qualquer esforço para corrigir defeitos com os quais se sente à vontade ou que lhe exigiriam muita perseverança para serem eliminados. É assim, por exemplo, que o homem inclinado à cólera quase sempre se desculpa por seu temperamento: em vez de se achar culpado, atribui a culpa à natureza, acusando a Deus por suas próprias faltas. É ainda uma consequência do orgulho, que está ligado a todas as suas imperfeições.

Sem dúvida, há temperamentos que se prestam mais do que outros aos atos violentos, assim como existem músculos mais flexíveis que melhor se adaptam aos esforços físicos. Não acrediteis, no entanto, que esteja aí a causa principal da cólera, e podeis ter a certeza de que um espírito pacífico, mesmo estando num corpo colérico, será sempre pacífico; e de que um espírito violento, num corpo sem energia, jamais será dócil. A violência tomará apenas outra feição: não tendo um organismo apropriado para se manifestar, a cólera ficará contida, e, no outro caso, será escancarada.

O corpo não manifesta a cólera em quem não a possui intimamente, como não manifesta outros vícios. Todas as virtudes e todos os desregramentos são inerentes ao espírito. Se não fosse assim, onde estariam o mérito e a responsabilidade? O homem que possui alguma deformação física não pode tornar-se sadio, pois o espírito nada tem a ver com essa má-formação, mas pode modificar o que diz respeito ao espírito quando tem uma vontade firme. Espíritas, a experiência não vos prova, pelas transformações verdadeiramente milagrosas que vedes acontecer, até onde o poder da vontade é capaz de ir? Convencei-vos, pois, de que *o homem só permanece vicioso porque assim o quer*. Aquele, porém, que deseja se corrigir, sempre o consegue, caso contrário a Lei da Evolução não existiria para o homem. (Hahnemann, Paris, 1863).

Capítulo 10
Bem-aventurados os misericordiosos

• Perdoai para que Deus vos perdoe • Reconciliar-se com os adversários • O sacrifício mais agradável a Deus • O cisco e a trave no olho • Não julgueis para não serdes julgados. Aquele que estiver sem pecado, atire a primeira pedra! • Instruções dos espíritos: Perdão das ofensas • A indulgência • É permitido repreender os outros; observar suas imperfeições; divulgar o mal alheio?

Perdoai para que Deus vos perdoe

1. Bem-aventurados os misericordiosos, porque eles próprios alcançarão misericórdia. (Mateus, 5:7).

2. Se perdoardes aos homens as faltas que eles cometerem contra vós, vosso Pai Celeste também vos perdoará os pecados. Mas, se não perdoardes aos homens quando eles vos ofenderem, vosso Pai também não vos perdoará os pecados. (Mateus, 6:14 e 15).

3. Se vosso irmão pecou contra vós, ide apontar-lhe sua falta em particular, somente entre vós e ele. Se ele vos escutar, tereis ganho o vosso irmão. Então Pedro, aproximando-se, disse-Lhe: "Senhor, quantas vezes perdoarei ao meu irmão quando ele houver pecado contra mim? Será até sete vezes?". E Jesus lhe respondeu: "Não vos digo até sete vezes, mas até setenta vezes sete". (Mateus, 18:15, 21 e 22).

4. A misericórdia é o complemento da mansuetude, pois quem não é misericordioso não será também dócil nem pacífico. O ódio e o rancor indicam uma alma sem elevação nem grandeza, ao passo que o esquecimento das ofensas é um atributo da alma nobre que está acima dos golpes que possam lhe dar. A primeira é sempre ansiosa, de um ressentimento sombrio e cheio de amargura; a outra é calma, cheia de mansidão

e de caridade.

Infeliz daquele que diz: “Nunca perdoarei”, pois se não for condenado pelos homens, certamente o será por Deus. Com que direito reclamaria o perdão das próprias faltas, se ele mesmo não perdoa as faltas dos outros? Quando Jesus manda que perdoemos nosso irmão não sete vezes, mas setenta vezes sete, Ele nos ensina que a misericórdia não deve ter limites.

Mas há duas maneiras bem diferentes de perdoar. A primeira é grande, nobre, verdadeiramente generosa, sem segundas intenções, e procura com delicadeza não ferir o amor-próprio e os melindres do adversário, mesmo que ele esteja completamente errado. A segunda é aquela em que o ofendido, ou quem se julga ofendido, impõe ao outro condições humilhantes e o faz sentir o peso de um perdão que irrita, ao invés de acalmar. Quando estende a mão, não é com benevolência, mas com ostentação, para dizer a todos: “Vede com sou generoso!”.

Em tais circunstâncias, é impossível que haja uma reconciliação sincera de ambas as partes. Não, isso não é generosidade! É uma forma de satisfazer o orgulho. Em qualquer conflito, quem se mostrar mais conciliador, quem demonstrar mais desprendimento, caridade e verdadeira grandeza de alma, sempre conquistará a simpatia das pessoas imparciais.

Reconciliar-se com os adversários

> 5. Reconciliai-vos o mais depressa possível com o vosso adversário, enquanto estiverdes com ele a caminho, para que não suceda que vosso adversário vos entregue ao juiz, e que o juiz vos leve ao ministro da justiça, e que sejais colocado na prisão. Em verdade vos digo que não saireis de lá enquanto não houverdes pago até o último ceitil.[1] (MATEUS, 5:25 e 26).

6. Na prática do perdão, assim como na prática do bem, há mais do que um efeito moral; há também um efeito material. Sabemos que a morte não nos livra dos nossos inimigos, pois os espíritos vingativos muitas vezes perseguem com o seu ódio aqueles contra os quais guardam rancor. Por isso, o provérbio que diz: “Morta a cobra, foi-se o veneno” é falso quando aplicado ao homem. O espírito mau espera que aquele a quem odeia

1 Ceitil: Menor parte de uma moeda, semelhante ao centavo.

reencarne, e esteja novamente preso ao corpo, para atormentá-lo mais facilmente, prejudicando-o em seus interesses ou em suas mais caras afeições. Essa é a origem da maior parte dos casos de obsessão, principalmente os que apresentam uma certa gravidade, como a subjugação e a possessão. Assim, o obsediado e o possesso são quase sempre vítimas de uma vingança que provavelmente foi motivada por uma má conduta em vida anterior. Deus permite essa situação como uma punição pelo mal que fizeram, ou, se não o fizeram, por lhes ter faltado indulgência e caridade para perdoar.

Assim, para que possamos desfrutar de tranquilidade na vida futura, é importante que reparemos o quanto antes os erros cometidos com relação ao nosso próximo, e perdoemos os nossos inimigos, a fim de que, antes de morrer, não exista mais nenhum motivo de discórdia, nada que depois possa justificar rancores. Dessa forma, de um inimigo implacável neste mundo, podemos fazer um amigo no outro, ou pelo menos ficamos com a justiça do nosso lado, pois Deus não nos deixa expostos à vingança.

Quando Jesus recomenda que nos reconciliemos o mais depressa possível com nosso adversário, não é apenas com a intenção de apaziguar discórdias durante a existência atual, mas com o propósito de evitar que elas se perpetuem em existências futuras. "Não saireis de lá", diz Ele, "enquanto não houverdes pago até o último ceitil", ou seja, enquanto não houverdes prestado contas com a justiça de Deus.

O sacrifício mais agradável a Deus

> 7. Se, pois, quando apresentardes vossa oferenda diante do altar, vos lembrardes de que vosso irmão tem alguma coisa contra vós, deixai vossa oferta aos pés do altar e ide primeiro vos reconciliar com vosso irmão; só depois, voltai para oferecer vossa dádiva. (MATEUS, 5:23 e 24).

8. Quando diz: "Ide vos reconciliar com vosso irmão, antes de apresentar vossa oferenda diante do altar", Jesus ensina que o sacrifício mais agradável ao Senhor é o de sacrificar o nosso próprio ressentimento; que, antes de pedir perdão a Deus, é preciso que perdoemos nosso irmão; e que, se tivermos come-

tido alguma falta contra algum de nosso semelhante, devemos corrigi-la. Só então a oferenda será bem recebida, porque virá de um coração livre de qualquer sentimento mau. Jesus proferiu essa máxima em relação aos judeus, que ofereciam sacrifícios materiais. Era preciso, então, adaptar Suas palavras aos costumes daquele povo. O cristão não oferece dádivas materiais porque espiritualizou o sacrifício, mas esse ensinamento de Jesus tem cada vez mais força para ele. O cristão oferece sua alma a Deus, e essa alma deve estar purificada. ***Ao entrar no templo do Senhor, ele deve deixar do lado de fora todo sentimento de ódio e de animosidade, todo mau pensamento contra seu irmão.*** Só então sua prece será levada pelos anjos aos pés do Eterno. É isso o que Jesus ensina ao proferir estas palavras: "Deixai vossa oferenda ao pé do altar, e ide primeiro vos reconciliar com vosso irmão, se quiserdes ser agradável ao Senhor".

O cisco e a trave no olho

> 9. Por que vedes um cisco no olho de vosso irmão, vós que não vedes uma trave no vosso olho? Ou, como dizeis ao vosso irmão: "Deixai-me tirar um cisco do vosso olho", vós que tendes uma trave no vosso? Hipócritas, tirai primeiramente a trave do vosso olho, e então vereis como podereis tirar o cisco do olho de vosso irmão! (Mateus, 7:3-5).

10. Um dos defeitos do homem é ver o mal nos outros, antes de ver o que está em si mesmo. Para julgar a si próprio, seria necessário poder olhar-se num espelho, transportar-se para fora de si e considerar-se uma outra pessoa, perguntando-se: "Que pensaria eu, se visse alguém fazer o que faço?". Indiscutivelmente é o orgulho que leva o homem a ocultar de si mesmo os próprios defeitos, tanto os morais como os físicos. Tal fraqueza é totalmente contrária à caridade, porque a verdadeira caridade é modesta, simples e indulgente. A caridade orgulhosa é um contra-senso, pois caridade e orgulho são dois sentimentos que se neutralizam mutuamente. De que maneira, um homem vaidoso, a ponto de crer na importância de sua personalidade e na supremacia de suas qualidades, pode ter abnegação suficiente para fazer ressaltar nos outros o bem que

poderia ofuscá-lo e não o mal que poderia engrandecê-lo? Se o orgulho é o pai de todos os vícios, é também a negação de muitas virtudes. Podemos encontrá-lo na origem e na causa de quase todas as ações. Por isso Jesus empenhou-Se tanto em combatê-lo como principal obstáculo ao progresso.

Não julgueis para não serdes julgados. Aquele que estiver sem pecado, atire a primeira pedra!

> 11. Não julgueis para não serdes julgados, pois sereis julgados conforme houverdes julgado os outros, e será usada convosco a mesma medida que tenhais usado com os outros. (Mateus, 7:1 e 2).
>
> 12. Então, os escribas e os fariseus levaram-Lhe uma mulher que fora surpreendida em adultério e, fazendo-a ficar de pé no meio do povo, disseram a Jesus: "Mestre, esta mulher acaba de ser apanhada em adultério. Moisés nos ordena na lei que apedrejemos as adúlteras. Qual é o vosso parecer?". Eles diziam isso a Jesus para tentá-Lo, a fim de terem do que acusá-Lo. Mas Jesus, abaixando-Se, pôs-Se a escrever na terra com o dedo. Como continuassem a interrogá-Lo, Ele Se levantou e lhes disse: "Atire a primeira pedra, quem estiver sem pecado!". Depois, abaixando-Se novamente, continuou a escrever na terra. Ouvindo-O falar assim, eles se retiraram um após o outro, saindo primeiro os idosos. E assim, Jesus ficou sozinho com a mulher que estava no meio da praça. Então, levantando-Se de novo, perguntou-lhe: "Mulher, onde estão os vossos acusadores? Ninguém vos condenou?". E ela respondeu: "Não, Senhor". E Jesus lhe disse: "Eu também não vos condenarei. Ide, e não pequeis mais!". (João, 8:3-11).

13. "Atire a primeira pedra, quem estiver sem pecado", disse Jesus. Essa lição faz da tolerância um dever para todos nós, porque não existe ninguém que não precise dela para si mesmo. Essa lição nos ensina que não devemos julgar os outros mais severamente do que julgamos a nós mesmos, nem devemos condenar nos outros o que desculpamos em nós. Antes de censurar alguém por uma falta, vejamos se a mesma reprovação não pode recair sobre nós.

A censura feita à conduta dos outros pode ter dois objetivos: reprimir o mal ou desacreditar a pessoa cujos atos reprovamos. Este último motivo jamais tem desculpa, pois não passa de maledicência e maldade. O primeiro pode ser louvável e, em certos casos, é até um dever, porque dele pode resultar um benefício e porque sem isso o mal nunca será reprimido na sociedade. Além do mais, o homem não tem o dever de ajudar na evolução de seu semelhante? O princípio *Não julgueis para não serdes julgados* não deveria, portanto, ser tomado ao pé da letra, pois a letra mata e o espírito vivifica.

Jesus não poderia proibir que se reprovasse o que está errado, pois Ele mesmo deu exemplo disso, e o fez com palavras enérgicas. Ele quis dizer que a importância da recriminação deve ser proporcional à autoridade moral daquele que a pronuncia. Se nos sentimos culpados por cometer os erros que condenamos nos outros, não temos autoridade nem direito de reprimir ninguém. De resto, a consciência íntima rejeita todo respeito e obediência voluntária àquele que, estando investido de poder, viola as leis e os princípios que está encarregado de aplicar. Aos olhos de Deus, a única autoridade legítima é a que se apóia no próprio exemplo que dá do bem. É isso que as palavras de Jesus querem dizer.

Instruções dos Espíritos

PERDÃO DAS OFENSAS

14. *Quantas vezes perdoarei ao meu irmão? Vós o perdoareis não sete vezes, mas setenta vezes sete.* Eis um dos ensinamentos morais que mais deve tocar vossa mente e mais alto falar ao vosso coração. Comparai essas palavras de misericórdia com a prece do *Pai Nosso* que Jesus ensinou aos Seus discípulos, tão singela, tão concisa, mas tão grandiosa, e encontrareis sempre o mesmo pensamento. Jesus, o justo por excelência, responde a Pedro: "Perdoarás, mas sem limites. Perdoarás cada ofensa, tantas vezes quantas forem as ofensas feitas. Ensinarás a teus irmãos esse esquecimento de si mesmos que os torna invulneráveis ao ataque, aos maus procedimentos e às injúrias. Serás brando e humilde de coração, não medindo jamais a tua mansuetude. Farás, enfim, o que desejas que o Pai Celeste faça por ti. Ele já não te perdoou tantas vezes? Acaso Ele conta quantas vezes Seu perdão desce do Alto para apagar

as tuas faltas?".

Conservai na mente essa resposta de Jesus, e, assim como Pedro, aplicai-a a vós mesmos. Perdoai; usai de indulgência; sede caridosos, generosos, pródigos mesmo, no vosso amor. Então, o Senhor vos restituirá. Perdoai, e o Senhor vos perdoará. Rebaixai-vos, e o Senhor vos elevará. Humilhai-vos, e o Senhor vos fará sentar à Sua direita.

Ide, meus bem-amados, estudai e disseminai essas palavras que vos dirijo da parte d'Aquele que, do alto dos esplendores celestes, sempre olha para vós e continua com amor a tarefa ingrata que começou há dezoito séculos. Perdoai aos vossos irmãos como vós mesmos tendes necessidade de perdão. Se os seus atos vos prejudicaram pessoalmente, aí está um motivo a mais para serdes indulgentes, pois o mérito do perdão é proporcional à gravidade do mal cometido. Não haveria merecimento algum em relevar as faltas de vossos irmãos, se elas vos causassem apenas simples arranhões.

Espíritas, não vos esqueçais nunca de que, tanto por palavras, como por atos, "perdoar as injúrias" não deve ser uma expressão vã. Se vos dizeis espíritas, sede-o de fato! Esquecei o mal que vos tenham feito, e pensai apenas numa coisa: no bem que podeis fazer. Quem entrou nesse caminho, nem em pensamento deve afastar-se dele, porque sois responsáveis por vossos pensamentos, e Deus os conhece. Deus sabe o que existe no fundo do coração de cada um. ***Portanto, feliz daquele que todas as noites pode adormecer dizendo: "Nada tenho contra meu próximo".*** (Simeão, Bordéus, 1862).

15. Perdoar aos inimigos é pedir perdão para si mesmo. Perdoar aos amigos é dar-lhes uma prova de amizade. Perdoar as ofensas é mostrar que nos tornamos melhores. Perdoai, pois, meus amigos, para que Deus vos perdoe, porque se fordes duros, exigentes, inflexíveis e intransigentes, mesmo diante de uma pequena ofensa, como quereis que Deus Se esqueça de que a cada dia tendes mais necessidade de perdão? Ah! Infeliz daquele que diz: "Nunca perdoarei", pois está pronunciando sua própria condenação. Além do mais, quem sabe se, analisando vosso íntimo, não descobrireis que fostes o agressor? Quem sabe se, nessa luta que começa com uma alfinetada e acaba em rom-

pimento, não fostes vós a dar o primeiro golpe; se não deixastes escapar uma palavra ofensiva; se usastes de toda a moderação necessária? Sem dúvida, vosso adversário está errado ao mostrar-se excessivamente melindroso, mas esse é um bom motivo para serdes indulgentes, a fim de não merecerdes a censura que vos foi endereçada. Admitamos que realmente fostes o ofendido em determinada circunstância: quem garante que não envenenastes a situação com represálias, e que não transformastes em disputa séria o que poderia facilmente ter caído no esquecimento? Se dependia de vós impedir as consequências dessa discórdia, e nada fizestes, sois culpado. Admitamos, finalmente, que nenhum motivo tendes para vos censurar; nesse caso então, mostrando-vos clementes, aumentareis vosso mérito.

Mas existem duas maneiras bem diferentes de perdoar: há o perdão dos lábios e o perdão do coração. Muitas pessoas, ao se referirem a um adversário, dizem: "Perdôo-lhe", mas interiormente sentem um prazer secreto pelo mal que lhe acontece, dizendo consigo mesmo que ele teve o que mereceu. Quantos dizem: "Eu perdôo", e acrescentam: "mas não me reconciliarei jamais; nunca mais quero vê-lo". É esse o perdão que o *Evangelho* ensina? Não! O verdadeiro perdão, o perdão cristão, é aquele que lança um véu sobre o passado; é o único que será levado em conta, pois Deus não Se limita às aparências: Ele sonda o fundo dos corações e os pensamentos mais secretos. Ninguém O ilude com palavras e aparências vãs. O esquecimento total e absoluto das ofensas é próprio das grandes almas. O rancor é sempre um sinal de mesquinhez e de inferioridade. Não vos esqueçais de que o verdadeiro perdão se reconhece muito mais pelos atos do que pelas palavras. (Paulo, apóstolo, Lyon, 1861).

A INDULGÊNCIA

16. Espíritas, hoje queremos vos falar sobre a indulgência, esse sentimento tão doce e fraternal que todo homem deveria ter para com seus irmãos, mas que bem poucos põem em prática.

A indulgência jamais vê os defeitos alheios, ou, se os vê, evita falar deles e divulgá-los. Ao contrário, oculta-os para que ninguém os conheça. E se a malevolência os descobre, sempre tem uma desculpa pronta para amenizá-los, ou melhor, uma desculpa plausível, séria, não aquelas que, aparentando atenuar a falta, a evidenciam com uma maldosa habilidade.

A indulgência jamais se ocupa com os maus atos alheios, a menos que seja para prestar um serviço. Ainda assim, tendo o cuidado de atenuá-los o máximo possível. Não faz qualquer observação que cause escândalo; não tem censuras nos lábios; só dá conselhos, e na maioria das vezes velados. Quando criticais, que conclusão se deve tirar de vossas palavras? A conclusão de que vós não teríeis feito aquilo que reprovais, e que valeis mais do que o culpado. Ó, homens! Quando será que julgareis vossos próprios corações, vossos próprios pensamentos, vossos próprios atos, sem vos precupar com o que vossos irmãos fazem? Quando será que olhareis com severidade apenas para vós mesmos?

Sede, portanto, severos para convosco e indulgentes para com os outros. Pensai n'Aquele que julga em última instância, que vê os pensamentos secretos de cada coração, e que, por conseguinte, muitas vezes perdoa as faltas que censurais, ou condena as que desculpais, pois sabe o motivo de todos os atos, e sabe que vós – que gritais bem alto: "Maldito!" – talvez tenhais cometido faltas muito mais graves.

Sede indulgentes, meus amigos, pois a indulgência agrada, acalma e corrige, ao passo que o rigor desencoraja, afasta e irrita. (José, espírito protetor, Bordéus, 1863).

17. Sede indulgentes com relação às faltas alheias, sejam elas quais forem. Julgai com severidade somente vossas próprias ações, e o Senhor usará de indulgência para convosco, conforme a tiverdes usado para com os outros. Apoiai os fortes, encorajando-os a perseverar no bem. Fortalecei os fracos, mostrando-lhes a bondade de Deus que considera até mesmo o menor arrependimento. Mostrai a todos o anjo da contrição que estende suas asas brancas sobre as faltas humanas, ocultando-as, assim, dos olhos de quem não pode tolerar o que é impuro. Compreendei todos a misericórdia infinita de vosso Pai, e nunca vos esqueçais de Lhe dizer, por meio de vossos pensamentos e principalmente de vossos atos: "Perdoai as nossas ofensas, assim como nós perdoamos a quem nos tem ofendido". Compreendei bem o valor dessas palavras sublimes, pois não são admiráveis somente pelas palavras, mas também pelo

ensinamento que possuem.

O que pedis ao Senhor quando implorais que Ele vos perdoe? Apenas o esquecimento de vossas ofensas? Pois digo que esse esquecimento vos deixaria sem nada, pois, se Deus Se limitasse a esquecer vossas faltas, não vos puniria, ***mas também não vos recompensaria.*** E a recompensa não pode ser a paga pelo bem que não se fez, menos ainda pelo mal que se fez, mesmo que esse mal tenha sido esquecido. Ao pedir-Lhe perdão por vossas transgressões, pedis, portanto, o favor de Suas graças para não voltardes a transgredir. Pedis a força necessária para tomar um novo caminho de submissão e de amor, no qual podereis unir ao arrependimento a reparação do erro.

Quando perdoardes os vossos irmãos, não vos contenteis em estender o véu do esquecimento sobre suas faltas. Muitas vezes, esse véu é muito transparente aos vossos olhos. Acrescentai amor junto com o perdão. Fazei por eles o mesmo que pediríeis que vosso Pai Celeste fizesse por vós. Substituí a cólera que mancha pelo amor que purifica. Pregai, pelo exemplo, essa caridade ativa e incansável que Jesus vos ensinou. Pregai-a como Ele próprio o fez enquanto viveu na Terra, visível aos olhos do corpo, e como ainda a prega, incessantemente, depois que Se fez visível somente aos olhos do espírito. Segui esse divino modelo. Caminhai pelos Seus passos, pois eles vos conduzirão ao refúgio onde devereis encontrar repouso após a luta. Como Ele, carregai todos a vossa cruz e percorrei o caminho do vosso calvário com sacrifício, mas corajosamente: no seu cume estará a glorificação. (JOÃO, Bispo de Bordéus, 1862).

18. Caros amigos, sede severos para convosco e indulgentes para com as fraquezas dos outros. Essa é uma prática da santa caridade que poucas pessoas observam. Todos vós tendes más tendências a dominar, defeitos a corrigir, hábitos a mudar. Todos vós tendes um fardo, relativamente pesado, de que precisais vos livrar para chegar ao cume da montanha do progresso. Por que então enxergais com tanta clareza, quando se trata do próximo, e sois tão cegos com relação a vós mesmos? Quando deixareis de notar no olho de vosso irmão o cisco tão minúsculo que o incomoda, sem perceber no vosso a trave que vos cega e que faz com que andeis de queda em queda? Acreditai

nos espíritos, vossos irmãos: todo homem que é orgulhoso o suficiente para achar-se superior aos seus irmãos encarnados, em virtudes e méritos, é insensato e culpado. Deus o julgará por isso, quando chegar o dia de Sua justiça. Os verdadeiros atributos da caridade são a modéstia e a humildade, que consistem em ver os defeitos dos outros apenas superficialmente, e em empenhar-se por valorizar o que neles existe de bom e virtuoso, pois, embora o coração humano seja um abismo de corrupção, sempre existe, em alguma de suas regiões mais ocultas, a semente dos bons sentimentos, a centelha viva da essência espiritual.

Espiritismo, doutrina consoladora e bendita! Felizes daqueles que te conhecem e que assimilam os salutares ensinamentos dos espíritos do Senhor! Para eles, o caminho está iluminado, e, durante o percurso, podem ler estas palavras que lhes indicam o meio de se chegar ao objetivo: caridade prática, caridade de coração, caridade para com o próximo como para consigo mesmo. Enfim, caridade para com todos e amor a Deus acima de todas as coisas, porque o amor a Deus resume todos os deveres e porque é impossível amar realmente a Deus sem praticar a caridade que Ele estabelece como lei para todas as Suas criaturas. (Dufêtre, Bispo de Nevers, Bordéus).

É PERMITIDO REPREENDER OS OUTROS; OBSERVAR SUAS IMPERFEIÇÕES; DIVULGAR O MAL ALHEIO?

19. ***Como ninguém é perfeito, pode-se deduzir então que ninguém tem o direito de repreender o seu próximo?***

De certo que não, pois cada um deve trabalhar para o progresso de todos, principalmente daqueles aos quais vos cabe a tutela. Essa é, pois, uma boa razão para fazê-lo com moderação, com um objetivo útil, e não como se faz a maior parte do tempo: apenas pelo prazer de difamar. Neste último caso, a repreensão é uma maldade. No primeiro, é um dever que a caridade manda cumprir com toda a consideração possível. E mais, quando fizermos uma censura a alguém, devemos dirigi-la primeiramente a nós mesmos, perguntando-nos se não a merecemos. (São Luís, Paris, 1860).

20. *Merecemos ser censurados, ao observar as imperfeições dos outros, quando disso não resultar benefício algum para eles, ainda que não as divulguemos?*

Tudo depende da intenção. Certamente não se pode impedir que alguém veja o mal, quando ele existe. E seria até prejudicial só ver o bem por toda parte, pois essa ilusão prejudicaria o progresso. Errado é distorcer essa observação em detrimento do próximo, fazendo-o perder, sem necessidade, sua reputação perante a opinião pública. Mereceríamos ser censurados também, se fizéssemos isso para satisfazer a nós mesmos, com uma sensação maldosa e com alegria por apanhar os outros em falta. Ocorre exatamente o contrário quando, ao lançar um véu sobre o mal a fim de que o público não o veja, nos limitamos a observá-lo para extrair dele um benefício pessoal, ou seja, para nos esforçarmos em evitar em nós o que censuramos nos outros. Essa observação não seria útil ao moralista? Como descreveria ele os defeitos humanos, se não analisasse os exemplos? (São Luís, Paris, 1860).

21. *Há casos em que é útil revelar o mal alheio?*

Essa questão é muito delicada, e é aqui que precisamos apelar para a caridade bem compreendida. Se as imperfeições de uma pessoa prejudicam apenas a ela mesma, não há nenhuma utilidade em divulgá-las. Mas se elas podem prejudicar aos outros, deve-se preferir o interesse da maioria ao de uma só pessoa. Conforme as circunstâncias, desmascarar a hipocrisia e a mentira pode ser um dever, pois é melhor que um homem caia do que vários outros sejam enganados, ou que se transformem em suas vítimas. Num caso assim, deve-se avaliar a proporção entre as vantagens e os inconvenientes. (São Luís, Paris, 1860).

Capítulo 11
Amar ao próximo como a si mesmo

• O maior mandamento • Fazer pelos outros o que gostaríamos que fizessem por nós • Parábola dos credores e dos devedores • Dai a César o que é de César. • INSTRUÇÕES DOS ESPÍRITOS: A Lei do Amor • O egoísmo • A fé e a caridade • Caridade para com os criminosos • Devemos arriscar a vida por um malfeitor?

O maior mandamento

1. Tendo sabido que Jesus tinha calado a boca dos saduceus, os fariseus se reuniram e um deles que era doutor da lei, para tentar Jesus, fez-Lhe esta pergunta: "Mestre, qual é o maior mandamento da Lei?". E Jesus lhe respondeu: "Amarás ao Senhor teu Deus de todo o teu coração, de toda a tua alma e de todo o teu espírito. Este é o maior e o primeiro mandamento. E eis o segundo, que é semelhante a ele: Amarás ao teu próximo como a ti mesmo. Toda a Lei e os profetas estão contidos nestes dois mandamentos". (MATEUS, 22:34-40).

2. Fazei aos homens tudo o que quereríeis que eles vos fizessem, pois esta é a Lei e os profetas. (MATEUS, 7:12).
Tratai todos os homens da mesma maneira que gostaríeis que eles vos tratassem. (LUCAS, 6:31).

3. O reino dos Céus é comparável a um rei que quis pedir contas aos seus servidores, e, tendo começado a fazê-lo, apresentaram-lhe um servo que lhe devia dez mil talentos.[1] Mas, como o servo não tinha meios para pagá-los, seu senhor mandou que ele lhe vendesse sua mulher, seus filhos, e tudo o que possuísse, a fim de saldar a dívida. Lançando-se aos pés do soberano, o servidor lastimava-se, dizendo: "Senhor, tende um pouco de paciência, e eu vos pagarei tudo". Então o senhor, tocado de compaixão, deixou-o ir e perdoou-lhe a dívida. Mas

1 Talento (de ouro ou prata): Era a unidade de moeda romana para grandes quantidades de dinheiro.

esse servidor, mal tendo saído, encontrou um de seus companheiros que lhe devia cem denários,[2] pegou-o pela garganta e, quase sufocando-o, lhe disse: "Paga-me o que me deves!". Seu companheiro, lançando-se aos seus pés, lamentava-se, dizendo: "Tende um pouco de paciência e vos pagarei tudo". Mas ele não quis escutá-lo, e foi embora mandando que o pusessem na prisão e que ele ficasse lá até pagar o que lhe devia.

Os outros servidores, seus companheiros, vendo o que se passava, ficaram extremamente aflitos e avisaram seu senhor sobre tudo o que acontecera. E o senhor, fazendo-o vir à sua presença, lhe disse: "Mau servidor, eu te havia perdoado tudo o que me devias, porque me pediste. Não devias também ter tido piedade de teu companheiro, como eu tive de ti?". E, saindo tomado de cólera, o senhor deixou-o nas mãos dos carrascos até que ele pagasse tudo o que lhe devia.

É assim que meu Pai, que está no Céu, vos tratará, se cada um de vós não perdoar, do fundo do coração, as faltas que seu irmão tiver cometido contra vós. (MATEUS, 18:23-35).

4. Amar ao próximo como a si mesmo, fazer pelos outros o que gostaríamos que fizessem por nós, eis a mais completa expressão da caridade, pois resume em si todos os deveres para com o próximo. Não há guia mais seguro, nesse caso, do que adotar a seguinte regra: façamos aos outros o que desejamos para nós. Com que direito exigiríamos dos nossos semelhantes bom procedimento, indulgência, benevolência e devotamento, se não lhes oferecemos isso? A prática dessas virtudes tende a destruir o egoísmo. Quando os homens as tomarem como norma de conduta, e como base de suas instituições, entenderão a verdadeira fraternidade e farão reinar entre eles a paz e a justiça. Não existirá mais ódio nem desavença, e sim união, concórdia e benevolência mútuas.

Dai a César o que é de César

5. Tendo se retirado, os fariseus combinaram entre si surpreender Jesus em Suas próprias palavras. Mandaram então Seus discípulos, com os herodianos,[3] dizer-Lhe: "Mestre, sabemos que sois sincero e que ensinais o caminho de Deus pela verdade, sem fazer distinção a quem quer que seja, pois não dis-

2 Denários: Pequena moeda de prata de maior circulação no Império Romano.
3 Herodianos: Partidários de Herodes, os quais eram opositores dos fariseus.

criminais a ninguém entre os homens. Dizei-nos então qual é a vossa opinião sobre isto: É lícito pagar o tributo a César, ou não?". Mas Jesus, percebendo a malícia, lhes respondeu: "Hipócritas, por que me tentais? Mostrai-me a moeda de prata que é dada como tributo". E tendo eles apresentado um denário, Jesus lhes disse: "De quem é esta imagem e esta inscrição?". "De César", responderam. Então Jesus replicou-lhes: "Dai, pois, a César o que é de César, e a Deus o que é de Deus".

Ouvindo Jesus falar dessa forma, eles ficaram admirados com Sua resposta e, deixando-O, retiraram-se. (MATEUS, 22:15-22; MARCOS, 12:13-17).

6. A pergunta feita a Jesus era motivada pelo fato de que os judeus, que tinham horror ao imposto que lhes era cobrado pelos romanos, haviam feito disso uma questão religiosa, chegando mesmo a organizar um numeroso partido para repelir o tributo. O pagamento desse imposto era, portanto, para eles, um assunto muito irritante e totalmente atual, sem o qual a pergunta feita a Jesus: "É lícito pagar o tributo a César, ou não?" não teria o menor sentido. Na verdade, a pergunta era uma cilada, pois, conforme a resposta, os fariseus pretendiam excitar contra Jesus tanto a autoridade romana quanto os judeus dissidentes. Mas Jesus, percebendo a malícia, contornou a dificuldade, dando-lhes uma lição de justiça, ao dizer que restituíssem a cada um o que lhe era devido. (Veja o artigo ***Publicanos***, na Introdução desta obra).

7. Esta sentença: "Dai a César o que é de César" não deve ser interpretada de forma restrita e incontestável. Neste, como em todos os ensinamentos de Jesus, há um princípio geral resumido sob uma forma prática e usual, que é extraído de uma situação particular. Esse princípio é uma consequência daquele que nos manda agir para com os outros como gostaríamos que os outros agissem para conosco. Ele condena qualquer prejuízo material e moral causado aos outros, qualquer violação dos seus interesses; prescreve o respeito aos direitos de cada um, como cada um deseja que respeitem os seus; e se estende ao cumprimento dos deveres assumidos para com a família, a sociedade, a autoridade, como também para com os indivíduos.

A Lei do Amor

8. O amor resume inteiramente a doutrina de Jesus, pois é o sentimento mais sublime. Os sentimentos são instintos que evoluem à medida que se atinge o progresso moral. Em sua origem, o homem possui apenas instintos; em seguida, um tanto já corrompido, possui sensações; mais adiante, instruído e purificado, passa então a ter sentimentos. O patamar máximo do sentimento é o amor; não o amor no sentido vulgar da palavra, mas aquele sol interior que concentra e reúne em seu foco ardente todas as aspirações e todas as revelações sublimes. A Lei do Amor substitui o individualismo pela fusão dos seres e elimina as misérias sociais. Feliz daquele que, superando sua individualidade, ama verdadeiramente seus irmãos sofredores! Feliz daquele que ama, pois não conhece as angústias da alma nem as do corpo: seus passos são leves, ele vive como se estivesse transportado para fora de si mesmo. Quando Jesus pronunciou a palavra divina *amor*, fez estremecer os povos, e os mártires, ébrios de esperança, entraram na arena.

O espiritismo vem, por sua vez, pronunciar a segunda palavra do vocabulário divino. Ficai atentos, porque essa palavra ergue a lápide dos túmulos vazios. É a *reencarnação*, que triunfando sobre a morte revela ao homem deslumbrado seu patrimônio intelectual. Não é mais aos suplícios que ela o conduz, mas à conquista de seu ser, elevado e transformado. O sangue resgatou o espírito, e o espírito deve agora resgatar o homem da matéria.

Eu vos disse que, em sua origem, o homem possui apenas instintos. Portanto, aquele em quem os instintos predominam está mais perto do ponto de partida do que da chegada. Para alcançar a meta a que o homem se destina, é preciso vencer os instintos em favor dos sentimentos, ou seja, é preciso aperfeiçoar os sentimentos, sufocando os germes latentes da matéria. Os instintos são a germinação e os embriões dos sentimentos, e trazem consigo o progresso, assim como a semente contém em si a árvore. Os seres menos avançados são aqueles que, libertando-se pouco a pouco de sua crisálida, continuam escravizados por seus instintos. O espírito deve ser cultivado como um campo. Toda a riqueza futura depende do trabalho presente, e, mais do que bens terrenos, ele vos conduzirá à gloriosa elevação. É então que, ao compreender a Lei do Amor que une todos os seres, nela buscareis as delicadas alegrias da alma, que são o prenúncio das alegrias celestes. (Lázaro, Paris, 1862).

9. O amor é de essência divina. E todos vós, desde o mais culto ao mais humilde, possuís no fundo do coração a centelha dessa chama sagrada. Um fato que já deveis ter constatado é que mesmo o mais desprezível dos homens, o mais vil, o mais criminoso, sempre tem por alguém, ou por um objeto qualquer, uma afeição tão profunda que às vezes atinge proporções sublimes.

Ao dizer "por alguém ou por um objeto qualquer", eu me refiro aos indivíduos existentes entre vós que dedicam verdadeiros tesouros de amor aos animais, às plantas e até mesmo a objetos materiais. São pessoas solitárias que se queixam da sociedade e resistem à tendência natural de sua alma, que busca ao redor de si afeição e simpatia, rebaixando a Lei do Amor ao estado de instinto. Mas façam o que fizerem, não conseguirão sufocar a semente que Deus depositou em seus corações ao criá-los. Essa semente se desenvolve e cresce com a moralidade e a inteligência. E, embora muitas vezes reprimida pelo egoísmo, é a fonte das santas e doces virtudes que geram as afeições sinceras e duradouras e vos ajudam a atravessar o caminho árido e íngreme da existência humana.

Há pessoas que rejeitam a prova da reencarnação, porque temem que outros possam partilhar das amizades que lhe são caras. Pobres irmãos! O vosso afeto é que vos torna egoístas. Vosso amor se restringe a um círculo íntimo de parentes ou amigos, e todos os demais vos são indiferentes. Pois bem! Para praticar a Lei do Amor, tal como Deus a estabelece, é preciso que ameis indistintamente a todos os vossos irmãos. A tarefa é longa e difícil, mas se cumprirá, pois Deus assim o quer. A Lei do Amor é o primeiro e mais importante ensinamento de vossa nova doutrina, pois é ela que um dia deve aniquilar o egoísmo, seja qual for a forma sob a qual se apresente: o egoísmo pessoal, o egoísmo de família, de casta ou de nacionalidade. Jesus disse: "Amai ao vosso próximo como a vós mesmos". Ora, e qual é o limite do próximo? É a família, a religião, a pátria?

Não. É toda a humanidade. Nos mundos superiores, é o amor recíproco que harmoniza e dirige os espíritos evoluídos que os habitam. E vosso planeta, destinado a um progresso próximo em que prevalecerá a transformação moral de sua sociedade, verá essa sublime Lei, que é um reflexo da Divindade, ser praticada por seus habitantes.

Os efeitos da Lei do Amor são o aperfeiçoamento moral da raça humana e a felicidade durante a vida terrena. Os mais rebeldes e os pervertidos deverão corrigir-se quando virem os benefícios gerados pela prática do ensinamento que diz: "Não façais aos outros o que não gostaríeis que vos fizessem; ao contrário, fazei-lhes todo o bem que estiver ao vosso alcance".

Não acrediteis no endurecimento do coração humano que, mesmo contrariado, se curva ao verdadeiro amor. É como um ímã ao qual não se pode resistir, pois o contato com esse amor vivifica e fecunda as sementes das virtudes que estão em vossos corações, prontas para se desenvolverem. A Terra, lugar de provações e de exílio, será então purificada por essa chama sagrada e nela serão praticados a caridade, a humildade, a paciência, o devotamento, a abnegação, a resignação e a renúncia, virtudes que são todas filhas do amor. Não vos canseis, pois, de ouvir as palavras de João, o Evangelista. Como sabeis, quando a doença e a velhice interromperam o curso de suas pregações, ele só repetia estas doces palavras: "Meus filhinhos, amai-vos uns aos outros".

Amados irmãos, aproveitai essas lições. Sua prática é difícil, mas delas a alma obtém um bem enorme. Crede em mim, fazei o sublime esforço que vos peço: "Amai-vos", e logo vereis a Terra transformar-se e tornar-se um paraíso, onde as almas dos justos virão para repousar. (Fénelon, Bordéus, 1861).

10. Meus caros companheiros de estudo, os espíritos aqui presentes vos dizem por minha voz: "Amai muito, para serdes amados". Esse pensamento é tão justo que encontrareis nele tudo o que consola e ameniza as penas de cada dia. E mais: ao colocar em prática esse sábio princípio, vos elevareis de tal forma acima da matéria que vos espiritualizareis antes de deixardes vosso invólucro terrestre. Tendo os estudos espíritas desenvolvido em vós a compreensão do futuro, tende uma certeza: a de que continuais caminhando em direção a Deus,

com todas as promessas que respondem às aspirações de vossa alma. Assim, deveis subir alto o suficiente para julgar sem as pressões da matéria, e então não condenar vosso próximo sem antes ter dirigido vosso pensamento a Deus.

Amar, no sentido profundo da palavra, é ser leal, honesto, consciencioso, e fazer aos outros o que desejaríamos para nós. É procurar em torno de si o sentido íntimo de todas as dores que atormentam nossos irmãos, a fim de levar-lhes alívio. É considerar a grande família humana como se fosse a vossa, pois voltareis a encontrá-la um dia em mundos mais adiantados, já que os espíritos que a compõem são, como vós, filhos de Deus, predestinados a elevar-se ao Infinito. Por isso é que não podeis recusar aos vossos irmãos o que Deus generosamente vos deu, pois vós também ficaríeis felizes se vossos irmãos vos dessem aquilo de que tivésseis necessidade. Dai, pois, a todos os sofredores uma palavra de esperança e de apoio, para serdes só amor e justiça.

Acreditai que estas sábias palavras: "Amai muito, para serdes amados" seguirão o seu curso. Essa máxima é revolucionária, e segue uma rota firme e invariável. Mas vós, que me escutais, já progredistes. Sois hoje infinitamente melhores do que há cem anos. Mudastes de tal modo para melhor que aceitais, sem pôr em dúvida, uma série de novas idéias sobre liberdade e fraternidade que outrora teríeis rejeitado. Então, daqui a cem anos, aceitareis com a mesma facilidade idéias que ainda não puderam ser assimiladas por vossa mente.

Hoje, quando o movimento espírita deu um grande passo, vede com que rapidez as idéias de justiça e de renovação, contidas nas mensagens dos espíritos, são aceitas por boa parte do mundo inteligente. É que essas idéias refletem tudo o que há de divino em vós. É que estais preparados por uma semeadura abundante: a do último século, que implantou na sociedade as grandes idéias de progresso. E, como tudo se encadeia sob a direção do Altíssimo, todas as lições recebidas e assimiladas resultaram na mudança universal do amor ao próximo. Graças a ela, refletindo melhor e sentindo-se unidos como irmãos, os espíritos encarnados se darão as mãos para se escutarem, se entenderem e se amarem, acabando finalmente com todas as injustiças e discórdias existentes entre os povos, em todos os confins do vosso planeta.

Esse grande propósito de renovação pelo espiritismo, tão bem exposto em *O Livro dos Espíritos,* produzirá o imenso milagre do próximo século, que é a união de todos os interesses materiais e espirituais dos homens, pela aplicação desta máxima *Amai muito, para serdes amados*. (SANSÃO, antigo membro da Sociedade Espírita de Paris, 1863).

O EGOÍSMO

11. O egoísmo, esta chaga da humanidade, deve desaparecer da Terra porque impede a sua evolução moral. É ao espiritismo que está reservada a tarefa de fazer a Terra elevar-se na hierarquia dos mundos. O egoísmo é, portanto, o alvo contra o qual todos os verdadeiros cristãos devem dirigir suas armas, suas forças, sua coragem. Digo coragem, porque é preciso mais coragem para vencer a si próprio do que aos outros. Que cada um, então, empenhe todos os esforços para combatê-lo dentro de si, pois esse monstro devorador de todas as inteligências, esse filho do orgulho, é a fonte de todas as misérias deste mundo. Ele é a negação da caridade e, consequentemente, o maior empecilho à felicidade dos homens.

Jesus vos deu o exemplo da caridade, e Pôncio Pilatos, o do egoísmo. Enquanto o Justo vai percorrer as santas estações de seu martírio, ou melhor, o caminho do calvário, Pilatos lava as mãos, dizendo: "Que me importa!". E disse aos judeus: "Este homem é justo, por que quereis crucificá-Lo?". Mas, no entanto, permite que O conduzam ao suplício.

É a esse antagonismo entre a caridade e o egoísmo, à contaminação por essa lepra que invadiu o coração humano, que o cristianismo deve o fato de ainda não ter cumprido toda a sua missão. É a vós, novos apóstolos da fé esclarecidos pelos espíritos superiores, que cabe a tarefa e o dever de extirpar esse mal, para dar ao cristianismo toda a sua força e descartar os obstáculos que lhe impedem a marcha. Expulsai o egoísmo da Terra, para que ela possa elevar-se na escala dos mundos, pois já é tempo de a humanidade crescer, mostrar-se adulta! Mas para isso é preciso, antes, banir do vosso coração o egoísmo. (EMMANUEL, Paris, 1861).

12. Se os homens se amassem uns aos outros, a caridade

seria melhor praticada. Mas, para isso, seria preciso que vos esforçásseis no sentido de livrar vossos corações da couraça que os envolve, a fim de torná-los mais sensíveis ao sofrimento do próximo. A indiferença acaba com os bons sentimentos. Jesus nunca Se aborrecia com aquele que se dirigia a Ele. Quem quer que fosse, nunca era repelido: tanto a mulher adúltera, como o criminoso eram socorridos por Ele, que não temia que Sua reputação viesse a sofrer por causa disso. Quando, pois, O tomareis por modelo de todas as vossas ações? ***Se a caridade reinasse na Terra, o mal não teria mais poder; fugiria envergonhado e se esconderia, pois se sentiria deslocado.*** O mal então desapareceria. Convencei-vos muito bem disso.

Começai por dar o exemplo a vós mesmos. Sede caridosos para com todos, sem distinção. Esforçai-vos para não dar atenção a quem vos olha com desprezo, e deixai aos cuidados de Deus a aplicação da justiça, pois todos os dias, no Seu Reino, Ele separa o joio do trigo.

O egoísmo é a negação da caridade. Ora, sem a caridade não haverá paz de espírito na sociedade. E digo mais: não haverá segurança. Com o egoísmo e o orgulho, que andam de mãos dadas, haverá sempre uma competição para ver quem é mais esperto; uma luta de interesses em que as mais nobres afeições são espezinhadas; em que sequer os sagrados laços familiares são respeitados. (Pascal, Sens, 1862).

A FÉ E A CARIDADE

13. Meus queridos filhos, eu vos disse recentemente que a caridade sem a fé não basta para manter uma ordem social entre os homens, capaz de torná-los felizes. Eu deveria ter dito que a caridade é impossível sem a fé. Na verdade, podeis encontrar impulsos generosos até mesmo numa pessoa sem religião, mas só a fé pode inspirar a caridade austera, que se pratica apenas por meio da abnegação e do sacrifício de qualquer interesse egoísta, pois somente ela nos permite carregar com coragem e perseverança a cruz desta vida.

Sim, meus filhos, em vão o homem ávido de prazeres tenta iludir-se quanto ao seu destino neste mundo, afirmando que lhe é permitido preocupar-se apenas com sua felicidade. Por certo, Deus nos criou para sermos felizes na eternidade. Entretanto, a vida terrestre deve servir unicamente para o nosso aperfeiçoamento moral, que se consegue mais facilmente com o auxílio do corpo físico e do mundo material. Sem contar que os problemas da vida, a diversidade dos vossos gostos, das vossas tendências e das vossas necessidades são também um meio de vos aperfeiçoardes, exercitando-vos na caridade, pois somente à custa de concessões e de sacrifícios mútuos é que podeis manter a harmonia entre elementos tão diferentes.

Tendes razão, entretanto, ao afirmar que a felicidade está destinada ao homem na Terra, se a buscardes não nos prazeres materiais, mas no bem. A história da cristandade nos fala de mártires que foram para o suplício com alegria. Hoje, na vossa sociedade, para serdes cristãos, não é mais necessário o holocausto do martírio nem o sacrifício da vida, mas única e simplesmente o sacrifício do vosso egoísmo, do vosso orgulho e da vossa vaidade. Triunfareis, se a caridade vos inspirar e se a fé for vossa sustentação. (Um Espírito Protetor, Cracóvia, 1861).

CARIDADE PARA COM OS CRIMINOSOS

14. A verdadeira caridade é um dos mais sublimes ensinamentos de Deus. Entre os verdadeiros seguidores de Sua doutrina deve existir uma completa fraternidade. Deveis amar os desventurados e os criminosos como criaturas de Deus, a quem serão concedidos o perdão e a misericórdia, desde que se arrependam, como também serão dadas a vós, pelas faltas que cometeis contra a Sua Lei. Considerai que sois mais censuráveis, mais culpados do que aqueles aos quais recusais perdão e misericórdia, pois muitas vezes eles não conhecem Deus como vós O conheceis, e, por essa razão, menos será exigido deles do que de vós.

Ah, não julgueis! Não julgueis, meus caros amigos, pois o julgamento que fizerdes vos será aplicado ainda mais severamente, e tendes necessidade de indulgência para os pecados que cometeis com frequência. Acaso não sabeis que há muitos atos que são crimes aos olhos do Deus de pureza, e que o mundo nem sequer os considera como faltas leves?

A verdadeira caridade não consiste apenas na esmola que

dais, nem mesmo nas palavras de consolo que lhe acrescentais. Não! Não é apenas isso que Deus exige de vós. A caridade sublime, ensinada por Jesus, consiste também na benevolência concedida sempre, e em todas as coisas, ao vosso próximo. Podeis também exercitar essa sublime virtude com muitas outras criaturas que não precisam de esmolas, e que palavras de amor, consolo e encorajamento conduzirão ao Senhor.

Torno a dizer, aproximam-se os tempos em que a grande fraternidade reinará neste mundo. A Lei do Cristo é a lei que regerá os homens: só ela será freio e esperança, e conduzirá as almas às moradas bem-aventuradas. Amai-vos, pois, como filhos de um mesmo pai. Não façais distinção entre vós e os infelizes, porque Deus quer que todos sejam iguais; não desprezeis ninguém. Deus permite que grandes criminosos estejam entre vós, a fim de vos servir de ensinamento. Em breve, quando os homens acatarem as verdadeiras leis de Deus, não haverá mais necessidade desses ensinamentos, e *todos os espíritos impuros e revoltados serão dispersados em mundos inferiores, de acordo com as suas tendências.*

Deveis àqueles de quem vos falo o socorro de vossas preces: esta é a verdadeira caridade. Não se deve dizer a respeito de um criminoso: "É um miserável. É preciso livrar a Terra de sua presença. A morte a que foi condenado é suave demais para uma criatura dessa espécie". Não. Não é assim que deveis falar. Considerai Jesus vosso modelo. Que diria Ele se visse esse infeliz ao Seu lado? Ele o lamentaria; o consideraria um pobre doente e lhe estenderia a mão. Na verdade, não podeis fazer o mesmo, mas pelo menos podeis orar por ele e dar assistência a seu espírito, durante os instantes que ainda deve permanecer na Terra. O arrependimento pode tocar seu coração, se orardes com fé. Ele é vosso próximo também, como o é o melhor dentre os homens. Sua alma confusa e revoltada foi criada, como a vossa, para aperfeiçoar-se. Ajudai-o, pois, a sair do lamaçal, e orai por ele. (Elisabeth de França, Havre, 1862).

15. *Um homem corre risco de morte; para salvá-lo, temos de arriscar nossa vida. Sabemos, no entanto, que esse homem é um malfeitor e que, se escapar, poderá cometer novos crimes. Apesar disso, devemos nos arriscar para salvá-lo?*

Esse é um assunto muito sério e que pode perfeitamente surgir na cabeça de qualquer um. Vou responder segundo o meu adiantamento moral, uma vez que se trata de saber se alguém deve arriscar a própria vida por um malfeitor. O altruísmo é cego: socorre-se um inimigo pessoal, do mesmo modo como se deve socorrer um inimigo da sociedade, ou melhor, um malfeitor. Acreditais que é somente para livrar o infeliz da morte que se socorre? Não. Talvez seja para livrá-lo de toda uma vida passada. Pensais que, nos últimos minutos que lhe restam de vida, o homem perdido reveja sua vida passada, ou melhor, que o passado surja diante dele. Quem sabe, a morte esteja chegando cedo demais para ele. A reencarnação poderá ser terrível. Correi, pois, vós a quem a ciência espírita esclareceu! Correi e arrancai-o de sua condenação! E então é possível que esse homem, que teria morrido insultando-vos, se atire em vossos braços! Mas não deveis vos perguntar se ele fará isso ou não; deveis apenas ir em seu socorro, pois, salvando-o, obedeceis à voz do coração que vos diz: "Podeis salvá-lo; então salvai-o!". (LAMENNAIS, Paris, 1862).

Capítulo 12
Amai os vossos inimigos

• Pagar o mal com o bem • Os inimigos desencarnados • Se alguém vos bater na face direita, apresentai-lhe também a outra • INSTRUÇÕES DOS ESPÍRITOS: A vingança • O ódio • O duelo

Pagar o mal com o bem

1. Ouvistes o que foi dito: "Amareis vosso próximo e odiareis vossos inimigos". Mas eu vos digo: "Amai vossos inimigos; fazei o bem aos que vos odeiam e orai por aqueles que vos perseguem e vos caluniam, para serdes filhos de vosso Pai, que está nos Céus, que faz com que o Sol se erga todos os dias sobre os bons e os maus e faz chover sobre os justos e os injustos. Pois, se amardes somente aqueles que vos amam, que recompensa tereis? Os publicanos também não fazem isso? E se saudardes apenas os vossos irmãos, o que fazeis mais do que os outros? Os pagãos também não fazem isso? Eu vos digo que, se vossa justiça não for maior que a dos escribas e dos fariseus, não entrareis no reino dos Céus". (MATEUS, 5:20, 43-47).

2. Se amardes somente os que vos amam, que mérito haveria nisso, já que as pessoas de má vida também amam aqueles que as amam? Se só fizerdes o bem aos que vos fazem, que mérito haveria nisso, uma vez que as pessoas de má vida fazem a mesma coisa? E se prestardes favores apenas àqueles de quem esperais receber o mesmo, que mérito haveria nisso, já que as pessoas de má vida também colaboram entre si para receberem a mesma vantagem? Mas, quanto a vós, amai vossos inimigos; fazei o bem a todos; e emprestai sem nada esperar. Então, vossa recompensa será muito grande e sereis filhos do Altíssimo, porque Ele é bom com os ingratos e até mesmo com os maus. Sede, pois, misericordiosos como o vosso Deus!

(Lucas, 6:32-36).

3. Se o amor ao próximo é o princípio da caridade, amar os inimigos é a sua aplicação máxima, pois esta virtude é uma das maiores vitórias alcançadas contra o egoísmo e o orgulho. Entretanto, as pessoas geralmente se enganam quanto ao sentido da palavra *amar* aplicada nessa circunstância. Jesus não quis dizer, com essas palavras, que se deve ter pelo inimigo o mesmo carinho que se tem por um irmão ou por um amigo, pois carinho pressupõe confiança. E não podemos ter confiança em alguém que sabemos que não nos quer bem; não podemos dar-lhe demonstrações de amizade, porque sabemos que é capaz de abusar disso. Entre as pessoas que desconfiam umas das outras, não pode existir as mesmas manifestações de simpatia que existe entre pessoas que partilham das mesmas idéias. Não podemos, enfim, ao encontrar um inimigo, sentir prazer igual ao que sentimos quando encontramos um amigo, uma vez que esse sentimento tem origem na lei física da atração e repulsão dos fluidos. Por isso, o pensamento maldoso gera uma corrente fluídica cujo efeito é desagradável, e o pensamento benevolente nos envolve com uma emanação agradável. Aí está a razão pela qual experimentamos diferentes sensações diante da aproximação de um amigo ou de um inimigo.

Amar os inimigos não pode, pois, significar que não devemos fazer distinção alguma entre eles e nossos amigos. Esse ensinamento do Cristo só parece difícil ou impossível de ser posto em prática, porque se pensa erradamente que ele manda que se dê, tanto ao inimigo como ao amigo, o mesmo lugar no coração. Se a pobreza da linguagem humana nos obriga a usar a mesma palavra para exprimir várias nuances de um mesmo sentimento, cabe à razão, diante de cada caso, estabelecer a diferença. Dessa forma, amar os inimigos não significa ter por eles uma afeição que não é espontânea, pois o contato com um inimigo faz o coração bater de maneira bem diferente do que acontece quando se trata de um amigo. Amar os inimigos é não ter contra eles nem ódio, nem rancor, nem desejo de vingança; é perdoar-lhes, *sem segundas intenções e incondicionalmente,* o mal que nos fazem; é não opor nenhum obstáculo à reconciliação; é desejar-lhes o bem e não o mal; é alegrar-se, ao invés de aborrecer-se, com as coisas boas que lhes aconteçam; é estender-lhes a mão caridosa em caso de necessidade; é evitar tudo o que possa prejudicá-los, seja *por palavras ou atos;* é, enfim, retribuir-lhes todo o mal com o bem, *sem a intenção de humilhá-los.* Quem fizer isso, cumpre as condições do mandamento *Amai os vossos inimigos.*

4. Para o incrédulo, amar os inimigos é um absurdo. Aquele para quem a vida presente é tudo vê no inimigo uma criatura nociva que lhe perturba a tranquilidade, e da qual, pensa ele, só a morte pode livrá-lo. Daí o desejo de vingança. Ele não tem o menor interesse em perdoar, a não ser para satisfazer o próprio orgulho aos olhos do mundo. Perdoar, em certos casos, lhe parece uma fraqueza indigna de si. Mesmo que não se vingue, nem por isso deixará de guardar rancor e de desejar-lhe mal, ainda que secretamente.

Para quem crê, principalmente para o espírita, o modo de ver é totalmente diferente, pois seu olhar está voltado para o passado e para o futuro, entre os quais a vida presente não passa de um mero instante. Ele sabe que, pela própria destinação da Terra, é natural encontrar nela homens maus e perversos, e que as maldades a que está exposto fazem parte das provações pelas quais deve passar. O entendimento desse ponto de vista faz com que suas vicissitudes se tornem menos amargas, quer venham elas dos homens ou das coisas. *Se não se queixa das provações, também não deve queixar-se daqueles que delas são instrumentos.* Se, ao invés de lamentar-se, agradecer a Deus por colocá-lo à prova, *deve também ser grato à mão que lhe dá oportunidade de mostrar sua paciência e sua resignação.* Esse pensamento o predispõe naturalmente ao perdão. Além do mais, ele sente que, quanto mais generoso for, mais cresce aos próprios olhos e fica fora do alcance das investidas maldosas do inimigo.

O homem que ocupa uma posição elevada no mundo não se sente ofendido por insultos de quem considera seu inferior. O mesmo acontece com quem, no mundo moral, se eleva acima da humanidade materialista: ele compreende que o ódio e o rancor o rebaixariam moralmente. Ora, para ser superior ao seu adversário, é preciso que tenha a alma maior, mais nobre e mais generosa.

5. O espírita tem ainda outros motivos que o levam à indulgência para com os seus inimigos. Primeiramente, ele sabe que a maldade não é o estado permanente dos homens. Ela se deve a uma imperfeição momentânea, pois, assim como a criança se corrige de seus defeitos, o homem mau um dia reconhecerá seus erros e se tornará bom. Sabe que a morte apenas o livra da presença física de seu inimigo, e que este pode persegui-lo com seu ódio, mesmo após ter deixado a Terra. Sabe também que a vingança de nada adianta; ao contrário, ela tem como resultado uma irritação ainda maior, capaz de passar de uma existência para outra. Cabe ao espiritismo, portanto, provar, pela experiência e pelas leis que regem as relações entre o mundo visível e o invisível, que a expressão *extinguir o ódio com sangue* é totalmente falsa, pois a verdade é que o sangue realimenta o ódio, mesmo no Além-túmulo. Cabe-lhe, consequentemente, apresentar um argumento definitivo que dê uma utilidade prática ao perdão e ao sublime ensinamento de Jesus que diz: "Amai os vossos inimigos".

Não há coração tão perverso que, mesmo contra a sua vontade, não seja tocado por boas ações. Com boas ações, evita-se qualquer pretexto para represálias contra um inimigo, podendo-se fazer dele um amigo, antes e depois de sua morte. Com maus procedimentos, irritamos o inimigo, *e é então que ele próprio serve de instrumento da justiça de Deus, para punir aquele que não perdoou.*

6. Podemos, pois, ter inimigos tanto entre os encarnados como entre os desencarnados. Os inimigos do mundo invisível manifestam sua maldade pelas obsessões e subjugações a que tantas pessoas estão sujeitas, e que são exemplos de provações da vida. Estas, como outras provas, ajudam a progredir e devem ser aceitas com resignação, como consequência da natureza inferior do globo terrestre. Se não houvesse homens maus na Terra, não existiriam espíritos maus ao redor dela. Por essa razão, se devemos ter indulgência e boa vontade para com os inimigos encarnados, devemos tê-las igualmente para com os

que estão desencarnados.

Outrora, sacrificavam-se vítimas e faziam-se oferendas sangrentas para apaziguar os deuses infernais. Aos deuses infernais seguiram-se os demônios. O espiritismo vem provar que tanto os deuses infernais como os demônios de outrora nada mais são do que as almas de homens perversos que ainda não se despojaram de seus instintos materiais; ***que ninguém consegue acalmá-los senão pelo sacrifício de seu ódio, ou melhor, pela caridade;*** e que a caridade não tem como único efeito impedi-los de praticar o mal, mas também de reconduzi-los ao caminho do bem e contribuir para sua salvação. É por isso que a aplicação da máxima ***Amai os vossos inimigos*** não se limita ao círculo estreito da Terra e da vida presente, mas resulta na grande lei da solidariedade e da fraternidade universais.

Se alguém vos bater na face direita, apresentai-lhe também a outra

7. Sabeis que foi dito: "Olho por olho, dente por dente". Porém, eu vos digo que não deveis resistir ao mal que vos querem fazer; mas, se alguém vos bateu na face direita, apresentai-lhe também a outra. E se alguém quiser demandar contra vós para tomar vossa túnica, dai-lhe também o vosso manto; e se alguém quiser vos obrigar a dar mil passos com ele, andai mais dois mil. Dai àquele que vos pede, e não afasteis quem quer vos tomar um empréstimo. (Mateus, 5:38-42).

8. Os preconceitos do mundo a respeito do que se convencionou chamar de ponto de honra geram melindres originários do orgulho e da exaltação da personalidade que levam o homem a retribuir injúria com injúria, ofensa com ofensa. Para aqueles cujo senso moral não está acima das paixões terrenas, atitudes como essas parecem perfeitamente justas. Eis a razão pela qual a lei mosaica dizia: "Olho por olho, dente por dente"; lei que era adequada ao tempo em que Moisés vivia. Mas veio o Cristo e disse: "Pagai o mal com o bem". E disse mais: "Não resistais ao mal que vos querem fazer. Se alguém vos bater numa face, apresentai-lhe também a outra". Para o orgulhoso, esse ensinamento parece uma covardia, pois ele não compreende que há mais coragem em suportar um insulto do que em se vingar. Isso

acontece porque sua visão se limita apenas ao presente.

Mas será que devemos tomar esse ensinamento ao pé da letra? Não! Como também não devemos tomar ao pé da letra a máxima que manda arrancar o olho, se ele for motivo de escândalo, pois se interpretássemos literalmente esses dois preceitos estaríamos condenando a repressão, ainda que ela fosse legal, e deixaríamos o campo livre para os maus, que não precisariam ter medo de nada. Desse modo, se não reprimirmos a agressão dos maus, logo todos os bons se tornarão vítimas deles. O próprio instinto de conservação, que é uma lei da natureza, diz que não se deve oferecer de boa vontade o pescoço ao assassino.

Por essas palavras, Jesus não quis proibir a defesa, e sim *condenar a vingança.* Ao sugerir que devemos oferecer uma face quando a outra for golpeada, Ele quis dizer, de forma alegórica, que não se deve pagar o mal com o mal; que o homem deve aceitar com humildade o que tende a abater-lhe o orgulho; que é melhor ser enganado do que enganar, e ser prejudicado do que prejudicar os outros. Por conseguinte, podemos concluir que Jesus também condena o duelo, que nada mais é do que uma manifestação do orgulho. Só a fé na vida futura e na justiça de Deus, que jamais deixa o mal impune, pode nos dar forças para suportar pacientemente as investidas feitas contra nossos interesses e nosso amor-próprio. Eis por que vos dizemos sempre: "Olhai para o futuro! Quanto mais vos elevardes pelo pensamento, acima da vida material, menos sereis magoados pelas coisas da Terra".

Instruções dos espíritos
A vingança

9. A vingança é um dos últimos sentimentos remanescentes dos bárbaros, que tendem a desaparecer entre os homens. Como o duelo, é um dos derradeiros vestígios dos costumes selvagens sob os quais a humanidade se debatia no início da era cristã, razão pela qual é um indício seguro do estado de atraso dos homens que a ela se entregam e dos espíritos que ainda conseguem incitá-la. Por isso, meus amigos, esse sentimento jamais deve fazer vibrar o coração de quem se diz e se proclama espírita. Vingar-se, vós o sabeis, contraria de tal forma o

preceito do Cristo que diz: "Perdoai aos vossos inimigos", que quem se recusa a perdoar não só não é espírita, como também não é cristão. A vingança é uma inspiração ainda mais funesta porque a falsidade e a baixeza são suas companheiras inseparáveis. Quem se entrega a essa paixão cega e fatal nunca se vinga às claras: se é o mais forte, investe como um animal selvagem sobre aquele a quem chama de inimigo, pois a simples visão do outro lhe acende a paixão, a cólera e o ódio. E sempre o faz ocultando-se sob uma aparência dissimulada, quando na verdade os maus sentimentos é que habitam o seu coração. Na sombra, segue o inimigo, que de nada desconfia, aguardando o momento oportuno para abatê-lo sem se arriscar. Espreita-o continuamente, estende-lhe armadilhas odiosas e, na primeira oportunidade, derrama-lhe o veneno no copo.

Quando seu ódio não chega a esses extremos, então o ataca na honra e nos afetos. Não hesita diante da calúnia, e suas maldosas insinuações, habilmente espalhadas aos quatro ventos, vão se avolumando pelo caminho. Assim, quando o perseguido se apresenta nos lugares por onde o hálito envenenado do perseguidor passou, se espanta ao ver rostos frios onde outrora encontrava semblantes amigos e acolhedores; fica assombrado quando mãos que buscavam a sua, agora se recusam a apertá-la. Enfim, fica arrasado quando seus mais caros amigos e seus parentes se esquivam e fogem dele. Ah! O covarde que se vinga dessa forma é cem vezes mais culpado do que aquele que vai direto ao inimigo e o insulta cara a cara.

Basta desses costumes selvagens! Basta desses costumes de outros tempos! Qualquer espírita que ainda hoje pretendesse ter o direito de vingar-se seria indigno de figurar por mais tempo entre aqueles que tomaram por lema: *Fora da caridade não há salvação!* Mas não, eu sequer posso imaginar que um membro da grande família espírita seja tentado a ceder, algum dia, ao impulso da vingança, ao invés de perdoar. (Jules Olivier, Paris, 1862).

O ÓDIO

10. Amai-vos uns aos outros e sereis felizes. Esforçai-vos por amar aqueles que vos inspiram indiferença, ódio e despre-

zo. Jesus, que deveis tomar como modelo, vos deu o exemplo desse devotamento. Missionário do amor, amou a ponto de dar seu sangue e sua vida. O sacrifício de amar aqueles que vos ofendem e perseguem é penoso, mas é exatamente o que vos torna superiores a eles. Se os odiais como eles vos odeiam, não valeis mais do que eles. Amá-los, eis a hóstia imaculada oferecida a Deus no altar dos vossos corações; hóstia de agradável aroma, cujos perfumes se elevam até Ele. Embora a Lei do Amor mande que amemos indistintamente a todos os nossos irmãos, ela não resguarda o coração contra os maus procedimentos. É, ao contrário, a mais difícil das provas, eu sei, já que durante minha última existência terrena passei por essa tortura. Mas Deus existe, e pune nesta vida e na outra aqueles que transgridem a Lei do Amor. Não vos esqueçais, meus queridos filhos, que o amor nos aproxima de Deus e que o ódio nos afasta Dele. (FÉNELON, Bordéus, 1861).

O DUELO

11. Só é verdadeiramente grande aquele que, considerando a vida uma viagem que deve conduzi-lo a um destino certo, pouco se importa com os obstáculos do caminho e, nem por um instante, se desvia de seu rumo. Com o olhar constantemente voltado para o ponto de chegada, não se preocupa com os espinhos que vai encontrar, pois acredita que eles apenas o tocarão, sem no entanto impedi-lo de prosseguir sua marcha. Portanto, arriscar a vida para vingar-se de uma ofensa é recuar diante das provas da existência. É sempre um crime aos olhos de Deus. E, se não fôsseis enganados por vossos preconceitos, como sois, perceberíeis que isso se trata de uma loucura enorme aos olhos dos homens.

É um crime o homicídio pelo duelo. Vossa própria legislação o reconhece. Ninguém, em hipótese alguma, tem o direito de tirar a vida de seu semelhante. É um crime aos olhos de Deus, que vos traçou uma linha de conduta. Neste caso, mais do que em qualquer outra circunstância, sois juízes em causa própria. Lembrai-vos de que vos será perdoado conforme tiverdes perdoado. Pelo perdão, vos aproximais da Divindade, pois a clemência é irmã do poder. Enquanto uma gota de sangue correr sobre a

Terra pela mão dos homens, o verdadeiro reino de Deus ainda não terá chegado; esse reino de paz e amor que deve banir para sempre de vosso planeta o rancor, a discórdia e a guerra. Então, a palavra duelo só existirá na vossa língua como uma vaga e distante recordação de um passado que se foi. Os homens não terão entre si outro antagonismo a não ser a nobre rivalidade do bem. (Adolfo, Bispo de Argel, Marmande, 1861).

12. Sem dúvida, em certos casos, o duelo pode ser uma prova de coragem física, de desprezo pela vida, mas é, incontestavelmente, uma prova de covardia moral, como acontece no suicídio. O suicida não tem coragem de enfrentar as contrariedades da vida. O duelista não tem coragem de suportar as ofensas. O Cristo não disse que há mais honra e coragem em oferecer a face esquerda, a quem nos golpeou a direita, do que em nos vingarmos de uma ofensa? O Cristo não disse a Pedro, no Jardim das Oliveiras: "Coloca tua espada na bainha, pois aquele que matar pela espada, pela espada perecerá!"? Com essas palavras, Jesus não condenou definitivamente o duelo? De fato, meus filhos, que coragem é essa, nascida de um temperamento violento, sanguinário e colérico, que explode à primeira ofensa? Onde está a grandeza da alma daquele que diante da menor injúria quer lavá-la com sangue? Mas, que ele trema, pois no fundo de sua consciência uma voz lhe gritará sempre: "Caim! Caim! Que fizeste de teu irmão?". "Foi necessário sangue para lavar minha honra", responderá para essa voz. Mas ela replicará: "Quiseste lavar tua honra diante dos homens, por alguns instantes que te restavam para viver na Terra, mas não pensaste em salvá-la perante Deus, pobre louco!".

Quanto sangue Jesus não pediria então para todos, pelas ofensas que recebeu?! Ele não foi ferido somente pelos espinhos, pela lança e pelo madeiro infamante. Em meio à Sua agonia, ouviu também as zombarias que Lhe eram dirigidas. Após tantos ultrajes, que reparação Ele pediu? O último gemido do Cordeiro foi uma súplica por Seus algozes. Ah! Tal como fez Jesus, perdoai e orai pelos que vos ofendem.

Amigos, lembrai-vos do preceito que diz: "Amai-vos uns aos outros", e então, ao golpe dado pelo ódio, respondereis com um sorriso, e à ofensa, com o perdão. Sem dúvida, a sociedade se levantará furiosa contra vós e vos chamará de covardes. Então, erguei a cabeça e mostrai que vossa fronte também não receia ser coroada de espinhos, a exemplo de Jesus, mas que vossa mão não quer ser cúmplice de um homicídio justificado pela falsa defesa da honra, que não passa de orgulho e de amor-próprio. Acaso, ao vos criar, Deus vos deu o direito de vida e morte sobre os outros? Não! Esse direito somente a natureza possui, a fim de que possa reconstruir-se. A vós, porém, nem mesmo vos permitiu dispor de vosso próprio corpo, que perecerá um dia. Como o suicida, o duelista estará marcado de sangue quando chegar diante de Deus. E tanto a um, como a outro, o Soberano Juiz reserva severos e longos sofrimentos. Se Ele ameaçou com Sua justiça a quem dissesse ao seu irmão: "Raca!", como não será a pena para aquele que se apresentar diante Dele com as mãos manchadas pelo sangue de seu irmão!? (Santo Agostinho, Paris, 1862).

13. O duelo, que outrora chamavam de "julgamento de Deus", é um desses costumes bárbaros que ainda regem a sociedade. O que diríeis então se vísseis mergulharem os dois adversários em água fervente, ou serem submetidos ao contato de um ferro em brasa para decidir uma disputa, dando razão ao que suportasse melhor a prova? Diríeis que são costumes insensatos. O duelo é ainda pior do que isso. Para o duelista habilidoso, é um assassinato cometido a sangue-frio, com toda a premeditação exigida, pois ele está confiante no golpe que dará. Para o adversário, quase certo de que sucumbirá em razão de sua fraqueza e falta de habilidade, é um suicídio cometido com a mais fria reflexão.

Bem sei que muitas vezes procura-se evitar essa alternativa, igualmente criminosa, elegendo-se o acaso como juiz. Mas isso não seria voltar ao "julgamento de Deus", da Idade Média? E mais: naquela época éramos infinitamente menos culpados; a própria expressão "julgamento de Deus" indicava uma fé ingênua, é verdade! Mas, seja como for, era fé na justiça de Deus, que não podia deixar um inocente morrer. Ao passo que, no duelo, a criatura se entrega à força bruta de tal forma que frequentemente quem sucumbe é o ofendido.

Ó estúpido amor-próprio, tola vaidade e insensato orgulho! Quando sereis substituídos pela caridade cristã, pelo amor ao próximo e pela humildade que Jesus nos deixou como exemplo e ensinamento? Só então desaparecerão esses preconceitos abomináveis que ainda governam os homens, e que as leis são impotentes para reprimir, porque não basta proibir o mal e prescrever o bem, é preciso que o princípio do bem e o horror ao mal estejam no coração do homem. (UM ESPÍRITO PROTETOR, Bordéus, 1861).

14. "Que opinião terão de mim, se eu me negar a reparação que me é cobrada, ou se não pedir satisfações a quem me ofendeu?", perguntai a si próprios, muitas vezes. Os tolos, como vós, os homens atrasados, vos criticarão, mas os que estão esclarecidos pela chama do progresso intelectual e moral dirão que agis com sabedoria. Refleti um pouco: muitas vezes, por causa de uma palavra dita impensadamente por um de vossos irmãos, ou até mesmo sem intenção de ofender, vosso orgulho se rebela e retrucais de modo agressivo. Daí, logo começa a provocação. Antes de tomar alguma decisão, por acaso vos perguntais se estais agindo como cristãos? E que contas devereis prestar à sociedade, se a privardes de um de seus membros? Pensais no remorso por subtrair de uma mulher o marido, de uma mãe o filho, dos filhos o pai e seu sustento? Certamente, aquele que ofendeu deve uma satisfação, mas não é mais honroso justificar-se espontaneamente, reconhecendo os erros, do que expor a vida de quem tem o direito de se queixar?

Com relação ao ofendido, concordo que algumas vezes ele pode sentir-se gravemente atingido, seja no que diz respeito à sua pessoa ou àqueles que lhe são caros. Não é somente o amor-próprio que está em jogo: seu coração está ferido, ele está sofrendo. Mas, além de ser uma estupidez arriscar a vida contra um miserável capaz de uma infâmia, será que, morto o miserável, a afronta deixará de existir? Não parece claro que sangue derramado não dá mais notoriedade a um fato que, sendo falso, logo cairá no esquecimento e que, sendo verdadeiro, será ocultado pelo silêncio? Nada resta, pois, a não ser a satisfação da vingança saciada. Ah! Triste satisfação, que muitas vezes deixa, já nesta vida, um profundo remorso. E se quem sucumbe é o ofendido, onde está a reparação?

Quando a caridade for a regra de conduta dos homens, eles moldarão os seus atos e as suas palavras segundo a máxima *Não façais aos outros o que não gostaríeis que vos fizessem*. Então, todas as causas das desavenças desaparecerão, e com elas as causas dos duelos e também das guerras, que, no fundo, são os duelos entre as nações. (FRANCISCO XAVIER, Bordéus, 1861).

15. O homem afortunado que, por uma palavra ofensiva, um motivo fútil qualquer, arrisca a própria vida e a de seu semelhante, que pertencem somente a Deus, é cem vezes mais culpado do que um infeliz que, levado pela ambição ou pela necessidade, invade uma casa para roubar aquilo que cobiça e mata quem tenta impedi-lo, pois este último quase sempre tem apenas precárias noções do bem e do mal, ao passo que o duelista, na maioria das vezes, pertence à uma classe mais esclarecida. De fato, um mata brutalmente, e o outro com estratégia e astúcia, o que faz com que a sociedade o perdoe. Acrescento ainda que o duelista é infinitamente mais culpado do que o infeliz que, movido por um sentimento de vingança, mata num momento de raiva, pois o duelista não tem como desculpa o arrebatamento da paixão, já que entre o insulto e a reparação sempre há tempo suficiente para refletir. Ele age com premeditação, calculando friamente e, com maior precisão, de que forma eliminará o adversário. É bem verdade que ele também arrisca a vida, e é isso que justifica o duelo aos olhos da sociedade, que considera essa prática um ato de coragem e desapego à própria vida. Mas existirá verdadeira coragem quando se está seguro de si? O duelo, remanescente dos tempos bárbaros em que a lei era ditada pelo mais forte, desaparecerá quando houver uma avaliação mais criteriosa do verdadeiro ponto de honra, e à medida que o homem tiver uma fé mais fervorosa na vida futura. (SANTO AGOSTINHO, Bordéus, 1861).

16. *Nota:* Os duelos estão se tornando cada vez mais raros, e, se deles ainda vemos dolorosos exemplos, seu número não é comparável ao que era no passado. Antigamente, um homem não saía de casa sem prever um confronto, e consequentemente sempre tomava suas precauções. Um sinal característico dos costumes daqueles tempos está no hábito do porte habitual,

ostensivo ou disfarçado, de armas para defesa ou ataque. A abolição desse hábito atesta o abrandamento dos costumes. É curioso seguir-lhe a progressão, desde a época em que os cavaleiros jamais cavalgavam sem armaduras de ferro e armados de lança, até o porte de uma simples espada, que passou a ser mais um enfeite e um acessório de nobreza do que uma arma agressiva. Outra particularidade quanto aos costumes, é que antigamente os combates pessoais aconteciam em plena rua, diante da multidão, que se afastava para deixar o campo livre, enquanto hoje eles se ocultam. A morte de um homem nos dias atuais é um acontecimento que provoca comoção, ao passo que antigamente nem lhe davam atenção. O espiritismo apagará esses últimos vestígios da barbárie, incutindo nos homens o sentido da caridade e da fraternidade.

Capítulo 13
Que vossa mão esquerda não saiba o que faz vossa mão direita

• Fazer o bem sem ostentação • Os infortúnios ocultos • O óbolo da viúva • Convidar os pobres e os aleijados. Dar sem esperar retribuição • INSTRUÇÕES DOS ESPÍRITOS: A caridade material e a caridade moral • A beneficência • A piedade • Os órfãos • Benefícios pagos com a ingratidão • Beneficência exclusiva

Fazer o bem sem ostentação

1. Tende cuidado para não fazer vossas boas obras serem vistas apenas aos olhos dos homens; do contrário, não recebereis por elas a recompensa de vosso Pai, que está nos Céus. Assim, pois, quando oferecerdes esmola, não façais soar a trombeta diante de vós, como fazem os hipócritas nas sinagogas e nas ruas, a fim de serem exaltados pelos homens. Eu vos digo, em verdade, que estes já receberam sua recompensa. Portanto, quando oferecerdes esmola, que vossa mão esquerda não saiba o que faz vossa mão direita, para que a esmola fique em segredo, pois vosso Pai, que vê o que se passa em segredo, vos dará a recompensa. (MATEUS, 6:1-4).

2. Tendo Jesus descido da montanha, uma grande multidão O seguiu. Ao mesmo tempo, um leproso veio a Ele e O adorou, dizendo-Lhe: "Senhor, se quiserdes podeis curar-me". Então, estendendo a mão, Jesus o tocou e lhe disse: "Eu o quero. Sede curado!". E, no mesmo instante, a lepra foi curada. Em seguida, lhe disse Jesus: "Não conteis isto a ninguém; mas ide vos mostrar aos sacerdotes e oferecei o donativo prescrito por Moisés, a fim de que isso lhes sirva de testemunho". (MATEUS, 8:1-4).

3. Há grande mérito em fazer o bem sem ostentação. Esconder a mão que dá é ainda mais louvável. É um sinal incontestável de grande superioridade moral, porque, para ver as

coisas mais além do que as pessoas comuns, é preciso distanciar-se da vida presente e identificar-se com a vida futura. Em resumo: é preciso colocar-se acima da humanidade para renunciar à satisfação que a apreciação dos homens proporciona e confiar na aprovação de Deus. Aquele que dá mais valor ao aplauso dos homens do que ao de Deus prova que acredita mais nos homens do que em Deus. Para essa pessoa, a vida presente vale mais do que a vida futura. E, embora ela diga o contrário, age como se não acreditasse no que diz.

Quantas criaturas existem que só fazem uma doação na esperança de que o beneficiado vá alardear aos quatro ventos o favor que recebeu; que, à luz do dia, dão uma quantia estimável e, no escuro, não dariam uma moeda sequer! Eis por que Jesus disse: "Aqueles que fazem o bem com ostentação já receberam sua recompensa". Realmente, aquele que busca sua glorificação na Terra pelo bem que faz, já recebeu sua recompensa. Deus não lhe deve mais nada. Ele só tem a receber a punição pelo seu orgulho.

O ensinamento que diz: "Que a mão esquerda não saiba o que faz a mão direita" é, pois, um simbolismo que caracteriza admiravelmente a beneficência modesta. Mas, se existe a modéstia real, há também a falsa modéstia, isto é, a simulação da verdadeira modéstia. Há pessoas que escondem a mão que dá, tendo o cuidado de deixar uma pequena parte à mostra para que alguém note que a escondeu. Indigna e ridícula simulação da máxima do Cristo! Se os benfeitores orgulhosos são menosprezados entre os homens, o que não acontecerá então diante de Deus? Estes também já receberam sua recompensa na Terra. Foram notados, e estão satisfeitos por terem sido notados: isso é tudo o que terão.

Qual será então a recompensa daquele que faz cair sobre o beneficiado o peso de seus benefícios; que lhe exige, de alguma maneira, um testemunho de reconhecimento; que impõe sutilmente sua posição, exaltando os sacrifícios a que se submeteu para ajudá-lo? Ah! Este não terá sequer a recompensa terrestre, pois com isso priva-se da doce satisfação de ouvir bendizerem o seu nome, e aí é que está um dos principais castigos pelo seu orgulho. As lágrimas que enxuga em proveito de sua vaidade, ao invés de subirem aos Céus, tornam a cair sobre o coração do aflito e o ferem. Desse modo, o bem que faz não lhe traz o menor proveito, uma vez que o lamenta, pois todo benefício alegado é uma moeda falsa e sem valor.

A beneficência sem exibicionismo tem um duplo mérito: além da caridade material, é também caridade moral. Ela poupa a sensibilidade do beneficiado; faz com que ele aceite o benefício sem que o seu amor-próprio seja ofendido, além de resguardar sua dignidade de homem, que preferiria aceitar um trabalho a receber uma esmola. Ora, querer converter um trabalho em esmola, pelo modo como o oferecemos, é humilhar quem o recebe, pois há sempre orgulho e maldade em humilhar alguém. A verdadeira caridade, ao contrário, é delicada e hábil em ocultar o benefício, em evitar até as menores possibilidades que possam magoar, pois toda ofensa moral aumenta o sofrimento do necessitado. Ela sabe encontrar palavras afáveis e indulgentes que deixam o beneficiado à vontade diante do benfeitor, ao passo que a caridade orgulhosa o humilha. O sublime da verdadeira generosidade é quando o benfeitor, invertendo os papéis, encontra um meio de parecer que é ele o beneficiado diante daquele a quem presta um favor. Foi isso que Jesus quis ensinar quando disse: "Que a mão esquerda não saiba o que faz a mão direita".

Os infortúnios ocultos

4. Nas grandes calamidades públicas, a caridade logo se manifesta, e então vemos nobres movimentações para remediar os desastres. Mas, paralelamente a esses infortúnios, há milhares de tragédias pessoais que nos passam despercebidas, a exemplo das pessoas que jazem num leito de dor, sem se queixarem. São a esses desafortunados discretos e ocultos que a verdadeira generosidade sabe descobrir, sem esperar que venham pedir ajuda.

Quem é aquela mulher de aparência distinta, que traja vestes simples, mas bem-cuidadas, acompanhada de uma jovem vestida também modestamente? Ela entra numa casa paupérrima, onde, sem dúvida, é conhecida, pois é recebida na porta com respeito. Aonde ela vai? Sobe até o sótão, onde mora uma mãe de família cercada de crianças. À sua chegada, a alegria brilha naqueles rostinhos magros, porque a bondosa senhora vem abrandar as suas dores, trazendo o que lhes falta acompanhado por doces e consoladoras palavras que lhes permitem aceitar o benefício sem se sentirem envergonhados, pois eles não são mendigos. O pai está no hospital, e, durante esse período, a mãe não consegue prover às necessidades da família. Mas, graças àquela senhora, as pobres crianças não passarão fome nem frio. Irão à escola bem agasalhadas, e as menorzinhas serão amamentadas no seio da mãe. Se houver doentes entre elas, a bondosa senhora tratará de providenciar o cuidado necessário. De lá, ela seguirá para o hospital, a fim de levar ao pai das crianças palavras de conforto e tranquilizá-lo quanto à situação de sua família. Numa esquina, uma carruagem a espera; dentro dela parece haver uma verdadeira mercearia com tudo o que é necessário aos seus protegidos, aos quais visita um após o outro. Ela sequer lhes pergunta qual é sua crença ou sua opinião, porque para ela todos são filhos de Deus. Quando termina as visitas, diz a si mesma: "Comecei bem o meu dia".

Qual é o seu nome? Onde mora? Ninguém sabe! Para os infelizes, seu nome não importa; o que lhes interessa é que ela é o anjo da consolação, pois, à noite, uma sinfonia de bênçãos se eleva por ela até o Criador: católicos, judeus, protestantes, todos a bendizem. Por que se veste de maneira tão simples? Porque não quer insultar a miséria com seu luxo. Por que se faz acompanhar pela jovem filha? Para ensinar a ela como se deve praticar a caridade. A filha também deseja fazer caridade, mas a mãe lhe diz: "Que podes dar, minha filha, já que nada tens de teu? Se eu te entregar algo para dar aos outros, que mérito terás? Na verdade, eu é quem estaria fazendo a caridade, e tu terias o mérito, o que não está certo. Quando vamos visitar os doentes, tu me ajudas a cuidar deles. Ora, dispensar cuidados é dar alguma coisa. Isso não te parece suficiente? Nada é mais simples: aprende a trabalhar com a agulha, e confeccionarás roupinhas para essas crianças. Desse modo, darás alguma coisa que vem de ti".

É assim que essa mãe, verdadeiramente cristã, educa a filha para a prática das virtudes ensinadas por Jesus. É espírita? O que importa! No meio em que ela vive, é uma senhora da sociedade, pois sua posição assim o exige. Mas ninguém sabe o que ela faz, porque tudo o que deseja é apenas a aprovação de Deus e de sua consciência. Mas um dia, uma circunstância imprevista levou à sua casa uma de suas protegidas, que foi oferecer-lhe seus bordados. Esta a reconheceu e quis agradecer à sua benfeitora. "Silêncio!", disse-lhe ela. "Não contes nada a ninguém". Assim também falava Jesus.

O óbolo[1] da viúva

> 5. Estando sentado diante do mealheiro[2] do templo, Jesus observava a maneira como o povo colocava o dinheiro e como muitas pessoas ricas faziam gordas doações. Veio então uma pobre viúva e pôs somente duas pequenas moedas de pouco valor. Então Jesus, tendo chamado Seus discípulos, lhes disse: "Em verdade, vos digo que esta pobre viúva deu mais do que todos que colocaram moedas no mealheiro, pois todos os outros deram o que lhes sobrava, mas ela, em sua penúria, deu tudo o que possuía e que lhe restava para sobreviver". (Marcos, 12:41-44; Lucas, 21:1-4).

6. Muitas pessoas alegam que não podem fazer todo o bem que gostariam porque lhes falta recursos suficientes para isso, e dizem que, se desejam a riqueza, é para fazer dela um bom uso. A intenção é louvável, sem dúvida, e pode até ser muito sincera em alguns, mas será que é completamente desinteressada em todos? Não haverá aqueles que, pretendendo fazer o bem aos outros, ficariam muito felizes se começassem por fazê-lo a si próprios? Não ficariam felizes se se permitissem alguns prazeres a mais; se se beneficiassem com os supérfluos que ainda não possuem, sob a condição de dar o resto aos pobres? Essa segunda intenção, muitas vezes aparentemente oculta, mas que viria à tona se esquadrinhassem o fundo do coração, anula o mérito da intenção, pois a verdadeira caridade faz o homem pensar primeiro nos outros antes de pensar em si. O sublime da caridade, nesse caso, seria procurar no seu próprio trabalho, pelo emprego de suas forças, de sua inteligência, de suas aptidões, os recursos que faltam para concretizar suas intenções generosas. Aí estaria o sacrifício mais agradável ao Senhor. Infelizmente, a maioria das pessoas sonha com meios de enriquecer de uma hora para outra, sem esforço, correndo

1 Óbolo: Pequeno donativo dado aos pobres; esmola.
2 Mealheiro: Pequeno cofre onde há uma fenda para que se introduzam moedas.

atrás de ilusões, como a descoberta de tesouros, um eventual golpe de sorte, e uma inesperada herança. O que dizer então daqueles que esperam encontrar auxiliares entre os espíritos, para ajudá-los nas buscas como essas? Seguramente eles não conhecem nem compreendem o sagrado objetivo do espiritismo; muito menos a missão dos espíritos aos quais Deus permite comunicarem-se com os homens. Por isso são punidos pelas decepções. (Veja *O Livro dos Médiuns*, perguntas 294 e 295).

Aqueles cuja intenção é isenta de qualquer propósito pessoal devem consolar-se por não lhes ser possível fazer o bem que gostariam de fazer, lembrando-se de que o donativo do pobre que dá, privando-se daquilo que lhe fará falta, pesa mais na balança de Deus do que o ouro do rico que dá, sem privar-se de nada. Sem dúvida, seria grande a satisfação de poder socorrer abundantemente os necessitados. Mas, se não é possível, é preciso se conformar e limitar-se a fazer o que se pode. Além do mais, não é só com dinheiro que se pode enxugar as lágrimas. Devemos ficar sem nada fazer, só porque não dispomos de recursos? Aquele que deseja sinceramente tornar-se útil aos seus irmãos, acha mil oportunidades para isso. Pois então, que as procure, e as encontrará! Se não for de uma forma, será de outra. Não há ninguém que, estando em pleno gozo de suas faculdades, não possa prestar um serviço qualquer a alguém, dar uma palavra de consolo, aliviar um sofrimento físico ou moral, tomar uma providência útil. Na falta de dinheiro, cada um não dispõe de seu esforço, de seu tempo, de seu repouso, dos quais pode doar um pouco? Aí também está o donativo do pobre, o óbolo da viúva.

Convidar os pobres e aleijados

7. Disse Jesus também àquele que O convidara: "Quando derdes um banquete, não convideis vossos amigos, nem vossos parentes, nem vossos vizinhos que forem ricos, para que não suceda que eles, por sua vez, vos convidem em seguida, e assim retribuam o que de vós receberam. Mas quando derdes um festim, convidai os pobres, os aleijados, os coxos e os cegos. E ficareis felizes por não terem eles meios para vos retribuir; pois isso vos será retribuído na ressurreição dos justos". Um dos que se achavam à mesa, tendo ouvido essas palavras, disse-Lhe: "Feliz daquele que comer do pão do reino de

Deus!". (LUCAS, 14:12-15).

8. "Quando derdes um banquete", disse Jesus, "não convideis vossos amigos, mas os pobres e os aleijados". Essas palavras, que parecem absurdas se interpretadas ao pé da letra, são sublimes se lhes buscarmos a intenção. Jesus não pode ter querido dizer que, em lugar dos amigos, deve-se reunir à mesa os mendigos da rua. Sua linguagem era quase sempre alegórica, pois, para homens incapazes de compreender as delicadas sutilezas do pensamento, eram necessárias imagens fortes que produzissem um efeito semelhante ao das cores berrantes. A profundidade do pensamento de Jesus se revela nestas palavras: "Ficareis felizes por não terem eles meios para vos retribuir". É o mesmo que dizer que não se deve fazer o bem visando a uma retribuição, mas pelo simples prazer de fazê-lo. Para fazer uma comparação que impressionasse, Ele diz: "Convidai para vossos festins os pobres, pois sabeis que estes não poderão vos retribuir"; e, por *festins*, deve-se entender não a refeição propriamente dita, mas a participação na abundância de que desfrutais.

Contudo, essas palavras também podem ser aplicadas num sentido mais literal. Quantas pessoas só convidam à sua mesa aqueles que podem lhes dar a honra de comparecer, ou que, por sua vez, podem retribuir-lhes o convite! Outras, ao contrário, sentem satisfação em receber seus parentes e amigos menos afortunados. E quem não os tem? Às vezes, essa é uma forma de prestar-lhes um grande favor, sem demonstrá-lo. Pessoas assim, sem sair recrutando cegos e aleijados, praticam o que Jesus ensinou, se o fazem por benevolência e sem ostentação, conseguindo, com sua sincera cordialidade, fazer com que não se perceba sua boa ação.

INSTRUÇÕES DOS ESPÍRITOS

A CARIDADE MATERIAL E A CARIDADE MORAL

9. *Amemo-nos uns aos outros e façamos aos outros o que gostaríamos que nos fizessem.* Toda a religião e toda a moral estão contidas nesses dois ensinamentos. Se eles fossem seguidos aqui na Terra, seríeis perfeitos, sem ódio, sem conflitos. E ainda diria mais: sem pobreza, pois com o que sobrasse da mesa do rico, muitos pobres se alimentariam, e não veríeis

mais, nos bairros sombrios onde vivi durante minha última encarnação, pobres mulheres arrastando consigo crianças miseráveis, carentes de tudo.

Ricos! Pensai um pouco nisso. Ajudai os infelizes, da melhor forma possível. Dai, para que Deus um dia vos recompense pelo bem que tiverdes feito; para que, ao sair de vosso invólucro terreno, encontreis um cortejo de espíritos agradecidos, que vos receberão no limiar de um mundo mais feliz.

Se pudésseis presenciar a alegria que senti ao reencontrar lá em cima aqueles a quem pude ajudar em minha última existência!...

Amai, pois, o vosso próximo. Amai-o como a vós mesmos, porque o infeliz que repelis agora talvez possa ser um irmão, um pai, um amigo que afastais para longe de vós. E então qual não será o vosso desespero ao reconhecê-lo no mundo dos espíritos!

Espero que compreendais bem o que pode ser a ***caridade moral,*** aquela que todos podem praticar, que não ***custa nada*** materialmente, e que, no entanto, é a mais difícil de se pôr em prática.

A caridade moral consiste em tolerar-se mutuamente. E isso é o que menos fazeis, nesse mundo inferior onde estais encarnados agora. Crede em mim, há um grande mérito em saber calar-se para deixar que outro mais tolo fale. E é também uma forma de caridade saber fazer-se de surdo quando uma palavra irônica escapa de uma boca habituada a zombar; não ver o sorriso desdenhoso que vos recepciona ao entrar na casa de pessoas que, muitas vezes sem razão, se julgam superiores a vós, enquanto na vida espiritual, que é ***a única real,*** estão bem longe disso. Eis um mérito, não pela humildade, mas pela caridade, pois não reparar nos defeitos dos outros é colocar em prática a caridade moral.

Entretanto, essa caridade não deve impedir a outra. Pensai, sobretudo, em não menosprezar vosso semelhante. Não vos esqueçais de tudo o que eu já vos disse. É preciso lembrar-se sempre de que o pobre que rejeitais talvez seja um espírito que vos foi caro e que se encontra, momentaneamente, numa posição inferior à vossa. Eu reencontrei um dos pobres de vossa Terra, a quem pude, por felicidade, ajudar algumas vezes, e a quem agora me cabe ***implorar.***

Lembrai-vos de que Jesus disse que somos irmãos, e pensai sempre nisso antes de afastar o leproso ou o mendigo. Adeus! Pensai naqueles que sofrem e orai! (Irmã Rosália, Paris, 1860).

10. Meus amigos, tenho ouvido muitos dentre vós perguntarem-se: "Como posso fazer caridade, se muitas vezes não tenho nem o necessário?".

A caridade, amigos, se faz de muitas maneiras. Podeis fazer caridade por pensamentos, por palavras e por ações. Por pensamentos, orando pelos pobres abandonados que desencarnaram sem ter tido condições de enxergar a luz. Uma prece vinda do coração os alivia. Por palavras, dirigindo bons conselhos aos vossos companheiros do dia-a-dia. Dizei aos amargurados pelo desespero, pelas privações, e que blasfemam contra o nome do Altíssimo: "Eu era como vós; sofria, era infeliz, mas acreditei no espiritismo e, vede, agora sou feliz!". Aos idosos que vos disserem : "É inútil, estou no fim da vida; morrerei tal como vivi", dizei-lhes: "Deus tem a mesma justiça para todos nós. Lembrai-vos dos trabalhadores da última hora". Às crianças que, já viciadas pelos que as cercam, vagueiam pelas ruas, prestes a sucumbir às más tentações, dizei-lhes: "Deus tomará conta de vós, pequeninos!". E não vos canseis de repetir várias vezes essas palavras amigas, pois elas acabarão por germinar em suas mentes, e, em lugar de pequenos andarilhos, tereis feito homens. Isso também é caridade.

Muitos dentre vós dizem também: "Ora, somos tantos na Terra, Deus não pode ver a todos nós!". Então escutai bem isto, meus amigos: Quando estais no alto de uma montanha, vosso olhar não abrange os bilhões de grãos de areia que a recobrem? Pois é dessa forma que Deus vos observa. Ele vos permite usar o livre-arbítrio, assim como deixa os grãos de areia correrem ao vento que os dispersa. Só que, em Sua infinita misericórdia, Ele colocou no fundo de vosso coração uma sentinela que se chama *consciência*. Escutai-a! Ela vos dará somente bons conselhos. Às vezes podereis entorpecê-la opondo-lhe o espírito do mal. E então ela se cala. Mas ficai certos de que a pobre relegada se fará ouvir, assim que a deixardes perceber a sombra do vosso remorso. Escutai-a, interrogai-a, e então sereis consolados pelos conselhos que dela tiverdes recebido.

Meus amigos, a cada novo regimento o general entrega uma bandeira. De minha parte, ofereço-vos esta máxima de Jesus: "Amai-vos uns aos outros". Praticai-a! Reuni-vos todos em torno dessa bandeira, e recebereis a felicidade e a consolação. (Um Espírito Protetor, Lyon, 1860).

A BENEFICÊNCIA

11. Meus amigos, a beneficência vos dará neste mundo os mais puros e doces prazeres; vos dará as alegrias do coração que não são perturbadas nem pelo remorso nem pela indiferença. Ah, se pudésseis compreender tudo o que existe de sublime e doce na generosidade das belas almas!... Esse sentimento que faz com que vejamos o próximo com o mesmo olhar com que olhamos para nós mesmos; que faz com que nos desnudemos com alegria para cobrir nosso irmão. Se pudésseis, meus amigos, ter como ocupação maior fazer os outros felizes!... Que festas do mundo se comparam à alegria que se sente quando se leva conforto às pobres famílias que da vida só conhecem as dificuldades e as amarguras?! Ah! Quando se vê esses rostos pálidos brilharem de esperança, pois antes não tinham sequer o pão para comer; esses pobres infelizes e seus filhinhos, que, ignorando que viver é sofrer, antes gritavam, choravam, repetiam palavras que penetram como um punhal afiado no coração materno: "Estou com fome!", então podereis compreender como é maravilhosa a sensação de quem vê a alegria renascer onde um minuto antes via-se apenas desespero! Compreendei quais são as vossas obrigações para com vossos irmãos! Ide, ide, antecipai-vos aos infortúnios! Ide, principalmente em socorro das misérias ocultas, pois são as mais dolorosas! Ide, meus bem-amados, e lembrai-vos destas palavras do Salvador: "Quando vestirdes um destes pequeninos, pensai que é a mim que o fazeis!".

Caridade... palavra sublime que resume todas as virtudes, és tu que deves conduzir os povos à felicidade. Praticando-te, colherão alegrias infinitas no futuro, e durante o exílio na Terra serás sua consolação e a antecipação das alegrias que desfrutarão mais tarde, quando todos se abraçarão unidos no seio do Deus de amor. Foste tu, virtude divina, que me proporcionaste os únicos momentos de felicidade que senti na Terra. Que meus irmãos encarnados possam crer na voz do amigo que lhes fala e lhes diz: "É na caridade que deveis buscar a paz do coração, o contentamento da alma e o remédio contra as aflições da vida". Ah! Quando estiverdes a ponto de acusar a Deus, lançai um olhar abaixo de vós. Vede quanta miséria a aliviar, quantas crianças sem família, quantos velhos sem uma mão amiga para ampará-los e lhes fechar os olhos quando a morte os reclamar! Quanto bem a ser feito! Ah, não vos lamenteis! Ao contrário, agradecei a Deus, e distribuí fartamente vossa simpatia, vosso amor e vossos recursos entre todos os que definham solitários no sofrimento, deserdados dos bens deste mundo. Colhereis aqui na Terra muitas alegrias, e mais tarde... só Deus sabe!... (ADOLFO, Bispo de Argel, Bordéus, 1861).

12. Sede bons e caridosos: eis a chave dos Céus que tendes nas mãos. Toda a felicidade eterna está contida no ensinamento que diz: "Amai-vos uns aos outros". A alma não pode elevar-se às esferas espirituais senão pelo devotamento ao próximo, e só encontra felicidade e consolo na prática da caridade. Sede bons, amparai vossos irmãos, deixai de lado a terrível chaga do egoísmo. O cumprimento desse dever vos abrirá o caminho da felicidade eterna. Aliás, quem dentre vós já não sentiu o coração aos saltos, a alegria interior expandir-se, diante do relato de um belo devotamento, de uma obra verdadeiramente caridosa? Se buscásseis continuamente o prazer proporcionado por uma boa ação, permaneceríeis sempre no caminho do progresso espiritual. Não vos faltam exemplos como este, o que falta é boa vontade. Recordai-vos dos homens de bem dos quais vossa história guarda doce lembrança!

Jesus não vos disse tudo sobre as virtudes *caridade* e *amor*? Então por que subestimar os Seus divinos ensinamentos? Por que tapar os ouvidos e fechar o coração para as Suas divinas palavras? É preciso que se dê mais importância à leitura do *Evangelho*. E, no entanto, abandona-se esta divina obra; faz-se dela uma palavra vazia, uma mensagem cifrada. Relega-se este admirável código moral ao esquecimento. Vossos males são uma consequência do abandono voluntário desse resumo das leis divinas. Lede, pois, estas páginas vibrantes do devotamento de Jesus, e meditai sobre elas.

Homens fortes, amai-vos! Homens frágeis, fazei de vossa brandura e de vossa fé as vossas armas! Sede mais determinados, mais perseverantes na propagação de vossa nova doutrina! O que viemos vos dar é somente um encorajamento. É apenas para estimular vosso zelo e vossas virtudes que Deus nos permite esta manifestação. Mas, se desejásseis, já vos bastaria a ajuda de Deus e de vossa própria vontade, pois as manifestações espíritas se produzem especialmente para aqueles que têm os olhos fechados e os corações rebeldes.

A caridade é a base que deve sustentar a edificação das virtudes terrenas. Sem ela, as outras não existem. Sem a caridade não há esperança num futuro melhor, não há interesse moral que nos guie. Sem caridade não há fé, pois a fé é uma chama que faz brilhar uma alma caridosa.

A caridade é a âncora eterna da salvação em todos os mundos. É a mais pura emanação do próprio Criador. É Sua própria virtude, doada por Ele às criaturas. Como se poderia menosprezar essa suprema bondade? Haveria então um coração tão perverso, a ponto de rejeitar e banir esse sentimento inteiramente divino? Existiria um filho tão mau, a ponto de rebelar-se contra a doce carícia da caridade?

Não ouso falar do que fiz, pois os espíritos também são discretos quanto às suas obras. Mas acredito que a obra a que dei início seja uma das que mais devem contribuir para o alívio dos vossos semelhantes. Frequentemente, vejo espíritos pedirem para que lhes seja dada a continuidade de minha tarefa, como missão. Vejo minhas doces e queridas irmãs, em sua piedosa e divina missão, praticarem a virtude que recomendei com toda alegria que uma existência de abnegação e sacrifícios proporciona. É uma grande felicidade para mim ver o quanto seu caráter é honrado, o quanto sua missão é amada e docemente protegida. Homens de bem, de boa e firme vontade, uni-vos para dar continuidade à obra de propagação da caridade! Encontrareis a recompensa dessa virtude em sua própria prática. Não há alegria espiritual que ela não proporcione já na vida presente. Sede unidos! Amai-vos uns aos outros, como Jesus nos ensinou. Que assim seja! (São Vicente de Paulo, Paris, 1858).

13. Meu nome é caridade, sou o principal caminho que

conduz a Deus. Segui-me, pois sou o objetivo a que todos devem visar. Esta manhã fiz minha costumeira avaliação, e, com o coração desolado, preciso vos falar. Ah, meus amigos! Quantas misérias, quantas lágrimas, e quanto tendes a fazer para enxugá-las! Em vão procurei consolar pobres mães, dizendo-lhes ao ouvido: "Coragem! Há bons corações que velam por vós, e não vos abandonarão. Paciência! Deus existe; sois suas amadas, suas eleitas". Parecia que me ouviam, pois se voltavam com os olhos espantados para o lado em que eu me encontrava. Eu lia naqueles rostos infelizes que o corpo – esse tirano do espírito – estava faminto, e que, embora minhas palavras acalmassem o seu coração, não lhes enchiam o estômago. Eu tornava a repetir: "Coragem! Coragem!". Então, uma pobre mãe, muito jovem, que estava amamentando uma criancinha, tomou-a nos braços e ergueu-a no ar, como se quisesse me pedir que protegesse aquele pequeno e infeliz ser que só extraía um minguado alimento do seio quase seco.

Mais adiante, meus amigos, vi pobres velhos sem trabalho, sem abrigo, atormentados por todos os sofrimentos da carência, e envergonhados de sua miséria. Como nunca haviam mendigado, não ousavam implorar a piedade de quem por eles passava. Com o coração tocado pela compaixão, eu, que nada tenho, me fiz mendigo por eles, e ando por toda parte estimulando a caridade, inspirando bons pensamentos aos corações generosos e sensíveis. Por isso, venho até vós, meus amigos, para vos dizer que, ali adiante, há infelizes em cuja mesa falta pão, cuja lareira está apagada e cuja cama não tem cobertor. Não vos digo o que deveis fazer. Deixo aos vossos corações bondosos a iniciativa. Se eu vos ditasse a linha de conduta, o mérito de vossa boa ação não seria vosso. Apenas vos digo: Eu sou a caridade, e vos estendo a mão pedindo em nome de vossos irmãos sofredores.

Mas se peço, também dou, e dou muito. Convido-vos para um grande banquete, e forneço a árvore onde todos vós vos fartareis! Vede como é bela e está carregada de flores e frutos! Ide, ide, colhei, apanhai todos os frutos dessa bela árvore que se chama *beneficência*. No lugar dos ramos que tirardes dela, colocarei todas as boas ações que fizerdes, e levarei a árvore até Deus para que Ele a carregue novamente, pois a beneficência é inesgotável. Segui-me, pois, meus amigos, para que eu vos inclua entre os que se alistam sob a minha bandeira. Nada receeis; eu vos conduzirei pelo caminho da salvação, pois eu sou a *Caridade*. (CÁRITAS, Martirizada em Roma, Lyon, 1861).

14. Há várias maneiras de se fazer a caridade que muitos de vós confundem com esmola. Existe, no entanto, uma grande diferença entre caridade e esmola. A esmola, meus amigos, às vezes é útil, pois alivia os pobres. Mas é quase sempre humilhante, tanto para quem dá como para quem recebe. A caridade, ao contrário, une o benfeitor ao beneficiado, e depois se disfarça de todas as maneiras. Pode-se ser caridoso até mesmo com os parentes e com os amigos, sendo indulgentes uns com os outros, perdoando-se mutuamente as fraquezas, tendo cuidado para não ferir o amor-próprio de ninguém. E para vós, espíritas, podeis ser caridosos em vossa maneira de agir para com os que não pensam como vós, levando os menos esclarecidos a crer em nós, sem contrariá-los, sem atacar abertamente suas convicções; conduzindo-os aos poucos às nossas reuniões, em que poderão nos ouvir, pois saberemos encontrar em seu coração a brecha por onde devemos penetrar.

Escutai agora o que é a caridade para com os pobres, esses deserdados da Terra, mas recompensados por Deus, e que, a depender do que fizerdes por eles, saberão aceitar suas misérias sem se lamentarem. Vou me fazer compreender com um exemplo:

Várias vezes na semana, vejo uma reunião de senhoras de todas as idades; para nós, como sabeis, são todas irmãs. Que fazem elas? Trabalham depressa, muito depressa, com dedos ágeis. Vejo também como seus rostos são radiantes, e como seus corações vibram juntos! Mas qual é o objetivo delas? É que vêem que o inverno se aproxima, e que ele será rigoroso para as famílias pobres: as formiguinhas não conseguiram juntar durante o verão o necessário para o sustento, e a maior parte de seus velhos pertences está empenhada. As pobres mães se inquietam e choram pensando nos pequeninos que vão passar frio e fome, neste inverno. Mas paciência, minhas pobres criaturas! Deus inspirou mulheres mais afortunadas que vós, e elas já estão reunidas confeccionando roupinhas. Depois, num desses dias em que a neve tiver coberto a terra e vos lamentardes dizendo: "Deus não é justo", pois é isto o que geralmente se diz quando se sofre, vereis surgir um dos mensageiros dessas boas senhoras que se converteram em operárias dos pobres. Sim, é por vós que elas trabalhavam assim, e esses vossos lamentos se transformarão em agradecimento, porque no coração dos infelizes o amor toma logo o lugar do ódio.

Como essas operárias precisam de encorajamento, vejo as comunicações dos bons espíritos lhes chegar de todas as partes. Os homens que participam dessa sociedade também ajudam, fazendo aquelas leituras que tanto agradam. E nós, para recompensar o empenho de todos, e de cada um em particular, prometemos a essas laboriosas trabalhadoras uma boa clientela que lhes pagará em bênçãos, única moeda corrente no Céu, assegurando-lhes que ela jamais lhes faltará, sem nenhum receio de estar prometendo demais. (CÁRITAS, Lyon, 1861).

15. Meus queridos amigos, todos os dias ouço dentre vós alguém dizendo: "Sou pobre, não posso fazer caridade". A cada dia observo em vós a falta de tolerância para com vossos semelhantes: nada lhes perdoais, e vos colocais como juízes, muitas vezes severos, sem vos perguntar se ficaríeis satisfeitos se alguém fizesse o mesmo convosco. Acaso a indulgência não é também caridade? Se só podeis fazer a caridade indulgente, fazei-a ao menos generosamente. Quanto à caridade material, quero vos contar uma história do outro mundo:

Dois homens acabavam de morrer. Deus havia dito: "Enquanto esses dois homens viverem, serão colocadas num saco cada uma das suas boas ações, e, quando eles morrerem, esses sacos serão pesados". Quando ambos chegaram à hora final, Deus mandou que levassem a Ele os dois sacos. Um estava estufado, enorme, cheio; nele ressoava o metal que o enchia. O outro era tão minguado e fininho, que se via através dele as poucas moedas que continha. Cada um daqueles homens reconheceu o seu saco: "Este é o meu", disse o primeiro, "eu o reconheço; fui rico e dei muito". "Eis o meu", disse o outro, "sempre fui pobre. Ai de mim, quase não tinha nada para partilhar!". Mas que surpresa!... Quando os dois sacos foram colocados na balança, o que era mais pesado ficou leve, e o pequeno ficou pesado de tal modo, que superou em muito o outro prato da balança. Então

Deus disse ao rico: "Tu deste muito, é verdade, mas deste por ostentação e para ver teu nome figurar em todos os templos do orgulho; e, além disso, ao dar, não te privaste de nada. Vai, pois, para a esquerda e contenta-te se a esmola ainda te for levada em consideração para alguma coisa". Depois, disse ao pobre: "Deste muito pouco, meu amigo, mas cada uma das moedas que estão nesta balança representa uma das tuas privações. Se não deste esmolas, fizeste a caridade, e, o que é melhor, fizeste a caridade espontaneamente, sem pensar se a levariam em conta. Foste indulgente; não julgaste o teu semelhante; ao contrário, toleraste todas as suas ações. Passa à direita e vai receber tua recompensa". (Um Espírito Protetor, Lyon, 1861).

16. A mulher rica e feliz, que não precisa empregar seu tempo nas tarefas domésticas, não pode dedicar algumas horas em benefício de seus semelhantes? Que compre então, com o que sobra dos gastos supérfluos, agasalhos para cobrir o infeliz que treme de frio! Que faça, com suas delicadas mãos, roupinhas simples, mas quentes, que ajude uma pobre mãe a vestir o filho que vai nascer! E, ainda que seu próprio filho fique com algumas peças finas a menos, o filho do pobre estará aquecido. Trabalhar para os pobres é trabalhar na seara do Senhor.

E tu, pobre operária, que não tens nada sobrando, mas que queres, por amor aos teus irmãos, dar também do pouco que possuis, dedica também algumas horas do teu dia, do teu tempo, do teu único tesouro. Faze alguns desses trabalhos delicados que os mais afortunados tanto valorizam. Vende o produto do teu esforço, e poderás com isso oferecer aos teus irmãos a tua parte para aliviá-los. Terás, talvez, algumas fitas a menos, mas darás sapatos a quem anda descalço.

E vós, mulheres devotadas a Deus, trabalhai também na Sua obra, mas que vossos trabalhos delicados e caros não sejam feitos apenas para enfeitar vossas capelas, para chamar atenção sobre vossa habilidade e paciência. Trabalhai, minhas filhas, e que o produto do vosso trabalho se destine ao consolo dos vossos irmãos em Deus. Trabalhar por eles é glorificá-Lo. Sede para os necessitados a Providência que diz: "Às aves do Céu, Deus dá o alimento". Que o ouro e a prata que se tecem nas vossas mãos se transformem em roupas e alimentos para quem deles necessita.

Fazei isso, e o vosso trabalho será abençoado.

E todos vós que podeis produzir, dai! Dai vosso talento, vossa inspiração, vosso coração, e Deus vos abençoará. Poetas e literatos, que sois lidos apenas por pessoas cultas, preenchei vossas horas de lazer, mas que o produto de alguma de vossas obras seja consagrado ao consolo dos infelizes. Pintores, escultores, artistas de todos os gêneros, que vossa inteligência também venha em auxílio dos vossos irmãos. Não tereis por isso menos fama, mas haverá alguns sofrimentos a menos.

Todos vós podeis dar. Seja qual for a classe a que pertençais, tendes alguma coisa a partilhar. Seja o que for que Deus vos tenha dado, disso deveis uma parte a quem não tem o necessário, pois ficaríeis satisfeitos se alguém, que estivesse no vosso lugar, dividisse algo convosco. Vossos tesouros na Terra serão um pouco menores, mas vossos tesouros no Céu serão mais abundantes. Lá colhereis cem vezes mais do que houverdes semeado em benefícios neste mundo. (João, Bordéus, 1861).

A PIEDADE

17. A piedade é a virtude que mais vos aproxima dos anjos. É a irmã da caridade que vos conduz a Deus. Ah! Deixai vosso coração enternecer-se diante das misérias e dos sofrimentos de vossos semelhantes. Vossas lágrimas são como um bálsamo que aplicais sobre suas feridas. E quando, por uma doce simpatia, vierdes a lhes retribuir a esperança e a resignação, que alegria não experimentareis! Essa ventura tem um certo amargor, é verdade, pois nasce ao lado da infelicidade. Mas, se não possui a ilusão dos prazeres mundanos, também não tem as angustiantes decepções que esses prazeres trazem consigo. Ao contrário, possuem uma suavidade penetrante que enche a alma de alegria. A piedade, a piedade bem sentida, é amor; o amor é devotamento; o devotamento é o esquecimento de si mesmo; e esse esquecimento, essa abnegação em favor dos infelizes, é a virtude por excelência, a virtude que o divino Messias praticou durante toda a Sua vida, e que ensinou em Sua doutrina tão santa e sublime. Quando essa doutrina for restituída à sua pureza primitiva, quando for aceita por todos os povos, trará felicidade à Terra, fazendo reinar em nosso planeta a con-

córdia, a paz e o amor.

A piedade é, portanto, o sentimento que mais vos impulsiona a progredir, domando vosso egoísmo e vosso orgulho; que mais predispõe vossa alma à humildade, à beneficência e ao amor ao próximo; que vos comove profundamente diante do sofrimento de vossos irmãos; que vos faz estender-lhes a mão caridosa e vos arranca lágrimas de solidariedade. Não sufoqueis jamais, em vossos corações, essa emoção celestial. Não façais como os egoístas endurecidos, que se afastam dos aflitos porque a visão de sua miséria perturba sua feliz existência. Temei ficar indiferentes quando puderdes ser úteis. A tranquilidade obtida à custa de uma indiferença condenável é semelhante à tranquilidade do Mar Morto, que esconde no fundo de suas águas o lodo fétido e a podridão.

Como a piedade está longe de causar a perturbação e o aborrecimento que apavoram os egoístas! Sem dúvida, em contato com a desgraça alheia, a alma, voltando-se para si mesma, experimenta um abalo natural e profundo que faz vibrar todo o vosso ser, afetando-vos dolorosamente. Mas a compensação será sempre maior nas vezes em que conseguirdes devolver a coragem e a esperança a um irmão infeliz, que se comove com o aperto de uma mão amiga, e cujo olhar, úmido de emoção e reconhecimento, volta-se carinhosamente para vós, antes de elevar-se ao Céu para agradecer a Deus por ter enviado um consolador, um apoio. Apesar de melancólica, a piedade é a celestial precursora da caridade, a maior das virtudes, de quem é irmã, e cujos benefícios prepara e enobrece. (Michel, Bordéus, 1862).

OS ÓRFÃOS

18. Meus irmãos, amai os órfãos! Se soubésseis o quanto é triste estar sozinho e abandonado, principalmente na infância! Deus permite que existam órfãos para vos animar a lhes servir de pais. Que divina caridade é ajudar uma pobre criaturinha abandonada; impedir que passe fome e frio; orientar sua alma para que não se desencaminhe no vício! Quem estende a mão à criança abandonada agrada a Deus, porque compreende e pratica Sua Lei. Pensai também que, muitas vezes, a criança que socorreis vos foi cara em uma outra encarnação, e, se

pudésseis vos lembrar, isso não seria mais caridade, e sim um dever. Portanto, meus amigos, todo ser que sofre é vosso irmão e tem direito à vossa caridade. Não àquela caridade que fere o coração; não àquela esmola que queima a mão que a recebe, pois muitas vezes vossas esmolas são bem amargas. Quantas vezes não seriam recusadas se, no casebre, a doença e a miséria não estivessem aguardando por elas! Dai delicadamente! Acrescentai ao vosso donativo o mais precioso de todos: uma boa palavra, um carinho, um sorriso amigo. Evitai aquele tom protetor que revolve o punhal num coração que está sangrando, e pensai que, ao fazer o bem, trabalhais para vós e para os vossos. (Um Espírito Familiar, Paris, 1860).

BENEFÍCIOS PAGOS COM A INGRATIDÃO

19. ***Que se deve pensar de pessoas que, tendo recebido a ingratidão como paga por seus benefícios, não fazem mais o bem com receio de reencontrar ingratos?***

Essas pessoas são mais egoístas do que caridosas, pois fazer o bem apenas para receber demonstrações de reconhecimento não é fazê-lo desinteressadamente; e benefício desinteressado é o único agradável a Deus. São também pessoas orgulhosas, já que se envaidessem pela humildade do beneficiado, que deposita aos pés delas o seu reconhecimento. Aquele que procura na Terra a recompensa pelo bem que faz, não a receberá no Céu, pois Deus levará em consideração aquele que não a procura neste mundo.

Devemos sempre ajudar os fracos, mesmo sabendo antecipadamente que aqueles a quem fazemos o bem não ficarão gratos. Sabei que, se aquele a quem ajudais esquece o benefício, ainda assim Deus terá para convosco maior consideração do que se já fôsseis recompensados pela gratidão do beneficiado. ***Às vezes, Deus permite que sejais pagos com a ingratidão para pôr à prova vossa perseverança em fazer o bem.***

Além disso, como saber se o benefício momentaneamente esquecido não trará bons frutos mais tarde? Tende a certeza de que esta é uma semente que germinará com o tempo. Infelizmente, sempre vedes apenas o presente. Trabalhai para vós, e não pensando nos outros. Os favores acabam por sensibilizar os corações mais endurecidos; podem até ser ignorados neste mundo, mas quando o espírito do beneficiado se livrar do seu envoltório carnal se lembrará da ajuda recebida, e essa recordação será o seu castigo. Então, lamentará pela ingratidão cometida e desejará reparar sua falta; desejará pagar sua dívida numa outra existência, muitas vezes aceitando uma vida de dedicação ao seu benfeitor. É assim que, sem suspeitardes, tereis contribuído para o seu progresso moral, e reconhecereis mais tarde toda a verdade deste ensinamento: *Um benefício nunca é perdido.* Mas tereis também trabalhado por vós, pois tereis o mérito de haver feito o bem desinteressadamente, sem vos deixar desencorajar pelas decepções.

Ah, meus amigos, se conhecêsseis todos os laços que, na vida presente, vos ligam a vossas existências anteriores! Se pudésseis compreender a infinidade das relações que aproximam os seres uns aos outros para o progresso mútuo, admiraríeis bem mais a sabedoria e a bondade do Criador, que vos permite reviver para chegardes a Ele. (Guia Protetor, Sens, 1862).

BENEFICÊNCIA EXCLUSIVA

20. *Será que a beneficência é bem compreendida quando é praticada exclusivamente entre pessoas da mesma opinião, da mesma crença ou do mesmo grupo?*

Não, é sobretudo o espírito de seita e de grupo que se deve eliminar, pois todos os homens são irmãos. O verdadeiro cristão vê somente irmãos em seus semelhantes, e, antes de socorrer quem está precisando, ele não pergunta qual é sua crença, nem qual é sua opinião sobre o que quer que seja. Será que estaria seguindo o preceito de Jesus Cristo, que manda amar até mesmo os inimigos, se repelisse um infeliz por ter uma crença diferente da sua? Que o socorra, portanto, sem se preocupar com o que ele pensa, pois, se for um inimigo da religião, será um meio de fazer com que a ame. Repelindo-o, faria com que a odiasse. (São Luís, Paris, 1860).

Capítulo 14
Honrai vosso pai e vossa mãe

• Piedade filial • Quem é minha mãe e quem são meus irmãos? • Parentesco corporal e parentesco espiritual • Instruções dos espíritos: A ingratidão dos filhos e os laços de família

1. Conheceis os mandamentos: não cometereis adultério; não matareis; não roubareis; não prestareis falso testemunho; não fareis mal a ninguém; honrai vosso pai e vossa mãe. (Marcos, 10:19; Lucas, 18:20; Mateus, 19:18 e 19).

2. Honrai vosso pai e vossa mãe, a fim de viverdes longo tempo na terra que o Senhor vosso Deus vos dará. (Decálogo: Êxodo, 20:12).

Piedade filial

3. O mandamento ***Honrai vosso pai e vossa mãe*** é uma decorrência da lei geral de caridade e de amor ao próximo, pois não podemos amar ao próximo sem amar nosso pai e nossa mãe. A palavra ***honrar*** encerra, pois, um dever a mais para com eles: a piedade filial. Deus quis mostrar com isso que ao amor se deve juntar o respeito, as atenções, a submissão e a condescendência, o que envolve a obrigação de cumprir para com os pais, de uma forma ainda mais rigorosa, tudo o que a caridade determina com relação ao próximo. Esse dever se estende naturalmente às pessoas que assumem o papel de pai e mãe e que têm maior mérito, já que sua dedicação é menos obrigatória. Deus sempre pune de forma severa qualquer violação deste mandamento.

Honrar pai e mãe não significa somente respeitá-los; significa também assisti-los na necessidade; significa proporcionar-lhes repouso na velhice e cercá-los de cuidados, como fizeram conosco em nossa infância.

É principalmente com relação aos pais sem recursos que se mostra a verdadeira piedade filial. Acaso cumprem esse mandamento aqueles que acham que fazem um grande favor ao lhes dar o estritamente necessário, para que não morram de fome, enquanto eles próprios de nada se privam? Acomodando-os nos piores cômodos da casa, para não deixá-los na rua, enquanto reservam para si o que há de melhor e mais confortável? E os pais ainda podem dar-se por felizes quando não fazem isso de má vontade e não os obrigam a pagar pelo tempo que lhes resta de vida, descarregando em seus ombros todo o peso das tarefas domésticas! É justo que pais idosos e fracos sirvam de criados para filhos jovens e fortes? Acaso a mãe cobrou por seu leite quando ainda estavam no berço? Contou as vigílias que fez quando estavam doentes, os passos que deu para proporcionar-lhes o de que necessitavam? Não, não é apenas o estritamente necessário que os filhos devem aos seus pais pobres. São também, na medida do possível, as pequenas alegrias do supérfluo, as gentilezas, os agrados e os carinhos, que são apenas a retribuição pelo muito que receberam; o pagamento de uma dívida sagrada. Nisso reside a piedade filial aprovada por Deus.

Infeliz, pois, de quem se esquece daqueles que o sustentaram em sua infância e que, com a vida material, deram-lhe a vida moral; daqueles que tantas vezes passaram por duras privações para lhes garantir o bem-estar. Infeliz desse ingrato, pois será punido com a ingratidão e o abandono; será ferido em suas mais caras afeições, *já na vida presente*, ou, com toda a certeza, sofrerá o que tiver feito os outros sofrerem numa próxima encarnação.

É verdade que alguns pais negligenciam seus deveres e não são o que deveriam ser para os filhos, mas cabe somente a Deus puni-los. Portanto, não cabe aos filhos censurá-los, porque talvez eles mesmos tenham merecido que assim fosse. Se a caridade estabelece como lei pagar o mal com o bem, ser tolerante com as imperfeições alheias, não falar mal do próximo, esquecer e perdoar as injustiças, amar os inimigos, quão maior não será essa obrigação com relação aos próprios pais!

Por isso, os filhos devem adotar como regra de conduta para com os pais todos os ensinamentos de Jesus relativos ao próximo, dizendo a si mesmos que todo procedimento reprovável com estranhos é mais censurável ainda quando se trata dos pais, e o que no primeiro caso pode ser apenas uma falta, no segundo torna-se um crime, porque então, à falta de caridade, junta-se a ingratidão.

4. Deus disse: "Honrai vosso pai e vossa mãe, a fim de viverdes longo tempo na terra que o Senhor vosso Deus vos dará". Por que Ele promete, como recompensa, a vida na Terra e não a vida celeste? A explicação se encontra nestas palavras: "... que Deus vos dará", que foram suprimidas na forma moderna do ***Decálogo***, alterando completamente o seu sentido. Para compreendê-las, devemos nos reportar à situação dos hebreus, à época em que elas foram ditas, pois eles não compreendiam ainda a vida futura. A compreensão desse povo não ia além da vida corporal: eram mais tocados pelo que viam do que pelo que não viam. Por isso, Deus lhes falava numa linguagem ao alcance de seu entendimento, e, assim como às crianças, dava-lhes como esperança algo que podia satisfazê-los. Achavam-se então no deserto, e a terra que Deus lhes ***daria*** era a Terra Prometida, objeto de suas aspirações. Isso era tudo o que desejavam. Deus lhes dizia que viveriam lá por muito tempo, ou seja, que a possuiriam por longo tempo, se observassem os Seus mandamentos.

Mas, na época do advento de Jesus, as idéias dos hebreus já estavam mais abertas, e havia chegado o momento de lhes oferecer um alimento menos grosseiro. Então, Jesus os iniciou na vida espiritual, dizendo-lhes: "Meu reino não é deste mundo. É nele, e não na Terra, que recebereis a recompensa por vossas boas ações". Diante dessas palavras, a Terra Prometida passou a ser uma pátria celeste. Da mesma forma, quando Ele insiste no cumprimento do mandamento ***Honrai vosso pai e vossa mãe***, não é mais a Terra que lhes promete, mas o Céu. (Veja capítulos 2 e 3 desta obra).

Quem é minha mãe e quem são meus irmãos?

5. E, chegando à casa, lá se reuniu tamanha quantidade de

gente que eles não podiam fazer a refeição. E quando Seus familiares souberam disso, saíram para detê-Lo, pois diziam que Jesus tinha perdido a razão.

Entretanto, Sua mãe e Seus irmãos, tendo chegado e permanecido do lado de fora, mandaram chamá-Lo. Ora, o povo estava sentado ao Seu redor, e disseram-Lhe: "Vossa mãe e vossos irmãos estão lá fora e vos chamam". Mas Ele lhes respondeu: "Quem é minha mãe, e quem são os meus irmãos?". E, referindo-Se àqueles que estavam sentados ao Seu redor, disse: "Eis aqui minha mãe e meus irmãos, pois quem quer que faça a vontade de Deus, este é meu irmão, minha irmã e minha mãe". (Marcos, 3:20 e 21, 31-35; Mateus, 12:46-50).

6. Certas palavras parecem estranhas na boca de Jesus, e contrastam com Sua bondade e Sua inalterável benevolência para com todos. Os incrédulos não perderam a oportunidade de usar isso como argumento para provar que Jesus se contradizia. Um fato inegável, porém, é que Sua doutrina tem por base essencial, por pedra angular, a Lei do Amor e da Caridade. Ele não poderia desmentir aqui o que estabelecia ali. Disso devemos concluir que se algumas máximas parecem estar em contradição com Seus princípios, é porque as palavras que Lhe atribuíram foram mal traduzidas, mal compreendidas, ou não foram ditas por Ele.

7. Com razão, parece estranho Jesus demonstrar tanta indiferença em relação aos seus familiares, e, de certa forma, renegar Sua própria mãe. Quanto aos irmãos, sabe-se que eles nunca tiveram simpatia por Jesus, pois, como eram espíritos pouco evoluídos, não compreendiam Sua missão na Terra. A conduta de Jesus, segundo eles, era excêntrica, e Seus ensinamentos nada lhes diziam, já que nenhum deles tornou-se Seu discípulo. Parece que, até certo ponto, compartilhavam dos preconceitos dos inimigos Dele. Aliás, é certo que O recebiam mais como a um estranho do que como a um irmão, quando Ele visitava a família. São João afirma categoricamente que "não acreditavam Nele". (Veja João, 7:5).

Quanto à Sua mãe, ninguém poderia contestar sua ternura com o filho, mas deve-se admitir também que parecia não ter uma idéia exata de Sua missão, pois nunca a viram seguir Seus ensinamentos, nem lhes deu testemunho, como fez João Batista. Para ela, a atenção materna era o mais importante. Quanto à suposição de que Jesus tenha menosprezado Sua mãe, isto seria não fazer justiça ao Seu caráter moral. Tal pensamento sequer passaria pela cabeça daquele que disse: "Honrai vosso pai e vossa mãe". Devemos, portanto, buscar um outro sentido para Suas palavras, quase sempre veladas sob um significado simbólico.

Jesus não perdia uma só ocasião para dar um ensinamento. Aproveitou, pois, a oportunidade que a chegada de Sua família Lhe proporcionou para deixar bem clara a diferença existente entre o parentesco corporal e o parentesco espiritual.

Parentesco corporal e parentesco espiritual

8. Os laços de sangue não estabelecem necessariamente laços entre os espíritos. O corpo se origina do corpo, mas o espírito não provém do espírito, porque o espírito já existia antes da formação do corpo. Não é o pai quem cria o espírito de seu filho; tudo o que ele faz é fornecer-lhe um invólucro carnal. No entanto, é seu dever participar do desenvolvimento intelectual e moral do filho, para fazê-lo progredir.

Os espíritos que encarnam numa mesma família, principalmente como parentes próximos, são, na maioria das vezes, ligados por laços de simpatia, unidos por relações anteriores que são demonstradas por uma afeição recíproca durante a vida terrena. Pode acontecer também que esses espíritos sejam completamente estranhos uns aos outros, separados por antipatias igualmente anteriores, que, na Terra, se manifestam pela aversão recíproca, a fim de servir-lhes de prova. Portanto, os verdadeiros laços de família não são os da consanguinidade, mas os da simpatia e da comunhão de pensamentos que unem os espíritos *antes, durante e depois* de sua encarnação. Donde se conclui que dois seres nascidos de pais diferentes podem ser mais irmãos pelo espírito do que se o fossem pelo sangue. Eles podem atrair-se, buscar-se, gostar de estar juntos, ao passo que dois irmãos consanguíneos podem repelir-se, conforme podemos observar no dia a dia, fato que somente o espiritismo pode explicar pela pluralidade das existências. (Veja capítulo 4, número 13, desta obra).

Existem, pois, duas espécies de famílias: *as famílias constituídas pelos laços espirituais e as famílias constituídas por laços corporais.* As primeiras, duradouras, se fortalecem pela purificação e se perpetuam no mundo dos espíritos, por meio das diversas migrações da alma. As segundas, frágeis como a matéria, extinguem-se com o tempo e muitas vezes se dissolvem moralmente já na vida atual. Foi isso que Jesus quis ensinar quando declarou aos Seus discípulos: "Eis minha mãe e meus irmãos", ou seja, minha família pelos laços do espírito, "pois quem quer que faça a vontade de meu Pai, que está nos Céus, é meu irmão, minha irmã e minha mãe".

A hostilidade de seus irmãos está claramente expressa no relato de São Marcos, já que, segundo diz, eles se propunham a detê-Lo, sob o pretexto de que tinha *perdido a razão.* Ao anunciarem a chegada de Seus familiares, e não ignorando o que eles pensavam a Seu respeito, era natural que Jesus dissesse aos Seus discípulos, sob o ponto de vista da família espiritual: "Eis meus verdadeiros irmãos". Como Sua mãe estava com eles, Jesus generalizou o ensinamento, o que não significa absolutamente que tenha insinuado que Sua mãe carnal nada Lhe significava como espírito, e que sentia por ela apenas indiferença, pois Sua conduta, em outras situações, comprova justamente o contrário.

Instruções dos espíritos

A INGRATIDÃO DOS FILHOS E OS LAÇOS DE FAMÍLIA

9. A ingratidão é um dos frutos mais imediatos do egoísmo, e sempre revolta os corações honestos. Mas a ingratidão dos filhos em relação aos pais tem um caráter ainda mais odioso. É especialmente sob esse ponto de vista que iremos examiná-la, a fim de analisar-lhe as causas e os efeitos. Nessa questão, como em todas as outras, o espiritismo vem lançar uma luz sobre um dos problemas do coração humano.

Quando o espírito deixa a Terra, leva consigo as paixões ou as virtudes inerentes à sua natureza moral, e vai para o Espaço, aperfeiçoando-se ou ficando estacionário, até que deseje esclarecer-se. Muitos partem levando consigo ódios intensos e desejos de vingança não satisfeitos. Mas, para alguns destes, mais adiantados do que os outros, é permitido entrever uma pontinha da verdade, e, então, ao reconhecerem as consequências desastrosas de suas paixões, tomam boas resoluções e compreendem que, para chegar a Deus, existe uma única senha: *a caridade*. Acontece que não há caridade sem o esquecimento das ofensas e das injúrias; não há caridade com ódio no coração, e sem perdão. Por isso, com grande esforço, observam aqueles a quem odiaram na Terra, mas, ao vê-los, o rancor desperta e se revoltam diante da idéia de ter que perdoar e, principalmente, amar aos que lhes destruíram a fortuna, a honra e a família. O coração desses infelizes fica abalado: eles hesitam, vacilam, agitados por sentimentos contraditórios. Se a boa resolução prevalece, oram a Deus, imploram aos bons espíritos que lhes dêem forças no momento mais decisivo da prova.

Finalmente, depois de alguns anos de meditação e prece, ele se aproveita de um corpo que está sendo preparado na família daquele a quem detestou, e pede aos espíritos encarregados de transmitir as ordens superiores permissão para cumprir na Terra os destinos desse corpo que acaba de se formar. Qual será então sua conduta naquela família? Tudo dependerá da maior ou menor persistência de suas boas resoluções. O contato permanente com seres que odiou é uma prova terrível, sob a qual muitas vezes sucumbe, se sua vontade não for suficientemente forte. Assim, conforme a boa ou a má resolução que prevaleça, ele será amigo ou inimigo daqueles em cujo meio lhe está determinado viver. Dessa forma é que se explicam os ódios e as antipatias instintivas que se observam em algumas crianças, e que nenhum ato anterior parece justificar. Na verdade, nada houve nesta nova existência para provocar tal comportamento. Para compreender o que acontece, é preciso voltar os olhos para o passado.

Espíritas, agora que compreendeis o grande papel da humanidade, procurai entender que quando se gera um corpo a alma que nele reencarna vem do Espaço para progredir. Procurai saber quais são os vossos deveres, e dedicai todo o vosso amor a essa alma de Deus. Esta é a missão que vos é confiada, e pela qual sereis recompensados se a cumprirdes fielmente. Vossos cuidados, a educação que lhe dareis, contribuirão para o seu aperfeiçoamento e o seu bem-estar futuro. Lembrai-vos de que, a cada pai e a cada mãe, Deus perguntará: "Que fizestes da criança cuja guarda vos foi confiada?". Se, por vossa culpa, ela continuar atrasada, vosso castigo será vê-la entre os espíritos sofredores, pois dependia de vós a sua felicidade. Então, atormentados pelo remorso, pedireis para reparar essa falta, solicitando uma nova encarnação para vós e para ela, na qual a cercareis de melhores cuidados, e ela, cheia de reconhecimento, vos retribuirá com amor.

Não rejeiteis, pois, o filho que ainda pequeno repele a mãe, nem aquele que vos paga com ingratidão. Não foi o acaso que o fez assim, tampouco ele vos foi enviado pelo acaso. É uma vaga intuição do passado que começa a revelar-se, e então podeis deduzir que um de vós já odiou muito o outro, ou foi muito ofendido; que um de vós veio para perdoar, ou para expiar. Mães, abraçai o filho que vos magoa, e dizei a vós mesmas: "Um de nós dois foi culpado!". Fazei por merecer as diversas alegrias que Deus concede à maternidade, ensinando a essa criança que ela está na Terra para aperfeiçoar-se, para amar e abençoar. Infelizmente, ao invés de eliminar pela educação os maus princípios inatos, provenientes de existências anteriores, muitas dentre vós alimentam e desenvolvem esses princípios, por displicência ou por fraqueza. Então, mais tarde, vosso coração amargurado pela ingratidão dos vossos filhos será, já na vida presente, o começo de vossa expiação.

A tarefa não é tão difícil quanto poderíeis imaginar. Ela não exige instrução superior. Tanto o inculto como o sábio podem desempenhá-la, e o espiritismo vem facilitá-la, ao mostrar as causas das imperfeições da alma humana.

Ainda no berço, a criança manifesta os instintos bons ou maus que traz de sua existência anterior. É preciso esforçar-se para educá-los. Todos os males têm sua origem no egoísmo e no orgulho. Ficai atentos, pois, aos mínimos sinais que possam revelar a semente desses vícios, e empenhai-vos em combatê-los, não esperando até que criem raízes profundas. Fazei como o bom jardineiro, que arranca os brotos daninhos prejudiciais ao bom desenvolvimento da planta, logo que eles aparecem. Portanto, se deixardes o egoísmo e o orgulho se desenvolverem, não vos espanteis mais tarde se os filhos vos retribuírem com a ingratidão. Mas, quando os pais fizeram tudo o que podiam para o aperfeiçoamento moral dos filhos, e, apesar disso, não obtiveram êxito, sua consciência poderá ficar tranquila, pois, para compensar o desgosto pelo insucesso de seus esforços, Deus lhes reserva uma grande consolação, dando-lhes a *certeza* de que tudo não passa de um adiamento, e que lhes será dada a oportunidade para concluir numa outra existência a obra iniciada, e que um dia o filho ingrato os recompensará com seu amor. (Veja capítulo 13, número 19, desta obra).

Deus não dá prova maior do que as forças de quem a solicita, permitindo apenas as que podem ser cumpridas. Quando fracassamos, não é por falta de condições, mas por falta de vontade, pois quantos há que, ao invés de resistir às más tendências, nelas se comprazem. É a estes que estão reservados os lamentos e as lágrimas nas existências posteriores. Admirai, no entanto, a bondade de Deus, que nunca fecha a porta ao arrependimento. Por isso, chega um dia em que o culpado se cansa de sofrer, e seu orgulho é finalmente domado. Então, Deus abre Seus braços paternais ao filho arrependido, que se lança aos Seus pés. Entendei bem: ***As provas duras são quase sempre o sinal do fim de um sofrimento e do aperfeiçoamento do espírito, quando são aceitas com o propósito de chegar até Deus.*** É um momento supremo para o espírito, e é importante que ele não falhe, se não quiser perder o fruto dessa prova e ter de recomeçar. Por isso, ao invés de lamentar, agradecei a Deus, que vos oferece a oportunidade de vencer, a fim de vos dar o prêmio pela vitória. Então, quando sairdes do turbilhão da vida terrena e entrardes no mundo dos espíritos, lá sereis aclamados como o soldado que sai vitorioso do combate.

De todas as provas, as mais difíceis são as que afetam o coração. Há os que suportam com coragem a miséria e as privações materiais, mas sucumbem diante dos desgostos familiares, feridos pela ingratidão dos seus. Ah, que angústia terrível essa! Mas, nessas circunstâncias, o que pode reerguer a coragem moral senão o conhecimento das causas do mal e a certeza de que, se há longas discórdias, não há desesperos eternos, pois Deus não quer que Suas criaturas sofram para sempre? O que há de mais consolador e mais encorajador do que a idéia de que depende só de si mesmo, de seus próprios esforços, abreviar o sofrimento, destruindo em si as causas do mal? Mas, para isso, não se deve manter o olhar fixo na Terra e ver apenas uma existência. É preciso elevar-se, planar no infinito do passado e do futuro. Então, a imensa justiça de Deus se revelará aos vossos olhos e encarareis a vida com paciência, pois compreendereis o que vos parecia monstruosidades na Terra. Assim, tais feridas vos parecerão simples arranhões. Olhando o conjunto dessa maneira, os laços de família aparecem em seu verdadeiro sentido, e então já não são mais os frágeis laços da matéria que reúnem os seus membros, mas sim os laços duradouros do espírito, que se perpetuam e se consolidam ao se depurarem, ao invés de se romperem com a reencarnação.

Os espíritos se reúnem nas famílias atraídos pela semelhança de gostos, pela afeição e pela igualdade de progresso moral. Em suas migrações terrenas, eles se buscam para agrupar-se, como o faziam no Espaço, dando origem às famílias unidas e homogêneas. Se, nas suas peregrinações, ficam temporariamente separados, voltam a se encontrar mais tarde, felizes com o progresso alcançado. Mas, como não devem trabalhar apenas para si mesmos, Deus permite que os espíritos menos adiantados venham reencarnar entre eles, a fim de receberem conselhos e bons exemplos em favor do seu progresso. Às vezes, causam perturbações no grupo, mas é aí que está a prova. Acolhei-os, pois, como irmãos. Ajudai-os, e mais tarde, no mundo dos espíritos, a família se felicitará por ter salvo náufragos que, por sua vez, poderão salvar outros espíritos. (SANTO AGOSTINHO, Paris, 1862).

Capítulo 15
Fora da caridade não há salvação

• O que é preciso para ser salvo. Parábola do bom samaritano • O maior mandamento • Necessidade da caridade segundo São Paulo • Fora da Igreja não há salvação. Fora da verdade não há salvação • Instruções dos espíritos: Fora da caridade não há salvação

O que é preciso para ser salvo. Parábola do bom samaritano

1. E, quando o Filho do Homem vier em Sua majestade, acompanhado de todos os anjos, sentar-Se-á no trono de Sua glória; e todas as nações serão reunidas diante Dele, para que separe uns dos outros, como um pastor separa as ovelhas das cabras. E colocará as ovelhas à Sua direita e as cabras à Sua esquerda. Então, o rei dirá àqueles que estiverem à Sua direita: "Vinde, vós que fostes abençoados por meu Pai! Tomai posse do reino que vos foi preparado desde a criação do mundo, pois tive fome e me destes de comer; tive sede e me destes de beber; precisei de abrigo e me abrigastes; estive nu e me vestistes; estive doente e me visitastes; estive na prisão e me fostes ver".

Então, os justos Lhe responderão, dizendo: "Senhor, quando é que vos vimos com fome e vos demos de comer, ou com sede e vos demos de beber? Quando é que vos vimos sem abrigo e vos abrigamos, ou sem roupa e vos vestimos? E quando é que vos vimos doente ou na prisão e vos fomos visitar?". E o Rei lhes responderá: "Em verdade, vos digo que todas as vezes que fizestes isso a um dos menores de meus irmãos, foi a mim que o fizestes".

Em seguida, dirá também aos que estiverem à Sua esquerda: "Distanciai-vos de mim, malditos! Ide para o fogo eterno que foi preparado para o diabo e para os seus anjos, pois tive fome e não me destes de comer; tive sede e não me destes de beber; precisei de abrigo e não me abrigastes; estive sem roupa e não

me vestistes; estive doente ou na prisão e não me visitastes". Então, eles assim Lhe responderão: "Senhor, quando é que vos vimos com fome, com sede, sem abrigo, sem roupa, doente, ou na prisão, e deixamos de vos assistir?". Mas Ele lhes responderá: "Em verdade, vos digo que todas as vezes que não o fizestes a um destes pequeninos, deixastes de fazê-lo a mim".
E então estes irão para o suplício eterno, e os justos para a vida eterna. (Mateus, 25:31-46).

2. E eis que um certo doutor da lei, levantando-se, disse a Jesus, para tentá-Lo: "Mestre, que devo fazer para possuir a vida eterna?". Jesus respondeu-lhe: "O que está escrito na Lei? O que lês nela?". E o doutor respondeu: "Amareis ao Senhor, vosso Deus, com todo vosso coração, com toda vossa alma, com todas as forças e com todo vosso espírito, e ao vosso próximo como a vós mesmos". Jesus então disse: "Respondeste muito bem. Faze isso e viverás!".
Mas o homem, querendo fazer parecer que era justo, disse a Jesus: "E quem é meu próximo?". E Jesus, tomando a palavra, Lhe disse: "Um homem que descia de Jerusalém a Jericó caiu nas mãos de salteadores, que o despojaram, cobriram-no de ferimentos, e se foram, deixando-o quase morto. Eis que um sacerdote ia pelo mesmo caminho, e, tendo-o notado, passou bem longe. Um levita, que também seguia para o mesmo lugar, tendo-o observado, também passou longe. Mas um samaritano que viajava, chegando ao lugar onde estava o homem, e tendo-o visto, ficou tomado de compaixão. Então, aproximou-se dele, passou azeite e vinho em suas feridas e as tratou. E, pondo-o no seu cavalo, levou-o a uma estalagem, e cuidou dele. No dia seguinte, tirou dois denários, que deu ao hospedeiro, e lhe disse: 'Cuida bem deste homem, e tudo o que gastares a mais, eu te pagarei na minha volta'. Qual desses três te parece que foi o *próximo* daquele que caiu nas mãos dos salteadores?". O doutor Lhe respondeu: "Aquele que usou de misericórdia para com ele". "Vai, pois, e faze o mesmo!", disse-lhe Jesus. (Lucas, 10:25-37).

3. Toda a moral de Jesus se resume na caridade e na humildade, ou seja, nas duas virtudes contrárias ao egoísmo e ao orgulho. Em todos os Seus ensinamentos, Ele mostra essas virtudes como sendo o caminho da eterna felicidade. "Bem-aventurados", diz ele, "os pobres de espírito", quer dizer, os humildes, "pois é deles o reino dos Céus". Bem-aventurados os

que têm o coração puro. Bem-aventurados os que são mansos e pacíficos. Bem-aventurados os que são misericordiosos. Amai o vosso próximo como a vós mesmos. Fazei aos outros o que gostaríeis que vos fizessem. Amai vossos inimigos. Perdoai as ofensas, se quiserdes ser perdoados. Fazei o bem sem ostentação. Julgai-vos a vós mesmos, antes de julgardes os outros. Humildade e caridade, eis o que Jesus não cessa de recomendar, e Ele mesmo dá o exemplo. Orgulho e egoísmo, eis o que não cessa de combater. E faz mais do que recomendar a caridade: coloca-a claramente, e em termos explícitos, como condição absoluta da felicidade futura.

No quadro em que Jesus ilustra o *juízo final*, precisamos levar em conta o simbolismo e a linguagem figurada. A homens como aos que Jesus falava, ainda incapazes de compreender as questões puramente espirituais, Ele tinha de apresentar imagens materiais chocantes e capazes de impressionar. Para ser melhor aceito, devia mesmo não afastar-Se demais das idéias de Seu tempo, já consagradas quanto à forma, reservando ao futuro a verdadeira interpretação de Suas palavras e dos pontos que ainda não podia explicar mais claramente. Mas, paralelamente ao sentido figurado do quadro, há uma idéia dominante: a da felicidade reservada ao justo e da infelicidade que aguarda o mau.

Naquele julgamento supremo, quais são os argumentos da sentença? Em que se baseia o inquérito? O juiz pergunta se esta ou aquela formalidade foi cumprida, se esta ou aquela prática exterior foi observada? Não. Ele se preocupa com uma coisa apenas: com a prática da caridade; e pronuncia a sentença, dizendo: "Vós, que socorrestes vossos irmãos, passai à direita! Vós, que fostes desumanos para com eles, passai à esquerda!". Interroga sobre a ortodoxia da fé? Faz alguma distinção entre aquele que crê de um modo e o que crê de outro? Não, pois Jesus coloca o samaritano, tido como ateu, mas que tem amor ao próximo, acima do ortodoxo desprovido de caridade. Portanto, Jesus não faz da caridade apenas uma das condições de salvação, e sim a única condição. Se houvesse outras a ser consideradas, Ele as teria revelado. Se coloca a caridade em primeiro plano, é porque, implicitamente, ela abrange todas as outras virtudes: a humildade, a mansidão, a benevolência, a indulgência, a justiça etc., e porque ela é a negação absoluta do orgulho e do egoísmo.

O maior mandamento

> 4. Mas os fariseus, sabendo que Jesus tinha calado a boca dos saduceus, reuniram-se, e um deles, que era doutor da lei, veio fazer-Lhe esta pergunta, para tentá-Lo: "Mestre, qual é o maior mandamento da Lei?". Jesus então respondeu-lhe: "Amareis ao Senhor, vosso Deus, de todo vosso coração, de toda vossa alma e de todo vosso espírito. Este é o maior e o primeiro mandamento. E eis aqui o segundo, que lhe é semelhante: 'Amareis vosso próximo como a vós mesmos'. Desses dois mandamentos dependem toda a Lei e os profetas". (MATEUS, 22:34-40).

5. Caridade e humildade, eis, pois, o único caminho para a salvação. Egoísmo e orgulho, eis o caminho da perdição. Esse ensinamento está expresso em termos claros nestas palavras: "Amareis a Deus de toda vossa alma, e vosso próximo como a vós mesmos. Toda a Lei e os profetas estão contidos nestes dois mandamentos". E para que não haja equívoco quanto à interpretação do amor a Deus e ao próximo, Jesus acrescenta: "E eis aqui o segundo mandamento, que é semelhante ao primeiro", ou seja, que não se pode amar a Deus verdadeiramente sem amar o próximo, nem amar o próximo sem amar a Deus. Portanto, tudo o que se faz contra o próximo é o mesmo que fazê-lo contra Deus. Não sendo possível amar a Deus sem praticar a caridade para com o próximo, todos os deveres do homem se acham resumidos neste ensinamento moral: ***Fora da caridade não há salvação.***

Necessidade da caridade segundo São Paulo

> 6. Ainda que eu falasse as línguas dos homens e até mesmo a língua dos anjos, se eu não tivesse caridade, seria apenas como um metal que soa, um címbalo que tine. Ainda que eu tivesse o dom da profecia, que compreendesse todos os mistérios, que tivesse um perfeito conhecimento de todas as coisas, e que tivesse toda a fé possível, a ponto de transportar montanhas, se eu não tivesse caridade, nada seria. E ainda que tivesse distribuído meus bens para alimentar os pobres, e que tivesse entregue meu corpo para ser queimado, se eu não

tivesse caridade, tudo isso de nada me serviria.
A caridade é paciente. Ela é doce e benigna. A caridade não é invejosa; não é temerária e precipitada; não se enche de orgulho; não é desdenhosa; não busca seus próprios interesses; não se irrita nem se escandaliza com nada; não tem suspeitas injustas; não se alegra com a injustiça, e sim com a verdade; tudo suporta, em tudo confia, tudo espera e tudo sofre.
Agora subsistem estas três virtudes: a fé, a esperança e a caridade. Mas, entre elas, a maior é a caridade. (São Paulo, primeira *Carta aos Coríntios*, 13:1-7, 13).

7. O apóstolo Paulo compreendeu essa grande verdade com tal clareza, que afirmou: "Ainda que eu tivesse o dom da profecia, que compreendesse todos os mistérios, e que tivesse toda a fé possível, a ponto de transportar montanhas, se não tivesse caridade, nada seria. Entre estas três virtudes: a fé, a esperança e a caridade, a maior é a caridade". Coloca, portanto, claramente, a caridade acima da própria fé, pois a caridade está ao alcance de todos, tanto do inculto e do sábio, como do rico e do pobre, e existe independentemente de qualquer crença individual. E faz mais: ele define a verdadeira caridade mostrando-a não apenas na beneficência, mas também no conjunto de todas as qualidades do coração, na bondade e na benevolência para com o próximo.

Fora da Igreja não há salvação. Fora da verdade não há salvação

8. Enquanto a máxima *Fora da caridade não há salvação* se apóia num princípio universal e abre a todos os filhos de Deus o acesso à suprema felicidade, o dogma *Fora da Igreja não há salvação* se apóia não sobre a fé fundamental em Deus e na imortalidade da alma – crença comum a todas as religiões –, mas numa fé exclusiva em dogmas particulares, o que é um conceito intransigente e autoritário, pois, ao invés de unir os filhos de Deus, divide-os; ao invés de incitá-los a amar seus irmãos, alimenta e aprova as controvérsias entre os seguidores de diferentes cultos, que se consideram uns aos outros condenados na eternidade, ainda que tenham sido amigos ou parentes neste mundo. Menosprezando a grande lei de igualdade diante

do túmulo, esse dogma os separa até mesmo no cemitério.

A máxima *Fora da caridade não há salvação* é a consagração do princípio de igualdade diante de Deus e da liberdade de consciência. Tendo-a como norma de conduta, todos os homens são irmãos, e, seja qual for sua maneira de adorar o Criador, estendem-se as mãos e oram uns pelos outros. Com o dogma *Fora da Igreja não há salvação*, eles se põem a amaldiçoar-se, perseguem-se e vivem como inimigos: o pai não ora pelo filho, nem o filho pelo pai, nem o amigo pelo amigo, pois um acha que o outro está irremediavelmente condenado. Esse dogma é, portanto, essencialmente contrário aos ensinamentos do Cristo e à lei evangélica.

9. *Fora da verdade não há salvação* é equivalente a *Fora da Igreja não há salvação*, e igualmente exclusivista, pois não há uma só seita que não afirme possuir o privilégio da verdade. Que homem pode se vangloriar de possuir a verdade integralmente, se o conhecimento cresce sem cessar, e a cada dia novos conceitos são revistos? A verdade absoluta é privilégio dos espíritos da mais elevada hierarquia. A humanidade terrena não poderia pretender possuí-la, porque não lhe é dado saber tudo. Ela apenas pode aspirar a uma verdade relativa e proporcional à sua evolução. Se Deus tivesse feito da posse da verdade absoluta a condição expressa da felicidade futura, seria como se tivesse decretado uma condenação geral, ao passo que a caridade, mesmo em sua mais ampla acepção, pode ser praticada por todos. Ao admitir que a salvação independe da crença, desde que se observe a Lei de Deus, o espiritismo não diz: "Fora do espiritismo não há salvação". Como também não pretende ensinar toda a verdade, tampouco diz: "Fora da verdade não há salvação", máxima que dividiria, ao invés de unir, e perpetuaria o antagonismo, ou melhor, as rivalidades.

Instruções dos espíritos

Fora da caridade não há salvação

10. Meus filhos, na máxima *Fora da caridade não há salvação* estão contidos os destinos dos homens tanto na Terra, como no Céu. Na Terra, porque à sombra deste estandarte to-

dos viverão em paz; no Céu, porque aqueles que a tiverem praticado encontrarão misericórdia diante do Senhor. A caridade é o facho celeste, a coluna luminosa que guia o homem no deserto da vida, para conduzi-lo à Terra Prometida. Ela brilha no Céu como uma auréola santa na fronte dos eleitos, e, na Terra, está gravada no coração daqueles a quem Jesus dirá: "Passai à direita, vós, os benditos de meu Pai". Podeis reconhecê-los pelo perfume que a caridade exala ao seu redor. Nada expressa melhor o pensamento de Jesus, nada resume melhor os deveres do homem do que essa máxima divina. O espiritismo não poderia provar melhor a sua origem do que estabelecendo-a como regra, pois ela é o reflexo do mais puro cristianismo. Com tal guia, o homem jamais se desencaminhará. Esforçai-vos, pois, meus amigos, para compreender-lhe o sentido profundo e as consequências, e para procurar, por vós mesmos, todas as maneiras de aplicá-la. Submetei todas as vossas ações ao controle da caridade, e vossa consciência vos responderá. Ela não apenas evitará que façais o mal, mas vos incitará a praticar o bem, pois não basta uma virtude passiva, é preciso que a virtude esteja ativa. Para praticar o bem, é indispensável a ação da vontade; para não fazer o mal, basta a inércia e a indiferença.

Meus amigos, agradecei a Deus, que permitiu que pudésseis desfrutar da luz do espiritismo. Não porque só aqueles que a possuem podem salvar-se, mas porque, ao vos ajudar a compreender melhor os ensinamentos do Cristo, ela faz de vós cristãos melhores. Que os vossos irmãos, ao vos observar, possam dizer que o verdadeiro espírita e o verdadeiro cristão são uma única e mesma coisa, pois todos que praticam a caridade são discípulos de Jesus, não importa o culto a que pertençam. (Paulo, Apóstolo, Paris, 1860).

Capítulo 16
Não se pode servir a Deus e a Mamon

• Salvação dos ricos • Resguardar-se da avareza • Jesus na casa de Zaqueu • Parábola do mau rico • Parábola dos talentos • Utilidade providencial da fortuna. Provas da riqueza e da miséria • Desigualdade das riquezas • INSTRUÇÕES DOS ESPÍRITOS: A verdadeira propriedade • Emprego da fortuna • Desapego aos bens terrenos • Transmissão da fortuna

Salvação dos ricos

1. Ninguém pode servir a dois senhores, pois ou odiará um e amará outro, ou se apegará a um e desprezará o outro. Não podeis servir a Deus e a Mamon ao mesmo tempo. (LUCAS, 16:13).

2. Então, um jovem aproximou-se de Jesus e Lhe disse: "Bom mestre, que bem devo fazer para alcançar a vida eterna?". Jesus lhe respondeu: "Por que me chamas de bom? Só Deus é bom. Se queres entrar na vida, guarda os mandamentos". "Que mandamentos?", perguntou o jovem. E Jesus lhe disse: "Não matarás; não cometerás adultério; não roubarás; não darás falsos testemunhos; honrarás teu pai e tua mãe, e amarás teu próximo como a ti mesmo". Ao que o jovem respondeu: "Guardei todos esses mandamentos desde a infância, que me falta ainda?". Disse-lhe Jesus: "Se queres ser perfeito, vai, vende tudo o que possuis, dá aos pobres, e terás um tesouro no Céu; depois, vem e me segue".
Ao ouvir essas palavras, o jovem se foi muito triste, porque possuía muitos bens, e Jesus disse aos Seus discípulos: "Em verdade, vos digo que é bem difícil que um rico entre no reino dos Céus. Digo-vos mais uma vez que é mais fácil um camelo passar pelo buraco de uma agulha do que um rico entrar no reino dos Céus".[1] (MATEUS, 19:16-24; LUCAS, 18:18-25; MARCOS, 10:17-25).

1 Essa figura de linguagem usada por Jesus pode parecer estranha, pois não se percebe a relação existente entre um camelo e uma agulha. Acontece que em hebraico a mesma palavra era usada para designar **corda** e **camelo**. Na tradução, foi-lhe dada esse último significado. É provável, porém, que Jesus tivesse em mente o primeiro, que pelo menos é mais plausível.

Resguardar-se da avareza

3. Do meio da multidão, um homem então diz a Jesus: "Mestre, dizei a meu irmão que reparta comigo a herança que nos coube". Jesus então lhe perguntou: "Homem, quem estabeleceu que eu posso vos julgar, ou fazer vossas partilhas?". E acrescentou: "Cuidai de resguardar-vos de toda avareza, porque, seja qual for a abundância em que o homem esteja, sua vida não depende dos bens que possui". Em seguida, narrou-lhes esta parábola: "Havia um homem rico cujas terras tinham produzido extraordinariamente. Ele se ocupava pensando consigo mesmo: 'Que farei, já que não tenho um lugar onde possa guardar tudo o que vou colher? Acho que demolirei meus celeiros e construirei outros maiores, e guardarei neles toda a minha colheita e todos os meus bens; e direi à minha alma: 'Minha alma, tens muitos bens de reserva para vários anos. Então descansa, come, bebe, regala-te'.' Mas, no mesmo instante, Deus disse ao homem: 'Como és insensato! Esta noite mesmo te arrebatarão a alma. E para quem ficará tudo o que acumulaste?' ".
Assim acontece com aquele que acumula tesouros para si mesmo, e que não é rico diante de Deus. (Lucas, 12:13-21).

Jesus na casa de Zaqueu

4. Tendo entrado em Jericó, Jesus atravessou a cidade. Havia lá um homem chamado Zaqueu, chefe dos publicanos e muito rico, que desejava conhecê-Lo, mas não conseguia porque, tendo uma baixa estatura, a multidão não o deixava vê-Lo. Por isso, ele correu mais à frente e subiu numa árvore para tentar avistá-Lo, certo de que Ele deveria passar por lá. Tendo chegado a esse lugar, Jesus dirigiu o olhar para o alto, e tendo-o visto, disse-lhe: "Zaqueu, desce depressa, porque hoje preciso abrigar-me em tua casa". Zaqueu desceu imediatamente, e O recebeu com alegria. Todos os que viram aquilo murmuravam: "Ele foi hospedar-se na casa de um homem de má vida". (Ver ***Publicanos***, na Introdução desta obra). Entretanto, apresentando-se diante do Senhor, disse-Lhe Zaqueu: "Senhor, darei a metade dos meus bens aos pobres e, se prejudiquei alguém, seja no que for, dar-lhe-ei quatro vezes mais". Ao que Jesus lhe respondeu: "Esta casa recebeu

• A corda, muito resistente e usada pelos hebreus para amarrar suas tendas no deserto, era feita com fios da cauda do camelo trançados. Daí ser designada pelo nome do animal.

hoje a salvação, porque este também é filho de Abraão; pois o Filho do Homem veio para procurar e salvar o que estava perdido". (LUCAS, 19:1-10).

Parábola do mau rico

5. Havia um homem rico que se vestia de púrpura e linho, e se cuidava magnificamente todos os dias. Havia também um pobre chamado Lázaro, deitado à sua porta, todo coberto de feridas, que desejava muito saciar a fome com as migalhas que caíam da mesa daquele rico. Mas ninguém lhe dava nada, e os cães vinham lamber-lhe as chagas. Aconteceu que esse pobre mendigo morreu e foi levado pelos anjos para o seio de Abraão. O rico também morreu, e teve por sepulcro o inferno. Quando estava em tormento, elevou os olhos ao Alto e, de longe, viu Abraão e Lázaro em seu seio. Então, gritando, disse estas palavras: "Pai Abraão, tende piedade de mim! Mandai-me Lázaro para que molhe a ponta do seu dedo na água, a fim de me refrescar a língua, pois sofro tormentos extremos nestas chamas". Mas Abraão lhe respondeu: "Meu filho, lembrai-vos de que recebeste vossos bens em vida, e de que Lázaro só teve males. Eis por que ele agora está na consolação, e vós nos tormentos. Além do mais, existe para sempre um grande abismo entre nós e vós. De maneira que aqueles que quiserem passar daqui para onde estais não o podem, como não se pode passar do lugar onde estais para cá". O rico lhe disse: "Então, eu vos suplico, pai Abraão, que o mandeis à casa de meu pai, onde tenho cinco irmãos, para que lhes dê testemunho dessas coisas, com receio de que eles também venham para este lugar de tormentos". Abraão replicou-lhe: "Eles têm Moisés e os profetas; que os ouçam!". "Não, pai Abraão", disse ele, "se algum dos mortos for ter com eles, eles farão penitência". Abraão respondeu-lhe: "Se eles não ouvem Moisés nem os profetas, também não acreditarão que algum dos mortos ressuscite". (LUCAS, 16:19-31).

Parábola dos talentos

6. O Senhor age como o homem que, devendo fazer uma longa viagem para fora de seu país, chamou seus servidores e lhes confiou seus bens. E, tendo dado cinco talentos a um, dois a outro e um a outro, segundo a capacidade de cada um, logo partiu. Então, o que tinha recebido cinco talentos saiu e negociou esse dinheiro, ganhando mais cinco talentos. Aquele que

havia recebido dois, da mesma forma ganhou outros dois. Mas o que só tinha recebido um, foi cavar um buraco na terra e nele escondeu o dinheiro de seu amo. Muito tempo depois, o amo desses servidores voltou e pediu que lhes prestassem contas. E aquele que tinha recebido cinco talentos veio apresentar-lhe cinco outros, dizendo-lhe: "Senhor, vós me havíeis confiado cinco talentos. Eis aqui, além deles, outros cinco que ganhei". O amo respondeu-lhe: "Bom e fiel servidor, porque foste fiel em pequenas coisas, eu te confiarei muitas outras. Participa da alegria do teu Senhor". A seguir, veio apresentar-se o que havia recebido dois talentos, e disse-lhe: "Senhor, me havíeis confiado dois talentos. Eis aqui, além deles, outros dois que ganhei". O amo lhe respondeu: "Bom e fiel servidor, porque foste fiel em pequenas coisas, eu te confiarei muitas outras. Participa da alegria do teu Senhor". O servidor que só tinha recebido um talento veio a seguir, e lhe disse: "Senhor, sei que sois um homem severo, que ceifais onde não semeaste, e que colheis onde nada deitaste. É por isso que, como eu vos temia, escondi vosso dinheiro na terra. Ei-lo! Devolvo o que é vosso". Mas o amo respondeu-lhe: "Servo mau e preguiçoso, sabias que ceifo onde não semeei, e colho onde nada deitei. Devias, portanto, confiar meu dinheiro a banqueiros para que, ao regressar, retirasses com juros o que me pertence. Tirem-lhe, pois, o talento, e que seja dado a quem tem dez talentos, pois dar-se-á a todos os que já têm, e serão cumulados de bens. Mas, quanto ao que nada tem, lhe será tirado até mesmo o que pareça ter. E que se lance este servo inútil nas trevas exteriores. Lá haverá choro e ranger de dentes". (Mateus, 25:14-30).

Utilidade providencial da fortuna. Provas da riqueza e da miséria

7. A riqueza seria um obstáculo absoluto à salvação dos que a possuem se interpretássemos ao pé da letra algumas falas de Jesus, sem procurar entender seu verdadeiro sentido moral. Nesse caso, Deus, que a concede, teria posto nas mãos de alguns um instrumento de perdição, idéia que contraria a razão. A riqueza é, sem dúvida, uma prova bastante arriscada e mais perigosa do que a miséria, em razão das seduções e tentações que oferece e do fascínio que exerce. Ela é o excitante máximo do orgulho, do egoísmo e da vida sensual. É o laço mais poderoso que prende o homem à Terra e desvia os seus pensamentos do Céu. Ela provoca tamanha perturbação, que é

comum ver-se aquele que passa da miséria à fortuna esquecer depressa sua antiga situação, bem como as pessoas que foram seus companheiros e que o ajudaram, tornando-se insensível, egoísta e fútil. Contudo, embora a riqueza dificulte a jornada, não significa que a torne impossível e que não possa vir a ser um meio de salvação nas mãos de quem sabe fazer bom uso dela, tal como determinados venenos que restituem a saúde se empregados de maneira adequada e criteriosa.

Quando Jesus disse ao jovem que o interrogava sobre os meios para alcançar a vida eterna: "Desfaze-te de todos os teus bens e segue-me", não pretendia estabelecer como princípio absoluto que todos devam despojar-se do que possuem e que este é o preço da salvação. Ele queria mostrar que *o apego aos bens terrenos* é um obstáculo à salvação. Aquele jovem, de fato, achava que estava quites com a Lei porque tinha observado alguns mandamentos. No entanto, recuou ante a idéia de abrir mão de seus bens, o que demonstra que seu desejo de alcançar a vida eterna não ia ao extremo de fazer tal sacrifício.

O que Jesus lhe propunha era uma prova decisiva para revelar a essência do seu pensamento. Sem dúvida, o jovem podia ser um homem perfeitamente honesto perante a sociedade, não fazer mal a ninguém, não ser fútil nem orgulhoso, honrar seu pai e sua mãe, mas não possuía a verdadeira caridade, pois suas qualidades não chegavam até a renúncia em favor do próximo. O que Jesus quis demonstrar era a aplicação do princípio: *Fora da caridade não há salvação.*

A consequência dessas palavras, se tomadas ao pé da letra, seria a extinção da riqueza, por ser nociva à felicidade futura e tornar-se a causa de uma infinidade de males na Terra. Seria, além disso, a condenação do trabalho que pode proporcioná-la, o que é uma conclusão absurda, pois levaria o homem de volta à vida selvagem e, por isso mesmo, estaria em contradição com a Lei da Evolução, que é uma Lei de Deus.

Se a riqueza é a fonte de muitos males, se excita tantas más paixões, se provoca mesmo tantos crimes, não é a ela que devemos responsabilizar e sim ao homem que dela faz mau uso, como faz mau uso de todos os dons que Deus lhe deu. Pelo abuso, ele torna pernicioso o que lhe poderia ser útil. Essa é uma consequência do estado de inferioridade do mundo terrestre. Se a riqueza devesse provocar somente males, Deus não a teria posto na Terra. Portanto, cabe ao homem dela extrair o bem. Se ela não é um elemento direto do progresso moral, é incontestavelmente um poderoso elemento de progresso intelectual.

Realmente, o homem tem por missão trabalhar pelo progresso material do planeta. Ele deve desbravá-lo, saneá-lo e prepará-lo para um dia receber toda a população que sua extensão comporta. Para alimentar essa população que cresce sem cessar, é preciso aumentar-lhe a produção. Se a produção de uma região é insuficiente, é preciso buscá-la fora. Por isso mesmo, as relações entre os povos tornam-se uma necessidade. Para favorecê-las, é preciso descartar os obstáculos materiais que os separam; tornar as comunicações mais rápidas. Para esses trabalhos, que são a obra dos séculos, o homem teve de extrair materiais até das entranhas da terra e buscar na ciência meios de executá-los com maior segurança e rapidez. Mas, para concretizá-los, precisou de recursos: a necessidade o fez criar a riqueza, como fez com que descobrisse a ciência. A atividade exigida para esses mesmos trabalhos lhe desenvolveu a inteligência. Essa inteligência, que a princípio ele concentra na satisfação de suas necessidades materiais, o ajudará mais tarde a compreender as grandes verdades morais. Portanto, sem a riqueza, que é o principal meio de execução das necessidades do homem, não haveria grandes obras, nem atividades, nem incentivos, nem pesquisas. É pois, com razão, que ela é considerada um elemento de progresso.

Desigualdade das riquezas

8. A desigualdade das riquezas é um desses problemas que se procura resolver inutilmente, quando se leva em consideração apenas a vida presente. A principal questão que surge é esta: Por que todos os homens não são igualmente ricos? Eles não o são por uma razão muito simples: **porque não são igualmente inteligentes, ativos e laboriosos para adquirir, nem comedidos e previdentes para conservar.** Aliás, está matematicamente demonstrado que a riqueza, quando repartida igualmente, proporciona uma parte mínima e insuficiente para cada um. Então, supondo-se estabelecida essa divisão, em pouco tempo

o equilíbrio seria rompido pelas diferenças entre as índoles e aptidões de cada pessoa. Imaginando-se que essa divisão fosse possível e duradoura, com cada um tendo apenas o suficiente para viver, disso resultaria a extinção de todas as grandes pesquisas que contribuem para o progresso e para o bem-estar da humanidade. Admitindo-se que ela desse a cada um somente o necessário, não haveria mais o estímulo que impulsiona os homens às grandes descobertas e aos empreendimentos úteis. Assim, se Deus a concentra em certos pontos, é para que dali se propague em quantidade suficiente, conforme as necessidades.

Admitido isso, pergunta-se: "Por que Deus a concede a pessoas incapazes de fazê-la frutificar para o bem de todos?". Eis aqui mais uma prova da sabedoria e da bondade de Deus. Ao dar ao homem o livre-arbítrio, quis que ele chegasse, por experiência própria, a distinguir o bem do mal, e que a prática do bem fosse o resultado de seus esforços e de sua própria vontade. O homem não deve ser conduzido irrevogavelmente nem ao bem nem ao mal, pois, se assim fosse, não passaria de um instrumento passivo e irresponsável, como os animais. A riqueza é um meio de colocá-lo à prova moralmente. Mas como é também um poderoso meio de ação para o progresso, Deus não quer que ela fique por muito tempo improdutiva. Eis por que *a transfere continuamente de mãos.* Assim, todos devem possuí-la para aprender a utilizá-la e demonstrar o uso que sabem fazer dela. Mas como é materialmente impossível que todos a possuam ao mesmo tempo – e, aliás, se todos a possuíssem, ninguém trabalharia e o desenvolvimento do planeta estaria comprometido –, ***cada um a possui alternadamente.*** Quem hoje não a tem, já a possuiu ou possuirá numa outra existência, e quem a possui agora, poderá deixar de tê-la amanhã. Existem ricos e pobres porque, sendo Deus justo, todos, por sua vez, devem trabalhar. Para uns, a pobreza é prova de paciência e resignação; para outros, a riqueza é prova de caridade e abnegação.

É lamentável o péssimo uso que determinadas pessoas fazem de sua fortuna e as infames paixões que a cobiça desperta. Pergunta-se, então: "Deus é justo ao dar riquezas a gente assim?". É certo que, se o homem tivesse uma única existência, nada justificaria semelhante repartição dos bens terrenos; mas se, ao invés de limitarmos nossa visão à vida presente, considerarmos o conjunto das existências, veremos que tudo se equilibra com justiça. O pobre, portanto, não tem mais motivos para acusar a Providência, nem para invejar os ricos, e os ricos não têm mais motivos para vangloriar-se do que possuem. Se fazem mau uso das riquezas, não será por meio de decretos ou de leis contra a ostentação que se remediará o mal. As leis podem mudar momentaneamente as aparências, mas não mudam o coração. Eis a razão pela qual sua vigência é apenas temporária, e porque são sempre seguidas de uma reação desenfreada. A origem do mal está no egoísmo e no orgulho. Os abusos de qualquer espécie cessarão por si mesmos quando os homens se orientarem pela Lei da Caridade.

Instruções dos espíritos

A VERDADEIRA PROPRIEDADE

9. O homem só possui como seu o que pode levar deste mundo. O que encontra ao reencarnar, e o que deixa ao partir, desfruta somente durante sua permanência na Terra. Mas, como é forçado a despojar-se de tudo ao desencarnar, tem apenas o usufruto e não a posse real das coisas. O que possui ele, então? Nada do que se destina ao uso do corpo e tudo o que se destina ao uso da alma, ou melhor, a inteligência, os conhecimentos e as qualidades morais. Isso é o que ele traz e leva consigo, e o que ninguém pode lhe roubar, e que será muito mais útil no outro mundo do que neste. Dependerá dele ser mais rico ao partir do que quando chegou, pois sua posição futura resultará do que tiver conseguido com boas ações. Quando um homem vai a um país distante, arruma sua bagagem de acordo com o que vai utilizar durante a viagem, não se sobrecarregando com o que lhe seria inútil. Fazei, pois, da mesma forma com relação à vida futura, e abastecei-vos com tudo o que nela vos puder ser útil.

Ao viajante que se hospeda, dão-lhe boas acomodações, se puder pagar por elas; àquele que tem pouco, dão-lhe as menos confortáveis; quanto ao que nada tem, vai dormir ao relento. O mesmo acontece com o homem quando chega ao mundo dos espíritos: o lugar para onde será conduzido depende do que possui. Mas não é com ouro que irá pagar por ele; tampouco ninguém lhe perguntará: "Quanto tinhas na Terra? Que posição ocupavas? Eras príncipe ou um modesto operário?". Contudo, é certo que lhe será perguntado: "O que trazes contigo?". Não será contabilizado os seus bens nem os seus títulos, mas o somatório de suas virtudes. Por isso, mediante essa avaliação, o operário pode ser mais rico do que o príncipe. Em vão alegará que antes de partir pagou com ouro sua entrada, pois terá como resposta: "Os lugares aqui não são comprados; são obtidos pelo bem que se praticou. Com a moeda terrestre, conseguiste comprar terrenos, casas, palácios. Mas aqui tudo é pago com as qualidades da alma. És rico dessas qualidades? Sê bem-vindo, e passa para a primeira fila, onde todas as alegrias te esperam. És pobre de qualidades? Passa então para a última, onde serás tratado de acordo com tuas posses". (Pascal, Genebra, 1860).

10. Os bens da Terra pertencem a Deus, que os distribui conforme Sua vontade. O homem é apenas seu usuário, um administrador mais ou menos íntegro e inteligente. Os bens terrenos significam tão pouco, como propriedade individual do homem, que Deus frequentemente frustra todas as previsões e a fortuna escapa das mãos daquele que acredita ter todo direito sobre ela.

Podeis pensar, talvez, que isso diga respeito apenas às fortunas herdadas, e que não acontece o mesmo com aquela que se conquista pelo próprio trabalho. Sem dúvida alguma, se há fortuna legítima, é aquela que foi adquirida honestamente, pois *uma propriedade só é legitimamente conquistada quando, para consegui-la, não se faz mal a ninguém,* já que teremos de prestar contas de todos os centavos ganhos às custas de alguém. Mas, se um homem tiver conquistado sua fortuna exclusivamente pelo seu esforço, terá com isso alguma vantagem ao morrer? Os cuidados que toma ao transmiti-la aos seus descendentes não serão muitas vezes inúteis? Sim, pois se Deus não quiser que lhes chegue às mãos, nada prevalecerá contra a Sua vontade. Pode o homem usar e abusar de sua fortuna impunemente durante a vida, sem ter que prestar contas? Não. Ao permitir que ele a adquira, Deus pode querer recompensá-lo, durante a vida atual, por seus esforços, sua coragem, sua perseverança; mas, se a utiliza somente para a satisfação de seus sentidos, ou de seu orgulho, ou se ela se torna um motivo de queda moral em suas mãos, melhor seria que não a possuísse, pois perde o que ganhou e anula o mérito de seu trabalho. Então, ao deixar a Terra, Deus lhe dirá que ele já recebeu a sua recompensa. (M., espírito protetor, Bruxelas, 1861).

EMPREGO DA RIQUEZA

11. Não podeis servir a Deus e a Mamon. Lembrai-vos bem disso, vós que sois dominados pelo apego ao ouro; vós que venderíeis a alma para possuir tesouros, pois eles podem vos elevar acima dos outros homens e vos dar os prazeres das paixões. Não, não podeis servir a Deus e a Mamon! Se, portanto, sentirdes vossa alma tomada pelos desejos da carne, apressai-vos em vos livrar desse domínio que vos oprime, pois Deus, que é justo e severo, dirá a cada um de vós: "O que fizeste, depositário infiel, dos bens que te confiei? Usaste esse poderoso instrumento de boas obras apenas a serviço de tua satisfação pessoal.

Qual é, então, o melhor emprego da fortuna? Procurai nestas palavras *Amai-vos uns aos outros* a solução desse problema. Nelas reside o segredo do bom uso das riquezas. Quem está voltado para o amor ao próximo, já tem sua linha de conduta perfeitamente traçada. O emprego da riqueza que agrada a Deus é a caridade; não a caridade fria e egoísta, que consiste em distribuir ao redor de si as sobras de uma existência brilhante, mas a caridade plena de amor, que procura o necessitado e o socorre, sem humilhá-lo.

Rico, dá do que te sobra! Faze mais: dá um pouco do que te é necessário, pois o teu necessário ainda é supérfluo. Mas dá discretamente! Não rejeites quem chora, com medo de seres enganado. Vai à origem do mal! Consola primeiro; depois, informa-te. E vê se o trabalho, os conselhos, até mesmo um carinho não serão mais eficazes do que a tua esmola. Espalha ao redor de ti, fartamente, o amor a Deus, o amor ao trabalho, o amor ao próximo. Aplica tua riqueza em ações que jamais te decepcionarão e te trarão grandes lucros: o das boas obras. A riqueza da inteligência deve servir-te como a do ouro. Espalha ao teu redor os tesouros da instrução. Espalha entre teus irmãos os tesouros do teu amor, e eles frutificarão. (CHEVERUS, Bordéus, 1861).

12. Quando considero a curta duração da vida, fico amargamente impressionado com a preocupação que tendes para com o vosso bem-estar material, ao passo que dais tão pouca importância e dedicais pouco ou quase nenhum tempo ao vosso aperfeiçoamento moral, que é o que deve ser levado em conta por toda a eternidade. Ao observar-se as atividades que desenvolveis, pode-se até pensar que ela esteja ligada a algo da maior importância para a humanidade, quando, quase sempre, trata-se apenas de um esforço para adquirir condições de satisfazer às necessidades excessivas, à vaidade, ou de vos entregar ao gosto pelos supérfluos.

Quantas aflições, preocupações e tormentos as pessoas se impõem! Quantas noites mal-dormidas, apenas para aumentar uma fortuna, muitas vezes já mais do que suficiente! Absurdo é encontrar homens que, por apego exagerado à fortuna e aos prazeres que ela proporciona, se sujeitam a um trabalho penoso, vangloriando-se de uma existência que julgam ser de sacrifício e mérito, como se trabalhassem pelos outros e não para si mesmos! Insensatos! Acreditais, realmente, que vos serão levados em conta os cuidados e os esforços motivados pelo egoísmo, pela cupidez ou pelo orgulho, enquanto esqueceis de cuidar do vosso futuro, assim como dos deveres que a solidariedade fraterna impõe a todos que gozam dos privilégios da vida social? Pensastes apenas em vosso corpo. E o bem-estar e os prazeres que ele poderia desfrutar foram o objeto exclusivo de vossa preocupação egoísta. Por causa do corpo, que um dia perece, negligenciastes vosso espírito, que viverá para sempre. Assim, esse senhor tão mimado e bem-cuidado passou a ser o vosso tirano. Ele comanda vosso espírito, que se fez seu escravo. Seria este o objetivo da existência que Deus vos concedeu? (UM ESPÍRITO PROTETOR, Cracóvia, 1861).

13. Sendo o homem o depositário, o administrador dos bens que Deus lhe coloca nas mãos, terá de prestar contas rigorosas do uso que deles tiver feito, por seu livre-arbítrio. O mau

emprego consiste em servir-se deles apenas para sua satisfação pessoal. Ao contrário, o emprego é bom quando dele resultar um benefício qualquer para o próximo. Portanto, o mérito será proporcional ao sacrifício que, para isso, a pessoa impôs a si mesma.

A beneficência é apenas um dos modos de empregar a riqueza. Ela alivia as necessidades, sacia a fome, protege do frio e dá abrigo a quem não o possui. Mas há um dever igualmente imperioso, e também igualmente meritório: o de evitar a miséria. Eis aí a principal missão das grandes fortunas, pois pode gerar trabalhos de todas as espécies, e, mesmo que deles se tirasse legítimo proveito, o bem não deixaria de existir, porque o trabalho desenvolve a inteligência e eleva a dignidade do homem, que sempre se orgulha de poder dizer que conquistou o pão que come, ao passo que a esmola humilha e degrada. A fortuna concentrada em uma só mão deve ser como uma fonte de água pura, que espalha o bem-estar ao seu redor.

Ricos, se a empregardes conforme os desígnios do Senhor, vosso coração será o primeiro a saciar sua sede nessa fonte benfazeja. Tereis nesta vida as indescritíveis alegrias da alma, em lugar dos prazeres materiais do egoísta, que deixam um vazio no coração. Vosso nome será abençoado na Terra, e, quando a deixardes, o soberano Senhor vos dirigirá as palavras da *Parábola dos Talentos*: "Bom e fiel servo, entra na alegria do teu Senhor!". Nessa parábola, o servo que enterrou o dinheiro que lhe fora confiado não é a imagem dos avarentos em cujas mãos a riqueza é improdutiva? Se, no entanto, Jesus fala principalmente das esmolas, é porque naquela época, e na região onde vivia, não se conheciam os trabalhos que as artes e as indústrias proporcionariam mais tarde, e nos quais a riqueza pode ser empregada utilmente para o bem geral.

Para aqueles que podem dar, seja pouco ou muito, direi então: "Dai esmolas quando isso for necessário, mas convertei-as em salário sempre que possível, para que quem as recebe não se envergonhe com isso. (FÉNELON, Argel, 1860).

DESAPEGO DOS BENS TERRENOS

14. Venho, meus irmãos, meus amigos, trazer minha pequena contribuição para vos ajudar a avançar corajosamente

no caminho do aperfeiçoamento em que entrastes. Somos devedores uns dos outros. Somente com a união sincera e fraterna entre desencarnados e encarnados será possível a regeneração.

Vosso apego aos bens terrenos é um dos maiores obstáculos ao vosso adiantamento moral e espiritual. É em decorrência do apego às riquezas que desprezai vossas mais nobres qualidades, concentrando-as inteiramente nas coisas materiais. Sede sinceros: a riqueza proporciona felicidade total? Quando vossos cofres estão cheios, não continua a existir um vazio no coração? No fundo de um belo cesto de flores, não pode haver um réptil escondido? Compreendo que o homem que conseguiu acumular fortuna com seu trabalho árduo e honrado sinta uma grande satisfação, aliás muito justa e aprovada por Deus. Mas daí a um apego que anule todos os outros sentimentos e paralise os impulsos do coração existe uma distância tão grande quanto a que vai da avareza sórdida ao esbanjamento exagerado: dois vícios entre os quais Deus colocou a caridade, santa e salutar virtude que ensina o rico a dar sem ostentação, a fim de que o pobre receba sem humilhação.

Quer a fortuna se origine da família, quer a tenhais conquistado com o vosso trabalho, há uma coisa que jamais deveis esquecer: tudo vem de Deus, tudo retorna a Deus. Nada na Terra vos pertence, nem mesmo vosso pobre corpo, pois a morte vos despoja dele, como vos despoja de todos os bens materiais. Sois depositários e não proprietários, não vos enganeis! Deus vos emprestou, então deveis restituir. E Ele vos empresta sob a condição de que, pelo menos o supérfluo, reverta em favor dos necessitados.

Um amigo vos empresta uma quantia. Por menos honestos que sejais, tereis o compromisso de devolvê-la, e lhe ficareis agradecido. Pois bem! Esta é a situação de todo homem rico: Deus é o amigo celestial que lhe emprestou a riqueza e não pede nada para Si, a não ser amor e reconhecimento, mas exige que o rico, por sua vez, também dê aos pobres que são Seus filhos, da mesma forma que ele o é.

Pode ser que o bem material que Deus vos confiou desperte em vosso coração uma ardente e insensata cobiça. Quando vos apegais excessivamente a uma riqueza tão perecível e passageira quanto vós, já pensastes que virá o dia em que devereis prestar contas ao Senhor daquilo que Ele vos emprestou? Esqueceis-vos de que, pela riqueza, fostes investidos da sagrada condição de ministros da caridade na Terra, para serdes distribuidores dessa mesma riqueza? Que sois, então, quando usais em proveito próprio o que vos foi confiado, senão depositários infiéis? Qual é o resultado desse esquecimento voluntário dos vossos deveres? A morte... que implacavelmente vem rasgar o véu sob o qual vos escondestes, e vos força a prestar contas até mesmo ao amigo distante a quem devíeis favores, e que nesse momento se apresenta diante de vós como um juiz.

Na Terra, inutilmente procurais vos iludir, disfarçando sob o nome de virtude o que muitas vezes não passa de egoísmo. Em vão dizeis que é poupança e previdência o que nada mais é senão ambição e avareza; ou generosidade, o que na verdade é um esbanjamento para obter vantagens pessoais. Um pai de família, por exemplo, deixa de praticar a caridade, economiza, acumula ouro e mais ouro, e isso, segundo ele diz, para deixar aos filhos o máximo de bens que puder, e assim evitar que caiam na miséria. É muito justo, concordo, e não se pode censurá-lo por isso. Mas será esse o verdadeiro motivo que o leva a agir assim? Muitas vezes não será um pacto com sua própria consciência para justificar, diante de si mesmo e da sociedade, seu apego aos bens terrenos? Mesmo que eu admita que seja só o amor paternal que o move, isso seria motivo para esquecer-se de seus irmãos perante Deus? Se ele já tem o supérfluo, acaso deixará seus filhos na miséria se ficarem com um pouco menos desse supérfluo? Não lhes estaria dando um exemplo de egoísmo que lhes endureceria o coração? Não estaria sufocando neles o amor ao próximo? Pais e mães, cometeis um grande erro se acreditais que assim agindo aumentaríeis a afeição de vossos filhos por vós, pois, ensinando-lhes a ser egoístas, lhes ensinais a sê-lo para convosco também.

Quando um homem trabalhou honestamente, e com o suor de seu rosto adquiriu bens, muitas vezes o ouvireis dizer que, quando o dinheiro é ganho com esforço, sabemos lhe dar valor. Nada é mais verdadeiro. Pois bem! Que esse homem, que diz conhecer o valor do dinheiro, pratique a caridade segundo as suas possibilidades, e então terá mais merecimento do que aquele que, nascido na abastância, não conhece a fadiga de um trabalho árduo. Se ao contrário, porém, esse mesmo homem, que se recorda de suas aflições e de seus esforços, for egoísta e impiedoso para com os pobres, torna-se muito mais condenável do que os outros, pois, quanto mais conhecemos por nós mesmos as dores ocultas da miséria, mais devemos nos empenhar em aliviá-las nos outros.

Infelizmente, há sempre no homem de posses um sentimento tão forte quanto o apego à riqueza: o orgulho. É comum ver-se o novo-rico atordoar o infeliz que lhe implora ajuda com histórias sobre seu trabalho e suas habilidades, ao invés de ajudá-lo, e por fim dizer-lhe: "Faça como eu fiz". Segundo ele, a bondade de Deus nada tem a ver com sua fortuna, pois o mérito é todo seu. O orgulho põe-lhe uma venda nos olhos e tapa-lhe os ouvidos. Ele não compreende que apesar de toda a sua inteligência e habilidade Deus pode derrubá-lo com uma só palavra.

Esbanjar a riqueza não é desapego aos bens terrenos, é negligência e indiferença. O homem, como depositário dos bens que Deus lhe confiou, não tem o direito de desperdiçá-los, como não o tem de usá-los somente em proveito próprio. O desperdício não é generosidade, é muitas vezes uma forma de egoísmo. Quem gasta excessiva e irresponsavelmente para satisfazer uma fantasia, não daria um centavo para prestar um favor. O desapego aos bens terrenos consiste em atribuir à riqueza sua real importância; em saber servir-se dela em benefício dos outros, e não apenas para seu próprio bem; em não sacrificar por sua causa os proveitos da vida futura; em perdê-la, sem se lamentar, se Deus aprouver tirá-la de vós.

Se, por algum infortúnio, vos transformardes em um novo Jó,[2] dizei como ele: "Senhor, vós me destes, vós me tirastes. Que seja feita a vossa vontade!". Eis o verdadeiro desapego. Antes de mais nada, sede submissos. Tende fé naquele que, vos tendo dado e tirado, pode vos devolver. Resisti corajosamente ao abatimento e ao desespero que paralisam vossas forças. Por isso, se Deus vos golpear, nunca vos esqueçais de que, ao lado das grandes provas, Ele sempre coloca uma consolação. Mas pensai principalmente que existem bens infinitamente mais preciosos do que os da Terra, e esse pensamento vos ajudará

2 Jó: Alusão a alguém que possui uma fé inabalável; é desapegado dos bens materiais e temente a Deus.

a vos desapegar dos patrimônios materiais. O pouco valor que se atribua a determinada coisa faz com que sintamos menos a sua perda. O homem que se apega aos bens terrenos é como a criança que só vê o momento presente. Aquele que não se agarra a eles, é como o adulto que vê coisas mais importantes, pois compreende estas palavras proféticas do Salvador: "Meu reino não é deste mundo".

O Senhor não manda que nos despojemos do que possuímos para nos reduzir a uma mendicância voluntária, pois nos transformaríamos num peso para a sociedade. Agir assim seria compreender erradamente o desapego aos bens terrenos. É um egoísmo de outra espécie, pois significa livrar-se da responsabilidade que a riqueza põe sobre os ombros de quem a possui. Deus a proporciona a quem Lhe parece ter qualidades para administrá-la em proveito de todos. Portanto, o rico tem uma missão que ele pode tornar nobre e proveitosa para si mesmo. Rejeitar a riqueza dada por Deus é renunciar ao benefício do bem que se pode fazer ao administrá-la sabiamente. Saber nos resignar quando não a possuímos, saber empregá-la utilmente quando a recebemos, e saber abrir mão dela quando for necessário, é agir segundo os desígnios do Senhor. Que aquele que for contemplado com aquilo que o povo chama de "golpe de sorte" diga: "Meu Deus, me enviastes um novo encargo; então dai-me forças para desempenhá-lo segundo Vossa santa vontade".

Eis, meus amigos, o que eu pretendia vos ensinar a respeito do desapego dos bens terrenos. Resumirei tudo, dizendo: Sabei vos contentar com pouco. Se sois pobres, não invejeis os ricos, pois a riqueza não é necessária à felicidade. Se sois ricos, não vos esqueçais de que devereis prestar contas da utilidade que fizerdes dos bens que vos foram confiados, como se presta contas de uma tutela. Não sejais depositários infiéis, fazendo com que eles sirvam apenas para satisfazer vosso orgulho e vossa sensualidade. Não vos acheis no direito de dispor exclusivamente para vós do que é somente um empréstimo, não um presente. Se não sabeis restituir, não tendes o direito de pedir, e lembrai-vos de que quem dá aos pobres salda a dívida que contraiu com Deus. (LACORDAIRE, Constantina, 1863).

TRANSMISSÃO DA FORTUNA

15. ***O princípio segundo o qual o homem não passa de um depositário da fortuna que Deus lhe permite usufruir durante a vida, tira-lhe o direito de transmiti-la aos seus descendentes?***

O homem pode perfeitamente, ao desencarnar, transmitir os bens de que desfrutou durante a vida, porque a posse desse direito continua subordinada à vontade de Deus, que pode, quando o desejar, impedir que Seus descendentes dele usufruam. É assim que vemos desmoronar fortunas que parecem solidamente estabelecidas. A vontade do homem de manter sua fortuna na sua descendência é, portanto, impotente, o que não lhe tira o direito de transmitir o empréstimo que recebeu, uma vez que Deus o retirará quando achar oportuno. (SÃO LUÍS, Paris, 1860).

Capítulo 17
Sede perfeitos

• Características da perfeição • O homem de bem • Os bons espíritas • Parábola do semeador • INSTRUÇÕES DOS ESPÍRITOS: O dever • A virtude • Os superiores e os inferiores • O homem no mundo • Cuidai do corpo e do espírito

Características da perfeição

1. Amai os vossos inimigos. Fazei o bem aos que vos odeiam e orai pelos que vos perseguem e vos caluniam, pois, se amardes somente os que vos amam, que recompensa tereis? Os publicanos não fazem o mesmo? E se saudardes só os vossos irmãos, que fazeis mais do que os outros? Os pagãos também não o fazem? Sede, pois, perfeitos como vosso Pai Celestial o é. (MATEUS, 5:44, 46-48).

2. Já que Deus possui a perfeição infinita em todas as coisas, a máxima ***Sede perfeitos como vosso Pai Celestial é perfeito,*** tomada ao pé da letra, faria supor a possibilidade de atingir-se a perfeição absoluta. Se fosse dado à criatura ser tão perfeita quanto o Criador, ela se tornaria igual a Ele, o que é inadmissível. Sabendo que os homens a quem Se dirigia não compreenderiam esse raciocínio, Jesus limitou-Se a lhes apresentar um modelo e a dizer que se esforçassem para segui-lo. É preciso, pois, entender essas palavras com o sentido de ***perfeição relativa***, a única a que a humanidade é capaz de atingir e a que mais a aproxima da Divindade.

Mas em que consiste essa perfeição? Jesus responde: "Amar seus inimigos; fazer o bem aos que nos odeiam; orar pelos que nos perseguem". Com isso, Ele mostra que a essência da perfeição é a caridade em seu sentido mais amplo, porque ela envolve a prática de todas as outras virtudes. Realmente, se observarmos as consequências de todos os vícios, ou mesmo dos simples defeitos, seremos forçados a reconhecer que não existe um que não perturbe, ou mais ou menos, o sentimento da caridade, pois todos têm origem no egoísmo e no orgulho, que são a sua negação. Portanto, tudo o que excita excessivamente o sentimento da personalidade destrói, ou no mínimo enfraquece, os elementos da verdadeira caridade, que são: a benevolência, a indulgência, a abnegação e o devotamento. O amor ao próximo, testemunhado até no amor pelos inimigos, não podendo ligar-se a nenhum defeito contrário à caridade, é, por isso mesmo, sempre um indício de maior ou menor superioridade moral. Donde se conclui que o grau de perfeição é proporcional à extensão desse amor. Eis por que Jesus, após ter dado aos Seus discípulos as regras da caridade naquilo que ela tem de mais sublime, lhes disse: "Sede, pois, perfeitos, como vosso Pai Celestial é perfeito".

O homem de bem

3. O verdadeiro homem de bem é aquele que pratica a Lei de Justiça, de Amor e de Caridade com pureza. Ao interrogar sua consciência sobre seus próprios atos, ele se pergunta se não violou essa Lei, se não fez algo errado, se fez todo bem ***que podia,*** se negligenciou instintivamente uma ocasião de ser útil, se ninguém tem algo a se queixar dele. Enfim, se fez aos outros tudo o que gostaria que lhe fizessem. Ele confia em Deus, na Sua bondade, na Sua justiça e na Sua sabedoria. Sabe que nada acontece sem a Sua permissão, e em tudo se submete à vontade do Criador. Acredita no futuro; por isso, põe os bens espirituais acima dos bens temporais. Sabe que todas as contrariedades da vida, todas as dores, todas as decepções, são provas ou expiações, e as aceita sem se queixar.

O homem de bem que já desenvolveu intimamente o sentimento de caridade e de amor ao próximo faz o bem pelo bem, sem esperar retorno; retribui o mal com o bem; toma a defesa do fraco contra o forte; e sempre sacrifica seus interesses em favor da justiça. Sente satisfação nos benefícios que distribui, nos serviços que presta, nas coisas bem-sucedidas que faz, nas lágrimas que enxuga, nas consolações que leva aos aflitos. Seu primeiro gesto é pensar nos outros, antes de pensar em si mesmo; é tratar dos interesses dos outros antes de cuidar dos seus. Ele é o oposto do egoísta, que calcula os ganhos e as perdas de toda ação generosa. Ele é bom, humano e afável para com todos, sem distinção *de raças ou crenças*, porque vê irmãos em todos os homens. Respeita nos outros todas as convicções sinceras e não condena os que não pensam como ele. Em qualquer circunstância, a caridade é seu guia. Diz a si mesmo que quem prejudica os outros com palavras maldosas, quem fere a suscetibilidade de alguém com seu orgulho e desprezo, quem não recua diante da idéia de causar um sofrimento, uma contrariedade, ainda que amena, quando poderia evitá-la, falta com seu dever de amor ao próximo e não merece a clemência do Senhor.

O homem de bem não tem ódio, nem rancor, nem desejos de vingança. A exemplo de Jesus, perdoa e esquece as ofensas, e só se lembra dos benefícios porque sabe que será perdoado conforme houver perdoado. É indulgente para com as fraquezas alheias, porque sabe que também precisa de indulgência, e recorda estas palavras de Jesus: "Que aquele que estiver sem pecado, lhe atire a primeira pedra!". Não se compraz em procurar os defeitos alheios nem em colocá-los em evidência. Se a necessidade o obriga a isso, procura sempre o bem que possa atenuar o mal. Examina suas próprias imperfeições e trabalha sem cessar para combatê-las. Todos os seus esforços se encaminham de forma a que possa dizer, no dia seguinte, que há nele algo melhor do que no dia anterior.

Não exalta sua inteligência nem suas habilidades à custa dos outros. Ao contrário, aproveita todas as ocasiões para ressaltar tudo o que favorece os outros. Não se envaidece com sua riqueza nem com suas honrarias pessoais, porque sabe que tudo o que lhe foi dado lhe pode ser tirado. Usa os bens que lhe são concedidos sem exagero, porque sabe que constituem um penhor do qual deverá prestar contas, e está ciente de que o emprego mais nefasto que pode lhes dar é servir-se deles para a satisfação de suas próprias paixões.

Se sua posição social colocou alguns homens sob seu comando, trata-os com bondade e benevolência, pois são seus semelhantes perante Deus. Por isso, usa de sua autoridade para erguer-lhe moralmente, e não para humilhá-los com seu orgulho. Evita tudo o que possa tornar-lhes mais penosa a posição de subalternos. O subordinado, por sua vez, compreende os deveres de sua posição e se empenha em cumpri-los conscienciosamente. (Veja versículo número 9, deste capítulo).

Finalmente, o homem de bem respeita todos os direitos que as leis da natureza atribuem aos seus semelhantes, como gostaria que respeitassem os seus.

Esta não é a relação completa das qualidades que distinguem o homem de bem, mas, quem quer que se esforce para possuir as que foram enumeradas aqui, está no caminho que conduz a todas as outras.

Os bons espíritas

4. Se bem compreendido e bem sentido, o espiritismo leva naturalmente aos resultados que acabamos de expor, e que caracterizam o espírita como o verdadeiro cristão, já que ambos são uma coisa só. O espiritismo não nos cria nenhuma nova ordem moral, mas facilita aos homens a compreensão e a prática da moral do Cristo, dando uma fé inabalável e esclarecida aos que duvidam ou vacilam. Entretanto, muitos dos que crêem na existência das manifestações espíritas não compreendem suas consequências nem seu alcance moral, ou, se as compreendem, não as aplicam a si mesmos. A que isso se deve? A uma falta de clareza da doutrina? Não, pois ela não contém metáforas nem alegorias que possam dar lugar a falsas interpretações. A clareza é sua própria essência, e é daí que vem a sua força, pois fala direto à inteligência. Nada tem de misterioso, e seus seguidores não detêm a posse de qualquer segredo oculto às pessoas comuns.

Será preciso então uma inteligência excepcional para compreendê-la? Não, pois vemos homens de reconhecida capacidade que não a compreendem, ao passo que inteligências mais simples, de jovens que mal saíram da adolescência, captam-lhes com admirável clareza os detalhes mais sutis. Isso acontece porque o aspecto, digamos, ***material*** da ciência não requer outra coisa senão olhos para ser observada, enquanto que o aspecto ***essencial*** exige um certo grau de sensibilidade, ao qual se pode chamar de *maturidade do senso moral,* que não depende da idade nem do grau de instrução, porque é inerente à evolução do espírito encarnado.

Os laços da matéria ainda são muito fortes em alguns, para permitir que o espírito se desligue das coisas da Terra. É como se um véu lhes ocultasse a visão do Infinito. Por isso, não conseguem romper facilmente com gostos e hábitos exóticos, não compreendendo que possa existir algo melhor do que aquilo que possuem. A crença nos espíritos é para eles um simples detalhe que pouco, ou quase nada, modifica suas tendências instintivas. Em resumo: não enxergam mais do que um raio de luz, insuficiente para orientá-los e proporcionar-lhes uma determinação capaz de fazê-los vencer suas tendências. Apegam-se mais aos fenômenos do que à moral, que lhes parece banal e monótona. Pedem constantemente aos espíritos que os iniciem em novos mistérios, sem se questionarem se tornaram-se dignos de penetrar nos mistérios do Criador. Esses são os espíritas imperfeitos, alguns dos quais estacionam pelo caminho ou se afastam de seus irmãos de crença, porque recuam diante da obrigação de se reformarem, ou então reservam suas simpatias para aqueles que compartilham de suas fraquezas e de suas opiniões preconcebidas. Contudo, a aceitação dos princípios da doutrina é um primeiro passo que lhes permitirá o segundo, mais fácil numa outra existência.

Aquele que pode ser considerado um espírita sincero e verdadeiro está num grau superior de adiantamento moral, pois o espírito, ao dominar mais plenamente a matéria, lhe dá uma percepção mais clara do futuro. Os princípios da doutrina fazem vibrar nele qualidades que nos outros permanecem adormecidas. Em suma: *foi tocado no coração* e tem uma fé inabalável. Um é como o músico, que se emociona com os acordes, ao passo que o outro ouve apenas sons. *Reconhece-se o verdadeiro espírita por sua transformação moral e pelos esforços que faz para vencer suas más tendências.* Enquanto um se satisfaz em seu horizonte limitado, o outro, já bem mais esclarecido, se esforça por libertar-se dele, e sempre consegue quando o deseja com firmeza.

5. Naquele mesmo dia, tendo saído de casa, Jesus dirigiu-Se à beira-mar, onde uma grande multidão reuniu-se ao Seu redor. Subindo numa barca para falar ao povo, que ficou de pé na margem, Ele lhes disse muitas coisas por parábolas: "Saiu aquele que semeia a semear. E enquanto semeava, uma parte das sementes caíram ao longo do caminho, e os pássaros do céu vieram e comeram-na. Outra parte caiu num solo mais pedregoso e logo germinou, pois a terra ali não era muito profunda. Mas logo o Sol se levantou e, como ainda não tinham raízes, as sementes secaram. Outra parte caiu entre os espinheiros, e, crescendo, os espinheiros sufocaram-nas. Finalmente, uma outra parte caiu numa terra boa e deu frutos, havendo grãos que renderam cem por um, outros sessenta, e outros trinta. Que ouça, quem tem ouvidos para ouvir!". (Mateus, 13:1-9).

Escutai, pois, vós outros, a parábola do semeador.
Todo aquele que ouve a palavra do Reino e não lhe dá atenção, o espírito mau vem e arrebata o que havia sido semeado em seu coração; é aquele que recebeu a semente ao longo do caminho. O que recebeu as sementes no caminho pedregoso é o que ouve a palavra e a recebe na hora com alegria, mas, como não tem raízes em si, esse sentimento dura pouco tempo, e, quando surgem os obstáculos e as perseguições por causa da palavra, logo faz dela um motivo de escândalo e de fracasso. Aquele que recebe a semente entre os espinheiros é o que ouve a palavra, mas, em seguida, as preocupações e a ilusão das riquezas sufocam nele essa palavra e a tornam infrutífera. Aquele que recebe a semente numa boa terra é o que escuta a palavra do Reino, que lhe dá atenção e ela então frutifica, rendendo cem, ou sessenta, ou trinta por um. (Mateus, 13:18-23).

6. A parábola do semeador retrata perfeitamente as pequenas variações existentes na maneira de tirar proveito dos ensinamentos do ***Evangelho***. Quantas pessoas existem, de fato, para as quais eles não passam de algo superado, e que, assim como as sementes caídas entre as pedras, não produzem fruto algum.

Essa parábola também pode ser aplicada às diferentes categorias de espíritas. Ela não é o retrato daqueles que só se apegam aos fenômenos materiais, sem nenhum proveito tirar deles, porque os vêem somente como um motivo de curiosidade? Não retrata os que buscam apenas brilho na comunicação dos espíritos, interessando-se somente quando lhes satisfazem a imaginação, mas que, após ouvi-las, continuam tão frios e indiferentes como antes? Essa parábola não se aplica àqueles que acham os conselhos muito bons e os admiram, mas os aplicam aos outros e não a si mesmos? Finalmente: não é adequada àqueles para quem os ensinamentos são como a semente que cai na boa terra e produz frutos?

Instruções dos espíritos

O dever

7. O dever é a obrigação moral, primeiro para consigo mesmo, depois para com os outros. O dever é a lei que rege a vida, pois encontra-se nos mais ínfimos detalhes, como também nos atos mais elevados. Desejo falar apenas do *dever moral*, e não do dever que as profissões e o trabalho impõem.

No que se refere aos sentimentos, o dever é muito difícil de ser cumprido, porque é antagônico às seduções e interesses do coração. Suas vitórias não têm testemunhos, e suas derrotas não estão sujeitas à repressão. O dever íntimo do homem é guiado pelo seu livre-arbítrio, que o adverte ou o incita como uma bússola ligada à consciência, essa guardiã da retidão moral. Mas muitas vezes ele se vê impotente diante dos impulsos da paixão.

Quando praticado moralmente, o dever do coração eleva o homem. Mas, como defini-lo com exatidão? Onde ele começa? Onde termina? Pois bem, *o dever começa exatamente no ponto em que ameaçais a felicidade ou a tranquilidade de vosso próximo, e termina no limite que não desejais ver ultrapassado com relação a vós.*

Deus criou todos os homens iguais perante a dor: pequenos ou grandes, ignorantes ou instruídos, todos sofrem pelas mesmas causas, para que cada um avalie sensatamente o mal que pode fazer. Mas o mesmo critério não existe quanto ao bem, infinitamente mais variado em suas expressões. *A igualdade diante da dor é uma sublime providência de Deus, que quer que Seus filhos, instruídos pela experiência comum, não cometam o mal, alegando desconhecer seus efeitos.*

O dever é o resumo prático de todas as virtudes morais; representa um ato de heroísmo da alma que enfrenta as angústias da luta. O dever é austero e dócil, pois está sempre pronto a submeter-se às diversas complicações, mas permanece inflexível diante de suas tentações. ***O homem que cumpre o seu dever ama a Deus mais do que às criaturas, e às criaturas mais do que a si mesmo.*** É, ao mesmo tempo, juiz e sentenciado em causa própria.

O dever é o mais belo distintivo da razão, pois surge dela, como o filho nasce da mãe. O homem deve amar o dever, não porque o preserva dos males da vida, de que a humanidade não pode esquivar-se, mas porque dá à alma o vigor necessário ao seu desenvolvimento.

O dever cresce e irradia sob uma forma cada vez mais elevada em cada uma das etapas superiores da humanidade. A obrigação moral da criatura para com Deus jamais cessa: ela deve refletir as virtudes do Eterno que não aceita um esboço imperfeito, pois quer que a beleza de Sua obra resplandeça diante Dele. (LÁZARO, Paris, 1863).

A VIRTUDE

8. A virtude, no seu mais alto grau, contém em si o conjunto de todas as qualidades essenciais que constituem o homem de bem. Ser bom, caridoso, esforçado, sóbrio e modesto, são qualidades do homem virtuoso. Infelizmente, muitas vezes são acompanhadas por pequenas imperfeições morais que as desornam e as ofuscam. Aquele que faz alarde de suas virtudes não é virtuoso, pois lhe falta a principal qualidade: a modéstia; e possui o vício que mais se opõe a ela: o orgulho. A virtude verdadeiramente digna desse nome não gosta de se exibir. Podemos pressenti-la, mas ela se esconde nas sombras e foge da admiração do povo. São Vicente de Paulo, o digno cura de Ars, era muito virtuoso; além dele, outros religiosos pouco conhecidos do mundo, mas conhecidos de Deus, também o eram. Todos esses homens de bem ignoravam que eram virtuosos. Deixavam-se levar ao sabor de suas santas inspirações e praticavam o bem com total desprendimento e completamente esquecidos de si mesmos.

É a virtude compreendida dessa forma que eu vos convido a praticar, meus filhos. À essa virtude verdadeiramente cristã e verdadeiramente espírita que eu vos incito a vos consagrar. Afastai de vossos corações o sentimento do orgulho, da vaidade, do amor-próprio, que sempre ofuscam as mais belas qualidades. Não imiteis o homem que se apresenta como modelo e ressalta as próprias qualidades aos ouvidos complacentes. Essa virtude exibicionista frequentemente oculta uma diversidade de pequenas torpezas e de odiosas infâmias.

Em princípio, o homem que se exalta, erguendo uma estátua à própria virtude, anula com esse simples gesto todo o mérito efetivo que possa ter. O que direi então daquele cujo único mérito é parecer o que não é? Admitamos que o homem que faz o bem sente com isso uma satisfação íntima, vinda do fundo do coração, mas, a partir do momento que essa satisfação se expõe para receber elogios, degenera em amor-próprio.

Vós todos, a quem a fé espírita aqueceu com seus raios e que sabeis quanto o homem está longe da perfeição, jamais esbarreis num obstáculo como este. A virtude é uma graça que desejo a todos os espíritas sinceros, mas lhes direi: mais vale menos virtudes, com modéstia, do que muitas com orgulho. Foi por orgulho que sucessivas gerações se perderam; é pela humildade que um dia deverão redimir-se. (François, Nicolas, Madeleine, Paris, 1863).

OS SUPERIORES E OS INFERIORES

9. Da mesma forma que a riqueza, a autoridade é uma delegação da qual se pedirá contas àquele que dela for revestido. Não julgueis que a autoridade lhe tenha sido atribuída para proporcionar-lhe o vão prazer de mandar, nem para fazer dela uma propriedade a que se tem direito, como erradamente pensa a maioria dos poderosos da Terra. Deus, aliás, prova-lhes constantemente que não é uma coisa nem outra, pois a retira deles quando Lhe apraz. Se fosse um privilégio inerente à pessoa, seria inalienável. Portanto, ninguém pode dizer que uma coisa lhe pertence, quando essa coisa lhe pode ser tirada sem o seu consentimento. Deus concede a autoridade a título de *missão* ou de prova, quando julga conveniente, e a retira da mesma forma.

Seja qual for seu alcance, desde a do senhor sobre seu servo até a do soberano sobre seu povo, quem quer que seja depositário da autoridade não deve esquecer-se de que tem almas sob sua responsabilidade e responderá pela boa ou má orientação que der aos seus subordinados. Por isso, as faltas que acaso eles venham a cometer, os vícios a que forem arrastados, em consequência dessa orientação ou *dos maus exemplos,* recairão sobre o depositário da autoridade, que também colherá os frutos de seu esforço por conduzi-los ao bem. Todo homem encarnado na Terra tem uma missão, grande ou pequena. Qualquer que seja ela, é sempre dada para o bem. Falseá-la no seu princípio é, pois, fracassar quanto ao seu desempenho.

Assim como Deus pergunta ao rico: "Que fizeste da riqueza que, nas tuas mãos, deveria ser uma fonte que esparge fecundidade ao seu redor?", também perguntará àquele que possui alguma autoridade: "Que uso fizeste dessa autoridade? Que mal evitaste? Que progresso promoveste? Se te dei subordinados, não foi para transformá-los em escravos da tua vontade, nem em dóceis instrumentos dos teus caprichos ou da tua ambição. Eu te fiz forte e confiei-te os fracos para que os animasses e os ajudasses a subir até mim".

Aquele que tem autoridade sobre outras pessoas, e que está imbuído das palavras do Cristo, não menospreza nenhum de seus subalternos, porque sabe que as diferenças sociais não estabelecem diferenças diante de Deus. O espiritismo lhe ensina que se hoje eles lhe obedecem, talvez o tenham chefiado um dia, ou poderão ser seus superiores mais tarde, quando então será tratado como ele mesmo os tratou.

Se o superior tem deveres a cumprir, o subordinado também os tem, e não menos sagrados. Se este último é espírita, sua consciência lhe dirá, com maior clareza ainda, que não está dispensado de cumpri-los, mesmo que seu chefe não cumpra os dele, porque sabe que não devemos pagar o mal com o mal, e que as faltas de um não justificam as faltas do outro. Se sofre com sua condição, sem dúvida sabe que a mereceu, porque é possível que outrora tenha abusado de sua autoridade, e sabe que deve passar, por sua vez, pelas mesmas dificuldades que fez os outros passarem. Se é obrigado a suportar essa situação, por não encontrar outra melhor, o espiritismo lhe ensina a resignar-se, como prova para sua humildade, necessária ao seu adiantamento. Sua crença orienta sua conduta. Ele age como gostaria que seus subordinados agissem com ele, se fosse ele o chefe. Por isso mesmo, é mais consciente no cumprimento de suas obrigações, pois compreende que qualquer negligência no trabalho que lhe é confiado significa um prejuízo para aquele que o remunera, e a quem deve seu tempo e seu empenho. Em resumo: ele é levado pelo sentimento do dever que sua fé lhe transmite, e pela certeza de que qualquer desvio do caminho reto é uma dívida que, cedo ou tarde, terá de pagar. (François, Nicolas, Madeleine, Cardeal Morlot, Paris, 1863).

O HOMEM NO MUNDO

10. Um sentimento de piedade deve guiar sempre o coração dos que se reúnem sob o olhar do Senhor, e imploram a assistência dos bons espíritos. Purificai, pois, os vossos corações e não deixeis que neles persista qualquer intenção mundana ou fútil. Elevai o vosso pensamento até aqueles a quem chamais, a fim de que, encontrando em vós as necessárias condições, possam lançar em profusão as sementes que devem germinar em vossos corações, e neles produzir frutos da caridade e da justiça.

Não acrediteis, porém, que incitando-vos sem cessar à prece e à evocação mental, queremos vos obrigar a levar uma vida mística, que vos mantenha fora das regras da sociedade em que sois obrigados a viver. Não! Vivei como os homens de vossa época! Vivei como devem viver os homens! Mas renunciai às exigências e futilidades do dia-a-dia. E fazei isso com um sentimento puro, que possa santificá-las.

Se fostes designados a estar em contato com outros seres de natureza diferente da vossa, e de caráter oposto, não magoeis nenhum deles. Sede alegres, felizes, com a alegria que a consciência tranquila proporciona, com a felicidade do herdeiro do Céu que conta os dias que o aproximam de sua herança.

A virtude não consiste em adotar um aspecto severo e sombrio, em rejeitar os prazeres que a condição humana vos permite. Basta que harmonizeis todos os atos de vossa vida pelas leis do Criador, que vos deu a vida. Basta elevar o pensamento a esse mesmo Criador e pedir-Lhe, fervorosamente, Sua proteção quando tiverdes uma obra a executar, ou Sua bênção para uma obra concluída. Não importa o que façais; ligai vosso pensamento à Fonte Suprema de todas as coisas. Jamais façais nada sem que a lembrança de Deus venha purificar e santificar os vossos atos.

Como disse Jesus, toda a perfeição está contida na prática da caridade absoluta. Mas os deveres da caridade se estendem a todas as posições sociais, desde os mais simples aos mais abastados. O homem não teria como praticar a caridade se vivesse só. É somente no contato com seus semelhantes, nas lutas mais difíceis, que ele tem oportunidade de praticá-la. Portanto, quem se isola priva-se voluntariamente do meio mais poderoso de aperfeiçoamento, pois, tendo de pensar apenas em si, sua vida passa a ser a de um egoísta. (Veja capítulo 5, número 26, desta obra).

Não imagineis, então, que para viver constantemente em comunicação conosco, para viver sob o olhar do Senhor, é preciso martirizar-se e cobrir-se de cinzas. Não! Mais uma vez, não! Sede felizes, conforme as necessidades humanas. Mas, que em vossa felicidade jamais esteja presente um pensamento ou um ato que possa ofender a Deus ou entristecer os que vos amam e vos guiam. Deus é amor, e abençoa a quem ama com pureza. (Um Espírito Protetor, Bordéus, 1863).

CUIDAR DO CORPO E DO ESPÍRITO

11. A perfeição moral consiste em sacrificar o corpo? Para elucidar essa questão, eu me apóio em princípios elementares, e começo por demonstrar a necessidade de cuidar-se do corpo, o qual, segundo as alternâncias de saúde e doença, influi de modo decisivo sobre a alma, que é considerada prisioneira da carne. Para que essa prisioneira viva, vibre, se movimente e chegue a alimentar ilusões de liberdade, o corpo deve estar sadio, disposto e forte. Façamos uma comparação: ambos, alma e corpo, se acham em perfeito estado. O que devem fazer para manter o equilíbrio entre suas capacidades e necessidades tão diferentes?

Aqui, dois sistemas se confrontam: o dos ascetas, que preconizam a prostração do corpo, e o dos materialistas, que negam a alma; dois conceitos insensatos, tanto um como o outro. Paralelamente a essas correntes de pensamento, fervilha um grande número de indiferentes que, sem convicção e sem entusiasmo, amam com frieza e se satisfazem com pouco. Onde está então a sabedoria? Onde está a ciência de viver? Em parte alguma! Esse grande problema ficaria totalmente sem ser resolvido, se o espiritismo não viesse auxiliar os estudiosos, demonstrando-lhes as relações existentes entre o corpo e a alma, comprovando que devemos cuidar de ambos, já que um é necessário ao outro.

Amai, pois, vossa alma, mas cuidai também de vosso corpo, que é o instrumento da alma. Ignorar as necessidades que a própria natureza indica, é desconhecer a Lei de Deus. Não o castigueis pelas faltas que vosso livre-arbítrio o induziu a cometer, pelas quais é tão responsável quanto o cavalo mal conduzido o é pelos acidentes que provoca. Por acaso, vos tornaríeis mais perfeitos se martirizásseis vosso corpo com a falsa ilusão de vos tornardes menos egoístas e menos orgulhosos? Não. A perfeição não está nisso. Ela se encontra nas reformas morais a que submeterdes o vosso espírito. Dominai-o, pois. Subjulgai-o, dobrai-o: esta é a maneira de torná-lo dócil à vontade de Deus, e a única que conduz à perfeição. (GEORGES, espírito protetor, Paris, 1863).

Capítulo 18
Muitos serão os chamados e poucos os escolhidos

• Parábola do banquete de núpcias • A porta estreita • Nem todos os que dizem: "Senhor! Senhor!" entrarão no reino dos Céus • Muito se pedirá a quem muito recebeu • INSTRUÇÕES DOS ESPÍRITOS: Será dado àquele que tem • Reconhece-se o cristão por suas obras

Parábola do banquete de núpcias

1. E Jesus, falando ainda por meio de parábolas, lhes disse: "O reino dos Céus é como um rei que querendo festejar as bodas de seu filho enviou seus servos para chamar os convidados ao banquete, mas eles se recusaram a ir. Então, o rei enviou outros servos, ordenando que dissessem aos convidados: 'Preparei meu banquete, mandei matar meus bois e tudo que tinha cevado. Está tudo pronto. Vinde às bodas!'. Mas eles, desprezando o convite, se foram: um para o seu campo e o outro para o seu negócio. Os outros apoderaram-se dos servos e os mataram, após lhes terem feito vários ultrajes. Sabendo disso, o rei ficou tomado pela cólera e, tendo enviado seus soldados, exterminou os assassinos e incendiou sua cidade. Então, disse aos seus servos: 'O banquete de bodas está pronto, mas os convidados não eram dignos dele. Ide, pois, às ruas e convidai todos os que encontrardes'.
Saindo pelas ruas, os servos reuniram todos os que encontraram, tanto bons como maus, e a festa ficou cheia de pessoas que se puseram à mesa. O rei entrou em seguida para ver os convidados e, tendo notado um homem que não estava vestido adequadamente, lhe disse: 'Meu amigo, como entraste aqui sem ter a veste nupcial?'. O homem emudeceu. Então, o rei disse aos seus servos: 'Atai-lhe as mãos e os pés, e lançai-o nas trevas exteriores. Lá haverá pranto e ranger de dentes, pois muitos são os chamados e poucos os escolhidos'". (MATEUS, 22:1-14).

2. O incrédulo zomba dessa parábola que lhe parece de

uma ingenuidade pueril, pois não compreende que se possa fazer tantas exigências para se comparecer a um banquete. Compreende menos ainda que alguns convidados cheguem a ponto de massacrar os emissários do dono da festa. "As parábolas", diz o incrédulo, "são, sem dúvida, alegorias, mas ainda assim é preciso que elas não saiam do limite do aceitável".

O mesmo se pode dizer de todas as alegorias, bem como das fábulas mais engenhosas, se não buscarmos o sentido oculto contido em suas mensagens. Era isso que Jesus fazia: formulava suas parábolas, segundo os hábitos mais comuns da vida, e as adaptava aos costumes e ao caráter do povo com o qual dialogava. A maioria delas tinha o objetivo de incutir nas pessoas a idéia da vida espiritual. Portanto, seu significado só parece incompreensível quando não se toma esse ponto de vista como ponto de partida.

Nesta parábola, Jesus compara o reino dos Céus, onde tudo é alegria e felicidade, com um banquete. Quando cita os primeiros convidados, está fazendo alusão aos hebreus, que foram os primeiros chamados por Deus ao conhecimento de Sua Lei. Os emissários do rei são os profetas, que convidaram os judeus a seguir o caminho da verdadeira felicidade. Mas suas palavras eram pouco ouvidas; suas advertências eram menosprezadas e, então, muitos chegaram a ser massacrados, tal como aconteceu aos servos da parábola. Os convidados que dão como desculpa os cuidados que tinham de dispensar aos seus campos e aos seus negócios representam as pessoas mundanas que, concentradas nas atividades terrenas, são indiferentes às coisas celestes.

Entre os judeus daquela época, era crença que sua nação devia alcançar a supremacia sobre todas as outras. Deus não tinha, de fato, prometido a Abraão que seus descendentes iriam cobrir a Terra inteira? Mas como sempre, tomando a forma pelo conteúdo, eles não entenderam o ensinamento divino e acreditaram em uma dominação efetiva e material.

Antes da vinda de Jesus, com exceção dos hebreus, todos os povos eram idólatras e politeístas. Se alguns homens, superiores aos outros, conceberam a idéia da unidade divina, essa idéia ficou reduzida à situação de crença pessoal, pois em parte alguma foi aceita como verdade fundamental, a não ser por alguns poucos iniciados que ocultavam seus conhecimentos sob o véu do mistério, incompreensível para as massas.

Os hebreus foram os primeiros a praticar publicamente o monoteísmo. Foi a eles que Deus transmitiu Sua Lei: primeiramente por Moisés, depois por Jesus. Foi desse pequeno foco que partiu a luz que deveria expandir-se por todo o mundo, triunfar sobre o paganismo e dar a Abraão uma posteridade ***espiritual,*** "tão numerosa quanto as estrelas do firmamento". Mas os judeus, embora renegassem a idolatria, haviam negligenciado a lei moral para apegarem-se à prática do culto exterior, bem mais fácil. O mal então chegara ao seu extremo: a nação, dominada pelos romanos, estava esfacelada e dividida pelas seitas. A incredulidade havia penetrado, através das lutas políticas, até mesmo no templo. Então veio Jesus, enviado para chamá-los de volta à observância da Lei e abrir-lhes os novos horizontes da vida futura. Mas, sendo os ***primeiros*** convidados para o grande banquete da fé universal, rejeitaram a palavra do celeste Messias e o sacrificaram, perdendo assim o fruto que poderiam ter colhido de sua primazia.

Contudo, seria injusto acusar o povo todo por esse estado de coisas. A responsabilidade cabe principalmente aos fariseus e aos saduceus que, por orgulho e fanatismo de uns, e pela incredulidade de outros, arruinaram a nação. É a eles que Jesus compara os convidados que se recusaram a comparecer ao banquete de núpcias, acrescentando em seguida: "O rei, vendo isso, mandou convidar todos os que fossem encontrados nas ruas, tanto bons como maus". Ele queria dizer com isso que a palavra iria ser pregada a todos os outros povos, pagãos e idólatras, e que, aceitando-a, seriam admitidos no banquete em lugar dos primeiros convidados.

Mas, para participar do banquete celestial, não basta ser convidado; não basta dizer-se cristão nem sentar-se à mesa. É preciso, antes de mais nada, e como condição imperiosa, estar vestido com o traje nupcial, ou seja, ter a pureza no coração e praticar a Lei conforme o espírito. Ora, toda essa Lei está contida nestas palavras: ***Fora da caridade não há salvação.*** Mas, entre todos os que ouvem a palavra divina, poucos são os que a observam e a põem em prática! Poucos se tornam dignos de entrar no reino dos Céus! Eis por que Jesus disse: "Muitos serão os chamados e poucos os escolhidos".

A porta estreita

3. Entrai pela porta estreita, pois a porta da perdição é larga e o caminho que a ela conduz é amplo, havendo muitos que por ele entram. Como a porta da vida é pequena! Como o caminho que a ela conduz é estreito! E como poucos o encontram! (MATEUS, 7:13 e 14).

4. Tendo-Lhe alguém feito esta pergunta: "Senhor, são poucos os que se salvam?", Jesus lhe respondeu: "Esforçai-vos por entrar pela porta estreita, pois vos asseguro que muitos procurarão passar por ela e não conseguirão. E quando o dono da casa houver entrado e tiver fechado a porta, e vós, do lado de fora, começardes a bater, dizendo: 'Abre-nos, Senhor!', ele vos responderá: 'Não sei de onde sois'. Então, começareis a dizer: 'Comemos e bebemos na tua presença, e nos ensinastes em nossas praças públicas'. E ele vos responderá: 'Não sei de onde sois. Afastai-vos de mim, todos vós que praticais a iniquidade'. Então haverá pranto e ranger de dentes quando virdes que Abraão, Isaac, Jacó e todos os profetas estarão no reino de Deus, e que vós ficardes excluídos. Virão do Oriente e do Ocidente, do Norte e do Sul, muitos que participarão do banquete no reino de Deus. Então, os que forem os últimos serão os primeiros, e os que forem os primeiros serão os últimos". (LUCAS, 13:23-30).

5. Larga é a porta da perdição, porque inúmeras são as más paixões, e porque o caminho do mal é percorrido pela maioria. A porta da salvação é estreita, porque o homem que quer transpô-la é obrigado a esforçar-se arduamente para vencer suas más tendências, coisa a que poucos se submetem. É o complemento da máxima: "Muitos são os chamados e poucos os escolhidos".

Este é o estado atual da humanidade terrena, pois, sendo a Terra um planeta de expiação, nela o mal predomina. Mas quando transformar-se num mundo melhor, o caminho do bem será o mais frequentado. Deve-se, porém, entender essas palavras de maneira relativa e não em sentido absoluto, pois, se o estado normal da humanidade devesse ser este, Deus teria automaticamente condenado à perdição a imensa maioria de Suas criaturas, o que é uma suposição inaceitável, já que reconhecemos que Deus é todo justiça e bondade.

Mas, de que ações más essa humanidade seria culpada, se tivesse reencarnado somente na Terra e se a alma não tivesse tido outras existências? Por que um destino tão triste, em relação ao seu presente e ao passado? Por que tantos entraves em seu caminho? Por que essa porta tão estreita, que só a poucos é permitido transpor, se o destino da alma está definitivamente fixado após a morte? É assim que, ao crer em uma única existência, o homem está constantemente em contradição consigo mesmo e com a justiça de Deus. Refletindo, porém, sobre a anterioridade da alma e a pluralidade dos mundos, o horizonte se alarga. Então os pontos mais obscuros da fé são esclarecidos e o presente e o futuro mostram-se solidários com o passado. Só então podemos compreender toda a grandeza, toda a verdade, e toda a sabedoria das máximas do Cristo.

Nem todos os que dizem: "Senhor! Senhor!" entrarão no reino dos Céus

6. Nem todos os que me dizem: "Senhor! Senhor!" entrarão no reino dos Céus, mas apenas aquele que faz a vontade de meu Pai, que está nos Céus. Nesse dia, muitos me dirão: "Senhor! Senhor!, não profetizamos em vosso nome? Não expulsamos os demônios em vosso nome, e não fizemos muitos milagres em vosso nome?". Então eu lhes direi em voz alta: "Afastai-vos de mim, vós que cometeis atos de iniquidade". (Mateus, 7:21-23).

7. Aquele, pois, que ouve estas palavras que eu digo e as pratica, será comparado a um sábio que construiu sua casa sobre a rocha. Então, quando a chuva caiu, os rios transbordaram, os ventos sopraram e se abateram sobre a casa, ela não caiu, pois estava bem alicerçada sobre a pedra. Mas aquele que ouve as palavras que eu digo e não as pratica, será como o homem insensato que construiu sua casa na areia. E quando caiu a chuva, os rios transbordaram, os ventos sopraram e se abateram sobre a casa, ela desmoronou, e foi grande a sua ruína. (Mateus, 7:24-27).

8. Aquele, pois, que violar um desses menores mandamentos e ensinar aos homens a violá-los será considerado como o último no reino dos Céus. Aquele, porém, que os cumprir e os passar adiante será grande no reino dos Céus. (Mateus, 5:19).

9. Todos os que reconhecem a missão de Jesus dizem: "Senhor! Senhor!". Mas de que serve chamá-Lo de Mestre ou Senhor, se não seguem os Seus ensinamentos? Acaso são cristãos os que o veneram com atos exteriores de devoção e, ao mesmo tempo, oferecem sacrifícios no altar do orgulho, do egoísmo, da ambição e de todas as paixões inferiores? São Seus discípulos aqueles que passam dias orando, e não são nem melhores, nem mais caridosos, nem mais indulgentes para com seus semelhantes? Não, não são, pois, assim como os fariseus, eles têm a prece nos lábios e não no coração. Pela aparência podem impressionar os homens, mas não a Deus. Em vão dirão a Jesus: "Senhor, nós profetizamos, ou seja, ensinamos em vosso nome; expulsamos os demônios em vosso nome; bebemos e comemos convosco". Ele lhes responderá: "Não sei quem sois. Afastai-vos de mim, vós que cometeis iniquidades; vós que, com vossas palavras, desmentis os vossos atos, que caluniais vosso próximo, que espoliais as viúvas e cometeis adultério. Afastai-vos de mim, vós, cujo coração destila ódio e fel; vós, que derramais o sangue dos vossos irmãos em meu nome, que fazeis correr lágrimas ao invés de enxugá-las. Para vós, haverá choro e ranger de dentes, pois o reino de Deus é para os que são mansos, humildes e caridosos. Não espereis aplacar a justiça do Senhor com vossa lábia e vossas bajulações. O único caminho que se abre para encontrardes a graça perante Ele é a prática sincera da Lei do Amor e da Caridade".

As palavras de Jesus são eternas, porque são a verdade. Elas são não apenas a salvaguarda da vida celeste, mas também a garantia da paz, da tranquilidade e da estabilidade nas coisas da vida terrena. Eis por que todas as instituições humanas, políticas, sociais e religiosas que se apoiarem nessas palavras serão estáveis como a casa construída sobre a rocha. Os homens as conservarão porque nelas encontrarão sua felicidade. Mas as palavras que as distorcerem serão como a casa construída na areia: o vento das transformações e o rio do progresso as arrastarão.

Muito se pedirá a quem muito recebeu

10. O servo que, conhecendo a vontade do seu senhor, não fez o que lhe foi solicitado, será duramente açoitado. Aquele, porém, que não tiver conhecido a sua vontade e tiver feito coisas censuráveis, será menos açoitado. Muito se pedirá a quem muito recebeu. E será mais rigorosa a prestação de contas a quem se tiver confiado mais coisas. (Lucas, 12:47 e 48).

11. "Eu vim a este mundo para exercer um julgamento, a fim de que aqueles que não vêem passem a ver, e os que vêem se tornem cegos". Alguns fariseus que estavam com Ele ouviram essas palavras e Lhe disseram: "Então nós também somos cegos?". E Jesus respondeu-lhes: "Se fôsseis cegos, não teríeis pecados; mas agora dizeis que vedes, e é por isso que o pecado permanece em vós. (João, 9:39-41).

12. Essas máximas encontram sua aplicação principalmente nos ensinamentos dos espíritos. Todo aquele que conhece os preceitos do Cristo é considerado culpado, se não praticá-los. Mas, além de o *Evangelho* ser difundido somente entre as religiões cristãs, muitas pessoas dessas próprias religiões não o lêem, ou não o compreendem. Disso resulta que as palavras de Jesus ficam perdidas para a maioria delas.

O ensinamento dos espíritos, que reproduz essas máximas sob diferentes formas, e que as desenvolve e as comenta a fim de disponibilizá-las a todos, tem uma característica especial: não se limita a poucos. Assim, qualquer um, letrado ou não, crente ou incrédulo, cristão ou não, pode recebê-lo, já que os espíritos se manifestam por toda parte. Portanto, ninguém que o tenha recebido, diretamente ou por intermédio de outra pessoa, pode alegar ignorância, dar como desculpa a falta de instrução, nem tampouco alegar falta de clareza no seu sentido alegórico. Aquele, pois, que não põe em prática os ensinamentos de Jesus para melhorar-se, que os admira apenas como algo interessante e curioso, sem que seu coração seja tocado, que, ao seu contato, não se torna menos fútil, menos orgulhoso, menos egoísta, menos apegado aos bens materiais, nem melhor para com seu próximo, é tão culpado quanto maiores tenham sido suas condições de conhecer a verdade.

Os médiuns que obtêm boas comunicações são ainda mais repreensíveis se persistirem no mal, pois muitas vezes escrevem a própria condenação, e, se o orgulho não os cegasse, reconheceriam que é a eles que os espíritos se dirigem. Mas, ao invés de tomar para si as lições que escrevem, ou que vêem serem escritas, seu único pensamento é aplicá-las aos outros, confirmando assim estas palavras de Jesus: "Vêdes um cisco no olho de vosso vizinho, mas não enxergais a trave que está no vosso". (Veja capítulo 10, número 9, desta obra).

Por estas outras palavras: "Se fôsseis cegos não teríeis pecado", Jesus queria dizer que a culpa existe na medida do conhecimento que se possui. Desse modo, os fariseus, que tinham a pretensão de ser os mais instruídos, o que de fato acontecia, eram, aos olhos de Deus, mais censuráveis do que o povo ignorante. O mesmo acontece hoje em dia.

Aos espíritas, pois, muito será pedido, porque receberam muito, mas, da mesma forma, aos que tiverem aproveitado, muito será dado. Portanto, o primeiro pensamento de todo espírita sincero deve ser o de procurar nos conselhos dados pelos espíritos se não há neles alguma coisa que lhe diga respeito.

O espiritismo vem, pois, multiplicar o número dos *chamados*, e pela fé que suscita, multiplicará também o número dos *escolhidos*.

Instruções dos espíritos
SERÁ DADO ÀQUELE QUE TEM

13. Seus discípulos, aproximando-se, disseram-Lhe: "Por que lhes falas por parábolas?". E, respondendo-lhes, Jesus disse: "É porque a vós outros vos foi permitido conhecer os mistérios do reino dos Céus, mas, quanto a eles, isso não lhes foi permitido. Porque a todo aquele que já tem, mais lhe será dado, e ficará na abundância; mas àquele que nada possui, até mesmo o que tem lhe será tirado. Eis por que lhes falo por parábolas: porque ao ver, nada vêem, e ao ouvir, nada escutam nem compreendem. E a profecia de Isaías neles se cumpre, quando diz: 'Ouvireis com vossos ouvidos, e nada entendereis; olhareis com vossos olhos, e nada vereis' ". (Mateus, 13:10-14).

14. Tende muito cuidado com o que ouvis, porque se usará para convosco a mesma medida que houverdes usado para com os outros, e se vos será dado ainda mais; pois dar-se-á àquele que tem, e, ao que nada possui, ser-lhe-á tirado até o

que tem. (MARCOS, 4:24-25).

15. ***Dá-se ao que já tem e tira-se do que não tem.*** Meditai sobre esses grandes ensinamentos que muitas vezes vos parecem paradoxais. Aquele que recebeu é aquele que conhece o sentido da palavra divina. Só recebeu porque tentou tornar-se digno dela, e porque o Senhor, no Seu amor misericordioso, encoraja todos os esforços que visam ao bem. Esses esforços constantes atraem as graças do Senhor: são como um ímã que atrai para si, progressivamente, o que há de melhor; atrai as graças abundantes que vos tornam fortes suficiente para escalar a montanha sagrada, em cujo cume se encontra o repouso após o trabalho.

Tira-se do que nada possui, ou tem pouco. Tomai isso como uma contradição apenas no sentido figurado, pois Deus não retira de Suas criaturas o bem que Se dignou a fazer-lhes. Homens cegos e surdos! Abri vossas inteligências e vossos corações! Vede através de vossa mente; escutai através de vossa alma, e não interpreteis de modo tão imprudente e injusto as palavras daquele que fez resplandecer diante de vós a justiça do Senhor. Não é Deus quem retira daquele que pouco recebeu, é o próprio espírito que, negligente, não sabe conservar o que tem; não sabe multiplicar a dádiva que lhe caiu no coração.

Aquele que não cultiva o campo que o trabalho de seu pai conquistou, e do qual é herdeiro, vê o campo cobrir-se de ervas daninhas. Acaso é seu pai quem lhe toma as colheitas que ele não quis preparar? Se, por falta de cuidado, deixou mofarem os grãos destinados a produzir nesse campo, será que deve acusar o pai se eles nada produzem? Não, não! Em vez de acusar ao pai, que tudo havia preparado para ele, em vez de reclamar do que o pai lhe deixou, que acuse o verdadeiro causador de suas misérias, e que então, arrependido e diligente, se lance à obra com coragem; que are a terra improdutiva com vontade; que a lavre profundamente com a ajuda do arrependimento e da esperança; que nela lance com confiança a semente que tiver escolhido como boa, entre as más; que a regue com o seu amor e a sua caridade, e Deus, o Deus de amor e de caridade, dará àquele que já tem. Verá, então, seus esforços coroados de sucesso, e um grão produzir cem, e outro, mil. Coragem, lavradores! Pegai vossas grades e arados! Arai vossos corações; arrancai deles o joio; semeai neles o bom grão que o Senhor vos dá, e o orvalho do amor fará com que a terra produza frutos de caridade. (Um Espírito Protetor, Bordéus, 1862).

RECONHECE-SE O CRISTÃO POR SUAS OBRAS

> 16. Nem todos os que dizem: "Senhor, Senhor!" entrarão no reino dos Céus, mas somente aquele que fizer a vontade de meu Pai, que está nos Céus.

Escutai essas palavras do Mestre, todos vós que rejeitais a doutrina espírita como obra do demônio! Abri os vossos ouvidos, pois é chegada a hora de ouvir.

Basta ter a aparência de servo do Senhor para ser um servidor fiel? Basta dizer: "Sou cristão", para ser seguidor do Cristo? Procurai os verdadeiros cristãos, e os reconhecereis por suas obras. Eis as palavras do Mestre: "Uma boa árvore não pode dar maus frutos, nem uma árvore má dar frutos bons." "Toda árvore que não dá bons frutos é cortada e lançada ao fogo." Discípulos do Cristo, compreendei-as bem! Que frutos deve dar a árvore do cristianismo, árvore vigorosa cujos ramos frondosos cobrem com sua sombra uma parte do mundo, mas que ainda não abrigam todos os que hão de se reunir ao seu redor? Os frutos da árvore da vida são frutos de vida, de esperança e de fé. O cristianismo, tal como há muitos séculos o faz, sempre prega as divinas virtudes, procurando disseminar os seus frutos. Mas quão poucos os colhem! A árvore é sempre boa, mas os jardineiros são maus. Quiseram moldá-la às suas idéias; quiseram adaptá-la às suas necessidades; podaram-na, diminuíram-na, mutilaram-na; seus ramos estéreis não dão maus frutos, pois nada mais produzem. O viajante cansado que pára à sua sombra em busca do fruto da esperança, que deve restituir-lhe a força e a coragem, encontra apenas galhos infecundos prenunciando a tempestade. Em vão, procura o fruto da vida na árvore da vida: as folhas caem secas. A mão do homem mexeu tanto nelas, que definharam!

Abri, pois, vossos ouvidos e corações, meus bem-amados! Cultivai essa árvore da vida, cujos frutos dão a vida eterna. Aquele que a plantou vos convoca a cuidar dela com amor, e a vereis de novo dar seus divinos frutos com abundância. Conservai-a, tal como o Cristo vos entregou-a. Não mutileis seus galhos: sua sombra imensa quer estender-se ao Universo; seus frutos benfazejos caem com abundância para sustentar o viajante faminto que pretende chegar ao seu destino. Por isso, não os amontoeis para guardá-los, deixando que apodreçam e não sirvam para ninguém.

Muitos são os chamados e poucos os escolhidos. Jesus quis dizer com isso que há monopolizadores do pão da vida, como há, muitas vezes, os do pão material. Não vos coloqueis entre eles, pois a árvore que dá bons frutos deve distribuí-los para todos. Ide procurar os que estão famintos; trazei-os para a sombra da árvore, e partilhai com eles o abrigo que ela vos oferece.

Não se colhem uvas nos espinheiros. Meus irmãos, afastai-vos daqueles que vos chamam para vos apresentar aos espinheiros do caminho, e segui aqueles que vos conduzem à sombra da árvore da vida. O Divino Salvador, o justo por excelência, disse-o, e Suas palavras não passarão: "Nem todos os que me dizem: 'Senhor, Senhor!' entrarão no reino dos Céus, mas apenas os que fazem a vontade de meu Pai, que está nos Céus".

Que o Senhor de bênçãos vos abençoe! Que o Deus de luz vos ilumine! Que a árvore da vida espalhe sobre vós seus frutos com abundância! Crede e orai. (Simeão, Bordéus, 1863).

Capítulo 19
A fé transporta montanhas

• Poder da fé • A fé religiosa • Condição da fé inabalável • Parábola da figueira que secou • INSTRUÇÕES DOS ESPÍRITOS: A fé, mãe da esperança e da caridade • A fé divina e a fé humana

Poder da fé

1. Quando Jesus caminhava em direção ao povo, aproximou-Se Dele um homem que se lançou aos Seus pés, dizendo-Lhe: "Senhor, tem piedade de meu filho, que é lunático e sofre muito, pois ora cai no fogo, ora cai na água. Apresentei-o aos teus discípulos, mas eles não puderam curá-lo". Então, Jesus respondeu: "Ó geração incrédula e perversa! Até quando deverei estar convosco? Até quando vos tolerarei? Trazei-me aqui essa criança". E, ameaçando o demônio, expulsou-o da criança, que foi curada no mesmo instante. Então, os discípulos vieram ter com Jesus, em particular, e Lhe disseram: "Por que não pudemos, nós outros, expulsar o demônio?". E Jesus lhes respondeu: "Por causa da vossa falta de fé, pois, em verdade, ainda que tivésseis uma fé do tamanho de um grão de mostarda, diríeis a esta montanha: 'Passa daqui para lá', e ela para lá se transportaria, e nada vos seria impossível". (MATEUS, 17:14-20).

2. Em sentido literal, é certo que a confiança em nossas próprias forças nos torna capazes de executar coisas materiais que não podemos fazer quando duvidamos de nós mesmos. Mas, aqui, deve-se entender as palavras de Jesus somente no sentido moral. As montanhas que a fé remove são as dificuldades, as resistências e a má vontade, que se encontram entre os homens, mesmo quando se trata das melhores coisas. Os pre-

conceitos rotineiros, o interesse material, o egoísmo, a cegueira do fanatismo, as paixões orgulhosas são como as montanhas que barram o caminho de todo aquele que trabalha para o progresso da humanidade. A fé robusta dá a perseverança, a energia e os recursos que fazem com que se vençam os obstáculos, tanto nas pequenas coisas quanto nas grandes. Já a fé vacilante traz a incerteza e a hesitação, das quais se aproveitam os adversários que queremos combater. Ela não procura os meios para vencer, pois não acredita na possibilidade da vitória.

3. Num outro sentido, dá-se o nome de fé à confiança que se tem na realização de uma coisa, à certeza de atingir-se um objetivo. Ela dá uma espécie de lucidez que permite ver, em pensamento, os fins visados e os meios para alcançá-lo, de maneira que quem a possui caminha absolutamente seguro. Tanto num como noutro caso, ela pode levar à realização de coisas grandiosas.

A fé sincera e verdadeira é sempre calma: ela proporciona a paciência que sabe esperar, porque, tendo seu ponto de apoio na inteligência e na compreensão das coisas, tem a certeza de que atingirá o seu objetivo. A fé vacilante percebe sua própria fraqueza: quando é estimulada pelo interesse, se enfurece e acha que pode substituir a força pela violência, que, ao contrário, é uma prova de fraqueza e de falta de confiança em si mesmo.

4. Devemos ter cuidado para não confundir fé com presunção. A verdadeira fé se alia à humildade. Aquele que a possui deposita mais confiança em Deus do que em si mesmo; sabe que, sendo um simples instrumento da vontade de Deus, nada pode sem Ele. É por isso que os bons espíritos vêm em seu auxílio. A presunção é mais orgulho do que fé, e o orgulho é sempre punido, cedo ou tarde, pela decepção e pelas perdas que lhe são impostos.

5. O poder da fé é demonstrado direta e especialmente no magnetismo. Através dele, o homem age sobre o fluido universal, modifica-lhe as qualidades e lhe dá um impulso, por assim dizer, invencível. Eis por que aquele que, a um grande poder fluídico normal, juntar uma fé ardente, pode, pela simples von-

tade dirigida para o bem, operar fenômenos extraordinários de cura, além de outros mais, que outrora eram tidos como prodígios, mas que, na verdade, são apenas o efeito de uma lei natural. Essa é a razão pela qual Jesus disse aos Seus apóstolos: "Se não o curastes, é porque não tínheis fé".

A fé religiosa. Condição da fé inabalável

6. Do ponto de vista religioso, a fé é a crença nos dogmas particulares que constituem as diferentes religiões. Todas elas têm os seus artigos de fé. Sob esse aspecto, a fé pode ser *raciocinada* ou *cega*. Nada examinando, a fé cega aceita sem avaliação tanto o falso como o verdadeiro, e a cada passo se choca com a evidência da razão. Levada ao excesso, cai no *fanatismo*. Quando a fé se assenta no erro, cedo ou tarde desmorona. Somente a fé baseada na verdade tem seu futuro garantido, pois nada teme diante do progresso dos conhecimentos: *o que é verdadeiro na sombra, também o é à luz do dia*. Cada religião pretende ter a posse exclusiva da verdade, mas, *pregar a fé cega sobre uma questão de crença, é confessar a própria impotência para demonstrar que se está com a razão.*

7. Popularmente se diz que *fé não se receita*. Por isso, muitas pessoas dizem que não são culpadas por não terem fé. Sem dúvida, fé não se receita, e o que é ainda mais certo: *fé não se impõe*. Não, não se receita fé, mas adquire-se fé, e a ninguém é negado possuí-la, mesmo entre os mais relutantes. Estamos falando de verdades espirituais fundamentais, e não desta ou daquela crença em particular. Não cabe à fé procurar essas pessoas. Elas é que devem buscá-la com sinceridade, e então a encontrarão. Tende, pois, certeza de que aqueles que dizem: "Nada mais desejaríamos do que crer, mas não o conseguimos", falam da boca para fora e não com o coração, pois, ao mesmo tempo que dizem isso, tapam os ouvidos, embora haja provas em abundância ao redor deles. Por que então se recusam a vê-las? Nuns, é descaso; noutros, medo de serem forçados a mudar seus hábitos; na maioria, é o orgulho que se recusa a reconhecer uma força superior, porque teria de curvar-se diante dela.

Em certas pessoas, a fé parece ter nascido com elas. Basta uma centelha para que a fé se revele. Essa facilidade de assimilar as verdades espirituais é um sinal evidente de progresso anterior. Em outras, ao contrário, elas só penetram com dificuldade; sinal não menos evidente de uma natureza atrasada. As primeiras já acreditaram e compreenderam; trazem, ao *reencarnar*, a intuição do que aprenderam: sua educação está consolidada. As outras precisam aprender tudo: sua educação está por fazer-se, e, se não for concluída nesta existência, o será em outra.

É preciso admitir que a resistência do incrédulo se deve menos a ele do que à maneira como lhe apresentam as coisas. A fé precisa de uma base, e a base é a perfeita compreensão daquilo em que se deve crer. Para crer, não basta *ver*. É preciso principalmente *compreender*. A fé cega não tem mais lugar neste século. Ora, é exatamente o dogma da fé cega que produz hoje a maioria dos incrédulos, porque ela quer impor-se, exigindo que se abra mão de uma das mais preciosas prerrogativas do homem: o raciocínio e o livre-arbítrio. É principalmente contra essa fé que o incrédulo se revolta, e é por isso que se diz, com razão, que fé não se receita. Não admitindo provas, ela deixa na cabeça um vazio, a partir do qual nasce a dúvida. A fé raciocinada, que se apóia nos fatos e na lógica, não deixa atrás de si nada que não seja claro. Crê-se porque se tem certeza, e só se tem certeza quando se compreendeu. Eis por que ela não se dobra: ***porque fé inabalável é somente aquela que pode encarar a razão de frente, em todas as eras da humanidade.***

É a esse resultado que o espiritismo conduz. Assim, triunfa sobre a incredulidade todas as vezes que não encontra oposição sistemática e interesseira.

Parábola da figueira que secou

> 8. Quando saíam de Betânia, Jesus teve fome. E, vendo ao longe uma figueira, foi até ela para ver se encontrava algum fruto. Aproximando-se dela, encontrou apenas folhas, pois não era época de figos. Então, disse à figueira: "Que ninguém mais coma de ti nenhum fruto"; e Seus discípulos ouviram isso. Na manhã seguinte, ao passarem pela figueira, perceberam que ela havia secado até a raiz. E Pedro, lembrando-se das palavras de Jesus, Lhe disse: "Mestre, vede como a figueira

que amaldiçoastes secou". Jesus, tomando a palavra, lhe disse: "Tende fé em Deus, porque, em verdade, vos digo que todo aquele que disser a esta montanha: 'Ergue-te daí e lança-te no mar', sem hesitar no coração e crendo firmemente que tudo o que disser acontecerá, ele o verá de fato acontecer." (Marcos, 11:12-14, 20-23).

9. A figueira seca simboliza as pessoas que são bondosas apenas na aparência, mas que na realidade nada produzem de bom; simboliza os oradores que têm mais brilho do que solidez, e cujas palavras têm um verniz superficial: agradam aos ouvidos, mas, quando as analisamos, nada encontramos de proveitoso para o coração e, após tê-las ouvido, nos perguntamos o que de bom tiramos delas. É também a imagem das pessoas que, tendo meios para ser úteis, não o são. É a imagem de todas as utopias, de todos os sistemas vazios e de todas as doutrinas sem base sólida. Na maioria das vezes, o que falta é a verdadeira fé, a fé produtiva, a fé que agita as fibras do coração. Em resumo: a fé que transporta montanhas. São árvores que têm folhas, mas não têm frutos. Eis por que Jesus as condena à esterilidade, pois dia virá em que secarão até a raiz, ou seja, que todos os sistemas, todas as doutrinas que não tiverem produzido algum bem para a humanidade, cairão no nada; que todos os homens voluntariamente inúteis, por não terem utilizado os recursos de que dispunham, serão tratados como a figueira que secou.

10. Os médiuns são os intérpretes dos espíritos; suprem os mecanismos materiais que lhes falta para que possam nos transmitir suas instruções. Eis por que são dotados de faculdades para esse fim. Nestes tempos atuais de renovação moral, eles têm uma missão especial: são as árvores que devem fornecer o alimento espiritual aos seus irmãos, devendo, portanto, multiplicar-se, para que o alimento seja abundante; são encontrados por toda parte, em todos os países, em todas as classes sociais, entre ricos e pobres, entre grandes e pequenos, para que não haja deserdados e para provar aos homens que *todos são chamados*. Mas, se desviam-se de seu objetivo providencial, se utilizam a preciosa mediunidade que lhes foi concedida para servir a interesses mundanos, se, ao invés de frutos salutares, dão maus frutos, se recusam-se a torná-la proveitosa para os outros, se dela não tiram proveito para sua própria

melhoria, são como a figueira estéril. Deus então lhes retirará o dom que tornou-se inútil em suas mãos, ou melhor, a semente que não souberam fazer frutificar, e os deixará que se tornem presas dos maus espíritos.

Instruções dos Espíritos
A fé, mãe da esperança e da caridade

11. Para ser proveitosa, a fé precisa ser ativa; não deve esmorecer. Mãe de todas as virtudes que conduzem a Deus, deve zelar atentamente pelo desenvolvimento das filhas que gera.

A esperança e a caridade são uma decorrência da fé. Essas três virtudes formam uma trindade inseparável. Não é a fé que dá a esperança de ver cumprirem-se as promessas do Senhor? Se não tiverdes fé, o que esperais? Não é a fé que dá o amor? Que reconhecimento sentireis se não tiverdes fé, e, consequentemente, que amor tereis?

A fé, sagrada inspiração de Deus, desperta os nobres sentimentos que conduzem o homem ao bem. Ela é a base da regeneração. É preciso, então, que essa base seja forte e duradoura, porque, se a menor dúvida puder abalá-la, o que acontecerá com o edifício que estiverdes construindo sobre ela? Erguei, pois, esse edifício sobre alicerces inabaláveis. Que vossa fé seja mais forte do que a sagacidade e o deboche dos incrédulos, pois a fé que não enfrenta a zombaria dos homens não é a verdadeira fé.

A fé sincera é arrebatadora e contagiante: transmite-se aos que não a possuíam, ou mesmo a quem não faz questão de possuí-la. Ela encontra palavras persuasivas que penetram na alma. Ao passo que a fé aparente usa apenas palavras sonoras que nada produzem além de indiferença. Mostrai vossa fé pelo exemplo, a fim de transmiti-la aos homens. Mostrai, pelo exemplo, vossas obras, para que eles vejam o merecimento da fé. Pregai, com vossa esperança inabalável, para que vejam a confiança que fortalece e dá condições de enfrentar todas as contrariedades da vida.

Tende fé, com tudo o que ela encerra de belo e de bom: com sua pureza, com sua racionalidade. Não admitais a fé sem comprovação, essa filha da cegueira. Amai a Deus, mas sabendo por que o amais. Acreditai em Suas promessas, mas sabendo por que acreditais. Segui nossos conselhos, mas conscientes da meta que vos apontamos e dos meios que vos fornecemos para atingi-la. Crede e esperai, sem jamais esmorecer: os milagres são o resultado da fé. (José, espírito protetor, Bordéus, 1862).

A FÉ DIVINA E A FÉ HUMANA

12. No homem, a fé é o sentimento inato de sua existência futura. É a consciência que ele tem de suas imensas faculdades, cuja semente lhe foi depositada, a princípio em estado latente, e que deve fazer desabrochar e desenvolver com o tempo, por força de sua vontade enérgica.

Até hoje, a fé foi compreendida apenas em seu aspecto religioso, porque o Cristo a preconizava como uma poderosa alavanca, e porque viam Nele apenas o chefe de uma religião. Mas o Cristo, que realizou milagres verdadeiros, mostrou, com esses mesmos milagres, do que o homem é capaz quando tem fé, ou seja, quando tem ***determinação e vontade***, e a certeza de que essa vontade pode levar à realização. Os apóstolos, assim como Ele, também não fizeram milagres? Ora, o que eram esses milagres senão efeitos naturais, cuja causa os homens desconheciam naquela época, e que hoje podem ser explicados e compreendidos perfeitamente pelo estudo do espiritismo e do magnetismo?

A fé é humana ou divina, conforme o homem aplique suas faculdades às necessidades terrenas ou às suas aspirações celestes e futuras. O homem talentoso que busca a realização de um grande empreendimento triunfa se tem fé, porque sente dentro de si que pode atingir o seu objetivo, e essa certeza lhe dá uma força enorme. O homem de bem que, acreditando em seu futuro celeste, pontilha sua vida de belas e nobres ações, extrai de sua fé a força necessária para seguir adiante, ciente da felicidade que o espera. E aí então realizam-se os milagres de caridade, de devotamento e de abnegação. Enfim, com a fé, não há más tendências que não possam ser vencidas.

O magnetismo é uma das maiores provas do poder da fé posta em ação. É pela fé que ele cura e produz os fenômenos que outrora eram chamados de milagres.

Repito: a fé é ***humana*** e ***divina***. Se todos os encarnados estivessem cientes da força que trazem dentro de si, e, se quisessem pôr sua vontade a serviço dessa força, seriam capazes de realizar o que até agora chamamos de prodígios, e que na verdade nada mais são do que o desenvolvimento dos dons e das faculdades humanas. (Um Espírito Protetor, Paris, 1863).

Capítulo 20
Os trabalhadores da última hora

• Instruções dos espíritos: Os últimos serão os primeiros • Missão dos espíritas • Os obreiros do Senhor

1. O reino dos Céus é semelhante a um pai de família que saiu de madrugada, a fim de contratar trabalhadores para sua vinha. Tendo combinado que eles teriam um denário pela jornada de trabalho, mandou-os para a vinha. Saiu de novo na terceira hora do dia e, vendo outros que permaneciam na praça, ociosos, lhes disse: "Ide vós também para a minha vinha, e vos darei o que for justo". E eles foram. Saiu novamente na sexta e na nona hora do dia, e fez o mesmo. E, tendo saído na décima primeira hora, encontrou outros mais que também estavam ociosos, aos quais disse: "Por que permaneceis aí ao longo do dia sem trabalhar?". "É porque ninguém nos contratou", responderam. Ele então lhes disse: "Ide vós também à minha vinha, e recebereis o que for justo".
Tendo chegado a noite, o dono da vinha disse àquele que estava encarregado de seus negócios: "Chama os trabalhadores e paga-lhes, começando pelos últimos e indo até os primeiros". E, chegando os que tinham ido à vinha por volta da décima primeira hora, aproximaram-se e receberam um denário, cada um. Os que foram contratados primeiro, vindo por sua vez, julgavam que iam receber mais; porém, a cada um, não coube mais do que um denário. E, ao recebê-lo, resmungaram contra o pai de família, dizendo: "Estes últimos trabalharam só uma hora e lhes pagastes o mesmo que a nós, que suportamos a fadiga do dia e o calor". Então, como resposta, o senhor disse a um deles: "Meu amigo, não fiz nada de injusto. Não combinastes comigo um denário pela jornada? Tomai o que vos pertence e ide! Quanto a mim, quero dar a este último tanto quanto dei a vós. Então não me é lícito fazer o que quiser do

que é meu? E me julgareis mal só porque pretendo ser bom?". Assim, os últimos serão os primeiros e os primeiros serão os últimos, porque muitos são os chamados e poucos os escolhidos. (MATEUS, 20:1-16. Veja também: ***Parábola do banquete de núpcias***, capítulo 18, número 1, desta obra).

Instruções dos espíritos

Os últimos serão os primeiros

2. O trabalhador da última hora tem direito ao salário, mas é preciso que sua boa vontade tenha estado à disposição do senhor que devia empregá-lo, e que seu atraso não seja fruto da preguiça ou da má vontade. Ele tem direito ao salário, porque desde a madrugada esperava impacientemente aquele que, enfim, o chamaria para trabalhar. Era esforçado; só lhe faltava trabalho.

Mas, se em determinada hora do dia tivesse se recusado a trabalhar, e dissesse: "Tenham paciência, descansar me faz bem! Quando soar a última hora, vou pensar no salário do dia. Que me importa um patrão que não conheço nem estimo! Quanto mais tarde, melhor!", este, meus amigos, não receberia o salário do trabalhador e sim o da preguiça.

Que será então daquele que, ao invés de ficar simplesmente na ociosidade, tiver empregado as horas destinadas ao labor diário praticando atos condenáveis? Que tiver blasfemado contra Deus; derramado o sangue de seus irmãos; provocado a desarmonia nas famílias; arruinado homens de boa-fé; abusado da inocência; e que tiver praticado todas as infâmias da humanidade? Que será dele? Bastará que diga na última hora: "Senhor, utilizei mal meu tempo; contrata-me até o fim do dia, mesmo que eu faça só um pouco da minha tarefa, e dá-me o salário do trabalhador de boa vontade"? Não, não! O senhor lhe dirá: "Não tenho trabalho para ti no momento. Desperdiçaste teu tempo; esqueceste o que havias aprendido; não sabes mais trabalhar na minha vinha. Recomeça, pois, a aprender e quando estiveres mais disposto virás até mim e te deixarei entrar no meu vasto campo e poderás trabalhar a qualquer hora do dia".

Bons espíritas, meus bem-amados, sois todos trabalhadores da última hora. Muito orgulhoso seria quem dissesse: "Comecei o trabalho ao alvorecer e só o terminarei ao cair do dia". Todos vós viestes quando fostes chamados – uns mais cedo, outros mais tarde –, para a encarnação a que estais aprisionados. Mas, há quantos séculos o Senhor vos chama para Sua vinha, sem que nela quisésseis entrar! Eis chegado o momento de receber o salário. Empregai bem a hora que vos resta e nunca vos esqueçais de que vossa existência, por mais longa que vos pareça, não passa de um momento fugaz na imensidão dos tempos, que para vós constituem a eternidade. (Constantino, espírito protetor, Bordéus, 1863).

3. Jesus gostava da simplicidade da simbologia. Para Ele, os trabalhadores da primeira hora são os profetas, Moisés e todos os iniciadores que marcaram as etapas do progresso, continuadas no decorrer dos séculos pelos apóstolos, pelos mártires, pelos pais da Igreja, pelos sábios, pelos filósofos e, finalmente, pelos espíritas. Estes, que vieram por último, foram anunciados e profetizados desde a chegada do Messias, e receberão a mesma recompensa. Mas, que digo eu?!... Estes receberão uma recompensa bem maior, pois, sendo os últimos a chegar, se beneficiam dos trabalhos intelectuais de seus antecessores, cujos resultados devem servir à coletividade. Deus abençoa a solidariedade. Aliás, muitos dentre eles estão revivendo hoje, ou reviverão amanhã, para completar a obra que outrora deram início. Mais de um patriarca, mais de um profeta, mais de um discípulo de Jesus, mais de um propagador da fé cristã se encontram entre eles. Porém, mais esclarecidos, mais adiantados, trabalhando não mais na base, mas no acabamento do edifício. Seu salário será, portanto, proporcional ao mérito do trabalho.

A reencarnação, este belo conceito, eterniza e determina a filiação espiritual. O espírito, chamado a prestar contas de seu mandato terreno, compreende a continuidade da tarefa interrompida, porém sempre retomada. Ele vê, sente que captou "no ar" o pensamento de seus antecessores. Reinicia a luta, amadurecido pela experiência, para continuar avançando. E todos, trabalhadores da primeira e da última hora, de olhos bem abertos diante da profunda justiça de Deus, não se queixam mais, O adoram.

Esse é um dos reais sentidos desta parábola, cujo ensinamento, como em todas as outras que Jesus dirigiu ao povo, contém o gérmem do futuro e também a revelação da magnífica unidade que harmoniza todas as coisas no Universo, da solidariedade que une todos os seres presentes ao passado e ao futuro. (Henri Heine, Paris, 1863).

MISSÃO DOS ESPÍRITAS

4. Não percebeis a tempestade que se forma para arrebatar o velho mundo e reduzir ao nada todas as perversidades terrenas? Ah! Bendizei o Senhor, vós que depositastes vossa fé na Sua soberana justiça. E, como novos apóstolos da crença revelada pelas vozes proféticas superiores, ide pregar o conceito da *reencarnação* e da elevação dos espíritos, conforme tenhais cumprido bem ou mal as vossas missões e suportado as provas terrenas.

Não vacileis! As línguas de fogo[1] estão sobre vossas cabeças. Ó, verdadeiros adeptos do espiritismo, sois os eleitos de Deus! Ide e pregai a palavra divina. É chegada a hora em que deveis sacrificar hábitos, trabalhos e ocupações fúteis em favor da divulgação dessa palavra. Ide e pregai: os espíritos do Alto estão convosco. Certamente falareis a pessoas que não quererão ouvir a voz de Deus, porque essa voz as convoca à abnegação constante. Pregareis o desprendimento aos avarentos, a abstinência aos devassos, a mansidão aos tiranos do lar e aos déspotas. Palavras perdidas, eu sei, mas o que importa! É preciso regar com vosso suor o terreno que deveis semear, pois ele só frutificará sob os esforços da enxada e do arado evangélicos. Ide e pregai!

Sim, todos vós, homens de boa-fé que reconheceis vossa pequenez ao observar os mundos que se espalham pelo Infinito, parti em cruzada contra a injustiça e a maldade. Ide e acabai com o culto do bezerro de ouro, que se alastra cada vez mais. Ide, Deus vos conduz! Homens simples e incultos, vossas línguas se soltarão e falareis como nenhum orador fala. Ide e pregai, e as populações atentas receberão felizes vossas palavras de consolo, fraternidade, esperança e paz.

1 Línguas de fogo: Alusão à manifestação mediúnica ocorrida no dia de Pentecostes, em que os apóstolos falavam idiomas desconhecidos. Alguns videntes presenciaram esse fenômeno, que é explicado perfeitamente pela doutrina espírita. (Veja *Atos*, 2:2-13 e 3:17, no *Novo Testamento*).

Que importam as armadilhas que forem colocadas no vosso caminho? Apenas os lobos caem em armadilha de lobos. O pastor sabe proteger suas ovelhas dessas cruéis ciladas.

Ide, homens grandiosos aos olhos de Deus, pois, mais felizes do que São Tomé, acreditais, sem precisar ver, e aceitais os fenômenos da mediunidade, ainda que jamais tenhais conseguido manifestá-los. Ide, o Espírito de Deus vos conduz! Marchai adiante, legião imponente pela vossa fé! Os grandes batalhões de incrédulos se dissiparão diante de vós, como as névoas da manhã se desvanecem com os primeiros raios do sol nascente.

"A fé é a virtude que remove montanhas", disse-vos Jesus. Porém, mais pesada do que a maior das montanhas, é a impureza que habita o coração dos homens, com todos os seus vícios. Parti, pois, com coragem para remover essa montanha de maldades, das quais as gerações futuras só ouvirão falar como sendo uma lenda, da mesma maneira que vós só conheceis muito vagamente o período que antecedeu à civilização pagã.

Sim, em todos os pontos do globo vão explodir revoluções morais e filosóficas. Aproxima-se a hora em que a luz divina brilhará sobre os dois mundos.

Ide, pois, e levai a divina palavra: aos grandes, que a menosprezarão; aos eruditos, que dela exigirão provas; aos simples e pequeninos, que a aceitarão, porque é principalmente entre os sacrificados pelo trabalho, esta expiação terrena, que encontrareis o fervor e a fé. Ide! Estes sim receberão com cânticos de ação de graças, e entoando louvores a Deus, a abençoada consolação que lhes oferecerdes, e se curvarão, rendendo-lhe graças pela provação de suas misérias terrenas.

Que a vossa legião se arme de coragem! Mãos à obra! O arado está pronto e a terra espera. É preciso trabalhar.

Ide, e agradecei a Deus pela gloriosa tarefa que vos confiou. Mas não vos esqueçais de que entre os chamados para o espiritismo, muitos se desviaram do percurso. Prestai atenção, portanto, e segui o caminho da verdade.

Perguntareis: "Se muitos dos chamados para o espiritismo se desviarão do caminho, por que sinal se poderá reconhecer os que estão no caminho certo?".

Respondemos: Vós os reconhecereis pelos princípios de verdadeira caridade que professarem e praticarem. Vós os reconhecereis pela quantidade de aflitos a quem levarem consolo; pelo amor que dedicarem ao próximo, por sua abnegação, por seu desprendimento pessoal; e, finalmente, pelo triunfo de seus princípios, pois Deus deseja que Sua Lei triunfe. Os que a seguem são, pois, os Seus eleitos, e a estes Deus dará a vitória, mas arrasará os que deturpam o espírito dessa Lei e utilizam-na como um meio para satisfazer sua vaidade e sua ambição. (Erasto, anjo da guarda do médium, Paris, 1863).

OS OBREIROS DO SENHOR

5. É chegado o tempo em que se cumprirá o que foi anunciado para a transformação da humanidade. Felizes daqueles que tiverem trabalhado na seara do Senhor, desinteressadamente e movidos apenas pela caridade! Estes receberão por sua jornada de trabalho cem vezes mais do que poderiam esperar. Felizes dos que tiverem dito aos seus irmãos: "Trabalhemos juntos, e unamos nossos esforços para que nosso Senhor, ao chegar, encontre a obra concluída". E o Senhor então lhes dirá: "Vinde a mim, vós que sois bons servidores, vós que soubestes calar os ciúmes e as discórdias para não prejudicar a obra!". Mas ai daqueles que, por suas desavenças, houverem retardado a hora da colheita, pois virá a tempestade e serão levados pelo turbilhão, clamando: "Perdão! Perdão!". Mas o Senhor lhes dirá: "Por que pedis perdão, vós que não tivestes piedade de vossos irmãos e que vos negastes a estender-lhes a mão? Vós que pisastes no fraco, ao invés de ampará-lo? Por que pedis perdão, vós que buscastes vossa recompensa nas alegrias do mundo e na satisfação do vosso orgulho? Já recebestes vossa recompensa exatamente como exigistes. Nada mais deveis pedir, pois as recompensas celestes são para quem não tiver pedido recompensas na Terra".

Nesse momento, Deus faz uma seleção de Seus servidores fiéis, e marca "a dedo" aqueles que são devotados somente na aparência, a fim de que não se apoderem do salário dos servidores corajosos. Aos que não recuarem diante da tarefa, Ele irá confiar os postos mais difíceis na grande obra da regeneração pelo espiritismo, e estas palavras se cumprirão: "Os primeiros serão os últimos, e os últimos serão os primeiros no reino dos Céus!". (O Espírito de Verdade, Paris, 1862).

Capítulo 21
Haverá falsos cristos e falsos profetas

• Conhece-se a árvore pelos frutos • Missão dos profetas • Prodígios dos falsos profetas • Não acrediteis em todos os espíritos • INSTRUÇÕES DOS ESPÍRITOS: Os falsos profetas • Atributos do verdadeiro profeta • Os falsos profetas da erraticidade • Jeremias e os falsos profetas

Conhece-se a árvore pelos frutos

1. A árvore que dá maus frutos não é boa e a árvore que dá bons frutos não é má, pois se conhece cada árvore pelo seu próprio fruto. Não se colhem figos dos espinheiros, nem se colhem cachos de uvas das sarças. O homem de bem tira boas coisas do bom tesouro de seu coração e o mau tira más coisas do mau tesouro de seu coração, pois a boca fala do que o coração está cheio. (LUCAS, 6:43-45).

2. Guardai-vos dos falsos profetas que se aproximam de vós com aparência de ovelha, mas interiormente são lobos vorazes. Vós os conhecereis pelos seus frutos. Porventura colhem-se uvas dos espinheiros ou figos das sarças? Assim, toda árvore boa produz bons frutos e toda árvore má produz maus frutos. Uma árvore boa não pode dar maus frutos e uma árvore má não pode dar bons frutos. Toda árvore que não der bons frutos será cortada e lançada ao fogo. Vós as reconhecereis, pois, pelos seus frutos. (MATEUS, 7:15-20).

3. Ficai atentos para que ninguém vos engane, pois muitos virão em meu nome, dizendo: "Eu sou o Cristo", e enganarão a muitos.
E surgirão muitos falsos profetas que enganarão a muitas pessoas; e, por multiplicar-se a maldade, a caridade de muitos esfriará. Mas aquele que perseverar até o fim será salvo.
Então, se alguém vos disser: "Eis que o Cristo está aqui, ou

ali", não lhe deis crédito, pois surgirão falsos cristos e falsos profetas que farão tantos prodígios e coisas espantosas, que enganarão, se possível for, até mesmo aos próprios escolhidos. (Mateus, 24:4-5, 11-13, 23-24; Marcos, 13:5-6, 21-22).

Missão dos profetas

4. Geralmente atribui-se aos profetas o dom de revelar o futuro, de maneira que as palavras ***profecia*** e ***predição*** passaram a ser sinônimas. No sentido evangélico, a palavra ***profeta*** tem um significado mais amplo: diz-se de todo enviado de Deus com a missão de instruir os homens e revelar-lhes as coisas ocultas e os mistérios da vida espiritual. Um homem pode, então, ser profeta sem fazer predições: esta era a idéia dos judeus no tempo de Jesus. É por isso que, quando Ele foi levado à presença do sumo sacerdote Caifás, os escribas e os anciãos, que estavam reunidos, cuspiram-Lhe no rosto e deram-Lhe socos e bofetadas, dizendo: "Cristo, profetiza para nós e diz quem foi que Te bateu". Contudo, é verdade que alguns profetas tiveram a premonição do futuro, seja por intuição, seja por revelação providencial, para fazer advertências aos homens. Como os acontecimentos vaticinados ocorreram, o dom de predizer o futuro foi considerado como um dos atributos da qualidade de profeta.

Prodígios dos falsos profetas

5. "Surgirão falsos cristos e falsos profetas que farão tantos prodígios e coisas espantosas, que enganarão até mesmo aos próprios escolhidos." Essas palavras mostram o verdadeiro sentido do termo ***prodígio***. Na acepção teológica, os prodígios e os milagres são fenômenos excepcionais, que fogem às leis da natureza. Sendo as leis da natureza obra ***unicamente*** de Deus, sem dúvida Ele poderá revogá-las, se o desejar, mas o bom senso diz que Ele não pode ter dado a alguns seres perversos e inferiores um poder semelhante ao Seu, muito menos o direito de desfazer o que Ele fez. Jesus não pode ter sancionado tal princípio. Se, pois, conforme o sentido que se dá a essas palavras, o espírito do mal tem o poder de fazer prodígios tais, que até

mesmo os próprios eleitos sejam enganados, poder-se-ia concluir que, se eles conseguem fazer o que Deus faz, os prodígios e os milagres não são privilégios exclusivos dos enviados de Deus, e não provam nada, uma vez que nada distingue os milagres dos santos dos milagres dos demônios. É preciso, pois, buscar um sentido mais racional para essas palavras de Jesus.

Para o povo ignorante, todo fenômeno cuja causa é desconhecida passa a ser tido como sobrenatural, maravilhoso e miraculoso. Uma vez conhecida a causa, reconhece-se que o fenômeno, por mais extraordinário que pareça, nada mais é do que a aplicação de uma lei da natureza. É assim que o círculo dos fatos sobrenaturais diminui à medida que o da ciência se amplia. Através dos tempos, alguns homens exploraram certos conhecimentos que possuíam, em favor de seus interesses e de seu desejo de dominação, a fim de atribuir a si próprios o prestígio de um poder supostamente sobre-humano, ou de uma pretensa missão divina. Estes são os falsos cristos e os falsos profetas. Contudo, a propagação dos conhecimentos acaba por relegar-lhes ao descrédito. Por isso é que o número dessas pessoas diminui à medida que os homens se instruem. O fato de operarem o que para algumas pessoas parece prodígios, não é, portanto, sinal de uma missão divina, uma vez que pode ser o resultado de conhecimentos que qualquer um pode adquirir, ou de faculdades orgânicas especiais, que tanto o mais indigno quanto o mais digno podem possuir. Reconhece-se o verdadeiro profeta por atributos mais sérios e exclusivamente morais.

Não acrediteis em todos os espíritos

> 6. Meus bem-amados, não creiais em todos os espíritos. Antes, provai se são espíritos de Deus, pois muitos falsos profetas surgirão no mundo. (João, 1ª *Epístola*, 4:1).

7. Os fenômenos espíritas, ao contrário de autorizar os falsos cristos e os falsos profetas, como algumas pessoas gostam de dizer, vêm dar-lhes o golpe fatal. Não soliciteis ao espiritismo milagres ou prodígios, pois ele declara categoricamente que não os produz. Tal como a física, a química, a astronomia e a geologia vieram revelar as leis do mundo material, o

espiritismo vem revelar outras leis desconhecidas, que regem as relações entre o mundo físico e o mundo espiritual, e que, da mesma forma que as leis científicas, são igualmente leis da natureza. Ao dar uma explicação para determinada categoria de fenômenos até então incompreendidos, o espiritismo acaba com o que ainda permanecia no âmbito do prodigioso. Portanto, aqueles que se sentissem tentados a explorar esses fenômenos em proveito próprio, fazendo-se passar por enviados de Deus, não conseguiriam enganar os crédulos por muito tempo, e logo seriam desmascarados. Aliás, tal como foi dito, esses fenômenos, por si só, nada provam, pois a missão se prova por efeitos morais, o que não é dado a qualquer um produzir. Esse é um dos resultados do desenvolvimento da ciência espírita. Ao pesquisar a causa de alguns fenômenos, ela ergue o véu que encobria muitos mistérios. Só os que preferem a escuridão à luz têm interesse em combatê-la. Mas a verdade é como o Sol: dissipa os mais densos nevoeiros.

O espiritismo vem revelar uma outra categoria, bem mais perigosa, de falsos cristos e falsos profetas, que se encontram não entre os homens, mas entre os desencarnados: é a categoria dos espíritos mistificadores, hipócritas, orgulhosos e falsos sábios, que passaram da Terra para a erraticidade, e se disfarçam com nomes veneráveis para tentar fazer com que suas idéias sejam aceitas, sendo elas muitas vezes as mais extravagantes e absurdas. Antes que as relações mediúnicas fossem conhecidas, eles atuavam de forma menos ostensiva, pela inspiração, pela mediunidade inconsciente, auditiva ou psicofônica. É considerável a quantidade dos que, em diversas épocas, mas principalmente nestes últimos tempos, fizeram-se passar por alguns dos antigos profetas, pelo Cristo, por Maria, mãe de Jesus, e até mesmo por Deus. O apóstolo João alerta-nos sobre eles, quando diz: "Meus bem-amados, não creiais em todos os espíritos. Antes, provai se são espíritos de Deus, pois muitos falsos profetas surgirão no mundo". O espiritismo oferece os meios para colocá-los à prova, ao indicar os atributos pelos quais se reconhecem os bons espíritos, atributos ***sempre morais e nunca materiais.***[1] É para distinguir os bons dos maus espíritos que se podem aplicar, principalmente, estas palavras de Jesus:

1 Ver, para a distinção dos espíritos, *O Livro dos Médiuns*, capítulo 24 e seguintes.

"Reconhece-se a qualidade da árvore por seus frutos. Uma árvore boa não pode dar maus frutos, e uma árvore má não pode dar frutos bons". Julgam-se os espíritos pela qualidade de suas obras, como uma árvore pela qualidade de seus frutos.

Instruções dos espíritos

OS FALSOS PROFETAS

8. Se alguém vos disser: "Cristo está aqui", não vades procurá-lo. Ao contrário, ficai atentos, pois numerosos serão os falsos profetas. Não vedes que as folhas da figueira começam a branquear? Não vedes seus numerosos brotos aguardando a época da floração? Jesus não vos disse: "Reconhece-se uma árvore pelo seu fruto"? Então, se os frutos são amargos, achais que a árvore é má; se são doces e saudáveis, dizeis: "Nada de tão puro pode sair de uma fonte má".

É assim, meus irmãos, que deveis julgar; o que deveis examinar são as obras. Se aqueles que dizem estar revestidos do poder divino tiverem consigo todos os sinais de semelhante missão, ou melhor, se possuírem, no mais alto grau, virtudes cristãs e eternas, como a caridade, o amor, a indulgência e a bondade, que unem todos os corações, e se, confirmando suas palavras, acrescentarem os atos, então podereis dizer: "Estes são realmente enviados de Deus". Mas desconfiai das palavras melosas; desconfiai dos escribas e dos fariseus, que oram nas praças públicas, usando longas vestes; desconfiai dos que pretendem possuir o privilégio único e exclusivo da verdade!

Não, não, o Cristo não está entre eles, pois aqueles a quem envia para propagar Sua santa doutrina e regenerar Seu povo serão, a exemplo do Mestre, mansos e humildes de coração. Aqueles que devem, por seus exemplos e conselhos, salvar a humanidade, que caminha a passos largos para a perdição e vagueia por caminhos tortuosos, são, acima de tudo, modestos e humildes. Mas fugi de todo aquele que revele um mínimo de orgulho. Fugi dele como de uma praga contagiosa que contamina tudo o que toca. Lembrai-vos de que *cada criatura traz na fronte, e principalmente nos seus atos, a marca de sua grandeza ou de sua decadência.*

Ide, pois, meus filhos bem-amados! Marchai decididos,

sem segundas intenções, no caminho abençoado que tomastes. Ide, continuai avançando sempre, sem nada temer! Afastai corajosamente tudo o que possa dificultar vossa caminhada rumo à eterna meta. Peregrinos, estareis somente por pouco tempo nas trevas e nas dores da provação, se vossos corações se deixarem levar por essa doce doutrina que veio revelar-vos as leis eternas e satisfazer todos os anseios de vossa alma com relação ao desconhecido.

De agora em diante, podeis dar corpo a essas efêmeras ilusões que passavam rápidas em vossos sonhos e que encantavam vosso espírito, mas nada diziam ao vosso coração. Agora, meus amados, a morte desapareceu para dar lugar ao anjo radiante que conheceis, o anjo do reencontro e da reunião! Agora, que bem cumpristes a tarefa imposta pelo Criador, nada mais tendes a temer de Sua justiça, pois Ele é pai e sempre perdoa os filhos desgarrados que clamam por misericórdia. Continuai, pois! Avançai sem cessar! Que vosso lema seja o do progresso contínuo em todos os sentidos, até chegardes ao final feliz, onde vos aguardam todos os que vos precederam. (Luís, Bordéus, 1861).

ATRIBUTOS DO VERDADEIRO PROFETA

9. ***Desconfiai dos falsos profetas.*** Esta recomendação é útil em todos os tempos, mas principalmente nos momentos de transição em que se processa uma transformação da humanidade, como a que ocorre atualmente, porque uma multidão de ambiciosos e intrigantes se apresenta como reformadores e enviados divinos. É contra esses impostores que devemos ficar atentos. É dever de todo homem honesto desmascará-los. Então, perguntareis como se pode reconhecê-los. Eis os sinais que os identificam:

Só se confia o comando de um exército a um general habilidoso e competente para dirigi-lo. Porventura, julgais que Deus seja menos prudente do que os homens? Tende certeza de que Ele só confia missões importantes àqueles que são capazes de cumpri-las, pois as grandes missões são fardos pesados que esmagariam o homem que não possuísse forças para carregá-los. Como em todas as coisas, o mestre deve saber mais do que o aluno. Para fazer a humanidade progredir moral e intelectualmente, são necessários homens superiores em inteligência e moralidade. Eis por que são sempre os espíritos já muito evoluídos que, tendo cumprido suas provas em existências anteriores, reencarnam com esse objetivo, pois, se não forem superiores ao meio em que devem atuar, sua ação será nula.

Assim sendo, podeis concluir que o verdadeiro missionário de Deus deve dar provas de sua missão por sua superioridade, por suas virtudes, pela importância, resultado e influência moralizadora de suas obras. Tirai também esta conclusão: mas, se pelo seu caráter, por suas virtudes, por sua inteligência, ele estiver em nível inferior ao do papel que se atribui, ou da personalidade sob cujo nome se esconde, não passa de um ator de segunda categoria, que nem sequer sabe imitar o modelo que tenta copiar.

Uma outra consideração é a de que a maioria dos verdadeiros missionários de Deus ignoram o que o são, cumprindo aquilo a que são chamados a fazer por seu caráter determinado, alicerçados pela força oculta que os inspira e dirige, sem que o percebam, e sem intenção premeditada. Em resumo: *os verdadeiros profetas se revelam por seus atos. Pode-se pressenti-los. Já os falsos profetas, se apresentam por conta própria como enviados de Deus.* Os primeiros são humildes e modestos; os outros, são orgulhosos e cheios de si; falam com arrogância e, como todos os mentirosos, vivem com medo de que não acreditem neles.

Já vimos impostores como esses se fazendo passar por apóstolos de Jesus, outros pelo próprio Mestre, e, para vergonha da humanidade, encontraram pessoas suficientemente ingênuas para acreditar em suas baixezas. Contudo, uma consideração bem simples, e que deveria abrir os olhos até do mais cego, é a de que se Jesus reencarnasse na Terra, viria com todo o Seu poder e todas as Suas virtudes, a menos que se admita – o que seria um absurdo – que tivesse degenerado. Portanto, da mesma forma que, se tirardes um único dos atributos de Deus, não tereis mais Deus, se tirardes uma única virtude de Jesus, não tereis mais Jesus. Será que os que se fazem passar por Ele possuem todas as Suas virtudes? Eis a questão! Observai os falsos profetas, analisai seus pensamentos e atos, e vereis que faltam-lhes principalmente as qualidades que os distinguem de Jesus: a humildade e a caridade, ao passo que têm o que o Mestre não possuía: a cobiça e o orgulho. Observai, aliás, que há neste momento, e em diferentes países, vários pretensos cristos, como há vários pretensos elias, são joão ou são pedro, e que é absolutamente impossível que possam ser verdadeiros. Tende certeza de que são pessoas que exploram os ingênuos, e acham fácil viver à custa de quem lhes dá ouvidos.

Desconfiai, pois, dos falsos profetas, especialmente em tempos de renovação, porque muitos impostores se apresentarão como enviados de Deus. Eles procuram satisfação na Terra, mas uma justiça implacável os aguarda; disso podeis ter certeza. (Erasto, Paris, 1862).

OS FALSOS PROFETAS DA ERRATICIDADE

10. Os falsos profetas não estão somente entre os encarnados. Estão também, e em número bem maior, entre os espíritos orgulhosos que, sob falsa aparência de amor e caridade, semeiam a desunião e retardam a obra de emancipação espiritual da humanidade, tentando impor suas idéias absurdas pelos seus médiuns. Para melhor seduzir aos que desejam enganar, e para dar mais credulidade às suas teorias, apresentam-se, sem o menor escrúpulo, com nomes que os homens só pronunciam reverentemente.

São eles que espalham o fermento da discórdia entre os grupos, que levam os médiuns a se afastarem uns dos outros e a se olharem com desconfiança. Só isso já bastaria para desmascará-los, porque, agindo dessa maneira, eles próprios desmentem formalmente o que fingem ser. Cegos, pois, são os homens que caem numa armadilha tão ordinária.

Mas há muitos outros meios para reconhecê-los. Espíritos da ordem a qual dizem pertencer devem ser não somente muito bons, mas também extremamente racionais. Pois bem, submetei suas teorias ao crivo da razão e do bom senso e vereis o que restará. Então, concordareis comigo. Todas as vezes que um espírito indicar, como remédio para os males da humanidade e como meio de atingir a perfeição, coisas fantasiosas e impraticáveis e medidas pueris e ridículas, ou quando formular uma teoria que as mais elementares noções da ciência contradizem, estamos diante de um espírito ignorante e mentiroso.

Por outro lado, acreditai que, se a verdade nem sempre é apreciada pelos indivíduos, ela o é sempre pelo bom senso das massas, e está aí uma forma de distinguir o erro da verdade. Se dois princípios se contradizem, tereis a medida do valor de cada um avaliando o que tem mais aceitação e simpatia. Na verdade, *seria ilógico admitir que uma doutrina, cujo número de adeptos diminuísse, fosse mais verdadeira do que outra que visse os seus aumentar.* Querendo que a verdade chegue a todos, Deus não a restringe a um círculo estreito. Ele a faz surgir em diferentes pontos, para que a luz contraponha as trevas.

Repeli sem piedade todos esses espíritos que se fazem passar por conselheiros exclusivos, pregando a divisão e o afastamento. Eles são quase sempre espíritos vaidosos e medíocres, que pretendem impor-se aos homens fracos e ingênuos, fazendo-lhes elogios exagerados para seduzi-los e subjugá-los. São igualmente espíritos ávidos de poder, que, tendo sido tiranos no lar ou na vida pública quando vivos, ainda querem vítimas para tiranizar depois de mortos. De um modo geral, *desconfiai das comunicações que apresentam um caráter místico e estranho, ou que prescrevem cerimônias e atos estranhos.* Nesses casos, há sempre um legítimo motivo para suspeitar.

Por outro lado, tende certeza de que quando uma verdade deve ser revelada à humanidade, ela é, por assim dizer, imediatamente comunicada a todos os grupos sérios que possuem médiuns sérios, e não a este ou àquele, deixando os outros de fora. Ninguém é médium perfeito se está obsediado, e há obsessão evidente quando um médium é capaz de receber comunicações somente de determinado espírito, por mais elevado que ele pretenda ser. Consequentemente, todo médium e todo grupo que se consideram privilegiados por comunicações que só eles conseguem receber, e que, além disso, se submetem a práticas que tendam à superstição, estão, sem dúvida, sob a influência de uma obsessão bem caracterizada, principalmente quando o espírito dominador ostenta um nome que todos, encarnados e desencarnados, devemos honrar e respeitar, não permitindo que seja usado a todo momento.

É indiscutível que, se submetermos todos os dados e todas

as comunicações dos espíritos ao crivo da razão e da lógica, será fácil rejeitar o absurdo e o erro. Um médium pode ser seduzido, um grupo pode ser enganado, mas o controle severo dos outros grupos, o conhecimento adquirido, a elevada autoridade moral dos chefes de grupo, e as comunicações dos principais médiuns que recebem um atestado de lógica e de autenticidade de nossos melhores espíritos, rapidamente condenarão as mensagens mentirosas e ardilosas provenientes de uma multidão de espíritos mistificadores ou maus. (ERASTO, DISCÍPULO DE SÃO PAULO, Paris, 1862). (Veja, na ***Introdução*** desta obra, o parágrafo 2: ***Controle universal do ensinamento dos espíritos***, e ***O Livro dos Médiuns***, capítulo 23, ***Da Obsessão***).

JEREMIAS E OS FALSOS PROFETAS

> 11. Assim diz o Senhor dos exércitos: "Não escuteis as palavras dos profetas que vos profetizam e vos enganam. Eles apregoam as visões de seus corações, e não o que aprenderam pela boca do Senhor. Dizem àqueles que blasfemam contra mim: 'O Senhor o disse: tereis a paz'. E a todos aqueles que caminham para a corrupção de seus corações, dizem: 'Nenhum mal vos atingirá'. Mas qual deles assistiu ao conselho de Deus? Quem O viu e quem entendeu o que Ele disse? Eu não enviei esses profetas, e eles correram por conta própria. Eu não lhes falei nada, e eles profetizaram como bem entendiam. Eu ouvi esses profetas que profetizavam mentiras em meu nome, dizendo: 'Sonhei, sonhei!' Até quando essa imaginação estará no coração dos profetas que profetizam mentiras, e cujas profecias não são mais do que as seduções de seus corações? Se, pois, esse povo, ou um profeta, ou um sacerdote, vos interrogar, dizendo-vos: 'Qual é o fardo do Senhor?', responderás: 'Vós mesmos sois o fardo! E eu vos lançarei bem longe de mim, diz o Senhor'. (JEREMIAS, 23:16-18, 21, 25-26, e 33).

É sobre essa passagem do profeta Jeremias que vou conversar convosco, meus amigos. Deus, falando por intermédio do profeta, diz: "É a visão do coração deles que os faz falar". Essas palavras indicam claramente que, já naquela época, os charlatães e os fanáticos abusavam do dom da profecia e o exploravam. Consequentemente, abusavam da fé ingênua e quase sempre cega do povo, predizendo *por dinheiro* coisas boas e agradáveis. Essa espécie de fraude era muito comum entre os judeus, e é fácil compreender que o pobre povo, na sua ignorância, não tinha condições de distinguir os bons dos maus, e era quase sempre vítima dos pretensos profetas, que não passavam de impostores ou fanáticos. Nada é mais significativo do que estas palavras: "Eu não enviei esses profetas, e eles correram por conta própria. Eu não lhes falei nada, e eles profetizaram". Mais adiante, ele diz: "Eu ouvi esses profetas que profetizaram mentiras em meu nome, dizendo: 'Sonhei, sonhei!' ", indicando, assim, um dos meios empregados para explorar a confiança que o povo neles depositava. A multidão, sempre crédula, não pensava em contestar a veracidade dos sonhos e visões daqueles profetas; ao contrário, achava tudo muito natural e sempre os induzia a falar.

Após essas palavras do profeta, escutai os sábios conselhos do apóstolo João, quando diz: "Não creiais em todos os espíritos, mas provai se os espíritos são de Deus", pois entre os desencarnados também há os que gostam de enganar quando encontram uma oportunidade. As vítimas sãos os médiuns que não tomam as necessárias precauções. Aí está, sem a menor dúvida, um dos maiores obstáculos contra o qual muitos se chocam, principalmente quando são principiantes no espiritismo. É para eles uma prova na qual só com muita prudência podem triunfar. Antes de qualquer coisa, aprendei, pois, a distinguir os bons e os maus espíritos, para que vós mesmos não vos transformeis em falsos profetas. (LUIZ, espírito protetor, Carlsruhe, 1861).

Capítulo 22
Não separeis o que Deus uniu

• Indissolubilidade do casamento • Divórcio

Indissolubilidade do casamento

1. Os fariseus também vieram ter com Jesus para tentá-Lo e Lhe disseram: "É permitido ao homem repudiar sua mulher por um motivo qualquer?". Ele lhes respondeu: "Não sabes que o Criador os criou desde o princípio macho e fêmea, e que disse: 'Por essa razão, o homem deixará pai e mãe e se unirá à sua mulher, e serão dois numa só carne'? Assim, não serão mais duas, mas uma única carne. Que, pois, o homem não separe o que Deus uniu".
Disseram-Lhe eles: "Então, por que Moisés ordenou que se dê a uma mulher a carta da separação, ao repudiá-la?". E Jesus lhes respondeu: "Foi a dureza do vosso coração que levou Moisés a vos permitir que repudiásseis vossas mulheres. Mas não foi assim desde o começo. Eu também vos declaro que todo aquele que repudiar sua mulher, e desposar outra, comete adultério. E aquele que desposa a mulher que outro repudiou, também comete adultério. (Mateus, 19:3-9).

2. Só é imutável aquilo que vem de Deus. Tudo o que é obra dos homens está sujeito a mudanças. As leis da natureza são as mesmas em todos os tempos e em todos os países. As leis humanas mudam conforme o tempo, os lugares e o desenvolvimento das idéias. No casamento, o que é de ordem divina é a união dos sexos para possibilitar a renovação dos seres. Mas as condições que regulamentam essa união são de tal forma humanas, que não há no mundo inteiro, mesmo entre os cristãos,

dois países em que elas sejam absolutamente iguais, ou que não tenha sofrido modificações com o tempo. Disso resulta que, perante a lei civil, o que é legítimo num país, em determinada época, é adultério em outro, em outra época. Isso porque a lei civil tem por objetivo regulamentar os interesses familiares, e esses interesses variam segundo os costumes e as necessidades locais. Assim, por exemplo, em certos países o único casamento legítimo é o religioso; em outros, além dele, é necessário o casamento civil; e noutros ainda, o casamento civil basta.

3. Na união dos sexos, porém, ao lado da lei material, comum a todos os seres vivos, há uma outra lei imutável, como todas as leis de Deus, exclusivamente moral, que é a Lei do Amor. Deus quis que os seres se unissem não só pelos laços da carne, mas pelos laços da alma, a fim de que a afeição mútua do casal se estendesse aos filhos, e que fossem dois, e não um, a amá-los, a cuidar deles e a fazê-los progredir. Será que, nas condições comuns do casamento, essa Lei do Amor é levada em conta? De modo algum, pois o que se observa não é a afeição de dois seres que se atraem, já que, na maioria das vezes, essa afeição tem fim. O que se procura não é a satisfação do coração, e sim a satisfação do orgulho, da vaidade, da cobiça, enfim, de todos os interesses materiais. Tudo corre bem quando o casamento é proveitoso, conforme esses interesses. Diz-se então que os esposos são igualmente prósperos, e devem viver muito felizes.

Todavia, nem a lei civil nem os compromissos que ela impõe podem substituir a Lei do Amor, se esta lei não preside a união. Acontece então, frequentemente, que *o que se uniu à força se separa por si mesmo* e que o juramento que se pronunciou ao pé do altar torna-se um perjúrio, se foi dito como uma fórmula banal. Daí surgem as uniões infelizes, que acabam por tornar-se criminosas; dupla infelicidade que seria evitada se, entre as condições do casamento, não se esquecesse da única que o confirma perante Deus: a Lei do Amor. Quando Deus disse: "Sereis uma única carne", e quando Jesus disse: "Não separeis o que Deus uniu", isso deve ser entendido como a união segundo a Lei imutável de Deus, e não conforme a lei dos homens, sujeita a modificações.

4. A lei civil é então superficial, e deveríamos retornar aos

casamentos que se guiavam pelos instintos naturais? Certamente que não! A lei civil tem por finalidade regulamentar as relações sociais e os interesses familiares, conforme as exigências das civilizações. Eis por que ela é útil e necessária, mas variável. Ela precisa ser previdente, pois o homem civilizado não pode viver como selvagem. Portanto, nada, absolutamente nada, impede que se origine da Lei de Deus. Os obstáculos ao cumprimento da lei divina surgem dos preconceitos humanos e não da lei civil. Esses preconceitos, embora ainda sejam fortes, já perderam muito de sua influência junto aos povos esclarecidos e desaparecerão com a evolução moral, que finalmente fará com que se enxerguem os inúmeros males, faltas, e até mesmo crimes resultantes de uniões contraídas visando unicamente a interesses materiais. Um dia nos perguntaremos se é mais humano, mais caridoso, mais moral manter a união de dois seres que não conseguem viver juntos, ou restituir-lhes a liberdade, e ainda, se a perspectiva de um vínculo indissolúvel não aumenta o número das uniões irregulares.

O divórcio

5. O divórcio é uma lei humana cuja finalidade é separar legalmente o que está separado de fato. Essa lei não contraria a Lei de Deus, já que apenas corrige o que os homens fizeram, e se aplica somente aos casos em que a lei divina não foi levada em conta. Se ela contrariasse a Lei de Deus, a própria Igreja seria obrigada a considerar como prevaricadores alguns de seus chefes que, por decisão própria e em nome da religião, em mais de uma circunstância, decretaram o divórcio. Aliás, dupla prevaricação, porque visava unicamente a interesses mundanos e não ao cumprimento da Lei do Amor.

Mas, nem o próprio Jesus sancionou a indissolubilidade absoluta do casamento. Ele não disse: "Foi a dureza do vosso coração que levou Moisés a vos permitir que repudiásseis vossas mulheres"? Isso significa que, desde o tempo de Moisés, se a afeição mútua não fosse o único objetivo do casamento, a separação podia tornar-se necessária. Porém, Jesus acrescenta: "Mas não foi assim desde o começo", ou seja, no início da humanidade, quando os homens ainda não estavam corrompidos pelo egoísmo e pelo orgulho e viviam conforme a Lei de Deus, as uniões alicerçadas no amor e não na vaidade ou na ambição, não davam margem ao repúdio.

Jesus vai mais longe ao especificar o caso em que o repúdio pode acontecer: o do adultério. Ora, onde reina um afeto recíproco sincero, não existe adultério. É verdade que Ele proíbe ao homem desposar a mulher repudiada, mas é preciso ter em vista os costumes e o caráter dos homens, ao Seu tempo. Nesse caso, a lei mosaica prescrevia o apedrejamento. Querendo abolir um costume tão bárbaro, era preciso, contudo, estabelecer uma nova punição. Então, Jesus determina a proibição de um novo casamento como o estigma que deveria marcar a adúltera. De certa forma, era uma lei civil substituindo outra lei civil, mas que, como todas as leis dessa natureza, deveria passar pela prova do tempo.

Capítulo 23
Estranha moral

• Quem não odiar seu pai e sua mãe • Abandonar pai, mãe e filhos • Deixai que os mortos cuidem de enterrar seus mortos • Não vim trazer a paz, mas a divisão

Quem não odiar seu pai e sua mãe

1. Uma multidão caminhava junto com Jesus, quando Ele, virando-se, lhes disse: "Se alguém vier a mim e não odiar seu pai e sua mãe, sua mulher e seus filhos, seus irmãos e irmãs, e até mesmo sua própria vida, não pode ser meu discípulo. E todo aquele que não carregar sua cruz e não me seguir, não pode ser meu discípulo. Assim, pois, quem dentre vós não renunciar a tudo o que tem, não pode ser meu discípulo". (Lucas, 14:25-27, 33).

2. Aquele que ama seu pai ou sua mãe mais do que a mim, não é digno de mim. Aquele que ama seu filho ou sua filha mais do que a mim, não é digno de mim. (Mateus, 10:37).

3. Determinadas palavras, aliás muito raras, destoam tão estranhamente da linguagem do Cristo, que nos recusamos, instintivamente, a aceitá-las no seu sentido literal, sem que a sublimidade de Sua doutrina sofra qualquer dano. Como todos os evangelhos foram escritos após a Sua morte,[1] é possível que, nesse caso, a essência do Seu pensamento possa não ter sido bem interpretada, ou, o que é mais provável, que o sentido original de Suas palavras tenha sofrido alguma alteração, ao ser

1 Nota do editor: Jesus nada deixou por escrito. Durante a sua estada pela Terra, ele usou a oralidade para transmitir os seus ensinamentos. Tudo o que se conhece sobre o que Jesus teria dito foi escrito após a sua morte por alguns de seus seguidores.

traduzido de uma língua para outra. Basta que um erro tenha sido cometido uma primeira vez para que ele seja repetido nas reproduções seguintes, como se pode observar frequentemente com relação aos fatos históricos.

É o que acontece com a palavra *odiar*, nesta frase do evangelista Lucas: "Se alguém vier a mim e não odiar seu pai e sua mãe". Ninguém pode pensar em atribuí-la a Jesus. Seria, pois, inútil discuti-la, e mais inútil ainda tentar justificá-la. Seria preciso, antes de mais nada, saber se Jesus a pronunciou realmente, e, em caso afirmativo, saber se, na língua que Ele falava, essa palavra tinha o mesmo significado que tem na nossa. Nesta passagem de João: "Aquele que odeia sua vida neste mundo, conserva-a para a vida eterna", é evidente que ela não expressa a idéia que lhe atribuímos.

A língua hebraica não era rica e continha muitas palavras que possuíam vários significados. Uma delas, por exemplo, é aquela que, no livro da *Gênese*, designa as fases da criação e que servia também para expressar um período qualquer de tempo e o movimento diurno dos astros, cuja tradução, mais tarde, derivou a palavra *dia* e a crença de que o mundo fora obra de seis vezes vinte e quatro horas, ou seja, seis dias. O mesmo acontece com a palavra que designava um *camelo* e uma *corda*, pois como as cordas eram feitas com pêlos de camelo, ela foi traduzida por *camelo*, na alegoria do buraco da agulha. (Veja capítulo 16, número 2, desta obra).[2]

É preciso também levar em consideração os costumes e o caráter dos povos que influem na interpretação particular dos idiomas. Sem esse conhecimento, não se capta o verdadeiro sentido de determinadas palavras. De uma língua para outra, a mesma palavra tem maior ou menor força, podendo ser

---

2 *Non odit*, em latim, *Kaï* ou *miseï*, em grego, não quer dizer *odiar*, mas *amar menos*. O que o verbo grego *miseïn* exprime, o verbo hebraico, que Jesus deve ter usado, expressa-o melhor ainda, não significando somente *odiar*, mas *amar menos, não amar tanto quanto, não amar igual a outro*. Em aramaico, que, segundo se diz, era o dialeto que Jesus usava mais frequentemente, esse significado é ainda mais acentuado. Neste sentido é que está dito na *Gênese* (capítulos 29, 30 e 31): "E Jacó amou também Raquel mais do que a Lia, e Jeová, vendo que Lia era *odiada*..." É evidente que o verdadeiro sentido é *menos amada*, e assim se deve traduzir. Em várias outras passagens hebraicas, e principalmente aramaicas, o mesmo verbo é empregado no sentido de *não amar tanto quanto a outro*, e seria um absurdo traduzi-lo por *odiar*, que tem outro significado bem determinado. O texto do evangelista Mateus, aliás, afasta toda dificuldade. (Nota de M. Pezzani).

uma ofensa ou blasfêmia numa, e ter um sentido insignificante noutra, conforme a conotação a ela atribuída. Até na mesma língua algumas palavras mudam seu sentido com o passar do tempo. É por isso que uma tradução rigorosamente literal nem sempre expressa perfeitamente o pensamento original, e que, para sermos exatos, às vezes precisamos usar não as palavras correspondentes e sim palavras que sejam equivalentes, semelhantes, ou até mesmo frases inteiras.

Essas observações aplicam-se de modo especial à interpretação das sagradas escrituras e dos evangelhos, em particular. Se não considerarmos o meio em que Jesus vivia, ficamos sujeitos a equívocos quanto ao significado de certas expressões e de certos fatos, em decorrência do hábito de se achar que os outros pensam como nós. Seja como for, é preciso afastar da palavra ***odiar*** o significado que ela tem hoje e que é contrário aos ensinamentos de Jesus. (Veja também capítulo 14, número 5 e seguintes, desta obra).

Abandonar pai, mãe e filhos

4. Todo aquele que, por amor ao meu nome, tiver deixado sua casa, seus irmãos, suas irmãs, seu pai, sua mãe, seus filhos, sua mulher, ou suas terras, receberá por isso cem vezes mais, e herdará a vida eterna. (Mateus, 19:29).

5. Então Pedro disse a Jesus: "Quanto a nós, vês que tudo deixamos, e te seguimos". E Jesus lhe respondeu: "Em verdade, vos digo que ninguém que tenha deixado sua casa, seu pai e sua mãe, ou seus irmãos, sua mulher, ou seus filhos, pelo reino de Deus, deixará de receber, já neste mundo, muito mais, e, no século vindouro, a vida eterna". (Lucas, 18:28-30).

6. Um outro disse também a Jesus: "Senhor, eu te seguirei, mas permite que antes disponha do que tenho em minha casa". E Jesus lhe respondeu: "Todo aquele que, tendo a mão no arado, olhar para trás, não é digno do reino de Deus". (Lucas, 9:61 e 62).

Sem discutir as palavras usadas aqui, deve-se procurar o pensamento original que, evidentemente, era este: ***Os interesses da vida futura estão acima de todos os interesses e de*** *todas as considerações humanas*, pois isso sim está de acordo com a essência da doutrina de Jesus, ao passo que a hipótese de renúncia à família seria sua negação. Aliás, não vemos diante de nós a aplicação dessas máximas quando se sacrifica os interesses pessoais e as afeições familiares para servir à Pátria? Por acaso, se condena um rapaz por deixar o pai, a mãe, os irmãos, a mulher e os filhos para ir lutar em defesa de seu país? Ao contrário, não é ele considerado digno de elogios por privar-se da tranquilidade do lar, do convívio com os amigos, para cumprir um dever civil? Há, portanto, determinados deveres que se sobrepõem a outros. A lei não diz que uma jovem tem a obrigação de deixar seus pais e seguir o marido? O mundo está repleto de casos em que as mais dolorosas separações são necessárias. Mas nem por isso os laços afetivos se rompem, pois a distância não diminui o respeito e a dedicação que se deve aos pais, nem o carinho que se tem pelos filhos. Vê-se então que, mesmo tomadas ao pé da letra – com exceção da palavra *odiar* –, essas expressões não seriam a negação do mandamento que prescreve honrar pai e mãe, nem do sentimento de ternura paternal, e, com mais razão ainda, se apreendermos sua verdadeira intenção. Na verdade, sua finalidade era mostrar, por meio do exagero de linguagem, o quanto era imprescindível para o homem o dever de preocupar-se com a vida futura. Aliás, para um povo em que os laços familiares tinham menos força do que numa civilização moralmente mais avançada, tais palavras deviam ser bem menos chocantes. Os laços familiares, muito mais frágeis entre os povos primitivos, fortaleceram-se com o desenvolvimento da sensibilidade e do senso moral. A própria separação é necessária ao progresso: ocorre tanto nas famílias como nas raças, que se degeneram se não houver cruzamentos, ou melhor, se não se mesclarem umas com as outras. É uma lei da natureza, tanto em benefício da evolução moral, como da evolução física.

Aqui as coisas são consideradas apenas do ponto de vista terreno. O espiritismo faz com que a vejamos de maneira mais elevada, ao nos mostrar que os verdadeiros laços de afeição são os laços do espírito, e não os do corpo; que esses laços não se rompem com a separação, nem mesmo pela morte do corpo; que se fortalecem na vida espiritual, pela depuração do espírito: verdade consoladora que nos dá uma grande força para suportar as contrariedades da vida. (Veja capítulo 4, número 18; capítulo 14, número 8, desta obra).

Deixai que os mortos cuidem de enterrar seus mortos

> 7. Ele disse a um outro: "Segue-me!". Mas esse outro Lhe respondeu: "Senhor, permite que eu vá primeiro enterrar meu pai. E Jesus então falou: "Deixai que os mortos cuidem de enterrar seus mortos. E quanto a ti, vai anunciar o reino de Deus". (LUCAS, 9:59 e 60).

8. O que podem significar estas palavras: "Deixai que os mortos cuidem de enterrar seus mortos"? Considerações feitas anteriormente mostram que, na ocasião em que foram pronunciadas, não podiam expressar uma censura àquele que considerava um dever de filho sepultar o corpo de seu pai. Elas contém, pois, um sentido profundo que só com um conhecimento mais completo da vida espiritual é possível compreender.

A verdadeira vida é, na verdade, a vida espiritual. A existência terrena é apenas transitória e passageira: uma espécie de morte, se a compararmos ao esplendor e à energia da vida espiritual. O corpo não passa de uma vestimenta grosseira que reveste o espírito temporariamente; uma verdadeira corrente que o prende à Terra, ficando feliz quando dela se liberta. O respeito que se tem por um morto não é voltado para a matéria física, mas sim à lembrança que dele se guarda. É semelhante ao respeito que se tem pelos objetos que lhe pertenceram, que ele tocou, e que são guardados como relíquias por quem lhe quer bem. Era isso o que aquele homem não conseguia compreender por si só. Jesus lhe ensina, dizendo: "Não vos preocupeis com o corpo. Pensai antes no espírito. Ide propagar o reino de Deus! Ide dizer aos homens que sua pátria não está nesta terra, mas no Céu, pois somente lá está a verdadeira vida".

Não vim trazer a paz, mas a divisão

> 9. Não penseis que vim trazer a paz à Terra. Não vim trazer a paz, mas a espada, pois vim separar o homem de seu pai, a filha de sua mãe, a nora da sogra. E assim, os inimigos do

homem serão os seus familiares. (Mateus, 10:34-36).

10. Eu vim lançar fogo à Terra, e tenho pressa que ele se acenda!... Devo ser batizado com um certo batismo, e aguardo ansioso que ele se cumpra!
Julgais que eu tenha vindo trazer paz à Terra? Não, vos asseguro que não. Ao contrário, vim trazer a divisão, pois, de agora em diante, se cinco pessoas estiverem numa casa, ficarão divididas umas contra as outras; três contra duas, e duas contra três. O pai estará contra o filho, e o filho contra o pai; a mãe contra a filha, e a filha contra a mãe; a sogra contra sua nora, e a nora contra sua sogra. (Lucas, 12:49-53).

11. Será possível que Jesus, a personificação da doçura e da bondade, aquele que não se cansou de pregar o amor ao próximo, foi capaz de dizer: "Não vim trazer a paz, mas a espada. Vim separar o filho do pai, o marido da esposa. Vim lançar fogo à terra, e tenho pressa que ele se acenda"? Essas palavras não contradizem claramente os seus ensinamentos? Não seria absurdo atribuir a Jesus a linguagem de um conquistador sanguinário e devastador? Não! Não há absurdo algum nem contradição nessas palavras, pois foi justamente Ele quem as pronunciou, e elas testemunham sua alta sabedoria. Só que a forma, um tanto ambígua, não traduz com exatidão o pensamento de Jesus, o que leva muitas pessoas a se enganarem quanto ao seu verdadeiro sentido. Se tomadas ao pé da letra, essas palavras tenderiam a transformar sua missão, totalmente pacífica, numa missão de distúrbios e discórdias, o que seria uma conclusão absurda que o bom senso obriga a rejeitar, pois Jesus não poderia contradizer-se. (Veja capítulo 14, número 6, desta obra).

12. Toda idéia nova encontra uma oposição natural, e não há uma única que tenha se firmado sem lutas. Ora, em casos como esse, a resistência é sempre proporcional à soma dos resultados *previstos*, porque, quanto maior for a nova idéia, mais interesses serão contrariados. Quando uma idéia é notoriamente falsa, quando a julgam inconsequente, ninguém se preocupa com ela, e a deixam de lado, pois todos percebem que ela não tem força. Mas quando é verdadeira, quando está assentada sobre uma base sólida, quando se prevê que tem futuro, um íntimo

pressentimento adverte seus opositores de que é uma ameaça para eles e para o andamento dos negócios cuja manutenção lhes interessa. Eis por que se lançam contra ela, e contra seus seguidores. Portanto, a dimensão da importância e dos resultados de uma idéia nova pode ser avaliada pela agitação geral que seu surgimento provoca, pela violência da oposição que ela desperta, e pela intensidade e persistência da fúria dos seus adversários.

13. Jesus vinha anunciar uma doutrina que minava pela base os abusos em que viviam mergulhados os fariseus, os escribas e os sacerdotes do templo. Por isso, sacrificaram-No, achando que matando o homem matariam a idéia. Mas a idéia sobreviveu, porque era verdadeira, e cresceu, porque estava nos desígnios de Deus. E, nascida num humilde povoado da Judéia, foi plantar sua bandeira exatamente na capital do mundo pagão, diante de seus mais implacáveis inimigos, que tinham o máximo interesse em combatê-la, pois ela subvertia as crenças seculares a que muitos se apegavam, mais por interesse do que por convicção. Por isso, as mais terríveis lutas aguardavam os Seus apóstolos; as vítimas foram inúmeras, mas a idéia continuou crescendo e saiu triunfante, porque superava, como verdade, as que a tinham precedido.

14. Deve-se observar que o cristianismo surgiu quando o paganismo entrava em decadência e se debatia contra as luzes da razão. Ainda o praticavam por hábito, mas a crença havia desaparecido; só o interesse pessoal o sustentava. Ora, o interesse é sempre obstinado; jamais se dobra à evidência; irrita-se bem mais, quanto mais categóricos são os argumentos que a ele se opõem, e quanto mais claramente comprovam seu erro. Sabe muito bem que está errado, mas isso não lhe interessa, pois não há verdadeira fé na sua alma. O que ele mais teme é a luz, que faz com que os cegos enxerguem. O erro lhe favorece; por isso, se agarra a ele e o defende.

Sócrates também não havia formulado uma doutrina até certo ponto semelhante à de Jesus? Por que, então, ela não prosperou naquela época, entre um dos povos mais inteligentes da Terra? É que não era chegado o tempo. Ele semeou em uma terra não lavrada. O paganismo ainda não estava ***desgastado.*** Jesus recebeu sua missão providencial no tempo próprio. Nem todos os homens de sua época estavam à altura das idéias cristãs, mas havia entre eles uma tendência mais favorável a assimilá-las, pois se começava a sentir o vazio que as crenças da época deixavam na alma. Sócrates e Platão haviam aberto o caminho e preparado as mentes. (Veja na *Introdução* desta obra: *Sócrates e Platão, precursores dos ensinamentos do Cristo*).

15. Infelizmente, os adeptos da nova doutrina não se entendiam quanto à interpretação das palavras do Mestre, pois a maioria era velada pelas alegorias e figuras de linguagem. Assim, logo surgiram numerosas seitas que se diziam detentoras exclusivas da verdade. Dezoito séculos não bastaram para que chegassem a um consenso. Esquecendo-se do mais importante dos preceitos divinos, justamente aquele que Jesus estabeleceu como pedra angular de seu edifício, e como condição expressa da salvação – a caridade, a fraternidade e o amor ao próximo –, essas seitas condenavam umas às outras, e as mais fortes esmagavam as mais fracas, sufucando-as no sangue, nas torturas e nas chamas das fogueiras. Então, tendo vencido o paganismo, os cristãos passaram de perseguidos a perseguidores, e se puseram, a plantar a cruz do Cordeiro imaculado nos dois mundos, a ferro e fogo. É fato comprovado que as guerras religiosas foram as mais cruéis e fizeram mais vítimas do que as guerras políticas, e que não há nenhuma outra em que se tenham cometido tantos atos de atrocidade e barbárie.

A culpa está na doutrina do Cristo? Certamente que não, pois ela condena formalmente qualquer violência. Acaso alguma vez Jesus disse aos Seus discípulos: "Ide, matai, massacrai, queimai na fogueira os que não crêem como vós"? Não, Jesus disse exatamente o contrário: "Todos os homens são irmãos, e Deus é soberanamente misericordioso. Amai vosso próximo. Amai vossos inimigos. Fazei o bem àqueles que vos perseguem". E lhes disse mais: "Quem matar pela espada, pela espada perecerá". A responsabilidade não cabe, portanto, à doutrina de Jesus, mas aos que a interpretaram erroneamente e fizeram dela um instrumento a serviço de suas paixões, ignorando esta máxima: "Meu reino não é deste mundo".

Em sua profunda sabedoria, Jesus previu o que iria acontecer. Mas essas coisas eram inevitáveis, por serem inerentes à inferioridade da natureza humana, que não podia transformar-se de uma hora para outra. Era preciso que o cristianismo passasse por essa longa e cruel prova, de mais de dezoito séculos, para mostrar toda a sua força, pois, apesar de todo o mal cometido em seu nome, saiu ileso, jamais tendo sido objeto de discussão. A reprovação sempre foi dirigida aos que dele abusaram, e, diante de cada ato de intolerância, sempre se disse: "Se o cristianismo fosse melhor compreendido e melhor praticado, nada disso aconteceria".

16. Quando Jesus disse: "Não penseis que vim trazer a paz, mas sim a divisão", seu pensamento era este:

> Não julgueis que minha doutrina vá estabelecer-se pacificamente. Ela trará lutas sangrentas, em que meu nome será usado como pretexto, porque os homens não terão conseguido ou desejado me compreender. Separados por suas crenças, eles sacarão a espada uns contra os outros, e a divisão reinará entre os membros de uma mesma família, que não professarem a mesma fé. Vim lançar fogo sobre a Terra para limpá-la dos erros e dos preconceitos, como se põe fogo em um campo para exterminar as ervas daninhas. E tenho pressa que ele se acenda, para que a limpeza aconteça mais rapidamente, pois a verdade sairá triunfante desse conflito. À guerra se seguirá a paz; ao ódio das facções, se seguirá a fraternidade universal; às trevas do fanatismo, se seguirá a luz da fé esclarecida. Então, quando o campo estiver preparado, eu vos enviarei *o Consolador, o Espírito de Verdade*, que virá restabelecer todas as coisas, ou seja, fará conhecer o verdadeiro sentido de minhas palavras, que os homens mais esclarecidos poderão enfim compreender. Ele colocará fim à luta fratricida, que divide os filhos de um mesmo Deus. Cansados, finalmente, de um combate interminável que só provoca desolação e desavença no seio das famílias, os homens reconhecerão onde estão seus verdadeiros interesses neste mundo e no outro. Eles verão de que lado estão os amigos e os inimigos de sua tranquilidade. Todos, então, virão abrigar-se sob a mesma bandeira: a da caridade, e as coisas serão restabelecidas na Terra, de acordo com a verdade e os princípios que vos ensinei.

17. O espiritismo vem realizar, no tempo previsto, as pro-

messas do Cristo. Contudo, não poderá fazê-lo sem acabar com os abusos. Assim como Jesus, ele encontra em seu caminho o orgulho, o egoísmo, a ambição, a cobiça e o fanatismo cego, que, encurralados nas últimas trincheiras, tentam barrar-lhe o caminho, levantando contra ele obstáculos e perseguições. Eis por que ele também precisa combatê-los. Mas o tempo das lutas e perseguições sangrentas já passou. As que ele terá de enfrentar são todas de ordem moral, e o final delas está próximo. As primeiras lutas do cristianismo duraram séculos, estas durarão apenas alguns anos, pois a luz, em vez de partir de um único foco, surgirá de todos os pontos do globo, e abrirá mais depressa os olhos dos cegos.

18. As palavras de Jesus se referem, portanto, ao ódio, aos conflitos e às lutas que Ele previa que Sua doutrina iria provocar antes de firmar-se, tal como aconteceu com os hebreus antes de sua entrada na Terra Prometida, e não como um desígnio premeditado de Sua parte, para semear a desordem e a confusão. O mal viria dos homens e não Dele, que era como o médico que vem curar, mas cujos remédios provocam uma crise salutar, fazendo os fluidos doentios do enfermo reagirem.

Capítulo 24
Não coloqueis a candeia debaixo do alqueire

• Candeia debaixo do alqueire. Por que Jesus fala por parábolas • Não ides ter com os gentios • Não são os que têm saúde que precisam de médico • A coragem da fé • Carregar sua cruz. Quem quiser salvar sua vida, a perderá

Candeia debaixo do alqueire. Por que Jesus fala por parábolas

1. Não se acende uma candeia para colocá-la debaixo do alqueire. Ela deve ser colocada sobre um velador, a fim de que ilumine todos os que estão na casa. (Mateus, 5:15).

2. Não há ninguém que, após ter acendido uma candeia, a cubra com um vaso ou a coloque debaixo da cama, mas sim sobre um velador, para que todos que entrem vejam a luz, pois não há nada de secreto que não deva ser revelado, nem nada de oculto que não deva ser esclarecido publicamente. (Lucas, 8:16 e 17).

3. Aproximando-se de Jesus, Seus discípulos então Lhe perguntaram: "Por que lhes falas por parábolas?". Ele, respondendo-lhes, disse: "Porque, a vós, já vos foi dado conhecer os mistérios do reino dos Céus, mas a eles isso não lhes foi dado. Eu lhes falo por parábolas porque, vendo, não vêem, e, ouvindo, não escutam nem compreendem. Neles se cumprirá a profecia de Isaías que diz: 'Ouvireis com vossos ouvidos e não escutareis. Olhareis com vossos olhos e não enxergareis', pois o coração desse povo se entorpeceu, seus ouvidos se tornaram surdos, e então fecharam os olhos com receio de que seus olhos não enxerguem, de que seus ouvidos não ouçam, de que seu coração não compreenda, e de que, tendo se convertido, eu não os cure". (Mateus, 13:10-15).

4. É estranho ouvir Jesus dizer que não se deve colocar a

luz sob o alqueire, quando Ele próprio oculta continuamente o significado de Suas palavras sob o véu de uma alegoria que nem todos conseguem compreender. Jesus Se justifica, dizendo a Seus apóstolos: "Eu lhes falo por parábolas porque eles não estão em condições de entender certas coisas, pois vêem, olham, ouvem e não compreendem, e, portanto, de nada adiantaria dizer-lhes tudo. Mas, digo-o a vós, porque já vos foi dado compreender tais mistérios". Disso podemos concluir que Jesus agia com o povo como se faz com crianças cuja compreensão ainda não está desenvolvida. É aí que está o verdadeiro sentido da máxima ***Não se deve colocar a candeia debaixo do alqueire, mas sobre um velador, para que todos que entrem possam vê-la.*** Esse preceito não quer dizer, em absoluto, que se deva revelar precipitadamente todos os conhecimentos, pois o ensinamento deve ser proporcional à inteligência daquele que o assimila, já que há pessoas a quem uma luz muito forte pode ofuscar, ao invés de esclarecer.

Acontece com a humanidade o mesmo que ocorre com cada pessoa, em particular: as gerações têm sua infância, sua juventude e sua maturidade, cada fase a seu tempo, pois o grão semeado fora de época não dá frutos. Mas o que a prudência manda calar momentaneamente, mais cedo ou mais tarde deverá ser descoberto, porque, ao atingir um determinado grau de desenvolvimento, os homens procuram por si sós a luz viva, uma vez que a escuridão começa a oprimi-los. Tendo-lhes Deus dado inteligência para compreender e para se orientarem quanto às coisas da Terra e do Céu, eles tratam de refletir sobre sua crença. É então que não se deve colocar a candeia sob o alqueire, pois, ***sem a luz da razão, a fé enfraquece.*** (Veja capítulo 19, número 7, desta obra).

5. Se, em Sua previdente sabedoria, a Providência só revela as verdades gradualmente, o faz sempre à medida que a humanidade esteja amadurecida para aceitá-las, mantendo-as reservadas, e não escondidas debaixo do alqueire. No entanto, os que a conhecem a fundo, na maioria das vezes as escondem das pessoas comuns, com o intuito único de dominá-las. Estes sim são os que realmente escondem a luz sob o alqueire. Foi desse modo que todas as religiões guardaram os seus misté-

rios, cuja investigação era proibida. Mas, à medida que essas religiões iam ficando para trás, a ciência e a inteligência avançaram e rasgaram o véu que encobria os seus segredos. O povo, tendo amadurecido intelectualmente, quis desvendar o que lhe era ocultado, e rejeitou então, por convicção própria, tudo o que não admitia análise.

Não existem mistérios absolutos. Por isso, Jesus tem razão quando diz que não há nada secreto que não deva ser conhecido, pois tudo o que está oculto um dia será descoberto, e o que o homem ainda não consegue compreender na Terra lhe será revelado em mundos mais avançados, quando estiver mais evoluído. Aqui na Terra, ele ainda se encontra imerso numa espécie de escuridão, se assim se pode dizer.

6. Pergunta-se então: "Que proveito o povo podia extrair de uma diversidade de parábolas, cujos sentidos lhe era desconhecido"? É preciso observar que Jesus só Se expressou por meio de parábolas nas questões mais abstratas de Sua doutrina. Mas, no que se referia à caridade e à humildade, condições expressas da salvação, tudo o que Ele disse foi perfeitamente claro, não dando margem a quaisquer dúvidas. Tinha que ser assim porque tratava-se de uma regra de conduta, a que todos precisavam compreender, para poder seguir. Portanto, a linguagem alegórica era essencial para a multidão inculta da época, à qual Jesus Se limitava a dizer: "Eis o que é preciso fazer para alcançar o reino dos Céus". Contudo, em relação aos outros pontos de Sua doutrina, Jesus expunha Suas idéias somente aos Seus discípulos, que eram mais evoluídos moral e intelectualmente, podendo iniciá-los no conhecimento das verdades mais abstratas. Eis por que Ele disse: "Aos que já têm, ainda mais lhes será dado". (Veja capítulo 18, número 15, desta obra).

Entretanto, mesmo com os apóstolos, Jesus conservou-Se impreciso quanto a muitos pontos, cuja completa compreensão estava reservada para épocas vindouras. Foram esses pontos que deram margem a interpretações tão diferentes, até que a ciência, de um lado, e o espiritismo, de outro, viessem revelar as novas leis da natureza, que fizeram com que se compreendesse seu verdadeiro sentido.

7. Hoje, o espiritismo vem lançar luz sobre uma série de pontos obscuros. Contudo, ele não o faz precipitadamente. Nas suas instruções, os espíritos agem com uma admirável prudência: só gradual e sucessivamente abordam os diversos pontos já conhecidos da doutrina, e outros tantos serão revelados quando chegar o momento apropriado para fazê-los vir à luz do verdadeiro conhecimento.

Se os espíritos tivessem apresentado a doutrina completa desde o início, ela seria acessível apenas a um pequeno grupo. Provavelmente teria assustado quem não estivesse preparado, o que acabaria prejudicando sua propagação. Por isso, se ainda não dizem tudo abertamente, não é porque existam na doutrina, de maneira alguma, segredos reservados somente a privilegiados, nem porque os espíritos queiram colocar a candeia sob o alqueire, mas porque cada coisa deve vir no tempo oportuno. Eles dão a cada idéia tempo para amadurecer e propagar-se, antes de apresentar uma outra, e dão ***aos acontecimentos tempo para preparar a aceitação dessa outra idéia.***

Não procureis os gentios

> 8. Jesus enviou Seus doze apóstolos, após lhes ter dado as seguintes instruções: "Não procureis os gentios, e não entreis nas cidades dos samaritanos. Mas ide, antes, às ovelhas perdidas da casa de Israel, e, nos lugares onde fordes, pregai dizendo que o reino dos Céus está próximo". (Mateus, 10:5-7).

9. Em várias situações Jesus prova que Sua visão não se restringe somente ao povo judeu, mas abrange toda a humanidade. Se recomendou aos Seus apóstolos que não procurassem os pagãos, não foi por dar pouca importância à sua conversão, o que seria pouco caridoso, mas porque os judeus, que acreditavam no Deus único e esperavam o Messias, já estavam preparados, pela lei de Moisés e pelos profetas, para receber Sua palavra. Entre os pagãos, tudo ainda estava por fazer, já que faltava-lhes até a base. Portanto, os apóstolos ainda não estavam suficientemente esclarecidos para uma tarefa tão árdua. Por isso é que Jesus lhes diz: "Ide às ovelhas desgarradas de Israel", ou seja, "ide semear num terreno já desbravado", porque

sabia que a conversão dos gentios ocorreria no devido tempo. Mais tarde, realmente, foi no próprio centro do paganismo que os apóstolos foram plantar a cruz.

10. As mesmas palavras podem ser aplicadas aos adeptos e aos propagadores do espiritismo. Os incrédulos sistemáticos, os questionadores obstinados, os adversários interesseiros, são para eles o que os gentios eram para os apóstolos. E, seguindo o exemplo dos apóstolos, devem procurar, primeiramente, fazer adeptos entre as pessoas de boa vontade que almejam a luz, nas quais se encontra um gérmem fecundo de fé, e cujo número é grande. Que não percam tempo com aqueles que se recusam a ver e a ouvir, e que, por orgulho, obstinam-se cada vez mais, na medida em que se dá importância à sua conversão. Mais vale abrir os olhos a cem cegos que desejam enxergar com clareza, do que a um só que se satisfaz com a escuridão. Disso resultará o número dos defensores da doutrina. Deixar os outros em paz não significa indiferença, mas boa política. Quando estiverem dominados pela opinião geral e ouvirem a mesma coisa sendo repetida continuamente ao seu redor, a vez deles chegará. Então, julgarão que estão aceitando a idéia espontaneamente, e não por influência de alguém. Além do mais, acontece com as idéias o mesmo que ocorre com as sementes: não podem germinar antes da época, nem num terreno que não tenha sido preparado. Por isso, é melhor aguardar o tempo propício e cultivar primeiro as que tiverem germinado, sob pena de fazer gorar as outras, querendo apressar a brotação.

No tempo de Jesus, tudo era limitado em razão do pensamento tacanho e materialista da época. A casa de Israel era um pequeno povoado; os gentios eram pequenos agrupamentos vizinhos. Hoje, as idéias se universalizam e se espiritualizam. A nova luz já não é privilégio de nação alguma. Para ela, não há mais barreiras, pois o seu foco está por toda parte, e todos os homens são irmãos. Os gentios também não são mais agrupamentos, mas uma opinião que encontramos em muitos lugares e sobre a qual a verdade triunfa pouco a pouco, assim como o cristianismo triunfou sobre o paganismo. Não são mais combatidos com armas de guerra, mas com a força da idéia.

Não são os que têm saúde que precisam de médico

> 11. Estando Jesus à mesa, na casa de Mateus, vieram ter com Ele e com Seus discípulos muitos publicanos e pessoas de má vida, que se sentaram à mesa. Tendo os fariseus visto isso, disseram aos discípulos: "Por que vosso Mestre come com os publicanos e com pessoas de má vida?". Mas Jesus, tendo-os ouvido, lhes disse: "Não são os que têm saúde, mas os doentes, que precisam de médico. (Mateus, 9:10-12).

12. Jesus dirigia-Se principalmente aos pobres e aos deserdados, pois são estes os que mais precisam de consolo. Dirigia-Se também aos cegos, dóceis e de boa-fé, porque pedem para ver, e não aos orgulhosos, que se julgam sábios e acham que não precisam de nada. (Veja na ***Introdução*** desta obra, os artigos: ***Publicanos*** e ***Portageiros***).

Essas palavras, como tantas outras, encontram sua aplicação no espiritismo. Muitas vezes, há quem ache estranho que a mediunidade seja concedida a pessoas indignas e capazes de fazer mau uso dela. Costuma-se dizer que uma faculdade tão preciosa deveria ser atributo exclusivo dos mais dignos.

Digamos, inicialmente, que a mediunidade faz parte da condição orgânica de todo ser humano, como acontece com a visão, a audição e a fala. E qualquer um pode delas fazer mau uso, por livre-arbítrio. Se Deus tivesse concedido a fala somente a quem fosse incapaz de dizer coisas más, haveria mais mudos no mundo do que falantes. Deus deu faculdades ao homem, e deixa-o livre para usá-las, mas sempre pune quem delas abusa.

Se o dom de comunicar-se com os espíritos fosse concedido somente aos mais dignos, quem ousaria desejá-lo? Onde estaria, aliás, o limite entre a dignidade e a indignidade? A mediunidade é, portanto, concedida sem distinção, a fim de que os espíritos possam levar a luz a todas as classes sociais, tanto ao pobre como ao rico; aos sábios, para fortalecê-los no bem, e aos viciosos, para corrigi-los. Não seriam estes últimos os doentes que precisam de médico? Por que Deus, que não quer a morte do pecador, o privaria do socorro que pode tirá-lo do lamaçal? Então, os bons espíritos vêm ajudá-lo, e os conselhos que lhe são dados diretamente conseguem impressioná-lo mais vivamente, do que se os recebesse por alguma via indireta. Deus, em Sua bondade, coloca a luz em suas mãos para poupar-lhe o trabalho de ir buscá-la mais distante. Não será ele bem mais culpado, se não olhar para ela? Será que poderá usar sua ignorância como desculpa, quando ele mesmo houver escrito, visto com seus próprios olhos, ouvido com seus ouvidos, e pronunciado com a própria boca, sua condenação? Se não faz bom proveito da mediunidade, é então punido com a perda ou com o desvirtuamento de sua faculdade, da qual os maus espíritos se apoderam para obsediá-lo e enganá-lo, além das aflições com que a Lei de Deus atinge Seus servidores indignos e de corações endurecidos pelo orgulho e pelo egoísmo.

A mediunidade não implica necessariamente em relações habituais com os espíritos superiores. Ela é simplesmente uma ***aptidão*** que serve como instrumento, mais ou menos útil aos espíritos em geral. Por isso, o bom médium não é o que se comunica facilmente, mas aquele que tem afinidade com os bons espíritos, e que só por eles é assistido. É nesse sentido que o valor das qualidades morais é insuperável para a mediunidade.

Coragem da fé

> 13. Todo aquele que confessar diante dos homens que me reconhece, eu o reconhecerei também e o confessarei diante de meu Pai, que está nos Céus. Mas todo aquele que me renegar diante dos homens, eu o renegarei também diante de meu Pai, que está nos Céus. (MATEUS, 10:32 e 33).

> 14. Se alguém se envergonhar de mim e de minhas palavras, o Filho do Homem também dele se envergonhará, quando vier em sua glória e na de seu Pai e dos santos anjos. (LUCAS, 9:26).

15. A firmeza de opinião sempre foi respeitada entre os homens, pois há mérito em enfrentar os perigos, as perseguições, as contradições, e até mesmo as simples ironias, a que quase sempre se expõe quem não tem medo de confessar abertamente idéias com as quais nem todos concordam. Aqui, como em tudo, o mérito é proporcional às circunstâncias e à importância do resultado. É sempre demonstração de fraqueza recuar dian-

te das consequências da própria opinião, ou renegá-la. Mas há casos em que a covardia é tão grande quanto desertar no momento do combate.

Jesus condena essa covardia, especialmente sob o ponto de vista de Sua doutrina, ao dizer que, se alguém se envergonha de Suas palavras, Ele também Se envergonhará dele; que renegará quem O tiver renegado; que reconhecerá diante do Pai, que está nos Céus, quem confessar reconhecê-Lo diante dos homens. Em outras palavras: ***os que tiverem medo de se declarar discípulos da verdade, não são dignos de ser admitidos no reino da verdade.*** Perderão, assim, o benefício de sua fé, porque é uma fé egoísta que guardam para si, mas que ocultam com medo que lhes traga prejuízos neste mundo, enquanto que, colocando a verdade acima de seus interesses materiais, aqueles que a proclamam abertamente trabalham pelo seu futuro e pelo futuro dos outros, ao mesmo tempo.

16. O mesmo acontecerá com os adeptos do espiritismo, uma vez que sua doutrina nada mais é do que o desenvolvimento e a aplicação da doutrina do ***Evangelho***. É a eles que se dirigem também as seguintes palavras de Jesus: "Eles semeiam na Terra o que colherão na vida espiritual. Lá, colherão os frutos de sua coragem ou de sua fraqueza".

Carregar sua cruz. Quem quiser salvar sua vida, a perderá

> 17. Sereis felizes quando os homens vos odiarem, vos separarem, vos tratarem injuriosamente, rejeitarem vosso nome como mau, por causa do Filho do Homem. Regozijai-vos nesse dia e deixai-vos tomar pela alegria, porque uma grande recompensa vos está reservada no Céu, pois foi assim que os pais deles trataram os profetas. (Lucas, 6:22 e 23).

> 18. Ao chamar a si o povo e Seus discípulos, Jesus disse: "Se alguém quiser me seguir, que renuncie a si mesmo, que carregue sua cruz e me siga, pois aquele que quiser salvar a si mesmo se perderá, e aquele que se perder por amor a mim e ao Evangelho se salvará". De fato, de que serviria a um homem ganhar o mundo todo e perder a si mesmo? (Marcos, 8:34-36; Lucas, 9:23-25; Mateus, 10:39; João, 12:25 e 26).

19. "Alegrai-vos", disse Jesus, "quando os homens vos odiarem e vos perseguirem por minha causa, porque sereis recompensados no Céu". Essas palavras podem ser interpretadas assim: "Ficai felizes quando certos homens, por má vontade para convosco, vos derem a oportunidade de provar a sinceridade de vossa fé, porque o mal que vos fizerem reverterá em benefício para vós. Tende piedade deles por sua cegueira, e não os amaldiçoeis". Depois, acrescenta: "Se alguém quiser me seguir, que carregue sua cruz", ou seja, "que suporte corajosamente os dissabores que sua fé lhe acarretará, pois quem quiser salvar sua vida e seus bens, renunciando a mim, perderá tudo o que há de sublime no reino dos Céus, enquanto aqueles que tudo perderam na Terra, até mesmo a própria vida, para que a verdade triunfasse, receberão na vida futura o prêmio por sua coragem e abnegação". Quanto aos que renunciam aos bens celestes pelos prazeres terrenos, Deus lhes diz: "Já recebestes vossa recompensa".

Capítulo 25
Buscai e achareis

• Ajuda-te e o Céu te ajudará • Olhai as aves do céu
• Não vos inquieteis pela posse do ouro

Ajuda-te e o Céu te ajudará

1. Pedi e vos será dado. Buscai e achareis. Batei e a porta se vos abrirá, pois aquele que pede recebe, o que procura encontra, e ao que bate se abre. Qual dentre vós dá uma pedra ao filho que lhe pede pão? Ou, pedindo-lhe um peixe, lhe dará uma serpente? Se vós, pois, sendo maus, sabeis dar boas coisas aos vossos filhos, quanto mais vosso Pai, que está nos Céus, dará os verdadeiros bens aos que Lhe pedirem. (Mateus, 7:7-11).

2. Do ponto de vista terreno, a máxima ***Buscai e achareis*** é semelhante a esta outra: ***Ajuda-te e o Céu te ajudará***. É o princípio da ***lei do trabalho*** e, consequentemente, da ***lei do progresso***, pois o progresso é produto do trabalho, uma vez que o trabalho põe em ação as forças da inteligência.

Na infância da humanidade, o homem só usava sua inteligência na busca dos alimentos, dos meios para se proteger das intempéries e para defender-se dos inimigos. Mas Deus, diferenciando-o dos animais, deu-lhe a mais ***o desejo incessante de melhorar-se***. E é esse desejo que o impulsiona a procurar meios de melhorar suas condições de vida, levando-o às descobertas, às invenções e ao aperfeiçoamento da ciência, pois é a ciência que lhe proporciona o que lhe falta. É pelas pesquisas que seu conhecimento se amplia e sua moral evolui. Às necessidades do corpo, seguem-se as do espírito. Depois do alimento material, é preciso o alimento espiritual. É assim que o homem passa do estado selvagem à civilização.

Mas o progresso que cada homem realiza individualmente durante a vida é insignificante e, em muitos casos, até imperceptível. Como, então, a humanidade poderia progredir, sem a preexistência e a ***reexistência*** da alma? Se todos os dias almas partissem da Terra para não mais voltar, a humanidade se renovaria continuamente com seres primitivos que teriam tudo por fazer, tudo por aprender novamente. E não haveria, então, razão para que o homem fosse hoje mais evoluído do que nas primeiras eras do mundo, já que, a cada nascimento, todo o trabalho intelectual precisaria recomeçar. Ao contrário, retornando com o progresso obtido e adquirindo a cada retorno alguma experiência a mais, a alma passa gradualmente do estado selvagem à ***civilização material***, e desta à ***civilização moral***. (Veja capítulo 4, número 17, desta obra).

3. Se Deus tivesse liberado o homem do trabalho físico, seus membros seriam atrofiados. Se o tivesse liberado do trabalho intelectual, sua mente teria permanecido infantil, em estado de instinto animal. É por isso que fez do trabalho uma necessidade, e lhe disse: "Busca e acharás; trabalha e produzirás. Dessa forma, serás o produto de tuas obras; terás o mérito e serás recompensado segundo o que tiveres feito".

4. É em virtude da aplicação desse princípio que os espíritos não tiram do homem a oportunidade do trabalho de pesquisa. Se oferecessem aos homens descobertas e invenções já prontas para serem utilizadas, de maneira que eles precisassem somente pegar o que lhes é posto nas mãos, sem se preocuparem sequer em pensar, o mais preguiçoso poderia enriquecer e o mais inculto tornar-se sábio, sem qualquer esforço. E, tanto um como o outro, atribuiriam-se os méritos pelo que não fizeram. Não, os espíritos não isentam o homem da lei do trabalho; ao contrário, mostram-lhe a meta que deve atingir e o caminho que a ela conduz, dizendo-lhe: "Caminha e chegarás. Encontrarás pedras no caminho. Então olha, e afasta-as tu mesmo. Nós te daremos a força necessária, se quiseres empregá-la". (Veja ***O Livro dos Médiuns***, capítulo 26, número 291 e seguintes).

5. Do ponto de vista moral, essas palavras de Jesus significam: "Pedi a luz que deve iluminar vosso caminho, e ela vos será dada. Pedi a força para resistir ao mal, e a tereis. Pedi a assistência dos bons espíritos, e eles virão vos acompanhar e, como o anjo de Tobias,[1] vos servirão de guias. Pedi bons conselhos, e jamais vos serão recusados. Batei à nossa porta, e ela vos será aberta. Mas pedi sinceramente, com fé, fervor e confiança. Apresentai-vos com humildade e não com arrogância. Sem isso, ficareis entregues às vossas próprias forças, e as quedas que sofrerdes serão a punição por vosso orgulho".

Esse é o sentido destas palavras: "Buscai e achareis. Batei e a porta se vos abrirá".

Olhai as aves do céu

> 6. Não acumuleis tesouros na Terra, onde a ferrugem e os vermes tudo corroem, onde os ladrões os desenterram e os roubam. Acumulai-os no Céu, onde nem a ferrugem nem os vermes os consumirão, pois onde está vosso tesouro está também vosso coração. Eis por que vos digo: "Não vos inquieteis por não saber onde encontrareis o que comer para o sustento de vossa vida, nem de onde tirareis vestes para cobrir vosso corpo. A vida não é mais do que o alimento, e o corpo não é mais do que a veste?
>
> Olhai as aves do céu! Elas não semeiam, não colhem, nada guardam em celeiros e, no entanto, vosso Pai Celestial as alimenta. Não sois muito mais do que elas? E qual dentre vós pode, com todos os vossos esforços, acrescentar um côvado à vossa altura? Então, por que vos inquietais também pelas vestes? Observai como crescem os lírios dos campos! Eles não trabalham nem fiam e, no entanto, eu vos declaro que nem mesmo Salomão, em toda a sua glória, jamais se vestiu como um deles. Se Deus, pois, tem o cuidado de vestir desse modo uma erva dos campos, que hoje existe e que amanhã será lançada na fornalha, que cuidado não terá em vos vestir, homens de pouca fé!
>
> Não vos inquieteis, pois, dizendo: "O que comeremos; o que beberemos; ou com que nos vestiremos?", como fazem os pagãos que procuram todas essas coisas, pois vosso Pai sabe que tendes necessidade delas. Ao contrário, buscai primeiramente

1 Patriarca judeu que viveu antes de Cristo, autor do *Livro de Tobias*, em que este é guiado pelo anjo Rafael, transfigurado em humano. Veja no capítulo 27, número 8, desta obra, exemplo citando uma passagem que envolve Tobias.

o reino de Deus e Sua justiça, e todas essas coisas vos serão dadas por acréscimo. Por isso, não vos inquieteis pelo dia de amanhã, pois o amanhã cuidará de si mesmo. Basta, a cada dia o seu mal. (Mateus, 6:19-21, 25-34).

7. Interpretadas ao pé da letra, essas palavras de Jesus seriam a negação de toda a previdência, de todo o trabalho e, por conseguinte, de todo o progresso. Assim sendo, o homem se limitaria a ficar esperando passivamente: suas forças físicas e intelectuais permaneceriam inativas. Se essa fosse sua condição moral na Terra, jamais teria saído do estado primitivo. E, se fizesse dessa condição sua norma de conduta atual, só precisaria viver, sem fazer nada. Por isso, esse não pode ter sido o pensamento de Jesus, pois estaria em contradição com o que Ele disse em outras ocasiões e com as próprias leis da natureza. Deus criou o homem sem vestimenta e sem abrigo, mas deu-lhe a inteligência para fabricá-los. (Veja capítulo 14, número 6, e capítulo 25, número 2, desta obra).

Devemos, então, considerar as palavras de Jesus apenas como uma alegoria poética da Providência Divina, que jamais abandona os que Nela confiam, mas quer que todos, por sua vez, trabalhem. Se, no entanto, nem sempre a Providência vem em auxílio com uma ajuda material, por outro lado, inspira-lhes idéias com as quais podem encontrar os meios para sair das dificuldades por si próprios. (Veja capítulo 27, número 8, desta obra).

Deus conhece as nossas carências e a elas provê, segundo a nossa necessidade. Mas o homem, insaciável em seus desejos, nem sempre consegue contentar-se com o que tem. O necessário para ele não basta; falta-lhe o supérfluo. É então que a Providência deixa-o entregue a si mesmo. Muitas vezes, ele se torna infeliz por sua própria culpa e, por ter ignorado a voz interior que o advertia, Deus deixa-o sofrer as consequências a fim de que isso lhe sirva de lição para o futuro. (Veja capítulo 5, número 4, desta obra).

8. A terra pode produzir o suficiente para alimentar todos os seus habitantes, se os homens souberem administrar os bens que ela oferece, segundo as leis de justiça, de caridade e de amor ao próximo. Quando a fraternidade reinar entre os di-

versos povos, como reina entre as províncias de um mesmo império, o que estiver sobrando em determinado momento para um suprirá o que falta momentaneamente para outro, e assim todos terão o necessário. Então, o rico se considerará como um homem que possui uma grande quantidade de sementes. Se plantá-las, elas produzirão cem vezes mais, para ele e para os outros. Mas, se consumi-las sozinho, ou se desperdiçar o excedente deixando que se percam, elas nada produzirão e não haverá o suficiente para todos. Se guardá-las em seu celeiro, os vermes as comerão. Eis por que Jesus disse: "Não acumuleis tesouros na Terra, pois eles são perecíveis. Acumulai-os no Céu, onde são eternos". Em outras palavras: "Não deis aos bens materiais mais importância do que aos bens espirituais, e aprendei a sacrificar os primeiros em benefício dos segundos". (Veja capítulo 16, número 1 e seguintes, desta obra).

Não é com leis que se impõe a caridade e a fraternidade. Se elas não estiverem no coração do homem, serão sempre sufocadas pelo egoísmo. Fazer com que lhe penetrem no coração é obra do espiritismo.

Não vos inquieteis pela posse do ouro

> 9. Não vos inquieteis pela posse do ouro, da prata, ou de qualquer outra moeda em vosso bolso. Não prepareis um saco para a viagem, nem duas vestes, nem sapatos, nem cajados, pois aquele que trabalha merece ser alimentado.
>
> 10. Em qualquer cidade ou em qualquer aldeia que entrardes, procurai saber quem é digno de vos hospedar, e permanecei com ele até partirdes. Entrando na casa, saudai-a, dizendo: "Que a paz esteja nesta casa!". Se a casa for digna dessa saudação, vossa paz virá sobre ela; mas se não for digna, vossa paz retornará para vós.
> Quando alguém não quiser vos receber, nem escutar vossas palavras, sacudi a poeira de vossos pés ao sair dessa casa ou dessa cidade. Em verdade, vos digo que, no dia do julgamento, Sodoma e Gomorra serão tratadas menos rigorosamente do que essa cidade. (Mateus, 10:9-15).

11. Essas palavras que Jesus dirigiu aos Seus apóstolos quando os enviou pela primeira vez para anunciar a Boa Nova

nada tinham de estranho naquela época, pois estavam de acordo com os costumes patriarcais do Oriente, onde o viajante sempre era acolhido sob a tenda. Naquele tempo, os viajantes eram raros, mas hoje, entre os povos modernos, o crescimento das viagens criou novos hábitos e os costumes antigos só são encontrados agora em regiões longínquas, onde o grande tráfego ainda não chegou. Se Jesus retornasse hoje à Terra, não poderia mais dizer aos Seus apóstolos: "Colocai-vos a caminho, sem provisões".

Além de seu sentido próprio, essas palavras têm um conteúdo moral muito profundo: Jesus ensinava Seus discípulos a confiarem na Providência. Além do mais, quem os recebesse não o faria por cobiça, uma vez que eles nada possuíam. Era uma forma de distinguir os caridosos dos egoístas. Eis por que Jesus lhes disse: "Procurai saber quem é digno de vos hospedar", ou seja: "quem é suficientemente caridoso para abrigar o viajante que não tem com que pagar, é também digno de ouvir vossas palavras e é pela sua caridade que os reconhecereis".

Quanto aos que não quisessem recebê-los nem ouvi-los, porventura Jesus recomendou que os amaldiçoassem, que se impusessem a eles, que usassem de violência e constrangimento para convertê-los? Não! Ele simplesmente mandou que se fossem e que procurassem em outro lugar pessoas de boa vontade.

O mesmo diz hoje o espiritismo aos seus adeptos: "Não violenteis nenhuma consciência. Não forceis ninguém a abandonar sua crença para adotar a vossa. Não amaldiçoeis os que não pensam como vós. Acolhei os que vêm a vós e deixai em paz os que vos rejeitam. Lembrai-vos das palavras do Cristo: 'Outrora o céu era tomado pela violência, hoje o é pela doçura'. " (Veja capítulo 4, números 10 e 11, desta obra).

Capítulo 26
Dai de graça o que de graça recebestes

• Dom de curar • Preces pagas • Mercadores expulsos do templo • Mediunidade gratuita

Dom de curar

1. Curai os enfermos, ressuscitai os mortos, curai os leprosos, expulsai os demônios. Dai de graça o que de graça recebestes. (Mateus, 10:8).

2. "Dai de graça o que de graça recebestes", disse Jesus aos Seus discípulos. Com esse ensinamento, Ele recomenda que não se deve cobrar por algo que nós mesmos não pagamos. Ora, o que os discípulos haviam recebido gratuitamente era o dom de curar os doentes e expulsar os demônios, ou seja, os maus espíritos. Esse dom lhes fora concedido por Deus gratuitamente, para alívio dos que sofrem e para ajudar na propagação da fé. Jesus lhes disse, então, que não fizessem dele um negócio, um objeto de especulação, nem um meio de vida.

Preces pagas

3. Em seguida, Jesus fala aos Seus discípulos, na presença de todo o povo que O escutava: "Guardai-vos dos escribas, que sentem prazer em andar com longas vestes; que gostam de ser saudados nas praças públicas, de ocupar os primeiros assentos nas sinagogas e os primeiros lugares nos banquetes; que, sob o pretexto de prolongadas preces, devoram as casas das viúvas. Essas pessoas receberão por isso uma condenação mais rigorosa. (Lucas, 20:45-47; Marcos, 12:38-40; Mateus, 23:14).

4. Jesus ensinou também: "Não façais com que vos paguem pelas vossas preces. Não façais como os escribas que, sob o pretexto de prolongadas preces, ***devoram as casas das viúvas***", ou seja, apoderam-se de suas fortunas. A prece é um ato de caridade, um impulso do coração. Pedir que paguem pela prece dirigida a Deus, em favor de alguém, é transformar-se num intermediário assalariado. A prece, então, passa a ser uma fórmula cuja extensão é proporcional à quantia que se pagou por ela. Ora, de duas uma: ou Deus mede ou não mede as Suas graças pela quantidade de palavras. Se é necessário muitas palavras, por que pronunciar poucas, ou quase nenhuma, em favor daquele que não pode pagar? É uma falta de caridade. Mas se uma só palavra basta, as demais são inúteis. Por que, então, cobrar pelo resto? Isso é uma prevaricação.

Como sabemos, Deus não cobra pelos benefícios que concede. Como pode então alguém, que não é o distribuidor desses benefícios e que não pode garantir sua obtenção, pretender cobrar por um pedido que talvez nem surta resultado? Deus não condiciona um ato de clemência, de bondade ou de justiça, que se solicita a Ele, a uma quantia em dinheiro. Caso contrário, aconteceria que, se a quantia não fosse paga ou não fosse suficiente, Sua justiça, Sua bondade e Sua clemência seriam suspensas. A razão, o bom senso e a lógica dizem que Deus, a Suprema Perfeição, não pode delegar a criaturas imperfeitas o direito de estabelecer preço para Sua justiça. A justiça de Deus é como o Sol: ela existe para todos, tanto para o pobre como para o rico. Já que se considera imoral negociar as graças de um soberano da Terra, será mais lícito vender as graças do Soberano do Universo?

As preces pagas têm um outro inconveniente: é que quem as compra, na maioria das vezes se considera dispensado de orar, uma vez que deu o seu dinheiro e se julga quite. Sabe-se que os espíritos são tocados pelo fervor da prece daquele que se interessa por eles. Qual será o fervor daquele que encarrega um terceiro de orar por si, pagando-lhe por isso? Qual será o fervor desse terceiro, já que delega seu mandato a outro, e este a outro, e assim sucessivamente? Isso não significa reduzir ao valor de uma moeda a eficácia da prece?

Mercadores expulsos do templo

> 5. Eles vieram em seguida a Jerusalém e, tendo Jesus entrado no templo, começou a expulsar aqueles que ali vendiam e compravam. Virou as mesas dos cambistas e os bancos dos vendedores de pombos, e não permitiu que ninguém transportasse nenhum utensílio pelo templo. Também os instruiu, dizendo: "Não está escrito que minha casa será chamada, por todas as nações, casa de oração? E, no entanto, fizestes dela um covil de ladrões". E os escribas e príncipes dos sacerdotes, ouvindo isso, procuravam um meio de prendê-Lo, pois temiam-No, uma vez que todo o povo estava tomado de admiração por Sua doutrina. (Marcos, 11:15-18; Mateus, 21:12 e 13).

6. Jesus expulsou os mercadores do templo. Com isso, condenou o comércio das coisas santas, *sob qualquer forma.* Deus não vende Sua bênção, nem Seu perdão, nem a entrada no reino dos Céus. Portanto, o homem não tem o direito de exigir que se pague por eles.

Mediunidade gratuita

7. Assim como os apóstolos, que também possuíam mediunidade, os médiuns modernos receberam de Deus um dom gratuito: o dom de serem intérpretes dos espíritos, a fim de instruírem os homens, mostrar-lhes o caminho do bem e conduzi-los à fé, e não para vender-lhes palavras que não lhes pertencem, porque não são produto de suas *concepções, nem de suas pesquisas, nem de seu trabalho pessoal.* Deus deseja que a luz chegue a todos. Ele não quer que o mais pobre fique dela desprovido e possa dizer: "Não tenho fé, porque não pude pagar por ela. Não tive o consolo de receber encorajamento e testemunhos de afeição daqueles por quem choro, pois sou pobre". Eis por que a mediunidade não é um privilégio e se encontra por toda parte. Cobrar por ela seria, pois, desviá-la de seu objetivo providencial.

8. Todo aquele que conhece as condições em que os bons espíritos se comunicam, e sua repulsa por tudo que se refere a interesses egoístas, sabe como pouca coisa basta para que eles se afastem. Por isso, jamais se poderia admitir que espíritos

superiores estivessem à disposição de qualquer um que os chamasse, por determinada recompensa, a cada sessão. O simples bom senso rejeita tal pensamento. Não seria também uma profanação evocar, em troca de dinheiro, seres que respeitamos ou que amamos? Sem dúvida, assim agindo pode-se até conseguir manifestações, mas quem poderia garantir-lhes a sinceridade? Espíritos levianos, mentirosos, zombeteiros, enfim, espíritos inferiores pouco escrupulosos, sempre se apresentam prontos para responder a tudo que lhes perguntam, sem se preocuparem com a verdade. Por isso, quem deseja comunicações sérias deve, antes de mais nada, pedi-las com seriedade e, em seguida, certificar-se sobre a natureza da afinidade do médium com os seres do mundo espiritual. Logo, a primeira condição para conquistar a benevolência dos bons espíritos é a humildade, o devotamento, a abnegação e o mais absoluto desinteresse *moral e material.*

9. Ao lado da questão moral, apresenta-se uma consideração efetiva, não menos importante, que diz respeito à própria natureza da faculdade mediúnica. A mediunidade séria não pode ser, e jamais será, uma profissão, não só porque ficaria moralmente desacreditada e logo se assemelharia aos que lêem a sorte, mas também porque existe um obstáculo material que se opõe a isso: é que ela é uma faculdade essencialmente móvel, fugidia e variável, cuja permanência definitiva ninguém pode assegurar. Para um aproveitador, ela seria, portanto, uma fonte de recursos incertos que poderia faltar-lhe no momento em que lhe fosse mais necessária. Bem diferente é o talento adquirido pelo estudo e pelo trabalho, e que, por isso mesmo, é uma propriedade da qual naturalmente se pode tirar proveito. Mas a mediunidade não é uma arte nem um talento. Por isso, não se pode fazer dela uma profissão. Ela só existe com a colaboração dos espíritos. Sem eles, não há mais mediunidade. A aptidão pode continuar existindo, mas sua aplicação se extingue. Também não há um único médium no mundo que possa garantir a obtenção de um fenômeno espírita num momento determinado. Portanto, explorar a mediunidade é dispor de uma coisa da qual não se é realmente dono. Afirmar o contrário é enganar aquele que paga. E mais ainda: não é de *si mesmo* que

o explorador se utiliza, mas sim dos espíritos, das almas dos mortos, cuja ajuda é colocada à venda. Instintivamente, essa é uma idéia que repugna. Foi esse tipo de comércio que chegou a excessos, explorado pelo charlatanismo, pela ignorância, pela crendice e pela superstição, e motivou a proibição de Moisés. O espiritismo moderno, compreendendo a seriedade da questão pelo descrédito que impôs a esse tipo de exploração, elevou a mediunidade à categoria de missão. (Veja *O Livro dos Médiuns,* capítulo 28, e *O Céu e o Inferno,* capítulo 12).

10. A mediunidade é uma coisa sagrada, que deve ser praticada religiosamente. Se há uma espécie de mediunidade que requer essa condição, de modo ainda mais absoluto, é a mediunidade de cura. O médico coloca em prática o fruto de seus estudos, muitas vezes feito à custa de duros sacrifícios. O magnetizador doa seu próprio fluido, e às vezes até mesmo sua saúde. Ambos podem colocar um preço nisso, mas o médium curador, que transmite o fluido salutar dos bons espíritos, não tem o direito de vendê-lo. Jesus e os apóstolos, embora pobres, nada cobravam pelas curas que faziam.

Aqueles, pois, que não têm com que se sustentar, que procurem recursos em outra parte, menos na mediunidade. E, se for preciso, só dedique a ela o tempo de que pode dispor materialmente. Os espíritos levarão em conta o seu devotamento e os seus sacrifícios, ao passo que se afastarão dos que esperam fazer da mediunidade um meio de subir na vida.

Capítulo 27
Pedi e obtereis

• Requisitos da prece • Eficácia da prece • Ação da prece • Transmissão do pensamento • Preces inteligíveis • Da prece pelos mortos e pelos espíritos sofredores • INSTRUÇÕES DOS ESPÍRITOS: Maneira de orar • A felicidade que vem da prece

Requisitos da prece

1. Quando orardes, não vos assemelheis aos hipócritas que fingem orar de pé nas sinagogas e nas esquinas, só para serem vistos pelos homens. Em verdade, vos digo que eles já receberam sua recompensa. Mas quando quiserdes orar, ide ao vosso quarto e, com a porta fechada, orai a vosso Pai em segredo. E vosso Pai, que vê tudo o que se passa em segredo, vos dará a recompensa. Procurai não falar muito em vossas preces, como fazem os pagãos que pensam que é pela quantidade de palavras que serão atendidos. Não vos torneis, pois, semelhantes a eles, porque vosso Pai sabe o que vos é necessário, mesmo antes que Lhe peçais. (MATEUS, 6:5-8).

2. Quando vos apresentardes para orar, se tiverdes qualquer coisa contra alguém, perdoai-lhe, a fim de que vosso Pai, que está nos Céus, também perdoe os vossos pecados. Se não lhe perdoardes, vosso Pai, que está nos Céus, também não perdoará os vossos pecados. (MARCOS, 11:25 e 26).

3. Jesus também disse esta parábola aos que depositavam confiança em si próprios, como sendo justos, e desprezavam os outros: "Dois homens subiram ao templo para orar. Um era fariseu e o outro publicano. O fariseu, mantendo-se de pé, orava assim consigo mesmo: 'Meu Deus, eu vos rendo graças porque não sou como os outros homens que são ladrões, injustos e adúlteros, nem como este publicano. Jejuo duas vezes

na semana e dou dízimo de tudo o que possuo'. O publicano, ao contrário, mantendo-se afastado, sequer ousava erguer os olhos para o céu, mas batia no peito dizendo: 'Meu Deus, tende piedade de mim, que sou um pecador'. Então, eu vos declaro que este retornou para casa perdoado, e não o outro, pois todo aquele que se eleva será rebaixado e todo aquele que se humilha será elevado. (Lucas, 18:9-14).

4. As qualidades da prece são claramente definidas por Jesus. "Quando orardes", diz ele, "não vos coloqueis em evidência, mas orai secretamente. Eviteis falar muito, pois não é pela quantidade de palavras que sereis atendidos, mas pela sinceridade. Antes de orar, se tiverdes alguma coisa contra alguém, perdoai-lhe, pois a prece não pode ser agradável a Deus quando não parte de um coração purificado de qualquer sentimento contrário à caridade. Orai, enfim, com humildade, como o publicano, e não com orgulho, como o fariseu. Examinai vossos defeitos e não vossas qualidades, e, quando vos comparardes aos outros, procurai o que há de errado em vós". (Veja capítulo 10, números 7 e 8, desta obra).

Eficácia da prece

5. O que quer que pedirdes em vossa prece, crede que vos será concedido. (Marcos, 11:24).

6. Há pessoas que contestam a eficácia da prece com base no princípio de que, se Deus conhece nossas necessidades, não é necessário expô-las a Ele. E ainda acrescentam que, como tudo se encadeia no Universo pelas leis eternas, nossas preces não podem mudar os desígnios de Deus.

Sem dúvida alguma, existem leis naturais e imutáveis que Deus não pode revogar conforme a vontade de cada um. Mas daí a crer que todas as circunstâncias da vida estejam sujeitas à fatalidade, vai uma grande distância. Se assim fosse, o homem não passaria de um instrumento passivo, sem livre-arbítrio e sem iniciativa. Em tal hipótese, tudo o que ele poderia fazer seria curvar a cabeça diante dos infortúnios, sem procurar evitá-los; de nada lhe adiantaria tentar esquivar-se de um golpe inesperado. Mas Deus não lhe deu discernimento e inteligência para que não fossem usados, nem vontade para que nada quisesse, ou energia para que ficasse imóvel. Sendo o homem livre para agir, seus atos trazem para si próprio, e para os outros, consequências do que ele faz ou deixa de fazer. Há, portanto, certos acontecimentos que forçosamente escapam à fatalidade e que em nada perturbam a harmonia das leis universais, da mesma maneira que o avanço ou o atraso dos ponteiros de um relógio não perturbam a lei do movimento que rege o seu mecanismo. Deus pode, pois, atender alguns pedidos sem revogar a imutabilidade das leis que regem a harmonia, desde que estejam sempre subordinados à Sua vontade.

7. Seria ilógico concluir, a partir da máxima ***O que quer que pedirdes em vossa prece, vos será concedido***, que basta pedir para obter. Seria injusto também revoltar-se contra a Providência, por não atender todos os pedidos que Lhe são feitos, pois Deus sabe melhor do que nós o que é para o nosso bem. O mesmo acontece com um pai sensato que recusa ao filho coisas que poderiam prejudicá-lo. Geralmente, o homem só leva em conta o presente. Ora, se o sofrimento é útil à sua felicidade futura, Deus o deixará sofrer, tal como o cirurgião deixa o doente sofrer as dores de uma cirurgia que o levará à cura.

O que Deus lhe concederá sempre é coragem, paciência e resignação, quando se dirigir a Ele com confiança. Também lhe concederá meios para livrar-se das dificuldades, pela inspiração dos bons espíritos, deixando-lhe, assim, o mérito de ter conseguido livrar-se sozinho. Deus ampara os que se ajudam, conforme a máxima ***Ajuda-te e o Céu te ajudará***, e não os que tudo esperam do socorro alheio, sem fazer uso de suas próprias capacidades. Mas geralmente as pessoas preferem ser socorridas por um milagre, sem precisar fazer qualquer esforço. (Veja capítulo 25, número 1 e seguintes, desta obra).

8. Tomemos um exemplo: Um homem está perdido no deserto; sofre terrivelmente de sede; sente-se desfalecer e cai. Pede a Deus que o ajude, e espera. Mas nenhum anjo vem darlhe de beber. Contudo, um bom espírito lhe ***sugere*** a idéia de levantar-se e seguir uma das trilhas visíveis à frente. Então, num gesto instintivo, reunindo suas forças, ele se levanta e ca-

minha. Chegando a uma elevação, percebe ao longe um riacho. Ao vê-lo, retoma a coragem. Se tiver fé, dirá: "Obrigado, meu Deus, pela idéia que me inspiraste e pela força que me deste". Se não tiver fé, exclamará: "Que boa idéia *eu tive!* Que *sorte* a minha, ter tomado a trilha da direita e não a da esquerda. Realmente, às vezes a sorte bem que nos ajuda! Como me alegro pela *minha* coragem e por não ter desanimado!".

Mas poderá perguntar-se por que o bom espírito não lhe disse claramente: "Segue esta trilha, e no final encontrarás o que necessitas"? Por que não se revelou a ele, para guiá-lo e ampará-lo em seu desfalecimento, já que, dessa forma, o teria convencido da intervenção da Providência? Primeiramente, foi para lhe ensinar que cada um deve ajudar-se a si mesmo e usar as próprias forças. Depois, porque, pela dúvida, Deus põe à prova a confiança que depositamos Nele e a submissão à Sua vontade. Esse homem estava na situação de uma criança que cai e que, ao perceber a aproximação de alguém, grita e espera que venham levantá-la. Se não vê ninguém, esforça-se e se levanta sozinha.

Se o anjo que acompanhava Tobias lhe tivesse dito: "Fui enviado por Deus para te guiar em tua viagem e te preservar de todo perigo", ele não teria tido mérito algum. Confiando em seu companheiro, sequer precisaria pensar. Por isso, o anjo só se revelou na volta.

Ação da prece. Transmissão do pensamento

9. A prece é uma invocação. Ao recitá-la, entramos em contato, por pensamento, com o ser a quem nos dirigimos. Ela pode ter por objetivo um pedido, um agradecimento ou um louvor. Podemos orar por nós mesmos, por outras pessoas, pelos vivos e pelos mortos. As preces dirigidas a Deus são ouvidas por espíritos encarregados da execução da vontade de nosso Pai, e as que são dirigidas aos bons espíritos são reportadas a Deus. Quando oramos a outros seres, e não diretamente a Deus, estes são apenas intermediários que intercedem por nós, pois nada se pode fazer sem a vontade de Deus.

10. O espiritismo nos permite compreender a atuação da

prece, ao explicar como se efetua a transmissão do pensamento, quer o ser invocado atenda ao nosso apelo, quer nosso pensamento chegue até ele. Para compreendermos como isso acontece, precisamos imaginar todos os seres, encarnados e desencarnados, mergulhados no fluido universal que ocupa o Espaço, tal como nós, aqui na Terra, estamos envolvidos pela atmosfera. Esse fluido recebe um impulso da vontade; ele é o transmissor do pensamento, como o ar é o condutor do som, com a diferença de que as vibrações do ar têm um alcance limitado, ao passo que as do fluido universal estendem-se ao Infinito. Por isso, quando o pensamento é dirigido a um determinado ser, seja na Terra ou no Espaço, de encarnado a desencarnado ou de desencarnado a encarnado, uma corrente fluídica se estabelece entre um e outro, transmitindo o pensamento entre eles, como o ar transmite o som.

A intensidade dessa corrente de fluidos é proporcional à força do pensamento e da vontade de quem ora. É dessa forma que os espíritos ouvem a prece, estejam eles onde estiverem. É assim que eles se comunicam entre si e que nos transmitem suas sugestões. É assim também que estabelecem, à distância, relações entre os encarnados.

Essa explicação é destinada, sobretudo, àqueles que não conseguem compreender a utilidade puramente espiritual da prece. Ela não tem como objetivo atribuir um valor material à oração; ao contrário, pretende fazer com que seus efeitos sejam compreendidos por quem ora, mostrando que a prece pode ter uma ação direta e efetiva, subordinada sempre à vontade de Deus, Juiz Supremo de todas as coisas, o único que pode tornar sua ação eficaz.

11. Pela prece, o homem atrai a ajuda dos bons espíritos, que vêm apoiá-lo em suas boas decisões e sugerir-lhe bons pensamentos. Com isso, ele adquire a força moral necessária para vencer as dificuldades e voltar ao bom caminho, se dele se afastou, e pode também desviar de si os males que poderia atrair por suas próprias faltas. Um homem, por exemplo, que vê sua saúde debilitada pelos excessos que cometeu, e carrega até o fim de seus dias uma vida de sofrimentos, terá o direito de queixar-se, se não obtiver a cura? Não, pois poderia ter encon-

trado na prece forças para resistir às tentações.

12. Se dividirmos os males da vida em duas partes, uma contendo o que o homem não pode evitar, e a outra com as amarguras de que ele próprio é o principal causador, em razão de sua negligência e de seus excessos (Veja capítulo 5, número 4, desta obra), constataremos que a quantidade destas últimas supera em muito a da primeira. É mais do que evidente, então, que o homem é o responsável pela maior parte de suas aflições, das quais se livraria se agisse sempre com sensatez e prudência.

É certo também que essas misérias são o resultado de nossa desobediência às leis de Deus, e que, se as respeitássemos rigorosamente, seríamos completamente felizes. Se não ultrapassássemos o limite do indispensável para satisfazer nossas necessidades, não teríamos as doenças que são consequência de excessos, nem os transtornos que se originam dessas enfermidades. Se estabelecêssemos limites à nossa ambição, não teríamos a ruína. Se não pretendêssemos subir mais alto do que podemos, não teríamos medo das quedas. Se fôssemos humildes, não sofreríamos as decepções do orgulho ferido. Se praticássemos a Lei da Caridade, não seríamos maledicentes, nem invejosos, nem ciumentos, e evitaríamos as discussões e os desentendimentos. Se não fizéssemos mal a ninguém, não teríamos as vinganças.

Quanto aos outros males, admitamos que o homem nada possa fazer, e que toda prece seja inútil para livrar-se deles. Já não seria o bastante ver-se livre de todos os males decorrentes de sua própria conduta? Ora, aqui percebe-se facilmente a ação da prece, pois sua finalidade é invocar a inspiração salutar dos bons espíritos; pedir-lhes forças para resistir aos maus pensamentos, que, se colocados em prática, podem nos ser desastrosos. Nesse caso, ***não é o mal que eles afastam. Nós é que somos afastados do pensamento que poderá causar o mal. Os espíritos não interferem nos desígnios de Deus, nem interrompem o curso das leis da natureza, apenas impedem que desrespeitemos essas leis, ao orientarem o nosso livre-arbítrio***. Eles agem desse modo, sem que percebamos, para não condicionar a nossa vontade. O homem se acha, então, na posição daquele que pede bons conselhos e os coloca em prática, mas continua livre para segui-los ou não. Deus quer que assim seja, para que ele seja responsável pelos próprios atos, e para deixar-lhe o mérito da escolha entre o bem e o mal. É isso que se obtém sempre, quando ora-se com fervor. É nesse caso que se pode aplicar as seguintes palavras: “Pedi e obtereis”.

A eficácia da prece, mesmo reduzida a essa proporção, não traria um resultado considerável? Estava reservado ao espiritismo provar sua ação, revelando-nos as relações existentes entre o mundo material e o mundo espiritual. Mas os efeitos da prece não se limitam somente a isso. Ela é recomendada por todos os espíritos. Renunciar à prece é menosprezar a bondade de Deus; é recusar para si mesmo a assistência de um Pai Maior, e negar aos outros o bem que lhes poderia ser feito.

13. Ao atender um pedido, muitas vezes Deus quer recompensar a intenção, o devotamento e a fé daquele que ora. Por isso, aos olhos de Deus, a prece do homem de bem tem sempre mais mérito e eficácia, pois o homem vicioso e mau não consegue orar com o fervor e a confiança que são atributos exclusivos do sentimento de verdadeira piedade. Do coração do egoísta, ou melhor, daquele que ora da boca para fora, saem somente *palavras*, e não os sentimentos de caridade que dão à prece toda a sua força. Percebe-se isso tão bem, que instintivamente muitos preferem pedir a outras pessoas, cuja conduta é agradável a Deus, que orem por eles, achando que serão atendidos mais depressa.

14. Se a oração exerce uma espécie de ação magnética, podemos pensar que seu efeito está subordinado a esse magnetismo. Mas decididamente não é isso o que acontece. Como os espíritos têm condições de exercer essa ação magnética sobre os homens, eles suprem, quando necessário, a carência daquele que ora, seja agindo diretamente *em seu nome,* seja dando-lhe momentaneamente uma força excepcional, se o consideram digno dessa ajuda, ou quando essa ação lhe possa ser proveitosa.

O homem que não se julga suficientemente bom para exercer uma influência salutar não deve deixar de orar por outro, achando que não é digno de ser atendido. O reconhecimento da própria inferioridade é sempre uma prova de humildade agradável a Deus, que leva em consideração a intenção caridosa que o anima. Seu fervor e sua confiança em Deus são um primeiro passo para o retorno ao bem, e os bons espíritos se alegram por encorajá-lo. A prece que não é ouvida é a do *orgulhoso, que confia no seu poder e nos seus méritos, e que se acha superior aos desígnios do Eterno.*

15. O poder da prece está no pensamento. Ela não depende das palavras, nem do lugar, nem do momento em que se ora. Pode-se orar em qualquer lugar e a qualquer hora, sozinho ou em grupo. A influência do lugar ou do tempo limita-se às circunstâncias que possam favorecer o recolhimento. *A prece em grupo tem uma ação mais poderosa quando todos os que oram se unem de coração, em torno do mesmo pensamento, e têm o mesmo objetivo,* pois é como se muitos clamassem juntos e a uma só voz. Mas, de que vale muitas pessoas se reunirem para orar, se cada uma age isoladamente e por conta própria? Cem pessoas reunidas podem orar como egoístas, enquanto duas ou três, ligadas por um ideal comum, orarão como verdadeiros irmãos em Deus, e sua prece terá mais força do que a das outras cem pessoas. (Veja capítulo 28, números 4 e 5, desta obra).

Preces inteligíveis

> 16. Se eu não entender o que as palavras significam, serei um bárbaro para aquele a quem falo, e aquele que me fala será para mim um bárbaro. Se oro em uma língua estranha, meu coração ora, mas meu entendimento não assimila os seus frutos. Se só louvais a Deus de coração, como é que um homem, entre aqueles que só entendem sua própria língua, responderá: "Amém!", no final de vossa ação de graças, já que não entende o que dizeis? Não que vossa oração não seja boa, mas os outros não são edificados com ela. (PAULO, primeira *Epístola aos Coríntios*, 14:11, 14, 16 e 17).

17. A prece só tem valor pelo pensamento a que ela se associa, já que é impossível ligar um pensamento a algo que não se compreende, pois o que não é compreendido não consegue tocar o coração. Para a imensa maioria das pessoas, as preces em uma língua incompreensível não passam de um conjunto de

palavras que nada dizem ao espírito. Para que a prece toque o nosso coração, é preciso que cada palavra transmita uma idéia, e, se não for compreendida, nada terá a transmitir. Ela pode ser recitada como uma simples fórmula que tem maior ou menor virtude, conforme a quantidade de vezes que é repetida. Muitos oram por obrigação; alguns por hábito, pelo que se julgam quites após repetirem uma prece certo número de vezes predeterminado, nesta ou naquela ordem. Deus vê o íntimo dos corações; lê o pensamento e a sinceridade, e, considerá-Lo mais sensível à maneira de orar do que à essência da prece, seria menosprezá-Lo. (Veja capítulo 28, número 2, desta obra).

Da prece pelos mortos e pelos espíritos sofredores

18. Os espíritos sofredores clamam por preces, e elas lhes são proveitosas, pois, percebendo que são lembrados, sentem-se reconfortados e menos infelizes. Mas a prece tem sobre eles uma ação mais direta: reanima-lhes a coragem, incute-lhes o desejo de elevarem-se pelo arrependimento e pela reparação, e pode desviá-los do pensamento do mal. É nesse sentido que ela pode aliviar-lhes e abreviar-lhes os sofrimentos. (Veja a obra *O Céu e o Inferno*, 2ª parte: Exemplos).

19. Algumas pessoas não admitem a prece pelos mortos, porque acreditam que só há duas alternativas para a alma: ser salva ou condenada às penalidades eternas, e assim, tanto num caso como noutro, a prece seria inútil. Sem discutir o valor dessa crença, admitamos por um instante a existência dos sofrimentos eternos e imperdoáveis, e que nossas preces sejam impotentes para pôr-lhes um fim. Perguntamos: "Em tal hipótese, é lógico, é caridoso, é cristão negar uma prece pelos condenados? Tais preces, por mais impotentes que sejam para libertá-los, não significariam para eles um gesto de piedade que poderia aliviar-lhes os sofrimentos?". Na Terra, quando um homem é condenado à prisão perpétua, mesmo que não haja nenhuma esperança de perdão para ele, porventura é proibido que uma criatura caridosa faça uma corrente de oração, a fim de aliviar-lhe o sofrimento? Quando alguém é acometido por um mal incurável, só porque não há esperança de cura,

deve-se abandoná-lo sem tentar proporcionar-lhe algum alívio? Considerai que, dentre os condenados, possa haver alguém que vos tenha sido caro: um amigo, talvez um pai, uma mãe ou um filho. Só porque alguns pensam que ele não deve ser perdoado, acaso lhe recusaríeis um copo d'água para saciar-lhe a sede? Ou um bálsamo para cicatrizar-lhe as feridas? Não faríeis por ele o que faríeis por um prisioneiro? Não lhe daríeis uma prova de amor e de consolação? Acaso isso não seria cristão? Uma crença que endurece o coração não pode estar ligada a um Deus que coloca o amor ao próximo como um dos mais importantes deveres.

A transitoriedade das penas não significa a negação de uma punição temporária, pois Deus, em Sua justiça, não poderia tratar o bem e o mal da mesma forma. Portanto, negar, nesse caso, a eficácia da prece, seria negar a eficácia da consolação, dos encorajamentos e dos bons conselhos. Seria negar a força que extraímos da assistência moral daqueles que nos querem bem.

20. Outras pessoas se baseiam num raciocínio aparentemente mais verdadeiro, mas que leva a conclusões enganosas: a imutabilidade dos desígnios divinos. "Deus", dizem elas, "não pode mudar Suas decisões a pedido de Suas criaturas, pois, se assim fosse, nada seria estável no mundo. Por isso, o homem nada deve pedir a Deus; somente submeter-se a Ele e adorá-Lo.

Há, nessa idéia, uma falsa interpretação da imutabilidade da Lei Divina, ou melhor, ignorância da lei no que se refere à penalidade futura. Essa lei é revelada pelos espíritos do Senhor no momento em que o homem se encontra amadurecido para compreender o que, na fé, está de acordo ou contraria os atributos divinos.

Segundo o dogma da *eternidade absoluta das penas*, não são levados em conta nem o remorso nem o arrependimento do culpado. Todo desejo que ele tiver de melhorar-se será inútil, estando condenado a permanecer eternamente no erro. Se foi condenado por determinado tempo, a pena cessará quando expirar o prazo. Mas quem pode garantir que seus sentimentos tenham melhorado? Quem garante que, ao sair da prisão, a exemplo de muitos condenados na Terra, não continue tão mau como era antes? No primeiro caso, seria manter na dor do castigo um homem que retornou ao bem; no segundo, seria perdoar a quem continua culpado. A Lei de Deus é mais previdente. Sempre justa, imparcial e misericordiosa, ela não fixa uma duração para a pena, seja ela qual for, e pode ser resumida assim:

> 21. O homem sempre sofre a consequência dos seus erros. Não há uma única infração à Lei de Deus que não tenha a sua punição. O rigor do castigo é proporcional à gravidade da falta. A duração do castigo para qualquer falta é ***indeterminada, estando subordinada ao arrependimento do culpado e ao seu retorno ao bem.*** A punição perdura enquanto perdurar a obstinação no erro: será perpétua, se perpétua for também a obstinação; será de curta duração, se o arrependimento for imediato. Assim que o culpado clamar por misericórdia, Deus o ouve e lhe dá esperanças. Mas o simples arrependimento não basta: é preciso que o mal seja reparado. Eis por que o culpado é submetido a novas provas, nas quais, sempre por sua própria vontade, pode fazer o bem, reparando o mal que praticou. O homem é assim constantemente árbitro de seu próprio destino, podendo abreviar ou prolongar indefinidamente o próprio suplício. Sua felicidade ou infelicidade dependem de sua vontade em praticar o bem.

Esta é a lei, ***imutável*** e em conformidade com a bondade e a justiça de Deus. Desse modo, o espírito culpado e infeliz pode sempre salvar a si mesmo: a Lei de Deus lhe mostra sob que condições pode fazê-lo. O que lhe falta na maioria das vezes é vontade, força e coragem. Se, com nossas preces, lhe inspirarmos essa vontade, se o ampararmos e o encorajarmos; se, com nossos conselhos, lhe dermos os esclarecimentos que lhe faltam, ***em vez de rogar a Deus que revogue Sua Lei, tornamo-nos instrumentos para a execução da Lei do Amor e da Caridade,*** da qual nos permite participar, a fim de darmos, nós mesmos, uma prova de caridade. (Veja a obra ***O Céu e o Inferno,*** 1ª parte, capítulos 4, 7 e 8).

Instruções dos Espíritos

Maneira de orar

22. O primeiro ato de toda criatura humana, que deve

marcar o seu retorno à atividade diária, é a prece. Quase todos oram; mas poucos sabem orar. Que importância tem para Deus as frases encadeadas, umas às outras, automaticamente, só por uma questão de hábito, ou por uma mera obrigação a ser cumprida, e que vos aborrece?

A prece do cristão, do ***espírita***, ou de qualquer outro culto, deve ser feita ao acordar, ou melhor, logo que o espírito tenha retornado ao cativeiro do corpo, após o sono. Deve elevar-se aos pés da Divina Majestade com humildade e sinceridade, num impulso de reconhecimento por todos os benefícios recebidos; pela noite que passou, durante a qual vos foi permitido, embora inconscientemente, reencontrar vossos amigos, vossos guias, para renovar, ao contato com eles, vossas forças e a confiança. Vossa prece deve elevar-se humilde aos pés do Senhor, para confessar-Lhe vossa fragilidade, suplicar amparo, indulgência e misericórdia. Ela deve ser intensa, pois é vossa alma que deve elevar-se em direção ao Criador, transfigurando-se como Jesus o fez no monte Tabor,[1] e chegar a Deus radiante de amor e de esperança.

Vossa prece deve conter o pedido das graças de que necessitais verdadeiramente. É inútil, pois, pedir ao Senhor que abrevie vossas provas, que vos dê alegrias e riquezas. Pedi a Ele que vos conceda bens mais preciosos, como a paciência, a resignação e a fé. Não digais, como muitos dentre vós: "Não vale a pena orar, já que Deus não me atende". Tendes lembrado de Lhe pedir o vosso aperfeiçoamento moral? Não! Pouquíssimas vezes pedis isso. Contudo, estais sempre pedindo o ***sucesso em vossos negócios terrenos***, e frequentemente vos lamentais: "Deus não se preocupa conosco. Se se preocupasse, não haveria tantas injustiças". Insensatos! Ingratos! Se mergulhásseis no fundo de vossa consciência, quase sempre encontraríeis em vós mesmos o ponto de partida dos males dos quais vos lamentais. Pedi, então, antes de qualquer coisa, o vosso aperfeiçoamento, e vereis que torrente de graças e consolações se derramarão sobre vós. (Veja capítulo 5, número 4, desta obra).

Deveis orar sempre, sem que para isso preciseis vos recolher ao oratório ou ajoelhar-vos em lugares públicos. A prece

1 Monte Tabor: Situado na região da Judéia, onde Jesus transfigurou-se diante de Pedro, João e Tiago.

diária é o complemento de todos os vossos deveres, sem exceção, sejam eles de que natureza forem. Não é uma prova de amor para com o Senhor ajudar vossos irmãos numa necessidade qualquer, seja ela moral ou física? Não é um ato de reconhecimento elevar o vosso pensamento a Deus, quando algo de bom vos acontece, quando um acidente é evitado, quando uma contrariedade vos atinge de leve? Portanto, deveis dizer sempre: "Bendito sejas, meu Pai!". Quando sentirdes que errastes, ainda que só por um breve pensamento, não é um ato de arrependimento vos humilhar diante do Supremo Juiz, dizendo-lhe: "Perdoai-me, meu Deus, porque pequei por orgulho, por egoísmo ou por falta de misericórdia. Dai-me forças para não voltar a errar, e coragem para reparar meu erro"?

Deveis proceder dessa maneira, independentemente das preces regulares da manhã, da noite e dos dias consagrados. Como vedes, a prece pode ser feita a qualquer momento, sem causar interrupção em vossos trabalhos. Assim recitada, a prece os santificará. Podeis crer que um único pensamento que parte do coração é mais ouvido por nosso Pai celestial do que as longas preces ditas por hábito, muitas vezes sem um motivo específico, ***das quais vos lembrais automaticamente, em hora convencional.*** (V. Monod, Bordéus, 1862).

A FELICIDADE QUE VEM DA PRECE

23. Vinde, vós que desejais crer: os espíritos celestiais acorrem e vêm vos anunciar grandes coisas. Deus, meus filhos, abre Seus tesouros para vos dar todos os Seus benefícios. Homens incrédulos! Se soubésseis como é grande o bem que a fé proporciona ao coração, e como leva a alma ao arrependimento e à prece! A prece! Ah, como são comoventes as palavras que saem da boca, no momento em que se ora! A prece é o orvalho divino que resfria o calor excessivo das paixões. Filha primogênita da fé, ela nos leva ao caminho que conduz a Deus. No recolhimento e na solidão, estais com Deus. Já não existem mistérios: Ele Se revela para vós. Apóstolos do pensamento, a vida vos pertence. Vossa alma se liberta da matéria e se eleva a mundos infinitos e etéreos, que os pobres humanos desconhecem.

Andai, percorrei os caminhos da prece, e ouvireis a voz

dos anjos! Que harmonia! Já não há mais o ruído confuso nem os sons estridentes da Terra. Ouvem-se as liras dos anjos, as vozes doces e suaves dos serafins, mais delicadas que a brisa matinal brincando na folhagem dos bosques. Entre quantas coisas maravilhosas caminhareis! Vossa linguagem não conseguirá traduzir em palavras a felicidade que impregnará vossos poros, quando se atinge essa fonte refrescante, ao orar! Doces vozes que a alma ouve, perfumes inebriantes com que se delicia quando se lança às esferas desconhecidas e habitadas pela prece! Livres dos desejos carnais, todas as aspirações são divinas.

E vós, também, orai como Jesus o fez ao carregar sua cruz ao Gólgota, ao Calvário. Carregai vossa cruz, e sentireis as sublimes emoções que lhe passavam na alma, embora sob o peso de uma cruz infame. Ele ia morrer sim, mas para viver a vida celestial na morada de Seu Pai. (Santo Agostinho, Paris, 1861).

Capítulo 28
Coletânea de preces espíritas

Introdução

1. Os espíritos sempre disseram: "A forma nada significa, o pensamento é tudo. Orai segundo vossa crença e da maneira que mais vos sensibilize, pois um bom pensamento vale mais do que muitas palavras que não vêm do coração".

Os espíritos não prescrevem um modelo definitivo de prece; quando o fazem, é com a finalidade de firmar as idéias e principalmente para chamar a atenção sobre determinados pontos da doutrina espírita. Fazem-no, também, com o objetivo de ajudar quem não se sente capaz de expor suas idéias, pois há pessoas que acham que não oraram realmente se não conseguiram expressar seus pensamentos.

A coletânea de preces reunidas neste capítulo constitui uma seleção feita entre as que foram ditadas pelos espíritos em diferentes circunstâncias. Eles podem ter ditado outras, com outras palavras, adequadas a determinadas idéias ou a casos especiais, mas a forma pouco importa se o pensamento é essencialmente o mesmo. O objetivo da prece é elevar nossa alma a Deus; palavras diferentes utilizadas entre uma forma ou outra de orar não devem fazer a menor diferença para aqueles que Nele crêem e muito menos entre os adeptos do espiritismo, pois Deus acolhe todas, desde que sejam sinceras.

Não se deve, portanto, considerar esta coletânea um modelo

absoluto, mas sim um apanhado das várias instruções transmitidas pelos espíritos. É uma aplicação dos princípios da moral evangélica desenvolvida neste livro, um complemento dos seus ensinamentos sobre os deveres em relação a Deus e ao próximo, em que são lembrados todos os princípios da doutrina.

O espiritismo reconhece como boas as preces de todos os cultos quando são ditas de coração e não da boca para fora. Ele não impõe nem reprova nenhuma. Segundo a doutrina espiríta, Deus é infinitamente bom para não dar ouvidos à voz que suplica, ou que Lhe entoa louvores, só porque o faz de um modo e não de outro. ***Todo aquele que condenar as preces que não fazem parte de seu formulário, provará que desconhece a grandeza de Deus.*** Pensar que Deus Se limita a uma fórmula, é atribuir-Lhe a pequenez e as paixões da humanidade.

Segundo São Paulo (Veja capítulo 27, número 16, desta obra), uma condição essencial da prece é que ela seja inteligível, ou melhor, bem compreendida, para que possa tocar-nos a alma. Não basta, porém, que seja dita numa língua compreendida por quem ora: há preces em linguagem popular que não dizem à nossa mente muito mais do que se fossem expressas numa língua desconhecida, e que, por isso mesmo, não chegam ao coração. As raras idéias que elas encerram são muitas vezes sufocadas pelo excesso de palavras e pelo misticismo da linguagem.

Os principais atributos da prece são a clareza, a simplicidade e a precisão, sem frases inúteis nem adjetivos excessivos, que não passam de enfeites de brilho enganoso. Cada palavra deve ter sua exata importância, despertar uma idéia, fazer nossa alma vibrar. Em resumo, ***deve nos fazer refletir.*** Só nessas condições a prece pode atingir seu objetivo; caso contrário, ***não passa de tagarelice.*** Observai, também, com que ar distraído e desconcentrado as preces são ditas na maioria das vezes. Vêem-se lábios que se movimentam, mas, pela expressão do rosto e pelo próprio tom de voz, percebe-se que se trata de um gesto automático, puramente exterior, ao qual a alma permanece indiferente.

As preces reunidas nesta coletânea estão divididas em cinco categorias: preces universais, preces por si mesmo, preces pelos vivos, preces pelos mortos, e preces pelos doentes e obsediados.

Com o intuito de chamar a atenção de modo mais particular sobre o objetivo de cada prece, e de fazer com que sua importância seja melhor entendida, todas elas são precedidas de uma instrução, de uma espécie de exposição de motivos, sob o título de *preparação*.

I PRECES GERAIS

Oração dominical (Pai Nosso)

2. **Preparação**

Os espíritos recomendaram que a *oração dominical* fosse colocada no início desta coletânea, não somente como prece, mas também como símbolo. De todas as preces, é a que põem em primeiro lugar, seja porque ela vem do próprio Jesus (Mateus, 6:9-13), seja porque pode substituir todas as outras, conforme a intenção a ela atribuída. Ela representa o mais perfeito exemplo de concisão, verdadeira obra-prima de sublimidade em sua simplicidade. Na verdade, sob a forma mais sintética possível, ela resume todos os deveres do homem para com Deus, para consigo mesmo e para com o próximo; encerra uma profissão de fé,[1] um ato de adoração e de submissão, o pedido das coisas necessárias à vida e o princípio da caridade. Recitá-la na intenção de alguém é pedir para esse alguém o que pediríamos para nós mesmos.

Mas, por ser uma prece concisa, o sentido profundo contido nas poucas palavras que a compõem escapa para a maioria das pessoas. Eis por que geralmente a recitam sem voltar o pensamento para as aplicações de cada uma de suas partes. Muitos a pronunciam como uma fórmula decorada, cuja eficácia é proporcional ao número de vezes que é repetida, e que, quase sempre, é um dos números cabalísticos: ***três, sete*** ou ***nove***, extraídos da antiga crença supersticiosa no poder atribuído aos números, e usados em práticas de magia.

Seguindo o conselho dos bons espíritos, e com sua assistência, para preencher o vazio que a concisão desta prece deixa na mente, adicionou-se a cada proposição um comentário que lhe amplia o significado e mostra suas aplicações. Conforme as circunstâncias e o tempo disponível, pode-se, então, recitar a

1 Profissão de fé - Expressão que quer dizer: certeza de uma crença.

oração dominical *simples* ou *comentada.*

3. **Prece**

a) *Pai nosso que estais no Céu, santificado seja o vosso nome!*

Cremos em Vós, Senhor, porque tudo revela Vosso poder e Vossa bondade. A harmonia do Universo dá provas de uma sabedoria, de uma prudência e de uma previdência que superam todas as faculdades humanas. O nome de um ser infinitamente grande e sábio está inscrito em todas as obras da Criação, desde o talinho de erva e o minúsculo inseto até os astros que se movem no Espaço. Por toda parte vemos as provas de um cuidado paternal. Cego, pois, é quem não Vos reconhece nas Vossas obras; orgulhoso é quem não Vos louva, e ingrato quem não Vos rende graças.

b) *Venha a nós o vosso reino!*

Senhor, destes aos homens leis plenas de sabedoria e que lhes trariam felicidade se as cumprissem. Com essas leis, fariam reinar entre si a paz e a justiça, e se ajudariam mutuamente, ao invés de prejudicar-se como o fazem: o forte ampararia o fraco, ao contrário de esmagá-lo, evitando os males provocados por toda espécie de abusos e excessos. Todas as misérias deste mundo vêm da desobediência às Vossas leis, pois não há uma única infração a elas que não traga consequências fatais.

Destes ao animal o instinto que lhe mostra os limites do necessário, ao qual ele automaticamente obedece. Ao homem, porém, além do instinto, destes a inteligência e a razão; e também lhe destes a liberdade de obedecer ou transgredir as leis que lhe dizem respeito pessoalmente, ou seja, de escolher entre o bem e o mal, para que tenha o mérito e a responsabilidade por seus atos.

Ninguém pode alegar desconhecimento de Vossas leis, pois, em Vossa paternal previdência, quisestes que elas fossem gravadas na consciência de todos, sem distinção de crença ou de nação. Os que as violam, o fazem porque não Vos reconhecem.

Chegará o dia em que, segundo Vossa promessa, todos as seguirão. Então, a incredulidade terá desaparecido; todos Vos reconhecerão como o Soberano Senhor de todas as coisas, e o reinado das Vossas leis será Vosso reinado na Terra.

Dignai-vos, Senhor, a apressar-lhe a chegada, dando aos homens a necessária luz para conduzi-los ao caminho da verdade.

c) *Seja feita a vossa vontade, assim na Terra como no Céu!*

Se a obediência é um dever do filho em relação ao pai, do subalterno para com o seu superior, quão maior não deve ser a obediência da criatura com relação ao seu Criador! Fazer Vossa vontade, Senhor, é observar Vossas leis e submeter-se, sem lamentos, aos Vossos divinos desígnios. O homem a eles se submeterá quando compreender que sois a fonte de toda sabedoria, e que sem Vós nada pode. Então, fará Vossa vontade na Terra, como os eleitos a fazem no Céu.

d) *O pão nosso de cada dia nos dai hoje.*

Dai-nos o alimento para a manutenção das forças do corpo; dai-nos também o alimento espiritual para o desenvolvimento de nosso espírito.

O animal acha pronta a sua pastagem, mas o homem deve seu sustento à própria atividade e aos recursos de sua inteligência, pois Vós o criastes livre.

Vós lhe dissestes: "Tirarás teu alimento da terra, com o suor do teu rosto". Com isso, lhe fizestes do trabalho uma obrigação, para que exercitasse sua inteligência na busca de meios para prover suas necessidades e seu bem-estar: uns pelo trabalho físico, outros pelo trabalho intelectual. Sem o trabalho, o homem ficaria estacionário e não poderia aspirar à felicidade dos espíritos superiores.

Ajudais o homem de boa vontade que conta Convosco para o que lhe é necessário, mas não o homem preguiçoso que gostaria de obter tudo sem esforço, nem aquele que busca o supérfluo. (Veja capítulo 25 desta obra).

Quantos há que sucumbem por sua própria culpa, por seu desleixo, por sua imprevidência ou ambição e por não se contentarem com o que lhes foi dado! Esses são os autores da própria desgraça, e não têm o direito de lamentar-se, pois estão sendo punidos pelos erros que cometeram. Mas, porque sois infinitamente misericordioso, nem a estes abandonais. Vós lhes estendeis a mão caridosa, desde que, como o filho pródigo, retornem sinceramente a Vós. (Veja capítulo 5, número 4, desta obra).

Antes de nos queixarmos de nossa sorte, perguntemo-nos se ela não é obra nossa; a cada desgraça que nos atinja, perguntemo-nos se não dependia de nós evitá-la; mas, digamos também que Deus nos deu inteligência para sairmos do atoleiro, e que depende de nós utilizá-la.

Já que o homem, na Terra, está submetido à lei do trabalho, dai-nos coragem e forças para cumpri-la; dai-nos também prudência, previdência e moderação para que não desperdicemos seus frutos.

Dai-nos, pois, Senhor, nosso pão de cada dia, ou seja, dai-nos os meios de adquirir pelo trabalho as coisas necessárias à vida, porque ninguém tem o direito de exigir o supérfluo.

Se não nos for possível trabalhar, confiemos em Vossa divina providência.

Se, apesar de nossos esforços, estiver em Vossos desígnios provar-nos por meio das mais árduas privações, nós as aceitaremos como merecida expiação das faltas que tenhamos cometido nesta vida ou numa vida anterior, porque sois justo; sabemos que não há penas imerecidas, e que nunca castigais sem motivo.

Guardai-nos, ó Deus, de alimentar inveja contra os que possuem o que não temos, nem mesmo contra quem possui o que é supérfluo, quando nós nem o necessário temos. Perdoai-lhes se esquecem a Lei da Caridade e do amor ao próximo que lhes ensinastes. (Veja capítulo 16, número 8, desta obra).

Afastai também de nossa mente o pensamento intruso que nos incita a negar Vossa justiça quando presenciamos a prosperidade do mau e a infelicidade que às vezes arrasa o homem de bem. Agora sabemos, graças às novas luzes que nos concedestes, que Vossa justiça sempre se cumpre e que ninguém está livre dela; que a prosperidade do mau é tão passageira quanto sua existência corpórea, e terá consequências terríveis, ao passo que a alegria reservada a quem sofre com resignação será eterna. (Veja capítulo 5, números 7, 9, 12 e 18, desta obra).

e) *Perdoai as nossas dívidas, assim como nós perdoamos aos nossos devedores.*

Cada uma de nossas infrações às Vossas leis, Senhor, é

uma ofensa que Vos fazemos; é uma dívida que contraímos e que, cedo ou tarde, teremos de resgatar. Com a promessa de nos esforçar para não contrair novas dívidas, rogamos que, em Vossa infinita misericórdia, nos perdoeis.

Fizestes da caridade uma lei expressa, mas a caridade não consiste somente em ajudar nosso semelhante na necessidade; há caridade também no esquecimento e no perdão das ofensas. Com que direito reclamaríamos Vossa compreensão, se nós mesmos não a praticamos com relação àqueles de quem temos do que nos queixar?

Dai-nos, ó Deus, forças para sufocar em nossa alma todo ressentimento, todo ódio e todo rancor; ***fazei com que a morte não nos supreenda com um único desejo de vingança no coração.*** Se for de Vossa vontade tirar-nos hoje mesmo da Terra, fazei com que possamos nos apresentar diante de Vós livres de qualquer ressentimento, a exemplo do Cristo, cujas últimas palavras foram em favor de seus algozes. (Veja capítulo 10 desta obra).

As perseguições que os maus nos fazem suportar são parte de nossas provas terrenas. Devemos, então, aceitá-las sem queixumes, como a todas as outras provas, e não maldizer aqueles que, com suas maldades, nos abrem o caminho da eterna felicidade, pois nos dissestes pelos lábios de Jesus: "Bem-aventurados os que sofrem pela justiça!". Bendigamos, portanto, a mão que nos golpeia e nos humilha, porque os martírios do corpo nos fortificam a alma, e seremos exaltados pela nossa humildade. (Veja capítulo 12, número 4, desta obra).

Senhor, bendito seja Vosso nome por nos terdes ensinado que nosso destino não está irrevogavelmente traçado após a morte; que encontraremos em outras existências meios para resgatar e reparar nossas faltas passadas, para realizar numa nova vida o que não pudermos fazer nesta, em favor de nosso aperfeiçoamento. (Ver capítulos 4 e 5, número 5, desta obra).

Assim se explicam, enfim, todas as aparentes anormalidades da vida; é a luz lançada sobre nosso passado e nosso futuro, o sinal incontestável de Vossa suprema justiça e de Vossa infinita bondade.

f) ***Não nos deixeis cair em tentação, mas livrai-nos do mal.***[2]

2 Algumas traduções dizem: Não nos induzas à tentação (***et ne nos inducas in***

Dai-nos, Senhor, forças para resistir às sugestões dos maus espíritos que tentarem nos desviar do caminho do bem, inspirando-nos maus pensamentos.

Somos espíritos imperfeitos, encarnados na Terra para expiar nossas faltas e nos aprimorar. A principal causa do mal está em nós mesmos, e tudo o que os maus espíritos fazem é se aproveitar de nossas más tendências para nos tentar, influenciando-nos com suas promessas vãs.

Cada imperfeição é uma porta aberta à sua influência, ao passo que ficam impotentes e desistem de qualquer tentativa contra os seres perfeitos. Tudo que conseguirmos fazer para afastá-los será inútil, se não lhes opusermos uma vontade inabalável no bem e uma renúncia absoluta ao mal. É contra nós mesmos, portanto, que devemos dirigir nossos esforços, e então os maus espíritos se afastarão naturalmente, pois o que os atrai é o mal, enquanto o bem os afugenta. (Veja adiante ***Preces pelos doentes e obsediados***).

Amparai-nos, Senhor, em nossa fraqueza; pela voz dos anjos guardiões e dos bons espíritos, inspirai em nós o desejo de corrigir nossas próprias imperfeições, a fim de impedirmos que os espíritos impuros tenham acesso à nossa alma. (Veja adiante, número 11).

O mal não é obra Vossa, Senhor, pois a fonte de todo bem nada pode gerar de mau. Nós mesmos o criamos ao desobedecer às Vossas leis, e pelo mau uso que fazemos da liberdade que nos destes. Quando os homens cumprirem Vossas leis, o mal desaparecerá da Terra, como já desapareceu dos mundos mais evoluídos.

O mal não é uma necessidade inevitável para ninguém, e só parece irresistível para aqueles que se entregam a ele com satisfação. Se temos desejo de fazer o mal, também podemos ter o desejo de fazer o bem. Eis por que, Senhor, pedimos Vossa assistência e a dos bons espíritos para resistirmos à tentação.

g) *Assim seja!*

---

tentationem). Essa expressão daria a entender que a tentação vem de Deus, que, voluntariamente, Ele incita os homens ao mal, idéia absurda que compararia Deus a Satanás, e que não pode ter sido o pensamento de Jesus. Essa idéia, aliás, está de acordo com a crença popular sobre o papel dos demônios. (Veja a obra *O Céu e o Inferno*, capítulo 10, ***Demônios***).

Permiti, Senhor, que nossos desejos se realizem! Curvamo-nos, porém, diante de Vossa infinita sabedoria. Quanto a tantas coisas que não nos é dado compreender, que se faça segundo Vossa sagrada vontade, e não segundo a nossa, pois quereis somente o nosso bem, e sabeis melhor do que nós o que nos convém.

Esta prece, Senhor, dirigimos a Vós por nós mesmos; também a dirigimos a Vós por todas as almas sofredoras, encarnadas ou desencarnadas, por nossos amigos e inimigos, por todos os que precisam de nossa assistência, e em particular por... (pode-se dizer aqui o que se deseja agradecer a Deus e o que se pede para si mesmo ou para os outros).

Suplicamos Vossa misericórdia e Vossa bênção para todos. (Veja adiante as preces números 26 e 27).

Reuniões espíritas

> 4. Onde quer que duas ou três pessoas se encontrem reunidas em meu nome, eu me encontrarei no meio delas. (Mateus, 18:20).

5. **Preparação**

Para se reunir em nome de Jesus não basta reunir-se fisicamente; é preciso estar unido espiritualmente, pela comunhão de intenções e de pensamentos direcionados para o bem. Então, o próprio Jesus, ou os espíritos puros que O representam, estarão no meio daqueles que estiverem reunidos. O espiritismo nos faz compreender como os espíritos podem estar entre nós. Eles se apresentam com seu corpo fluídico ou espiritual, e com uma aparência que nos permitiria reconhecê-los, caso se tornassem visíveis. Quanto mais elevados na hierarquia espiritual, maior é seu poder de irradiação. É assim que possuem o dom da ubiquidade, que lhes permite estar em vários lugares ao mesmo tempo, bastando para isso uma emanação do pensamento.

Com essas palavras, Jesus quis mostrar o efeito da união e da fraternidade. Não é o maior ou menor número de pessoas que O atrai, visto que, em lugar de duas ou três, poderia ter dito dez ou vinte, mas o sentimento de caridade que cultivam mutuamente. Ora, para isso basta que haja duas pessoas. Mas se essas duas oram cada qual por sua conta, ainda que dirigindo-se a Jesus, não há entre elas comunhão de pensamentos, principalmente se não são movidas por um sentimento recíproco de benevolência. Se olham uma para a outra com desconfiança, com ódio, inveja ou ciúme, as correntes fluídicas de seus pensamentos se repelem, em vez de se unirem por um laço de simpatia e, nesse caso, ***elas não estão reunidas em nome de Jesus***. Jesus é apenas o ***pretexto*** para a reunião, e não o verdadeiro motivo. (Veja capítulo 27, número 9, desta obra).

Isso não quer dizer que Jesus não atenda à voz de uma única pessoa. Se Ele disse: "Atenderei a todo aquele que me chamar", é porque exige, antes de mais nada, o amor ao próximo, do qual se pode dar mais provas quando se está em grupo do que quando se está isolado, e porque todo sentimento egoísta O distancia. Conclui-se então que, se num grupo numeroso, só duas ou três pessoas se unem sinceramente pelo sentimento de verdadeira caridade, enquanto as outras se isolam e concentram-se em pensamentos egoístas ou mundanos, Ele estará com as primeiras e não com as outras. O que constitui a reunião em nome de Jesus não é, portanto, a simultaneidade das palavras, dos cânticos ou dos gestos exteriores, mas a comunhão de pensamentos em harmonia com o espírito de caridade personificado por Ele. (Veja capítulo 10, número 7 e 8, e capítulo 27, número 2 a 4, desta obra). Tal deve ser o caráter das reuniões espíritas sérias, daquelas em que se deseja sinceramente o auxílio dos bons espíritos.

6. **Prece (para o início da reunião)**

Rogamo-te, Senhor Deus Todo-Poderoso, que nos envieis bons espíritos para nos assistir; que afasteis os que possam nos induzir ao erro; e que nos deis a luz necesária para distinguirmos a verdade da impostura.

Afastai também os espíritos mal-intencionados, encarnados ou desencarnados, que poderiam tentar semear a desunião entre nós e nos desviar da caridade e do amor ao próximo. Se alguns deles procurarem introduzir-se aqui, fazei com que não consigam entrar no coração de nenhum de nós.

Bons espíritos que vinde nos instruir, tornai-nos dóceis aos vossos conselhos; desviai-nos de todo pensamento de egoísmo, orgulho, inveja e ciúme; inspirai-nos a indulgência e a benevolência para com os nossos semelhantes, presentes ou ausentes, amigos ou inimigos; fazei com que reconheçamos vossa influência salutar, pelos sentimentos de amor com que seremos animados.

Dai aos médiuns que incumbistes de nos transmitir vossos ensinamentos a consciência da santidade do mandato que lhes é confiado e da seriedade do ato que vão praticar, para que nele apliquem o fervor e o recolhimento necessários.

Se houver, nesta reunião, pessoas que tenham vindo atraídas por sentimentos outros que não o do bem, abri-lhes os olhos para a luz e perdoai-lhes, como nós lhes perdoamos se vieram com intenções maldosas.

Pedimos especialmente ao espírito de..., nosso guia espiritual, que nos assista e que vele por nós.

7. **Prece (para o fim da reunião)**

Agradecemos aos bons espíritos que se dignaram a vir comunicar-se conosco. Rogamo-lhes que nos ajudem a pôr em prática as instruções que nos deram, e que façam com que, ao sair daqui, cada um de nós se sinta fortalecido na prática do bem e do amor ao próximo.

Desejamos também que suas instruções tragam proveito aos espíritos sofredores, ignorantes ou viciosos que tenham assistido a esta reunião, para os quais suplicamos a misericórdia de Deus.

Pelos médiuns

> 8. "E nos últimos tempos, acontecerá que derramarei do meu espírito sobre toda a carne", disse o Senhor. "E vossos filhos e vossas filhas profetizarão; vossos jovens terão visões e vossos velhos sonharão. Nesses dias, também derramarei do meu espírito sobre meus servos e minhas servas, e eles profetizarão". (*Atos*, 2:17-18).

9. **Preparação**

O Senhor quis que a luz se fizesse para todos os homens e que a voz dos espíritos penetrasse por todos os lugares, a fim de que todos pudessem ter provas da imortalidade da alma. É com esse objetivo que os espíritos se manifestam hoje em todos os pontos da Terra e a mediunidade se revela em pessoas de todas as idades e de todas as condições, nos homens e nas mulheres, nas crianças e nos idosos, como um dos sinais da chegada dos tempos anunciados.

Para conhecer as coisas do mundo visível e descobrir os segredos da natureza material, Deus deu ao homem a visão, os sentidos e os instrumentos especiais. Com o telescópio, ele mergulha o olhar nas profundezas do espaço e, com o microscópio, descobriu o mundo dos seres infinitamente pequenos. Para penetrar no mundo invisível, Deus lhe deu a mediunidade.

Os médiuns são os intérpretes encarregados de transmitir aos homens os ensinamentos dos espíritos, ou melhor, *são os meios materiais pelos quais os espíritos se expressam para fazer-se entender pelos homens.* Sua missão é sagrada, pois tem por objetivo abrir os horizontes da vida eterna.

Os espíritos vêm instruir o homem sobre suas existências futuras, para reconduzi-lo ao caminho do bem e não para poupá-lo do trabalho material que ele precisa realizar na Terra para sua evolução, nem para favorecer-lhe a ambição e a cobiça. Eis do que os médiuns devem compenetrar-se muito bem, para não fazer mau uso de seu dom. O médium que compreende a importância do mandato de que está investido, desempenha-o religiosamente. Sua consciência o acusaria de sacrilégio se transformasse em divertimento e distração, *para si ou para os outros*, uma faculdade concedida com uma finalidade tão séria e que o coloca em contato com os seres do plano espiritual.

Como intérpretes do ensinamento dos espíritos, os médiuns devem desempenhar um importante papel na transformação moral que se opera na Terra. Os serviços que podem prestar são proporcionais ao bom direcionamento que dão à sua faculdade, pois aqueles que estão num mau caminho são mais prejudiciais do que úteis à causa do espiritismo. Pelas más impressões que produzem, retardam mais que uma conversão. É por isso que terão de prestar contas do uso que tiverem feito do dom que lhes foi concedido para o bem de seus semelhantes.

O médium que quiser manter a assistência dos bons espíritos deve trabalhar para seu próprio aperfeiçoamento; aquele que quiser ver aumentar e desenvolver sua faculdade, deve crescer também moralmente e evitar tudo que possa levá-lo a desviar-se de seu objetivo providencial.

Se às vezes os bons espíritos se servem de instrumentos imperfeitos, é para dar-lhes bons conselhos e procurar reconduzi-los ao bem; mas se encontram corações endurecidos e se seus conselhos não são ouvidos, eles se afastam e os maus então ficam com o campo livre para agir. (Veja capítulo 24, números 11 e 12, desta obra).

A experiência prova que nos médiuns que não aproveitam os conselhos que recebem dos bons espíritos as comunicações, após terem produzido algum brilho por certo tempo, pouco a pouco se deterioram e acabam por cair no erro, no palavreado vazio ou no ridículo, que é sinal incontestável do afastamento dos bons espíritos.

Conseguir a assistência dos bons espíritos e afastar os espíritos levianos e mentirosos deve ser o objetivo constante de todos os médiuns sérios. Sem isso, a mediunidade é uma faculdade estéril que pode até mesmo prejudicar aquele que a possui, chegando a degenerar em perigosa obsessão.

O médium que compreende seu dever, ao invés de orgulhar-se de uma faculdade que não lhe pertence, já que lhe pode ser retirada, atribui a Deus as boas coisas que consegue. Se suas comunicações merecem elogios, não se envaidece com isso porque sabe que elas não dependem de seu mérito pessoal, e agradece a Deus por ter permitido que bons espíritos tenham vindo manifestar-se por seu intermédio. Se dão lugar a críticas, não se ofende porque as comunicações não são obra do seu próprio espírito: diz consigo mesmo que não foi um bom instrumento e que não possui todas as qualidades necessárias para opor-se à intromissão dos maus espíritos. Por esse motivo, procura adquirir novas qualidades e pede, pela prece, a força que lhe falta.

10. **Prece**

Deus Todo-Poderoso, permiti que os bons espíritos me assistam na comunicação que solicito. Livrai-me da presunção de julgar-me a salvo dos maus espíritos; do orgulho que poderia me enganar quanto ao valor daquilo que obtenha; de todo sentimento contrário à caridade para com os outros médiuns. Se eu for induzido ao erro, inspirai a alguém a idéia de advertir-me, e a mim a humildade de aceitar a crítica agradecido, e tomar como endereçados a mim, e não aos outros, os conselhos que os bons espíritos quiserem me transmitir.

Se eu for tentado a abusar, no que quer que seja, ou a me envaidecer pela faculdade que me concedeste, eu Vos suplico que a retireis de mim antes que ela seja desviada de seu objetivo providencial, que é o bem de todos e meu próprio aperfeiçoamento moral.

II. PRECES PARA SI MESMO

Aos anjos guardiões e aos espíritos protetores

11. Preparação

Todos temos um bom espírito que se ligou a nós desde o nascimento e nos tomou sob sua proteção. Ele cumpre, junto a nós, a missão de um pai para com seu filho: a de nos conduzir pelo caminho do bem e do progresso, por meio das provações da vida. Sente-se feliz quando correspondemos aos seus cuidados e sofre quando nos vê fracassar.

Seu nome pouco importa, pois pode ser um nome desconhecido na Terra. Nós o invocamos, então, como nosso anjo guardião, nosso bom amigo espiritual. Podemos até mesmo invocá-lo sob o nome de algum espírito superior pelo qual sentimos uma simpatia especial.

Além do nosso anjo guardião, que é sempre um espírito superior, temos espíritos protetores que, embora menos elevados, são igualmente bons e generosos; geralmente são parentes, amigos, ou, às vezes, pessoas que não conhecemos em nossa existência atual. Eles nos assistem com seus conselhos, e muitas vezes intervindo nos atos de nossa vida.

Os espíritos simpáticos são os que se ligam a nós por uma certa semelhança de gostos e de tendências, podendo ser bons ou maus, conforme a natureza das inclinações que os atraem para nós.

Os espíritos sedutores se esforçam para nos desviar do caminho do bem, sugerindo-nos maus pensamentos. Eles se aproveitam de todas as nossas fraquezas, que são como portas abertas que lhes dão acesso à nossa alma. Há os que nos perseguem como a uma presa, mas *se afastam quando reconhecem sua impotência para lutar contra nossa vontade.*

Deus nos deu um guia principal e superior, que é nosso anjo guardião, e guias secundários, que são nossos espíritos protetores e familiares. Mas é um erro supor que, *forçosamente,* também tenhamos um mau espírito que foi colocado ao nosso lado para contrabalançar as boas influências. Os maus espíritos se aproximam voluntariamente, atraídos por nossas fraquezas ou por nossa negligência em seguir as inspirações dos bons espíritos. Portanto, nós é que os atraímos. Conclui-se, daí, que jamais somos privados da assistência dos bons espíritos e que depende de nós afastar aqueles que são maus. Por suas imperfeições, e sendo a causa principal das misérias que suporta, o homem é, na maioria das vezes, seu próprio gênio mau. (Veja capítulo 5, número 4, desta obra).

A prece aos anjos guardiões e aos espíritos protetores deve ter por objetivo solicitar sua intervenção junto a Deus, pedindo-Lhe forças para resistir às más sugestões e assistência nas necessidades da vida.

12. **Prece**

Espíritos sábios e benevolentes, mensageiros de Deus, cuja missão é auxiliar os homens e conduzi-los pelo caminho do bem, amparai-me nas provações desta vida; dai-me forças para suportá-las sem lamentações; afastai de mim os maus pensamentos e fazei com que eu não permita a aproximação de nenhum dos maus espíritos que tentarem induzir-me ao mal. Esclarecei minha consciência sobre meus próprios defeitos e levantai dos meus olhos o véu do orgulho que poderia me impedir de enxergá-los e reconhecê-los em mim.

Sobretudo tu, ... , meu anjo guardião, que velas de modo especial por mim, e todos vós, espíritos protetores, que vos preocupais comigo, fazei com que eu me torne digno de vossa benevolência. Conheceis minhas necessidades; que elas se cumpram conforme a vontade de Deus.

13. **Outra prece**

Meu Deus, permiti que os bons espíritos que me rodeiam venham em meu auxílio quando eu estiver em dificuldade, e me amparem se eu vacilar. Fazei, Senhor, com que me inspirem a fé, a esperança e a caridade; que sejam para mim um apoio, uma segurança e uma prova de Vossa misericórdia. Fazei, enfim, com que eu encontre junto deles a força que me falta nas provações da vida, a fé que salva e o amor que consola, para resistir às tentações do mal.

14. **Outra prece**

Espíritos bem-amados, anjos guardiões, vós a quem Deus, em Sua infinita misericórdia, permite velar pelos homens, sede nossos protetores nas provações de nossa vida terrena. Dai-nos força, coragem e resignação; inspirai-nos o que é bom, e não nos deixeis cair nas artimanhas do mal; que vossa doce influência impregne nossa alma. Fazei com que sintamos que um amigo devotado está junto de nós, vendo nossos sofrimentos e participando de nossas alegrias.

E tu, meu bom anjo, não me abandones, pois preciso de toda a tua proteção para suportar com fé e amor as provas que aprouver a Deus me enviar.

Para afastar os maus espíritos

> 15. Ai de vós, escribas e fariseus hipócritas, porque limpais o exterior do copo e do prato, mas por dentro estais cheios de rapinas e impurezas! Fariseus cegos, limpai primeiro o interior do copo e do prato, a fim de que o exterior também fique limpo. Ai de vós, escribas e fariseus hipócritas, pois sois semelhantes aos sepulcros caiados, que por fora parecem belos aos olhos dos homens, mas por dentro estão cheios de toda espécie de podridão! Assim, por fora pareceis justos aos olhos dos homens, mas por dentro estais cheios de hipocrisia e iniquidades. (Mateus, 23:25-28).

16. **Preparação**

Os maus espíritos só vão aonde encontram com o que satisfazer sua perversidade. Para afastá-los, não basta pedir-lhes nem ordenar-lhes que se retirem: é preciso eliminar de si o que os atrai. Os maus espíritos farejam as feridas da alma, como as moscas farejam as do corpo. Do mesmo modo que limpais o corpo para evitar a sujeira, limpai também a alma das suas impurezas para evitar os maus espíritos. Como vivemos num mundo onde eles proliferam, as boas qualidades do coração nem sempre nos livram de suas investidas, mas dão forças para resistir-lhes.

17. **Prece**

Em nome de Deus Todo-Poderoso, que os maus espíritos se afastem de mim e que os bons me sirvam de proteção contra eles!

Espíritos malfazejos que inspirais maus pensamentos aos homens, espíritos trapaceiros e mentirosos que os enganais, espíritos zombeteiros que vos divertis com a ingenuidade deles, eu vos repilo com todas as forças de minha alma e fecho os ouvidos para as vossas sugestões, mas peço a misericórdia de Deus para vós.

Bons espíritos que vos dignais me assistir, dai-me forças para resistir à influência dos maus espíritos e as luzes necessárias para não me tornar vítima de suas trapaças. Livrai-me do orgulho e da presunção. Afastai do meu coração o ciúme, a inveja, a malevolência e todo sentimento contrário à caridade, que são como portas que se abrem aos espíritos do mal.

Para corrigir-se de um defeito

18. **Preparação**

Nossos maus instintos são o resultado da imperfeição de nosso próprio espírito, e não do nosso organismo. Se não fosse assim, o homem se livraria de toda e qualquer responsabilidade. Nosso progresso depende de nós, pois todo homem que se acha em pleno gozo de suas faculdades tem, com relação a todas as coisas, liberdade para fazê-las ou não. Portanto, para fazer o bem, só precisa ter vontade.

19. **Prece**

Vós me destes, meu Deus, a necessária inteligência para distinguir o que é certo do que é errado. Ora, a partir do momento em que reconheço que uma coisa é má, sou culpado por não me esforçar em resistir a ela.

Livrai-me do orgulho que poderia me impedir de perceber meus defeitos, e dos maus espíritos que poderiam me incitar a neles perseverar.

Entre minhas imperfeições, reconheço que sou particularmente inclinado ao... , e se não resisto à sua sedução é porque adquiri o hábito de a ele ceder.

Não me criastes culpado, porque sois justo, mas com a mesma disposição para o bem e para o mal. E, se sigo o mau caminho, é por uma decisão do meu livre-arbítrio. Portanto, pelo mesmo motivo que estive livre para fazer o mal, tenho liberdade para fazer o bem e, consequentemente, para mudar o meu caminho.

Meus defeitos atuais são os resquícios das imperfeições que conservei de minhas existências anteriores; são o meu pecado original, do qual posso me livrar pela minha vontade e com o auxílio dos bons espíritos.

Bons espíritos que me protegeis, e sobretudo vós, meu anjo guardião, dai-me forças para resistir às más sugestões e sair vitorioso da luta.

Os defeitos são barreiras que nos separam de Deus. Cada defeito superado é um passo dado no caminho do aperfeiçoamento que me aproxima Dele.

Em Sua infinita misericórdia, o Senhor dignou-Se conceder-me a existência atual, para que servisse ao meu aprimoramento. Bons espíritos, ajudai-me a aproveitá-la para que não seja desperdiçada, e para que quando aprouver a Deus dela me retirar eu saia da vida melhor do que nela entrei. (Veja capítulo 5, número 5, e capítulo 17, número 3, desta obra).

Para resistir a uma tentação

20. **Preparação**

Todo mau pensamento pode ter duas origens: a imperfeição de nossa própria alma, ou uma influência nociva que atua sobre ela. Neste último caso, há sempre indício de uma fraqueza que nos predispõe a receber essa influência, e, consequentemente, é o sinal de uma alma ainda imperfeita. Portanto, o homem que fraquejar não poderá usar como desculpa a influência de um espírito estranho, já que ***esse espírito não o teria induzido ao mal se o considerasse inacessível à sedução.***

Quando surge em nós um mau pensamento, podemos supor que um espírito maléfico esteja nos induzindo ao mal. Mas, somos livres para ceder ou resistir, como se se tratasse de sugestões de uma pessoa viva. Devemos, ao mesmo tempo, imaginar que nosso anjo guardião, ou espírito protetor, combate em nós a má influência, e aguarda com ansiedade ***a decisão que iremos tomar***. Nossa hesitação em praticar o mal é a voz do bom espírito que se faz ouvir através de nossa consciência.

Reconhece-se que um pensamento é mau quando ele se afasta da caridade, que é a base de toda a verdadeira moral; quando tem por princípio o orgulho, a vaidade ou o egoísmo; quando sua realização pode causar prejuízo a alguém; quando, finalmente, nos induz a fazer aos outros o que não gostaríamos que nos fizessem. (Veja capítulo 28, número 15, e capítulo 15, número 10, desta obra).

21. **Prece**

Deus Todo-Poderoso, não me deixeis sucumbir à tentação de errar. Espíritos benevolentes que me protegeis, afastai de mim este mau pensamento e dai-me forças para resistir à sugestão do mal. Se eu sucumbir, merecerei expiar minha falta nesta vida e na outra, pois sou livre para escolher.

Ação de graças pela vitória obtida sobre uma tentação

22. **Preparação**

Aquele que resistiu a uma tentação deve isso à assistência dos bons espíritos, cujos conselhos conseguiu ouvir. Deve, pois, agradecer a Deus e ao seu anjo guardião.

23. **Prece**

Meu Deus, eu Vos agradeço por terdes permitido que eu saísse vitorioso da luta que acabo de travar contra o mal. Fazei com que essa vitória me dê forças para resistir às novas tentações.

E a ti, meu anjo guardião, agradeço a assistência que me deste. Que minha submissão aos teus conselhos permita que eu mereça de novo tua proteção!

Para pedir um conselho

24. **Preparação**

Quando estamos indecisos quanto a fazer ou não determinada coisa, devemos antes de mais nada formular as seguintes perguntas:

1ª) O que hesito em fazer pode causar algum prejuízo a alguém?

2ª) Pode ser útil a alguém?

3ª) Se alguém me fizesse o mesmo, eu ficaria satisfeito?

Se o que hesitamos em fazer só diz respeito a nós mesmos, é admissível que se avalie o somatório de vantagens e de inconvenientes pessoais que disso possa resultar. Se diz respeito a outra pessoa, e se, fazendo bem a um, pode fazer mal a outro, é preciso pesar a soma do bem e do mal, para abster-se ou agir.

Enfim, mesmo quanto às melhores coisas, devemos considerar a oportunidade e as circunstâncias complementares, pois uma coisa que é boa pode ter maus resultados em mãos inábeis, se não for conduzida com prudência e cautela. Antes de empreendê-la, convém que analisemos nossas forças e os meios de execução.

Sempre podemos, em todos os casos, pedir a assistência dos nossos espíritos protetores, lembrando-nos desta sábia máxima: ***Na dúvida, abstém-te.*** (Veja capítulo 28, número 38, desta obra).

25. **Prece**

Em nome de Deus Todo-Poderoso, bons espíritos que me protegeis, inspirai-me, na incerteza em que me encontro, a tomar a melhor decisão. Dirigi meu pensamento para o bem, e afastai a influência dos que tentarem me induzir ao erro.

Nas aflições da vida

26. **Preparação**

Podemos pedir a Deus favores terrenos, os quais Ele pode nos conceder quando têm uma finalidade útil e séria. Mas como julgamos a utilidade das coisas pelo nosso ponto de vista, e nossa visão se limita ao presente, nem sempre vemos o lado mau do que desejamos. Deus, que vê melhor do que nós e só quer o nosso bem, pode então nos recusar o que queremos, como um pai recusa ao seu filho algo que poderia prejudicá-lo. Se o que pedimos não nos é concedido, não devemos pensar em desanimar por isso; ao contrário, devemos pensar que a privação do que desejamos nos é imposta como prova ou como expiação, e que nossa recompensa será proporcional à resignação com que a tenhamos suportado. (Veja capítulo 27, número 6, e capítulo 2, números 5 a 7, desta obra).

27. **Prece**

Deus Todo-Poderoso, que vedes nossas misérias, dignai-Vos escutar favoravelmente as súplicas que Vos dirijo neste momento. Se meu pedido for inoportuno, perdoai-me. Se aos Vossos olhos ele for justo e útil, que os bons espíritos que executam Vossa vontade venham em meu auxílio para o seu cumprimento.

O que quer que aconteça, meu Deus, que seja feita a Vossa vontade. Se meus desejos não forem atendidos, é porque está em Vossos desígnios provar-me, e submeto-me sem me lamentar. Fazei com que eu não pense em desanimar, e que nem minha fé nem minha resignação fiquem abaladas.

(*Formular o pedido*)

Ação de graças por um favor obtido

28. **Preparação**

Não devemos considerar como acontecimentos felizes somente as coisas muito importantes. As coisas aparentemente menores são, muitas vezes, as que mais influem em nosso destino. O homem esquece facilmente o bem, e se lembra com maior frequência do que o aflige. Se anotássemos, dia após dia, os benefícios com que somos contemplados, sem que os pedíssemos, ficaríamos admirados por ter recebido muitos dos quais já se apagaram de nossa memória, e nos sentiríamos envergonhados com nossa ingratidão.

Todas as noites, ao elevarmos nossa alma a Deus, devemos nos lembrar intimamente dos favores que Ele nos concedeu durante o dia, e agradecer-Lhe por isso. Mas é principalmente no exato momento em que sentimos o efeito de Sua bondade e de Sua proteção que, num gesto espontâneo, devemos testemunhar-Lhe nossa gratidão. Para isso, basta um pensamento que Lhe atribua o benefício, sem que precisemos afastar nossa atenção do trabalho.

Os benefícios de Deus não se resumem apenas a favores materiais. Devemos agradecer-Lhe também as boas idéias, as inspirações felizes que nos são sugeridas. Enquanto o orgulhoso as considera um mérito pessoal e o incrédulo as atribui ao acaso, quem tem fé rende graças a Deus e aos bons espíritos. Para isso, não precisa de frases longas. "Obrigado, meu Deus, pelo bom pensamento que me foi inspirado" diz mais do que muitas palavras. O gesto espontâneo que nos leva a atribuir a Deus o que nos acontece de bom revela um hábito de reconhecimento e de humildade que nos harmoniza com a simpatia dos bons espíritos. (Veja capítulo 27, números 7 e 8, desta obra).

29. **Prece**

Deus infinitamente bom, bendito seja o Vosso nome pelos benefícios que me concedestes. Eu não seria merecedor deles se os atribuísse ao acaso dos acontecimentos ou ao meu próprio mérito.

Bons espíritos que fostes os executores das vontades de Deus, e sobretudo tu, meu anjo guardião, eu vos agradeço. Afastai de mim a idéia de orgulhar-me pelos benefícios que recebi e de usá-los para qualquer coisa que não vise ao bem.

Eu vos agradeço, principalmente, por...

(*Citar o benefício recebido*)

Ato de submissão e de resignação

30. **Preparação**

Quando estamos diante de um motivo de aflição, se lhe procurarmos a causa, muitas vezes constataremos que ela é a consequência de nossa própria imprudência, de nossa imprevidência, ou de uma ação anterior. Assim sendo, nós mesmos devemos ser responsabilizados. Se a causa de uma infelicidade independe de qualquer ação nossa, ela é uma prova para esta vida ou a expiação de uma existência passada. Neste último caso, a natureza da expiação nos pode indicar a natureza da falta, pois sempre somos punidos naquilo em que pecamos. (Veja capítulo 5, números 4, 6 e seguintes, desta obra).

Quanto ao que nos aflige, em geral vemos apenas o mal presente, e não as consequências posteriores que isso possa ter. O bem é, frequentemente, resultado de um mal passageiro, como a cura de uma doença é o resultado dos meios dolorosos que são empregados para obtê-la. Em qualquer dos casos, devemos nos submeter à vontade de Deus e suportar corajosamente as tribulações da vida, se quisermos que isso nos seja levado em consideração, e que estas palavras do Cristo se apliquem a nós: "Bem-aventurados o que sofrem". (Veja capítulo 5, número 18, desta obra).

31. **Prece**

Meu Deus, sois supremamente justo. Portanto, todo sofrimento neste mundo deve ter sua causa e seu proveito. Considero o que está motivando a aflição que acaba de me atingir como uma expiação por minhas faltas passadas, e uma prova para o futuro.

Bons espíritos que me protegeis, dai-me forças para suportá-la sem me queixar. Fazei com que seja uma advertência salutar para mim; que enriqueça minha experiência; que combata em mim o orgulho, a ambição, a vaidade e o egoísmo, e que contribua, assim, para o meu aperfeiçoamento.

32. **Outra prece**

Sinto, meu Deus, que preciso Vos rogar que me deis forças para suportar as provações que quisestes me enviar. Permiti que a luz se faça bem viva em minha mente, para que eu possa avaliar toda a itensidade de um amor que me faz sofrer por querer me salvar. Submeto-me com resignação, meu Deus. Mas, ai de mim! A criatura humana é tão frágil, que tenho medo de vacilar se não me ampparardes. Não me condeneis, Senhor, pois sem Vós nada posso.

33. **Outra prece**

Elevei meu olhar para Vós, ó Eterno, e me senti fortalecido. Sois minha força, não me abandoneis. Ó Deus, estou esmagado sob o peso de minhas culpas! Ajudai-me, Vós que conheceis a fraqueza de minha carne, pois não desviais de mim Vosso olhar.

Uma sede ardente me devora. Fazei jorrar a fonte de água viva, e saciarei esta sede. Que nas aflições de minha vida, minha boca só se abra para cantar Vossos louvores e não para me lamentar. Sou fraco, Senhor, mas Vosso amor me sustentará.

Ó Eterno! Só Vós sois grande; só Vós sois a razão e o objetivo de minha vida. Bendito seja o Vosso nome, se me afligis, pois sois o Senhor e eu o servo infiel. Curvarei minha fronte sem me queixar, pois só Vós sois grande; só Vós sois a meta.

Num perigo iminente

34. **Preparação**

Pelos perigos que corremos, Deus nos lembra a nossa fraqueza e a fragilidade da nossa existência. Ele nos mostra que nossa vida está em Suas mãos, e que a sustenta por um fio que pode romper-se na hora em que menos esperamos. Sob esse aspecto, não há privilégio para ninguém, pois o grande e o pequeno estão sujeitos às mesmas alternativas.

Se examinarmos a natureza e as consequências do perigo, veremos que na maioria das vezes essas consequências, caso tivessem ocorrido, teriam sido a punição por uma falta cometida, ou por um dever negligenciado.

35. **Prece**

Deus Todo-Poderoso, e tu, meu anjo guardião, socorrei-me! Se devo sucumbir, que seja feita a vontade de Deus. Se eu for salvo, que eu repare pelo resto de minha vida o mal que fui capaz de fazer, e do qual me arrependo.

Ação de graças após ter escapado de um perigo

36. **Preparação**

Pelos perigos que corremos, Deus nos mostra que, de um momento para outro, podemos ser chamados a prestar contas do emprego que fizemos da vida. Aconselha-nos, assim, a refletir e a nos corrigir.

37. **Prece**

Meu Deus, e meu anjo guardião, eu vos agradeço pelo socorro que me enviastes no perigo que me ameaçou. Que me sirva de advertência e me esclareça sobre as faltas que o atraíram para mim. Senhor, compreendo que minha vida está em Vossas mãos e que podeis tirá-la de mim, a qualquer momento. Inspira-me, por meio dos bons espíritos que me assistem, a idéia de empregar utilmente o tempo que ainda me deres aqui na Terra.

Meu anjo guardião, alenta-me na resolução que estou tomando de reparar meus erros e fazer todo o bem que estiver ao meu alcance, para que eu possa chegar menos imperfeito ao mundo dos espíritos, quando Deus me chamar.

Na hora de dormir

38. **Preparação**

O sono é o repouso do corpo. O espírito, porém, não necessita de repouso. Enquanto os sentidos físicos estão entorpecidos, a alma se desliga parcialmente da matéria e goza de suas faculdades espirituais. O sono foi dado ao homem tanto para a reparação das forças físicas, como das forças morais. Enquanto o corpo recupera as energias que perdeu nas atividades do dia anterior, o espírito vai revigorar-se entre os outros espíritos. As idéias que lhe surgem ao despertar, em forma de intuição, são provenientes do que ele vê, do que ouve e dos conselhos que recebe de espíritos mais aprimorados. Equivale ao retorno temporário do exilado à sua verdadeira pátria; uma liberdade provisória concedida a um prisioneiro.

Mas, tal como acontece a um prisioneiro perverso, o espírito nem sempre aproveita esse momento de liberdade para seu aperfeiçoamento. Se tiver maus instintos, ao invés de buscar a companhia dos bons espíritos, procura a dos que lhe são afins, e vai visitar lugares onde possa dar livre curso às suas más tendências.

Que aquele que estiver convencido dessa verdade eleve seu pensamento no momento em que sentir o sono aproximar-se. Que peça os conselhos dos bons espíritos e daqueles cuja lembrança lhe é cara, para que venham juntar-se a ele no pequeno espaço de tempo que lhe é concedido e, ao despertar, se sentirá mais forte contra o mal e mais corajoso contra as adversidades.

39. **Prece**

Minha alma vai encontrar-se por alguns instantes com outros espíritos. Que os bons venham me ajudar com seus conselhos. Meu anjo guardião, faze com que, ao despertar, eu guarde deles uma impressão duradoura e benéfica.

Ao pressentir a aproximação da morte

40. **Preparação**

Durante a vida, a fé no futuro e a confiança na existência de outras vidas facilitam o breve desligamento do espírito, enfraquecendo os laços que o prendem ao corpo. Muitas vezes, a vida corporal ainda não se extinguiu e a alma, impaciente, já empreendeu seu vôo rumo à imensidão. Mas para o homem que concentra todos os seus pensamentos nas coisas materiais, esses laços são mais fortes, *a separação é difícil e dolorosa*, e o despertar no Além-túmulo é cheio de perturbações e ansiedade.

41. **Prece**

Meu Deus, creio em Vós e na Vossa bondade infinita. Eis por que não posso acreditar que destes ao homem a inteligência, para Vos conhecer, e a aspiração do futuro, para depois mergulhá-lo no nada.

Creio que o meu corpo é apenas o envoltório perecível de minha alma, e que, quando ele tiver cessado de viver, despertarei no mundo dos espíritos.

Deus Todo-Poderoso, sinto que os laços que unem minha alma ao meu corpo estão se desfazendo e que logo terei de prestar contas do uso que fiz da vida que estou deixando.

Vou sofrer as consequências do bem e do mal que fiz. Lá não haverá mais ilusões nem desculpas possíveis. Todo o meu passado vai desenrolar-se diante de mim, e serei julgado segundo minhas obras.

Nada levarei dos bens terrenos: honrarias, riquezas, satisfações da vaidade e do orgulho, enfim, tudo o que diz respeito ao corpo vai ficar neste mundo. Nem a mínima parte de tudo isso irá comigo. No mundo dos espíritos nada disso terá para mim a menor utilidade. Só levarei o que provém da alma, ou seja, as boas e as más qualidades, que serão pesadas na balança de uma justiça rigorosa. Serei julgado com maior severidade quanto mais minha posição na Terra me tenha dado oportunidades de fazer o bem que não fiz. (Veja capítulo 16, número 9, desta obra).

Deus de misericórdia, que meu arrependimento chegue até Vós! Dignai-Vos derramar sobre mim Vossa clemência.

Se for Vossa vontade prolongar minha existência, que isso me sirva para reparar o mal que fui capaz de fazer. Mas, se minha hora chegar definitivamente, levo o pensamento consolador de que me será permitido resgatar minhas faltas por meio de novas provas, a fim de merecer um dia a felicidade dos eleitos.

Se não me é permitido desfrutar imediatamente dessa felicidade pura, que pertence somente ao justo por excelência, sei que a esperança não me é vedada para sempre, e que, pelo trabalho, chegarei lá, mais cedo ou mais tarde, conforme meus esforços.

Sei que os bons espíritos e meu anjo guardião estão aqui, perto de mim, para me acolher. Em breve os verei, como eles me vêem agora. Sei que voltarei a encontrar aqueles a quem amei na Terra, *se assim o merecer*, e que aqueles que aqui deixo irão juntar-se a mim, para um dia estarmos todos reunidos para sempre, e que, enquanto aguardo esse dia, poderei vir visitá-los.

Também sei que vou encontrar aqueles a quem ofendi. Que eles possam então me perdoar naquilo que tenham a me censurar, ou seja, no meu orgulho, na minha rispidez e nas minhas injustiças, a fim dc que eu não me envergonhe na presença deles!

Perdôo aos que me fizeram ou quiseram me fazer mal na Terra. Não levo nenhum ódio contra eles e rogo a Deus que os perdoe.

Senhor, dai-me forças para deixar as alegrias vulgares deste mundo, pois elas nada são quando comparadas às alegrias puras do mundo onde vou habitar. Para o justo, lá não há tormentos, nem sofrimentos ou misérias. Só o culpado sofre, mas resta-lhe a esperança.

Bons espíritos, e tu, meu anjo guardião, não me deixeis vacilar neste momento supremo. Fazei brilhar diante de meus olhos a divina luz, para reanimar minha fé, caso ela venha a esmorecer. (Veja adiante, item V: ***Preces pelos doentes e obsediados***).

III. PRECES PELOS OUTROS

Por alguém que esteja em aflição

42. **Preparação**

Se for para bem do aflito que a provação siga seu curso, ela não será abreviada a nosso pedido. Porém, seria uma atitude de impiedade se o desanimássemos porque o pedido não foi atendido. Além do mais, mesmo que a prova não termine, podemos esperar obter alguma outra espécie de conforto que lhe alivie a amargura. O que é realmente útil para quem está sofrendo é a coragem e a resignação, sem as quais seu sofrimento não terá proveito, porque será obrigado a recomeçar a prova. É, pois, em direção a esse objetivo que devemos dirigir nossos esforços, seja pedindo aos bons espíritos que o ajudem, seja nós mesmos levantando-lhe o moral com conselhos e encorajamentos, seja, enfim, auxiliando-o materialmente, se for o caso. Além disso, a prece, nessa situação, pode ter um efeito imediato, ao dirigir sobre a pessoa uma corrente fluídica visando a fortalecer-lhe o ânimo. (Veja capítulo 5, números 5 e 27, e capítulo 27, números 6 e 10).

43. **Prece**

Deus de infinita bondade, dignai-Vos abrandar a amargura da situação de..., se assim for a Vossa vontade.

Bons espíritos, em nome de Deus Todo-Poderoso, eu vos suplico que o auxilieis em suas aflições. Se, para seu bem, elas não puderem lhe ser poupadas, fazei-o compreender que são necessárias para o seu aperfeiçoamento. Dai-lhe confiança em Deus e no futuro, que fará com que elas sejam menos amargas. Dai-lhe também forças para não se entregar ao desespero que lhe faria perder os frutos do sofrimento, e tornaria ainda mais difícil sua situação futura. Encaminhai meu pensamento até ele, e que eu possa ajudá-lo a manter a coragem.

Ação de graças por um benefício concedido a alguém

44. **Preparação**

Aquele que não é dominado pelo egoísmo alegra-se com o que acontece de bom para o seu próximo, mesmo que não o tenha solicitado pela prece.

45. **Prece**

Meu Deus, sede bendito por tudo de bom que aconteceu a...

Bons espíritos, fazei com que ele veja nisso um efeito da bondade de Deus. Se o bem que recebeu é uma prova, inspirai-lhe a idéia de fazer dele bom uso e não motivo de vaidade, a fim de que, no futuro, esse bem não se transforme em prejuízo.

E tu, bom espírito que me protege e que deseja minha felicidade, afasta de minha mente todo sentimento de inveja e de ciúme.

Por nossos inimigos e pelos que nos querem mal

46. **Preparação**

Jesus disse: "Amai os vossos inimigos". Essa máxima é o que há de mais sublime na caridade cristã. Contudo, Jesus não quis dizer com isso que devemos ter por nossos inimigos a mesma ternura que temos por nossos amigos. Com essas palavras, Ele nos recomenda que esqueçamos suas ofensas, que lhes perdoemos o mal que nos fazem, que lhes retribuamos o mal com o bem. Além do merecimento que isso tem aos olhos de Deus, revela aos homens o que é a verdadeira superioridade. (Veja capítulo 12, números 3 e 4 desta obra).

47. **Prece**

Meu Deus, perdôo... pelo mal que me fez ou pelo que quis me fazer, como desejo que me perdoeis e que ele também me perdoe pelos erros que eu possa ter cometido. Se o colocastes no meu caminho como uma prova, que seja feita a Vossa vontade.

Afastai de mim, ó meu Deus, qualquer desejo maldoso ou a idéia de falar mal dele. Fazei com que eu não sinta nenhuma satisfação pelas desgraças que possam lhe acontecer, nem qualquer mágoa pelos bens que vierem a ser-lhe concedidos, a fim de não manchar minha alma com pensamentos indignos de um cristão.

Senhor, que a Vossa bondade, ao derramar-se sobre ele, possa levá-lo a ter melhores sentimentos para comigo.

Bons espíritos, inspirai-me o esquecimento do mal e a lembrança do bem. Que nem o ódio, nem o rancor, nem o desejo de pagar-lhe o mal com o mal penetrem no meu coração, pois o ódio e a vingança são próprios dos maus espíritos, encarnados e desencarnados! Que, ao contrário, eu esteja pronto a estender-lhe a mão fraterna, a pagar-lhe o mal com o bem, e a auxiliá-lo, se estiver ao meu alcance!

Para provar a sinceridade das minhas palavras, desejo que me seja dada a oportunidade de lhe ser útil. Mas, principalmente, meu Deus, guardai-me de fazê-lo por orgulho ou exibicionismo, submetendo-o a uma generosidade humilhante, o que me faria perder o merecimento de minha ação, pois, nesse caso, eu mereceria que fossem aplicadas a mim estas palavras do Cristo: "Já recebestes a vossa recompensa". (Veja capítulo 13, número 1 e seguintes, desta obra).

Ação de graças pelo bem concedido aos nossos inimigos

48. **Preparação**

Não desejar o mal aos inimigos é ser caridoso apenas pela metade. A verdadeira caridade consiste em que lhes desejemos o bem, e que nos sintamos felizes com o que lhes acontece de bom. (Veja capítulo 12, números 7 e 8, desta obra).

49. **Prece**

Em Vossa justiça, meu Deus, entendeste que devias alegrar o coração de ... Agradeço-Vos por ele, apesar do mal que me fez ou tentou me fazer. Se ele se aproveitar disso para me humilhar, eu o aceitarei como uma prova para a minha caridade.

Bons espíritos que me protegeis, não permitais que eu alimente qualquer mágoa. Afastai de mim a inveja e o ciúme que degradam. Ao contrário, inspirai-me a generosidade que engrandece. A humilhação está no mal, não no bem, e sabemos que, cedo ou tarde, a todos será feita justiça, segundo suas obras.

Pelos inimigos do espiritismo

> 50. Bem-aventurados os que têm fome de justiça, pois serão saciados. Bem-aventurados os que sofrem perseguição por amor à justiça, pois é deles o reino dos Céus.
> Sereis felizes quando os homens vos amaldiçoarem, vos perseguirem e falsamente disserem contra vós toda espécie de

mal, por minha causa. Alegrai-vos, então, porque uma grande recompensa vos está reservada nos Céus, pois foi assim que eles perseguiram os profetas enviados antes de vós. (MATEUS, 5:6, 10-12).

Não temais os que matam o corpo, mas não podem matar a alma. Temei antes aquele que pode perder a alma e o corpo no inferno. (MATEUS, 10:28).

51. **Preparação**

De todas as liberdades, a mais inviolável é a do livre-pensamento, que inclui também a liberdade de consciência. Condenar os que não pensam como nós, é reclamar essa liberdade só para si e negá-la aos outros; é desrespeitar o primeiro mandamento de Jesus que nos ensina a caridade e o amor ao próximo. Persegui-los por sua crença, é atentar contra o mais sagrado direito de todo ser humano: o direito de acreditar naquilo que lhe convém e de adorar a Deus como achar apropriado. Coagir os outros a atos exteriores semelhantes aos nossos, é mostrar que valorizamos mais a forma do que a essência, mais as aparências do que a convicção. A renúncia a uma crença, quando forçada, jamais deu origem à fé; pode apenas criar hipócritas. É um abuso do poder material que não prova a verdade, pois *a verdade é senhora de si: convence e não persegue, porque não precisa perseguir.*

O espiritismo é uma doutrina. Ainda que fosse uma religião, por que não se teria a liberdade de dizer-se *espírita*, como se tem a liberdade de declarar-se católico, judeu ou protestante, adepto desta ou daquela doutrina filosófica, deste ou daquele sistema econômico? Uma crença pode ser falsa ou verdadeira. Se for falsa, cairá por si mesma, pois o erro não pode prevalecer sobre a verdade quando a luz se faz nas inteligências. Se for verdadeira, não será a perseguição que a tornará falsa.

A perseguição é o batismo de toda nova idéia, grande e justa. Ela cresce com o alcance e a importância da idéia. A perseguição e a cólera de seus adversários são proporcionais ao temor que ela lhes inspira. Esta foi a razão pela qual o cristianismo foi perseguido outrora, e pela qual o espiritismo o é hoje. Com uma diferença, porém: o cristianismo foi perseguido pelos pagãos, enquanto o espiritismo o é pelos cristãos. A época das perseguições sangrentas passou, é verdade, mas se não se mata mais o corpo, tortura-se a alma, que é atacada até nos seus mais íntimos sentimentos, em suas mais caras afeições: separam-se famílias, joga-se mãe contra filho, mulher contra marido; ataca-se até mesmo o corpo em suas necessidades materiais, tirando-lhe o ganha-pão para subjugá-lo pela fome. (Veja capítulo 23, número 9 e seguintes, desta obra).

Espíritas, não vos aflijais com os golpes que vos são desferidos, pois eles provam que estais com a verdade. Se não fosse assim, vos deixariam tranquilos e não vos feririam. É uma prova para vossa fé, pois é pela vossa fé, pela vossa coragem e pela vossa perseverança que Deus vos reconhecerá entre Seus fiéis servidores, dos quais faz agora a contagem para dar a cada um a parte que lhe cabe, segundo suas obras.

A exemplo dos primeiros cristãos, orgulhai-vos de carregar vossa cruz. Crede na palavra do Cristo, que disse: "Bem-aventurados os que sofrem perseguição por amor à justiça, pois é deles o reino dos Céus. Não temais os que matam o corpo, mas não podem matar a alma". Ele também disse: "Amai vossos inimigos; fazei o bem aos que vos fazem mal, e orai pelos que vos perseguem". Mostrai que sois Seus verdadeiros discípulos e que vossa doutrina é boa, fazendo o que Ele ensinou e o que Ele próprio fez. A perseguição não vai durar muito. Esperai, então, pacientemente, o romper da aurora, pois a estrela da manhã já se mostra no horizonte. (Veja capítulo 24, número 13 e seguintes, desta obra).

52. **Prece**

Senhor, pela boca de Jesus, Vosso Messias, mandastes nos dizer: "Bem-aventurados os que sofrem perseguição por amor à justiça; perdoai os vossos inimigos; orai pelos que vos perseguem", e Ele próprio nos mostrou o caminho, ao orar por Seus algozes.

Como Ele, meu Deus, imploramos Vossa misericórdia para os que não reconhecem Vossos divinos preceitos, que são os únicos capazes de assegurar a paz neste mundo e no outro. Como o Cristo, nós Vos dizemos: "Perdoa-lhes, Pai, porque eles não sabem o que fazem".

Dai-nos forças para suportar com paciência e resignação suas zombarias, injúrias, calúnias e perseguições, como provas para nossa fé e nossa humildade. Demovei-nos de qualquer pensamento de vingança, pois a hora de Vossa justiça soará para todos, e nós a aguardamos submetendo-nos à Vossa sagrada vontade.

Prece por uma criança que acaba de nascer

53. **Preparação**

Os espíritos só chegam à perfeição depois de terem passado pelas provas da vida corporal. Aqueles que estão na erraticidade aguardam que Deus lhes permita retomar uma existência que deverá proporcionar-lhes um meio de progredir, seja expiando suas faltas passadas, pelos reveses a que estarão sujeitos, seja cumprindo uma missão útil à humanidade. Seu progresso e sua felicidade futura serão proporcionais ao modo como empregarem o tempo que devem passar na Terra. A missão de guiar-lhes os primeiros passos e dirigi-los ao bem é confiada aos seus pais, que responderão perante Deus pela maneira como tiverem desempenhado seu mandato. É para facilitar-lhes o cumprimento dessa missão que Deus fez do amor paternal e do amor filial uma lei da natureza, que nunca é violada impunemente.

54. **Prece** (para ser dita pelos pais)

Espírito que encarnaste no corpo de nosso filho, sê bem-vindo entre nós. Deus Todo-Poderoso o enviastes, bendito sejas.

O que nos está sendo confiado é um penhor do qual um dia deveremos prestar contas. Se pertence à nova geração dos bons espíritos que devem povoar a Terra, obrigado, Senhor, por esta graça! Se é uma alma imperfeita, nosso dever é ajudá-la a progredir no caminho do bem, com nossos conselhos e bons exemplos. Se cair no mal por nossa culpa, responderemos por isso diante de Vós, pois não teremos cumprido nosso dever para com ela.

Senhor, amparai-nos em nossa tarefa e dai-nos forças e vontade para executá-la. Se esta criança deve ser um motivo de prova para nós, que seja feita a Vossa vontade.

Bons espíritos que presidistes o seu nascimento e que deveis acompanhá-la durante a vida, não a abandoneis. Afastai dela os maus espíritos que tentarem induzi-la ao mal. Dai-lhe forças para resistir às suas seduções, e coragem para suportar com paciência e resignação as provas que a esperam na Terra.

(Veja capítulo 14, número 9, desta obra).

55. **Outra prece**

Meu Deus, Vós me confiastes o destino de um dos Vossos espíritos. Fazei, Senhor, com que eu seja digno da tarefa que me é imposta. Concedei-me a Vossa proteção. Iluminai minha inteligência, a fim de que eu possa perceber desde cedo as tendências deste ser a quem devo preparar para alcançar a Vossa paz.

56. **Outra prece**

Deus infinitamente bom, já que foi Vossa vontade permitir que o espírito desta criança voltasse a passar pelas provas terrenas destinadas a fazê-la progredir, dai-lhe a luz para que ela aprenda a Vos conhecer, a Vos amar e a Vos adorar. Fazei, pelo Vosso poder, com que esta alma se regenere na fonte de Vossos divinos ensinamentos; que, sob a proteção do seu anjo guardião, sua inteligência cresça, se desenvolva e a faça desejar aproximar-se cada vez mais de Vós. Que a ciência do espiritismo seja a luz brilhante que a ilumine durante as dificuldades da vida. Que ela saiba apreciar, enfim, toda a intensidade do Vosso amor, que nos submete a prova para nos purificar.

Senhor, lançai um olhar paternal sobre a família a que confiastes esta alma, a fim de que ela possa compreender a importância de sua missão, e fazei germinar nela as boas sementes, até o dia em que consiga, pelas próprias aspirações, elevar-se sozinha em direção a Vós.

Dignai-Vos, meu Deus, acolher esta humilde prece, em nome e pelos méritos daquele que disse: "Deixai vir a mim as criancinhas, pois o reino dos Céus é para os que a elas se assemelham".

Por um agonizante

57. **Preparação**

A agonia é o início da separação entre alma e o corpo. Pode-se dizer que, nesse momento, o homem tem um pé neste mundo e um no outro. Essa passagem é às vezes difícil para aqueles que são apegados à matéria e viveram mais para os bens deste mundo do que para os do outro, ou cuja consciência está perturbada por mágoas e remorsos. Ao contrário, para aqueles cujos pensamentos elevaram-se em direção ao infinito, desligando-se da matéria, os laços são menos difíceis de romper-se, e os últimos instantes nada têm de doloroso. A alma só está ligada ao corpo por um fio, ao passo que, no outro caso, está presa a ele por raízes profundas. Em qualquer dos casos, a prece exerce uma ação poderosa no processo de desencarne. (Veja adiante, ***Preces pelos doentes e obsediados***; veja também, em ***O Céu e o Inferno***, 2ª parte, capítulo 1, ***A passagem***).

58. **Prece**

Deus poderoso e misericordioso, aqui está uma alma deixando seu invólucro terrestre para voltar ao mundo dos espíritos, sua verdadeira pátria. Que ela possa regressar em paz, e que Vossa misericórdia se derrame sobre ela.

Bons espíritos que a acompanhastes na Terra, não a abandoneis neste momento supremo. Dai-lhe forças para suportar os últimos sofrimentos pelos quais deve passar para sua futura evolução. Inspirai-a para que dedique ao arrependimento de suas faltas os últimos vislumbres de lucidez que lhe restem, ou que possam ocorrer-lhe por breves instantes.

Dirigi meu pensamento de modo a tornar-lhe menos difícil o processo de separação, e para que, no momento de deixar a Terra, ela leve consigo o conforto da esperança.

IV. PRECES PELOS QUE NÃO ESTÃO MAIS NA TERRA

Por alguém que acaba de morrer

59. **Preparação**

As preces pelos espíritos que acabam de deixar a Terra não têm como único objetivo dar-lhes um testemunho de simpatia. Sua finalidade é também ajudá-los no desligamento, e, com isso, abreviar a perturbação que sempre se segue à separação e proporcionar-lhes um despertar mais calmo. Mas nesta, como também em outras circunstâncias, a eficácia da prece reside na sinceridade do pensamento e não na abundância de palavras ditas com maior ou menor eloquência, nas quais, muitas vezes, o coração está ausente.

As preces que partem do coração ecoam ao redor do espírito cujas idéias ainda estão confusas, como vozes amigas que o faz despertar do sono. (Veja capítulo 27, número 10, desta obra).

60. **Prece**

Deus Todo-Poderoso, que Vossa misericórdia se derrame sobre a alma de ..., que chamais para Vós. Possam as provas que enfrentou na Terra lhe serem consideradas, e que nossas preces amenizem e abreviem as penas que acaso ainda tenha de suportar como espírito!

Bons espíritos que viestes acolhê-lo, e sobretudo tu, que és o seu anjo guardião, ajudai-o a despojar-se da matéria. Dai-lhe a luz e a consciência de si mesmo, a fim de tirá-lo da perturbação que acompanha a passagem da vida corporal para a vida espiritual. Inspirai-lhe o arrependimento pelas faltas que possa ter cometido, e o desejo de que lhe seja permitido repará-las para apressar seu adiantamento rumo à eterna bem-aventurança.

..., acabas de entrar no mundo dos espíritos e, no entanto, estás aqui presente entre nós. Tu nos vês e nos ouves, pois só o que há entre tu e nós é o corpo perecível que acabaste de deixar, e que logo será reduzido a pó.

Deixaste o invólucro denso sujeito às vicissitudes e à morte, e conservaste o invólucro etéreo, imperecível e inacessível aos sofrimentos da Terra. Se não vives mais pelo corpo, vives a vida do espírito, que está livre das misérias que afligem a humanidade.

Já não tens mais o véu que oculta os esplendores da vida futura. Agora podes contemplar as novas maravilhas, enquanto nós ainda estamos mergulhados nas trevas.

Vais percorrer o Espaço e visitar os mundos com total liberdade, ao passo que nós rastejamos penosamente na Terra, onde nosso corpo material nos mantém presos; corpo que para nós é como um fardo pesado.

O horizonte do Infinito vai se estender à tua frente e, diante de tamanha grandiosidade, compreenderás a futilidade dos nossos desejos terrenos, das nossas ambições materiais e das alegrias vãs com que o ser humano se delicia.

Entre os homens, a morte não passa de uma separação material momentânea. Do exílio, onde ainda nos retêm a vontade de Deus e os deveres que temos a cumprir na Terra, nós te acompanharemos pelo pensamento até o momento em que nos seja permitido nos juntar a ti, como tu estás reunido àqueles que te precederam.

Se não podemos ir para perto de ti, podes vir até nós. Aproxima-te, pois, dos que te amam e a quem amaste. Ampara-os nas provas da vida. Vela pelos que te são caros. Protege-os segundo as tuas possibilidades; ameniza-lhes as mágoas, inspirando-lhes o pensamento de que és mais feliz agora e dando-lhes a consoladora certeza de que um dia estarão reunidos a ti num mundo melhor.

No mundo onde estás, todos os ressentimentos devem se extinguir. Que possas, para tua felicidade futura, ficar inacessível a eles de agora em diante! Perdoa, pois, aqueles que tenham te prejudicado, como eles te perdoam as injustiças que tenhas cometido contra eles.

Nota: A esta prece, que se aplica a todos, podem ser acrescentadas algumas palavras especiais, segundo as circunstâncias particulares de parentesco ou das relações e da posição do desencarnado. Se for uma criança, o espiritismo nos ensina que não se trata de um espírito recém-criado, mas que já viveu e que pode estar bem adiantado. Se foi curta a sua existência, é porque era apenas uma complementação de prova, ou porque devia ser uma prova para os pais. (Veja capítulo 5, número 21, desta obra).

61. **Outra prece**

Senhor Todo-Poderoso, que Vossa misericórdia se derrame sobre nosso irmão que acaba de deixar a Terra! Que Vossa luz brilhe diante de seus olhos! Tirai-o das trevas; abri-lhe os olhos e os ouvidos! Que Vossos bons espíritos o rodeiem e o façam ouvir palavras de paz e de esperança!

Senhor, por mais indignos que sejamos, ousamos implorar Vossa misericordiosa clemência em favor deste nosso irmão que acaba de ser chamado do exílio. Fazei com que seu retorno seja como o do filho pródigo. Perdoai, ó meu Deus, as faltas que ele possa ter cometido, para Vos lembrardes somente do bem que haja feito. Vossa justiça é imutável, nós o sabemos, mas Vossso amor é imenso. Nós Vos suplicamos que abrandeis Vossa justiça pela fonte de bondade que de Vós emana.

Que a luz se faça para ti, meu irmão, que acabas de deixar

a Terra! Que os bons espíritos do Senhor se aproximem de ti, te envolvam e te ajudem a livrar-te de tuas amarras terrestres! Compreende e vê a grandeza de nosso Senhor. Submete-te à Sua justiça sem lamentar-te, e nunca deixes de confiar em Sua misericórdia. Irmão, que um sincero retrospecto de teu passado te abra as portas do futuro, fazendo-te perceber as faltas que deixastes para trás, e o trabalho que te resta fazer para repará-las! Que Deus te perdoe e que Seus bons espíritos te amparem e te encoragem! Teus irmãos da Terra orarão por ti e pedem que ores por eles.

(Esta prece foi ditada a um médium de Bordéus, no momento em que passava diante de sua janela o funeral de um desconhecido).

Por nossos entes queridos

62. **Preparação**

Como é horrível a idéia do nada! Como são dignos de pena os que acham que a voz daquele que chora a falta de um amigo desencarnado se perde no vazio, e não encontra sequer um eco como resposta! Estes que pensam que tudo morre com o corpo desconhecem as verdadeiras afeições, puras e sagradas; que pensam que o gênio bom que iluminou o mundo com sua vasta inteligência é uma porção de matéria que se extingue para sempre como um sopro; que acham que do ser mais querido, como um pai, uma mãe ou um filho adorado, só resta um punhado de pó que o tempo dissipa inexoravelmente!

Como pode um homem sensível ficar frio diante de um pensamento como este? Como a idéia de um aniquilamento absoluto não o gela de horror e não o faz, pelo menos, desejar que não seja assim? Se até hoje não lhe bastou a inteligência para desfazer as dúvidas, eis que o espiritismo vem dissipar toda a incerteza com relação ao futuro, por meio das provas materiais que apresenta da sobrevivência da alma e da existência de seres de Além-túmulo. Por isso, essas provas são acolhidas por toda parte com alegria. A confiança então renasce, pois o homem sabe, de agora em diante, que a vida terrena é apenas uma breve passagem que conduz a uma vida melhor; que seus trabalhos aqui na Terra não são em vão para ele, e que os mais sagrados afetos não são irremediavelmente rompidos. (Veja capítulo 4, número 18, e capítulo 5, número 21, desta obra).

63. **Prece**

Dignai-Vos, ó meu Deus, acolher favoravelmente a prece que dirijo a Vós pelo espírito de ... Fazei com que ele perceba Vossas divinas luzes. Tornai-lhe fácil o caminho da eterna felicidade. Permiti que os bons espíritos levem até ele minhas palavras e meu pensamento.

Tu, que me foste tão querido neste mundo, escuta a minha voz que te chama para dar-te uma nova prova do meu afeto. Deus permitiu que tu fosses libertado antes de mim, e eu disso não poderia me queixar, pois seria egoísmo; seria o mesmo que sentir saudades, mas ver-te sujeito às dores e sofrimentos da vida. Espero, portanto, com resignação, o momento do nosso encontro no mundo mais feliz, onde chegaste antes.

Sei que nossa separação é apenas momentânea, e que, por mais longa que possa parecer, sua duração se esvai diante da feliz eternidade que Deus promete aos Seus eleitos. Que Sua bondade me guarde de fazer algo que possa retardar esse instante desejado, e que me poupe, assim, da dor de não te encontrar ao sair do meu cativeiro terrestre.

Como é doce e consoladora a certeza de que há entre nós somente um véu material que te oculta de minha visão! A certeza de que podes estar aqui, ao meu lado, vendo-me e ouvindo-me como outrora, talvez melhor ainda do que antes; de que não me esqueces, assim como não te esqueço; de que nossos pensamentos não cessam de unir-se, e que o teu sempre está me acompanhando e amparando.

Que a paz do Senhor esteja contigo!

Pelas almas sofredoras que pedem preces

64. **Preparação**

Para compreender o conforto que a prece pode proporcionar aos espíritos sofredores, é preciso saber como ela atua, conforme já foi explicado anteriormente. (Veja nesta obra, capítulo 27, números 9, 18 e seguintes). Aquele que estiver convicto dessa verdade, ora com mais fervor pela certeza que tem de não orar em vão.

65. **Prece**

Deus, clemente e misericordioso, que Vossa bondade se espalhe sobre todos os espíritos que se recomendam às nossas preces, especialmente sobre a alma de...

Bons espíritos, cuja única ocupação é o bem, intercedei comigo pelo alívio deles. Fazei com que um raio de esperança brilhe diante deles, e que a divina luz os esclareça quanto às imperfeições que os afastam da morada dos bem-aventurados. Abri-lhes o coração ao arrependimento e ao desejo de se depurarem para apressar seu progresso. Fazei-os compreender que, por seus esforços, podem abreviar o tempo de suas provas.

Que Deus, em Sua bondade, lhes dê forças para perseverarem em suas boas resoluções!

Que estas palavras benevolentes possam suavizar-lhes as penas, mostrando-lhes que na Terra há seres que deles se compadecem e desejam sua felicidade.

66. **Outra prece**

Rogamos-Vos, Senhor, que espalheis sobre todos os que sofrem, seja no Espaço, como espíritos errantes, seja entre nós, como espíritos encarnados, as graças do Vosso amor e da Vossa misericórdia. Tende piedade de nossas fraquezas. Vós nos fizestes falíveis, mas nos destes forças para resistir ao mal e vencê-lo. Que Vossa misericórdia se derrame sobre todos os que não conseguiram resistir às suas más tendências e que ainda se sentem atraídos ao mau caminho. Que Vossos bons espíritos os envolvam; que Vossa luz brilhe diante deles e que, atraídos por Vosso calor vivificante, eles se curvem aos Vossos pés, humildes, arrependidos e submissos.

Pai de misericórdia, nós Vos pedimos também pelos nossos irmãos que não tiveram forças para suportar suas provas terrenas. Vós nos destes um fardo a carregar, Senhor, e só a Vossos pés devemos depositá-lo. Mas nossa fraqueza é grande, e às vezes falta-nos coragem durante a caminhada. Tende piedade desses servos indolentes que abandonaram a obra antes do tempo. Que a Vossa justiça os poupe e permita que Vossos bons espíritos lhes levem alívio, ânimo e esperança no futuro.

A possibilidade do perdão é confortadora para a alma. Mostrai-a, Senhor, aos culpados que desanimam, e, sustentados por essa esperança, encontrarão, na própria dimensão de suas faltas e dos seus sofrimentos, forças para resgatar seu passado e se prepararem para conquistar o futuro.

Por um inimigo falecido

67. **Preparação**

A caridade para com nossos inimigos deve acompanhá-los no Além-túmulo. Devemos considerar que o mal que eles nos fizeram foi para nós uma prova que pode ter sido útil ao nosso progresso, se tivermos sabido aproveitá-la. Pode ter sido ainda mais proveitosa do que as aflições puramente materiais, na medida em que nos permitiu juntar a caridade e o esquecimento das ofensas à coragem e à resignação. (Veja capítulo 10, número 6, e capítulo 12, números 5 e 6, desta obra).

68. **Prece**

Senhor, foi Vossa vontade chamar antes de mim a alma de ... Perdôo-lhe o mal que me fez e suas más intenções com relação a mim. Possa ele arrepender-se disso, agora que não tem mais as ilusões deste mundo.

Que Vossa misericórdia, meu Deus, se derrame sobre ele. Afastai de mim a idéia de me alegrar com sua morte. Se cometi faltas, que ele me perdoe, como eu esqueço as que cometeu para comigo.

Por um criminoso

69. **Preparação**

Se a eficácia das preces fosse proporcional à sua extensão, as mais longas deveriam ser reservadas aos mais culpados, porque eles precisam mais delas do que os que viveram virtuosamente. Recusá-las aos criminosos é faltar com a caridade e não reconhecer a misericórdia de Deus. Achar que são inúteis, porque um homem cometeu este ou aquele erro, é prejulgar a justiça do Altíssimo. (Veja capítulo 11, número 14, desta obra).

70. **Prece**

Senhor, Deus de misericórdia, não rejeiteis esse criminoso que acaba de deixar a Terra. A justiça dos homens conseguiu castigá-lo, mas não o livrou da Vossa justiça, se o seu coração não foi tocado pelo remorso.

Erguei-lhe a venda que lhe oculta a gravidade de suas faltas. Que seu arrependimento possa merecer Vossa clemência e aliviar-lhe os sofrimentos da alma! Possam também as nossas preces e a intenção dos bons espíritos levar-lhe esperança e consolo, inspirar-lhe o desejo de reparar suas más ações em uma nova existência e dar-lhe forças para não sucumbir nas novas lutas em que irá empenhar-se!

Senhor, tende piedade dele!

Por um suicida

71. **Preparação**

O homem jamais tem o direito de tirar a própria vida, pois só a Deus cabe liberá-lo do cativeiro terrestre, quando achar oportuno. No entanto, a Justiça Divina pode abrandar-lhe os rigores conforme as circunstâncias, reservando toda a Sua severidade para aquele que quis fugir das provas da vida. O suicida é como o prisioneiro que foge da prisão antes do cumprimento de sua pena, e que, quando é recapturado, é mais severamente tratado. O mesmo acontece com o suicida que julga escapar das misérias presentes e mergulha em desgraças maiores. (Veja capítulo 5, número 14 e seguintes, desta obra).

72. **Prece**

Sabemos, ó meu Deus, que sorte está reservada aos que desrespeitam Vossas leis ao abreviar os seus dias. Mas sabemos também que Vossa misericórdia é infinita. Dignai-Vos a estendê-la sobre a alma de... Que nossas preces e Vossa misericórdia possam amenizar o amargor das dores que ele está sofrendo, por não ter tido a coragem de aguardar o fim de suas provas!

Bons espíritos cuja missão é assistir aos infelizes, tomai-o sob vossa proteção. Inspirai-lhe o remorso por sua falta, e que vossa assistência lhe dê forças para suportar com mais resignação as novas provas pelas quais terá de passar para repará-la. Afastai dele os maus espíritos que poderiam levá-lo novamente para o mal, prolongando-lhe os sofrimentos e fazendo-o perder o fruto de suas futuras provas.

A ti, cujo infortúnio é a razão das nossas preces, que nossa compaixão possa amenizar a amargura de tua desgraça e fazer nascer em ti a esperança de um futuro melhor! Esse futuro está em tuas mãos. Confia-te à bondade de Deus, cujo coração está aberto para todo arrependimento e só se mantém fechado aos corações endurecidos.

Pelos espíritos arrependidos

73. **Preparação**

Seria injusto incluir na categoria dos maus espíritos os sofredores e arrependidos que pedem preces. Eles podem ter sido maus, mas já não o são mais, a partir do momento em que reconhecem suas faltas e as lamentam. São apenas infelizes; alguns começam até a gozar de relativa felicidade.

74. **Prece**

Deus de misericórdia que acolheis o arrependimento sincero do pecador, encarnado ou desencarnado, eis aqui um espírito que se comprazia no mal, mas que reconhece seus erros e entra no bom caminho. Dignai-Vos, meus Deus, a perdoá-lo e recebê-lo como um filho pródigo.

Bons espíritos cujas vozes ele ignorou, mas quer escutar de agora em diante, permiti-lhe entrever a felicidade dos eleitos do Senhor, a fim de que persista no desejo de purificar-se para alcançá-la. Amparai-o em suas boas resoluções e dai-lhe forças para resistir aos seus maus instintos.

Espírito de..., nós te felicitamos por tua transformação e agradecemos aos bons espíritos que te ajudaram!

Se, no passado, sentias prazer em fazer o mal, é porque não compreendias o quanto é doce o prazer de fazer o bem. Também te achavas indigno demais para esperar consegui-lo, mas a partir do momento em que colocaste o pé no bom caminho, uma nova luz se fez para ti. Começaste a sentir uma felicidade desconhecida, e a esperança entrou em teu coração.

É que Deus sempre escuta a prece do pecador arrependido. Ele jamais repele quem O busca.

Para merecer Sua total benevolência, esforça-te daqui por diante não só para não praticar o mal, mas para fazer o bem e, principalmente, para reparar o mal que fizeste. Terás, então, satisfeito à justiça de Deus, e cada boa ação resgatará uma de tuas faltas passadas.

O primeiro passo foi dado. A partir de agora, quanto mais avançares, mais o caminho te parecerá fácil e agradável. Persevera, pois, e um dia terás a glória de estar incluído entre os espíritos bons e os bem-aventurados.

Pelos espíritos endurecidos

75. **Preparação**

Os maus espíritos são aqueles que ainda não foram tocados pelo arrependimento; que encontram prazer no mal e disso não sentem remorsos; que são insensíveis às advertências, rejeitam a prece e muitas vezes blasfemam contra o nome de Deus. São essas almas endurecidas que, após a morte, se vingam nos homens dos sofrimentos que suportam, e perseguem com seu ódio aqueles a quem odiaram durante a vida, seja pela obsessão, seja por uma influência maléfica qualquer. (Veja capítulo 10, número 6, e capítulo 12, números 5 e 6, desta obra).

Entre os espíritos perversos há duas categorias bem distintas: os que são declaradamente maus e os que são hipócritas. Os primeiros são infinitamente mais fáceis de reconduzir ao bem do que os segundos. Na maioria das vezes, os primeiros são de natureza bruta e grosseira, como se observa entre os homens que praticam o mal, mais por instinto do que por premeditação, e não tentam fazer-se passar por melhores do que são. Mas há neles um gérmem latente que é preciso fazer eclodir, o que quase sempre se consegue com perseverança, firmeza unida à benevolência, ou pelos conselhos, argumentações e preces. Nas comunicações mediúnicas, a dificuldade que demonstram para escrever ou pronunciar o nome de Deus é sinal de um temor instintivo, de uma voz íntima da consciência que lhes diz que são indignos de fazê-lo. Aquele que estiver neste ponto, está no limiar da conversão, e pode-se esperar tudo dele: basta encontrar-lhe o ponto vulnerável do coração.

Os espíritos hipócritas são quase sempre muito inteligentes, mas não têm no coração uma única fibra sensível. Nada os comove. Simulam todos os bons sentimentos para conquistar a confiança, e ficam felizes quando encontram tolos que os aceitam como espíritos puros, a quem podem manipular à vontade. O nome de Deus, longe de inspirar-lhes o menor temor, serve-lhes de máscara para acobertar suas torpezas. No mundo invisível, como no mundo visível, os hipócritas são os seres mais perigosos, porque agem na sombra e deles não se desconfia. Têm apenas as aparências da fé, mas jamais a fé sincera.

76. **Prece**

Senhor, dignai-Vos lançar um olhar de bondade sobre os espíritos imperfeitos que ainda estão nas trevas da ignorância e Vos desconhecem, especialmente sobre o de ...

Bons espíritos, ajudai-me a fazê-lo compreender que, ao induzir os homens ao mal, ao obsediá-los e atormentá-los, ele prolonga seus próprios sofrimentos. Fazei com que o exemplo da felicidade de que gozais lhe seja um encorajamento.

Espírito que ainda te comprazes no mal, acabas de ouvir a súplica que fizemos por ti. Ela deve provar-te que desejamos o teu bem, embora faças o mal.

És infeliz, pois é impossível ser feliz praticando o mal. Por que, então, permanecer em sofrimento, se só depende de ti sair dele? Olha os bons espíritos que te rodeiam; observa como são felizes, e vê se não te seria mais agradável gozar da mesma felicidade.

Dirás que para ti isso é impossível. Mas nada é impossível àquele que quer, pois Deus te deu, como a todas as criaturas, a liberdade de escolha entre o bem e o mal, ou seja, de escolher entre a felicidade e a infelicidade, e ninguém está condenado a fazer o mal. Se tens vontade de fazê-lo, podes também ter a de praticar o bem e ser feliz.

Volta teu olhar para Deus. Por um só instante, eleva teu pensamento para Ele, e um raio de Sua divina luz virá iluminar-te. Dize conosco estas simples palavras: "Meu Deus, eu me arrependo; perdoa-me". Procura arrepender-te e fazer o bem, em vez de fazer o mal, e verás que logo Sua misericórdia se espalhará sobre ti e um bem-estar desconhecido virá substituir as angústias que te afligem.

Uma vez que tiveres dado um passo no rumo certo, o restante do caminho te parecerá fácil. Compreenderás, então, quanto tempo de felicidade perdeste por tua culpa. Mas um futuro radiante e cheio de esperança se abrirá diante de ti e te fará esquecer o passado miserável, cheio de inquietação e de torturas morais, que seriam para ti o inferno se durassem eternamente. Dia virá em que essas torturas serão tão terríveis, que desejarás fazê-las cessar a qualquer preço. Porém, quanto mais demorares, mais difícil te será isso.

Não julgues que permanecerás sempre no estado em que te encontras. Não, isso é impossível! Tens diante de ti duas possibilidades: uma, de sofreres muito mais do que sofres agora, e a outra, de ser feliz como os bons espíritos que estão ao teu redor. A primeira é inevitável, se persistires na tua teimosia. Basta um simples esforço de tua vontade para tirar-te da situação difícil em que te encontras. Apressa-te, pois, porque cada dia de atraso é um dia perdido para a tua felicidade.

Bons espíritos, fazei com que essas palavras possam penetrar nessa alma ainda atrasada, para que a ajudem a aproximar-se de Deus. Nós vos pedimos isso em nome de Jesus Cristo, que teve tão grande poder sobre os espíritos maus.

V. PELOS DOENTES E OBSEDIADOS

77. Preparação

As doenças fazem parte das provas e das adversidades da vida terrena. Elas são inerentes à imperfeição de nossa natureza material e à inferioridade do mundo que habitamos. As paixões e os excessos de todos os gêneros semeiam em nós gérmens insalubres, muitas vezes hereditários. Nos mundos física ou moralmente mais adiantados, o organismo humano, mais depurado e menos material, não está sujeito às mesmas enfermidades, e o corpo não é minado pela devastação silenciosa das paixões (Veja capítulo 3, número 9, desta obra). Devemos, assim, nos resignar por sofrer as consequências do meio onde nossa inferioridade nos coloca, até que mereçamos mudar para outro. Enquanto aguardamos, isso não deve nos impedir de fazer o que depende de nós para melhorar nossa situação atual. Mas, se apesar dos nossos esforços, não obtivermos êxito, o espiritismo nos ensina a suportar com resignação nossos males passageiros.

Se Deus não quisesse que os sofrimentos físicos desaparecessem ou fossem amenizados em alguns casos, Ele não teria colocado à nossa disposição os meios de cura. Sua previdente bondade a esse respeito, em conformidade com o instinto de conservação, indica que é nosso dever buscar esses meios e aplicá-los.

Ao lado da medicação comum, elaborada pela ciência, o magnetismo nos permitiu conhecer o poder da ação fluídica. Depois, o espiritismo veio nos revelar outra força poderosa na ***mediunidade curadora*** e na influência da prece. (Veja adiante o comentário sobre a mediunidade curadora).

78. **Prece** (para ser proferida pelo doente)

Senhor, sois todo justiça. Devo ter merecido a doença que me aflige, pois nunca há sofrimento sem causa. Confio minha cura à Vossa infinita misericórdia. Se for do Vosso agrado restituir-me a saúde, bendito seja Vosso santo nome. Se, ao contrário, ainda devo sofrer, bendito seja ele do mesmo modo. Submeto-me sem lamentar-me aos Vossos divinos desígnios, pois tudo o que fazeis só pode ter por finalidade o bem de Vossas criaturas.

Fazei, meu Deus, com que esta doença seja uma advertência salutar para mim e que me leve a refletir sobre os meus atos. Aceito-a como uma expiação do passado e como uma prova para minha fé e minha submissão à Vossa sagrada vontade. (Veja a prece número 40, neste capítulo).

79. **Prece** (pelo doente)

Meu Deus, Vossos desígnios são impenetráveis, e em Vossa sabedoria entendestes que deveis fazer ... sofrer pela doença. Lançai, eu Vos suplico, um olhar de compaixão sobre seus sofrimentos, e dignai-Vos a pôr-lhes um fim.

Bons espíritos, ministros do Todo-Poderoso, reforçai, eu vos peço, meu desejo de aliviá-lo. Dirigi meu pensamento para que Ele derrame um bálsamo salutar sobre seu corpo e conforto em sua alma.

Inspirai-lhe paciência e submissão à vontade de Deus. Dai-lhe forças para suportar suas dores com resignação cristã, a fim de que não perca o fruto desta prova. (Veja a prece número 57).

80. **Prece** (para ser dita pelo médium curador)

Meu Deus, se Vos dignais servir-Vos de mim, mesmo indigno como sou, posso curar este sofrimento, se esta é a Vossa vontade, pois tenho confiança em Vós. Mas sem Vós nada posso. Permiti que bons espíritos me impregnem com seu fluido benéfico, a fim de que eu o transmita a este doente, e desviai de mim qualquer idéia de orgulho e de egoísmo que possa alterarlhe a pureza.

Pelos obsediados

81. **Preparação**

A obsessão é a ação contínua que um mau espírito exerce sobre um indivíduo. Apresenta características muito diversas, que vão da simples influência moral, sem sinais exteriores perceptíveis, à completa perturbação do organismo e das faculdades mentais. Desvirtua todas as faculdades mediúnicas: na mediunidade psicográfica, ela se revela pela teimosia de um mau espírito em manifestar-se, afastando todos os outros.

Os maus espíritos proliferam ao redor da Terra, em decorrência da inferioridade moral de seus habitantes. Sua ação maléfica faz parte dos flagelos a que a humanidade está exposta neste mundo. Como todas as doenças e tribulações da vida, a obsessão deve, pois, ser considerada como uma prova ou uma expiação, e ser aceita como tal.

Assim como as doenças são o resultado das imperfeições físicas que tornam o corpo vulnerável às más influências, a obsessão é sempre o resultado de uma imperfeição moral que possibilita a ação de um espírito mau. A uma causa física se opõe uma força física; a uma causa moral deve-se opor uma força moral. Para nos preservar das doenças, fortificamos o corpo. Para nos garantir contra a obsessão, devemos fortalecer a alma. Daí decorre, para o obsediado, a necessidade de trabalhar para melhorar-se, o que na maioria das vezes basta para livrá-lo de um obsessor, sem recorrer a pessoas estranhas. A ajuda dos outros torna-se necessária quando a obsessão degenera em subjugação e em possessão, pois, nesse caso, o paciente perde, por vezes, a vontade e o livre-arbítrio.

A obsessão é quase sempre o resultado de uma vingança exercida por um espírito, sendo sua origem, na maioria das vezes, nas relações que o obsediado manteve com ele numa existência anterior. (Veja capítulo 10, número 6, e capítulo 12, números 5 e 6, desta obra).

Nos casos de obsessão grave, o obsediado se acha envolvido e impregnado por um mau fluido que neutraliza a ação dos fluidos salutares e os repele. É desse fluido que se precisa livrá-lo. Mas um mau fluido não pode ser repelido por outro mau fluido. É por uma ação idêntica à do médium curador nos casos de doença, que se deve expulsar o mau fluido com o auxílio de um fluido melhor, que produz, de certa forma, o efeito de um reagente. Essa é a ação mecânica, mas não é suficiente. É preciso também, e sobretudo, ***agir sobre o ser inteligente (o espírito)***, com o qual se deve falar com autoridade, e essa autoridade só é conferida pela superioridade moral. Portanto, quanto maior ela for, maior será a autoridade.

Isso ainda não é tudo. Para garantir a libertação, é preciso convencer o espírito perverso a renunciar às suas más intenções. É preciso fazer com que nele se manifestem o arrependimento e o desejo do bem, com a ajuda de instruções habilmente dirigidas, em evocações particulares feitas visando à sua educação moral. Pode-se, então, ter a dupla satisfação de libertar um encarnado e de converter um espírito imperfeito.

A tarefa fica mais fácil quando o obsediado, compreendendo a sua situação, colabora com boa vontade e com preces. O mesmo não acontece quando, seduzido pelo espírito enganador, ele se ilude quanto às qualidades daquele que o domina e se compraz no erro em que este último o joga, porque, longe de ajudar, rejeita qualquer assistência. É o caso da fascinação, que é sempre mais rebelde do que a subjugação mais violenta.

Em todos os casos de obsessão, a prece é o mais poderoso auxiliar para agir contra o espírito obsessor. (Veja ***O Livro dos Médiuns***, capítulo 23).

82. **Prece** (para ser proferida pelo obsediado)

Meu Deus, permiti que os bons espíritos me libertem do espírito maléfico que se apegou a mim. Se é uma vingança que está executando pelos males que eu lhe tenha feito no passado, Vós o permitis, meu Deus, para minha punição, e eu sofro a consequência de minha falta. Possa meu arrependimento me tornar merecedor do Vosso perdão e de minha libertação! Mas, qualquer que seja o seu motivo, imploro para ele a Vossa misericórdia. Dignai-Vos facilitar-lhe o caminho do progresso que o desviará da idéia de praticar o mal. Quanto a mim, que eu possa, pagando-lhe o mal com o bem, levá-lo a ter melhores sentimentos.

Mas também sei, meu Deus, que são as minhas imperfeições que me tornam vulnerável às influências dos espíritos imperfeitos. Dai-me a luz necessária para reconhecê-las. Combatei em mim, sobretudo, o orgulho que me cega em relação aos meus defeitos. Qual não deve ser a minha imperfeição, já que um ser maléfico consegue me dominar!

Fazei, meu Deus, com que este golpe desferido na minha vaidade me sirva de lição para o futuro, e que me fortaleça na resolução que estou tomando de me depurar pela prática do bem, da caridade e da humildade, a fim de opor, daqui por diante, uma barreira às más influências.

Senhor, dai-me forças para suportar esta prova com paciência e resignação. Compreendo que, como todas as outras, ela deve contribuir para o meu adiantamento, se eu não lhe desperdiçar o fruto com minhas lamentações, uma vez que me dá a oportunidade de mostrar minha submissão e de exercer a caridade para com um irmão infeliz, ao lhe perdoar o mal que me fez. (Veja capítulo 12, números 5 e 6, e capítulo 28, números 15 e 46 e 47, desta obra).

83. **Prece** (pelo obsediado)

Deus Todo-Poderoso, dignai-Vos me dar o poder de livrar... do espírito que o obsedia. Se faz parte dos Vossos desígnios colocar fim a esta prova, concede-me a graça de falar com autoridade a esse espírito.

Bons espíritos que me assistis, e tu, meu anjo guardião, auxiliai-me. Ajudai-me a livrá-lo do fluido impuro em que está envolvido.

Em nome de Deus Todo-Poderoso, ordeno ao espírito maléfico que o atormenta que se retire.

84. **Prece** (pelo espírito obsessor)

Deus infinitamente bom, imploro Vossa misericórdia para o espírito que está obsediando... . Fazei com que ele entreveja as divinas luzes, a fim de que perceba o falso caminho em que entrou. Bons espíritos, ajudai-me a fazê-lo compreender que ele tem tudo a perder, ao praticar o mal, e tudo a ganhar, fazendo o bem.

Espírito que te comprazes em atormentar ..., ouve-me, pois eu te falo em nome de Deus. Se refletires, compreenderás que o mal não pode vencer o bem, e que não podes ser mais forte do que Deus e os bons espíritos.

Eles poderiam ter preservado ... de todos os teus golpes. Se não o fizeram, é porque ele precisava passar por uma prova. Mas quando essa prova tiver acabado, farão cessar tua influência sobre ele. E o mal que lhe fizeste, ao invés de prejudicá-lo, terá servido para o seu progresso. Com isso, ele será mais feliz. Então, tua maldade terá sido em vão, e se voltará contra ti.

Deus, que é onipotente, e os espíritos superiores, Seus mensageiros, que são mais poderosos do que tu, poderão pôr um fim a essa obsessão quando quiserem, e tua insistência logo cessará diante dessa suprema autoridade. Mas como Deus é bom, quer deixar-te o mérito de desistir por tua própria vontade. É uma oportunidade que te é concedida. Se não a aproveitares, sofrerás as suas dolorosas consequências: grandes castigos e sofrimentos cruéis te esperam. Serás forçado a implorar a piedade e as preces de tua vítima, que já te perdoou e ora por ti, o que, para Deus, tem um valor imenso, e apressará a libertação dela.

Reflete, pois, enquanto ainda há tempo, porque a justiça de Deus cairá sobre ti, como sobre todos os espíritos rebeldes. Pensa que o mal que fazes neste mundo terá forçosamente um fim, ao passo que, se persistires na tua obstinação, teus sofrimentos irão aumentando sem cessar.

Quando estavas na Terra, não achavas absurdo sacrificar um grande bem por uma pequena satisfação momentânea? O mesmo acontece agora que és espírito. O que ganhas com o que fazes? Somente o triste prazer de atormentar alguém? E digas o que disseres, isso não impede que sejas infeliz, e não te tornará mais feliz.

Comparado a isso, vê o que estás perdendo. Observa os bons

espíritos que te cercam e analisa se a sorte deles não é preferível à tua? A felicidade de que desfrutam será partilhada por ti, quando quiseres. O que é preciso para isso? Implorar a Deus, e fazer o bem ao invés de fazer o mal. Sei que não podes transformar-te de repente, mas Deus não pede o impossível: o que Ele quer é boa vontade. Tenta, pois, e nós te ajudaremos. Faze com que logo possamos recitar por ti a *prece pelos espíritos arrependidos* (número 73), e não mais te coloquemos entre os maus espíritos, na esperança de que possas incluir-te entre os bons. (Veja também número 75, *Prece pelos espíritos endurecidos*).

Observação: A cura das obsessões graves exige muita paciência, perseverança e devotamento. Exige também tato e habilidade para conduzir ao bem espíritos frequentemente muito perversos, teimosos e astutos, pois há os que são rebeldes ao extremo. Na maioria dos casos, precisamos agir conforme as circunstâncias. Mas, seja qual for o caráter do espírito, uma coisa é certa: nada se consegue pela coação ou ameaça. Toda influência reside na ascendência moral. Outra verdade igualmente constatada pela experiência, como também pela lógica, é *a completa ineficácia dos exorcismos, fórmulas, palavras rituais, amuletos, talismãs, práticas exteriores ou quaisquer representações materiais.*

Prolongada por muito tempo, a obsessão pode ocasionar distúrbios patológicos, e às vezes exige um tratamento simultâneo ou consecutivo, seja magnético ou médico, para restabelecer o organismo. Destruída a causa, resta combater os efeitos. (Veja *O Livro dos Médiuns*, capítulo 23, *Da Obsessão*, e a *Revista Espírita*, fevereiro e março de 1864 e abril de 1865: *Exemplos de curas de obsessões*).

Índice Analítico

G

H

I

J

M

N

O

P

R

S

Conheça a coleção: *O Evangelho do Dia* em seis volumes

O Evangelho do Dia foi criado para facilitar a leitura diária, individual ou em grupo, das mensagens contidas em *O Evangelho Segundo o Espiritismo* e estimular a reflexão de seu conteúdo moral, impulsionando aqueles que dele fizerem uso a dar os primeiros passos em direção à reforma íntima, tão necessária a quem começa a despertar para as verdades espirituais. Na prática, este pequeno exemplar de grande valor doutrinário é uma dinâmica reflexiva rica que nos conduz ao autoconhecimento e, por conseguinte, à necessidade de transformar nosso comportamento no dia a dia.

Elaborado numa linguagem que facilita a compreensão, conforme a obra original publicada pela **EDITORA DO CONHECIMENTO**, *O Evangelho do Dia* é composto por 28 capítulos que nos dão suporte em praticamente todos os dias do mês. Após as primeiras leituras, já é possível sentir o bem-estar íntimo que nos é proporcionado pela conexão que se estabelece com a espiritualidade benfeitora e amiga.

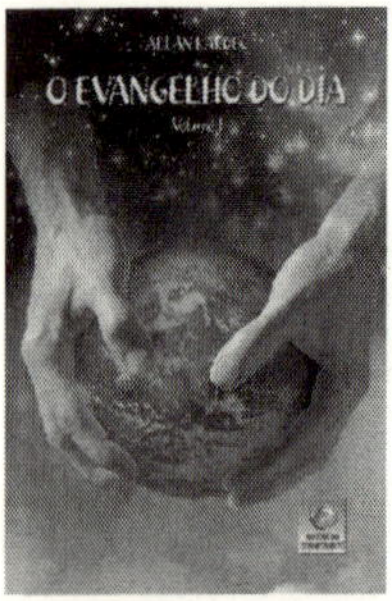

O EVANGELHO SEGUNDO O ESPIRITISMO
foi confeccionado em impressão digital, em janeiro de 2021
Conhecimento Editorial Ltda
(19) 3451-5440 — conhecimento@edconhecimento.com.br
Impresso em Super Snowbright_B 70g, Hellefoss AG

ISBN 978-85-7618-186-6